Bauwelt Fundamente 138

Herausgegeben von
Ulrich Conrads und Peter Neitzke

Beirat:
Gerd Albers
Hildegard Barz-Malfatti
Elisabeth Blum
Werner Durth
Eduard Führ
Werner Sewing
Thomas Sieverts
Jörn Walter

Undine Giseke
Erika Spiegel
(Hg.)

Stadtlichtungen

Irritationen, Perspektiven,
Strategien

Bauverlag
Gütersloh · Berlin

Birkhäuser
Basel · Boston · Berlin

Herausgeber und Verlag danken der Dr. Thiedig & Co, Anlagen- und Analysentechnik im Hinblick auf Umweltprobleme, Berlin, für die Unterstützung der Drucklegung dieses der urbanen Umwelt gewidmeten Bandes.

Umschlagvorderseite: Luftbild von 1999, Stadt Leipzig, Amt für Geoinformation und Bodenordnung. Grafische Bearbeitung: bgmr Landschaftsarchitekten, Berlin
Umschlagrückseite: Projekt: „Stadthalten", Leipzig-Lindenau, Quelle: bgmr Landschaftsarchitekten, Berlin

Bibliographische Information der Deutschen Bibliothek
Die Deutsche Bibliothek verzeichnet diese Publikation in der Deutschen Nationalbibliographie; detaillierte bibliographische Daten sind im Internet über http://dnb.ddb.de abrufbar.

Dieses Werk ist urheberrechtlich geschützt. Die dadurch begründeten Rechte, insbesondere die der Übersetzung, des Nachdrucks, des Vortrags, der Entnahme von Abbildungen und Tabellen, der Funksendung, der Mikroverfilmung oder der Vervielfältigung auf anderen Wegen und der Speicherung in Datenverarbeitungsanlagen, bleiben, auch bei nur auszugsweiser Verwertung, vorbehalten. Eine Vervielfältigung dieses Werkes oder von Teilen dieses Werkes ist auch im Einzelfall nur in den Grenzen der gesetzlichen Bestimmungen des Urheberrechtsgesetzes in der jeweils geltenden Fassung zulässig. Sie ist grundsätzlich vergütungspflichtig. Zuwiderhandlungen unterliegen den Strafbestimmungen des Urheberrechts.

Der Vertrieb über den Buchhandel erfolgt ausschließlich über den Birkhäuser Verlag.

© 2007 Birkhäuser Verlag AG, Postfach 133, CH-4010 Basel, Schweiz
und Bauverlag BV GmbH, Gütersloh, Berlin

bau|| ||verlag

Eine Kooperation im Rahmen der Fachverlagsgruppe Springer Science+Business Media

Gedruckt auf säurefreiem Papier, hergestellt aus chlorfrei gebleichtem Zellstoff. TCF ∞

Printed in Germany
ISBN: 978-3-7643-8357-2

9 8 7 6 5 4 3 2 1   http://www.birkhauser.ch

Inhalt

Undine Giseke, Erika Spiegel
Einleitung 7

Erika Spiegel
Weniger – älter – bunter.
Demographische Rahmenbedingungen der Stadtentwicklung 18

Gerd Albers
Strukturmodelle für die Stadtentwicklung – gerichtet
auf Wachstumslenkung, geeignet für Schrumpfungslenkung?..... 31

Johann Jessen
Stadtverdünnung?
Wie verändert sich die funktionalräumliche
und morphologische Struktur von Städten
unter den Bedingungen des Schrumpfens? 47

Erika Spiegel
Wohnen und Wohnungen als Strukturelemente der Stadt.
Hat jede Vergangenheit eine Zukunft?....................... 63

Elke Pahl-Weber, Nicolai Roskamm
Weniger Menschen – andere Stadt?
Zum Umgang mit städtischen Schrumpfungsprozessen
im Westen Deutschlands 85

Wulf Eichstädt
Altbauquartiere im Stadtumbau Ost.
Gefährdungen, Handlungsspielräume und Handlungserfordernisse 109

Wolfgang Kunz
Leipzig.
Alternative Strukturkonzepte für eine Stadt im Übergang 134

Kees Christiaanse, Mark Michaeli, Tim Rieniets
Aufgabe als Aufgabe.
Entwurf und Strategie im perforierten Raum 162

Undine Giseke
Und auf einmal ist Platz.
Freie Räume und beiläufige Landschaften
in der gelichteten Stadt. 187

Günter Nagel
Stadt ist Landschaft.
Landschaft als konstitutives Strukturelement für
stadträumliche Konzepte. 218

Heidede Becker
Städtische Transformation.
Strategien und Instrumente zur Anpassung
stadträumlicher Strukturen 233

Undine Giseke, Erika Spiegel
Ein Fazit 253

Undine Giseke, Erika Spiegel
Einleitung

Zum Thema

Weit mehr als dies heute zur Kenntnis genommen wird, wird die rückläufige Entwicklung der Bevölkerung Struktur und Gestalt der deutschen Städte verändern. Wo sich solche Veränderungen bereits andeuten, werden sie, ebenso wie die Auswirkungen des ökonomischen Strukturwandels, mit denen sie sich zeitlich und räumlich oft überschneiden, meist unter dem Stichwort „Stadtumbau" thematisiert. Obwohl der Begriff „Stadtumbau" – in deutlicher Abgrenzung zum Begriff „Stadterneuerung" – ursprünglich nicht auf eine Erhaltung, sondern auf eine Anpassung der überkommenen Strukturen an veränderte sozio-ökonomische Rahmenbedingungen angelegt war, spielen strukturelle Gesichtspunkte bei der Bewältigung des Stadtumbaus heute noch eine relativ geringe Rolle. Auch die Dynamik der Veränderungen, die jede Anpassung mit sich bringt, wird selten berücksichtigt. Dies gilt auch für städtebauliche Entwicklungsplanungen, die, wie die meisten Flächennutzungspläne, mindestens auf zehn bis fünfzehn Jahre angelegt sind, und es gilt auch für Städte, in denen bereits abzusehen ist, daß eine Abnahme der Einwohner und Beschäftigten nicht mehr, wie bisher, durch Abnahme der Belegungs- und Nutzungsdichte im Bestand aufgefangen werden kann, sondern Leerstände, Baulücken, auch größere Brachen zur Folge haben wird, die tief in das bestehende Stadtgefüge eingreifen.
Aber auch dort, wo sich Städte mit unverstelltem Blick, Mut und Phantasie der Einsicht stellen, daß nicht jede Vergangenheit eine Zukunft haben kann und sie daher nach neuen Konzepten für die Gestaltung des Stadtumbaus suchen, können sie sich keineswegs allgemeiner Zustimmung sicher sein. Exemplarisch hierfür ist der Begriffswandel, den der Begriff der „perforierten" Stadt[1], der auch diesem Buch lange Zeit als Arbeitstitel diente, in der kurzen Zeit seiner Existenz erfahren hat. Er diente zunächst nur der möglichst anschaulichen Beschreibung eines Zustandes, der in

vielen ostdeutschen Städten bereits seit längerem Wirklichkeit war, daß sich nämlich durch Verfall und Abriß gerade inmitten der ehedem dicht bebauten inneren Stadt Löcher gebildet hatten, kleinere und größere, für die sich nur schwer neue Nutzungen finden ließen.[2] Wer sich etwa nach einem Gang durch Teile des Leipziger Ostens den Anblick, der sich ihm dort geboten hatte, bildlich zu vergegenwärtigen suchte, der konnte der Bezeichnung als durchlöcherte, als perforierte Stadt eine unmittelbare Evidenz kaum absprechen.

Es dauerte allerdings nicht lange, bis der Begriff seine Unschuld verlor. Als im Zuge des sich fortsetzenden Verfalls nicht nur weitere Häuser ruinös, sondern auch abgerissen und die Löcher damit größer wurden, begann sich der Protest gegen diese Abrisse am Begriff der perforierten Stadt festzumachen. Perforation wurde von einem deskriptiven in einen normativen Begriff umgedeutet. Perforation war nicht mehr Zustand, sondern ein Leitbild, dem jeder, der an der Rekonstruktion der europäischen Stadt interessiert war, nur den Kampf ansagen konnte. Wo man solchen Mißverständnissen aus dem Weg gehen wollte, wurde daher aus der perforierten Stadt die „Stadt im Übergang" oder die „Stadt in Transformation" oder, wie hier, die gelichtete Stadt. Die Löcher aber wurden damit nicht gefüllt, die Aufgabe, sie in Potentiale für neue Nutzungen umzudenken, nicht erleichtert, die Frage, ob und wie alte und neue Nutzungen in einen neuen strukturellen Zusammenhang zu bringen seien, nicht beantwortet.

Mit der Frage nach den Potentialen, die auch und gerade Leerstellen in der Stadt bieten, ist zugleich eine Ab- und Eingrenzung gegenüber dem Begriff der Schrumpfung verbunden, der inzwischen die öffentliche Diskussion beherrscht. Auch wenn man, in bewußter Verkürzung des Begriffs, als Schrumpfung vorrangig die Auswirkungen des Bevölkerungsrückgangs bezeichnet, können sich diese in fast allen Funktionen, Formen und Prozessen, in denen sich Stadt manifestiert, niederschlagen. Die gebaute Stadt und die Leerstellen, die Schrumpfung dort hinterläßt, ist nur eine davon. Wenn also ein Oberbegriff für die Gesamtheit der Erscheinungen, die ein dauerhafter Bevölkerungsrückgang (voraussichtlich) mit sich bringt, benötigt wird, soll daher auch hier von Schrumpfung gesprochen werden. Dabei wird in Kauf genommen, daß in einer großen Zahl der Städte, die sich mit Schrumpfungsprozessen auseinanderzusetzen haben, die eher demographisch bedingten Auswirkungen nur schwer von den Auswirkungen eines noch nicht bewältigten sozio-ökonomischen Strukturwandels, dem Verlust von Arbeitsplätzen und der Abwanderung von Arbeitskräften, zu trennen sind.[3] Noch weniger gilt dies für die vermeintlichen und wirklichen Überschneidungen der schrumpfenden mit der „postindustriellen" oder der „postmodernen" Stadt, Kürzeln für hochkomplexe Prozesse, die keineswegs eindeutig mit Veränderungen des generativen Verhaltens verbunden sind. Diese Art von Überschneidungen wird es auch in Zukunft geben, vielleicht noch mehr als bisher. Auch in den Teilen der Bundesrepublik, die aus demographischen Gründen an Bevölkerung verlieren werden, wird es weiter Städte und Regionen geben, die noch wachsen, sei es, daß sie über eine besondere Standortgunst, über besonders zukunftsträchtige Industrien oder auch über Programme und Projekte verfügen, die Wachstumskräfte stimulieren, Arbeitskräfte anziehen, Binnenwanderungen auslösen. Wirtschaftswachstum allein ist aber keine dauerhafte Garantie für Bevölkerungswachstum. Selbst Städte, die sich, zum Beispiel, mit Erfolg der Produktion von „Wissen" verschrieben haben, einer Produktion, bei der es weniger auf die Zahl als auf die kreative Intelligenz der Köpfe ankommt, können Einwohner verlieren. Daher wird, wer analytisch und längerfristig denkt, demographische und sozio-ökonomische Prozesse zunächst differenziert betrachten und dies bei der Entwicklung seiner Konzepte und Strategien berücksichtigen müssen.

Die Notwendigkeit einer solchen Differenzierung wird besonders deutlich, wenn man faktisch oder potentiell schrumpfende Städte in einem an Bevölkerung verlierenden Land wie der Bundesrepublik mit Städten wie Manchester oder Detroit vergleicht, die in den letzten Jahren als bevorzugte Bezugspunkte und Beispiele für den erfolgreichen Umgang mit massiven Bevölkerungsverlusten galten. In beiden Fällen handelt es sich um Städte, die im Zuge eines tief greifenden sozio-ökonomischen Strukturwandels massiv Einwohner, Arbeitsplätze und Betriebe verloren hatten, Detroit eher gegenüber seinem Umland, Manchester auch gegenüber anderen Teilen des Vereinigten Königreichs, beide aber vor dem Hintergrund einer insgesamt noch wachsenden Bevölkerung – als „hohle Kerne einer sich nach wie vor dynamisch entwickelnden Region" (Jessen).[4] In beiden Fällen war also zumindest potentiell eine Dispositionsmasse vorhanden, die mit geeigneten Anreizen in die geschrumpften Städte zurückgeholt werden konnte, ohne daß damit andernorts andere Städte um so nachhaltiger schrumpfen mußten. In Ländern, in denen es diese Dispositionsmasse nicht mehr gibt, in denen jeder zusätzliche Einwohner hier einen Einwohner weniger dort zur Folge hat, in denen daher alle Städte um die gleichen knappen Einwohner konkurrieren, dürften solche Anreize weit schwerer zu schaffen und noch schwerer mit öffentlichen Mitteln zu subventionieren sein – und auch die Erfolge weniger begeistern. Das spricht nicht dagegen, den Wandel einer Stadt wie Manchester von einer ausgedienten Kapitale des Industriezeitalters zur „aufregendsten und unkonventionellsten", zur „regeneration capital" Englands[5] zu bewundern, genau zu verfolgen und die Ideen und Initiativen, die diesen Wandel bewirkt haben, auf ihre Übertragbarkeit auf andere Städte und Länder hin zu überprüfen.

Wenn allerdings nach Methoden und Verfahren gesucht wird, mit deren Hilfe der spezifisch deutschen, und das heißt: der mit einem generellen Bevölkerungsrückgang verbundenen Erscheinungsform schrumpfender Städte zu begegnen ist, so bietet sich dafür eher ein Blick nach Ostdeutschland an. Allerdings hat ein Vergleich dessen, was dort bereits Wirklichkeit ist, mit dem, was früher oder später auch in Westdeutschland Wirklichkeit werden wird, Vorteile und Nachteile zugleich. Er hat den Vorteil, daß der schockartige Bevölkerungsrückgang, der in Ostdeutschland durch die Gleichzeitigkeit von Geburtendefiziten, Deindustrialisierung und Abwanderung ausgelöst wurde – und die damit verbundenen baulich-räumlichen Verwerfungen – nicht nur eindrückliches Anschauungsmaterial bieten, sondern auch ein weit schnelleres und radikaleres Umdenken erforderlich machten als die eher schleichenden Schrumpfungsprozesse, die auch schon in Westdeutschland zu beobachten sind. Ohne diese Bereitschaft zu schnellem Umdenken hätten auch die gesetzlichen Regelungen für Stadtumbaumaßnahmen bei städtebaulichen Funktionsverlusten, die sich aus einem „dauerhaften Überangebot an baulichen Anlagen für bestimmte Nutzungen, namentlich für Wohnzwecke" ergeben (BauGB § 171a), kaum so schnell und ungeschönt in das Baugesetzbuch Eingang gefunden, hätte aber auch das Programm „Stadtumbau Ost" kaum so schnell aufgelegt und mit (relativ) reichlichen Mitteln ausgestattet werden können. Und es hat den Vorteil, daß die positiven wie negativen Erfahrungen, die mit dem Programm gemacht werden, sorgfältig registriert und Lehren daraus gezogen werden können.

Es hat aber auch den Nachteil, besser: es bietet wenig Anhaltspunkte für eine Abschätzung der vielfältigen politischen, ökonomischen, sozialen, auch sozialpsychologischen Reaktionen und Reaktionen auf Reaktionen, die der eher schleichende Bevölkerungsrückgang in Westdeutschland in seinem Verlauf auslösen dürfte, Reaktionen, die zwar den fürs erste weitgehend vorprogrammierten Bevölkerungsrückgang nicht aufhalten, aber (auch) in seinen baulich-räumlichen Erscheinungsformen und Auswirkungen wesentlich modifizieren – und immer wieder ein Umdenken erforderlich machen – können.

Insofern ist es kein Wunder, daß man sich selbst in ostdeutschen Städten, die bereits bis zu einem Drittel ihrer Bevölkerung verloren hatten, lange Zeit gescheut hat, teilweise auch heute noch scheut, grundsätzlicher über neue stadträumliche Konzepte nachzudenken. Niemand könne, so heißt es dort oft, heute schon übersehen, welche neuen Nutzungswünsche und Nutzungsmöglichkeiten sich aus dem Umgang der Stadtbewohner mit einem nie gekannten Überfluß an verfügbaren Flächen ergeben würden, niemand dürfe dem bereits Fesseln anlegen. Und wer die Ergebnisse der zahlreichen Aktionen, Projekte, Wettbewerbe, Werkstätten verfolgt, durch die die Bürger angeregt werden sollen, neue Verwendungsmöglichkeiten für leer stehende Gebäude, neue Nutzungen für brach gefallene Grundstücke zu (er)finden, der wird auch von dem kreativen Potential beeindruckt sein, das dabei zutage tritt, und auch von den Entwicklungsimpulsen, die dadurch ausgelöst werden. Er (oder sie) wird sich aber auch fragen, ob dieses Potential ausreichen kann – oder auch nicht damit überfordert ist –, ganze Stadt-Teile, deren städtebauliche Funktion in Frage gestellt ist, nicht nur im ökonomischen Sinne des Wortes wieder in Wert zu setzen.

So wenig Zweifel bestehen können, daß ohne die aktive und kreative Mitwirkung der Bürger keine neue In-Wert-Setzung gelingen kann, so wenig man auch davon absehen kann, daß die wachsenden Wahlmöglichkeiten auf dem Wohnungsmarkt den Bewohnern einen Machtzuwachs beschert haben, der über eine Mit-Wirkung weit hinaus geht – die spezifische Funktion der räumlichen Planung, und das heißt hier: die Umsetzung jedweder Nutzungsvorschläge und Nutzungswünsche in in sich möglichst widerspruchsfreie räumlich-funktionale Nutzungsmuster können sie nicht ersetzen. Je kleinteiliger, kurzfristiger und „innovativer" die neuen Nutzungen und die neuen Stadträume sind, die sich als temporärer oder dauerhafter Ersatz bei städtebaulichen Funktionsverlusten herausbilden, um so unerläßlicher sind anpassungsfähige und „fehlerfreundliche" Konzepte, die die darin enthaltenen Potentiale in gesamtstädtische Entwicklungskonzepte einbinden, ihnen aber trotzdem eigenständige Entwicklungsmöglichkeiten belassen. Unerläßlich sind solche Konzepte aber auch deshalb, weil sich sonst der Umgang mit den Auswirkungen des Bevölkerungsrückgangs vorrangig an den betriebswirtschaftlichen Kalkülen der Wohnungswirtschaft oder auch der großen Versorgungsunternehmen orientieren könnte, ob diese nun den Interessen und Vorstellungen der zur kreativen Mitwirkung aufgerufenen Bevölkerung entsprechen oder nicht.

Angesichts der entscheidenden Bedeutung, die der Nutzung und Gestaltung der wachsenden Frei-Räume innerhalb solcher Konzepte zukommt, ist allerdings die städtebauliche Planung im engeren Sinne damit schnell überfordert. Eine weit umfassendere Zusammenarbeit von Akteuren und Disziplinen ist erforderlich. Dabei kommt der Freiraumplanung eine Schlüsselrolle zu. Durch ihre stark an ökologischen und funktionalen Aspekten ausgerichteten Aufgaben hatte sich die Freiraumplanung in den 1970er Jahren stark vom Städtebau entkoppelt, die integrierte Entwicklung von Bau- und Freiraumstrukturen trat in den Hintergrund. Auch wenn inzwischen in Wettbewerben und in der Bauleitplanung eine Kooperation zwischen den Disziplinen und eine Berücksichtigung der Darstellungen von Landschaftsplänen erfolgt, bei der Entwicklung von städtebaulichen Konzepten auf gleicher Augenhöhe findet diese Zusammenarbeit noch zu wenig statt. Dabei wird es zukünftig darum gehen, neue Korrespondenzen zwischen Stadt und Freiraum in veränderter Maßstäblichkeit zu entwickeln. Darüber hinaus scheint gerade die Disziplin der Freiraumplanung besonders geeignet, um in die Auslichtungsprozesse unmittelbar einzugreifen und Projekte aus der Praxis heraus zu entwickeln.

Will man den Umgang mit den Auswirkungen des Bevölkerungsrückgangs nicht daran orientieren, wo gerade aus bautechnischen, funktionalen oder wirtschaftlichen Gründen Gebäude oder Gebäudegruppen zum Abriß anstehen, so ist es also unerläßlich, Konzepte für baulich-räumliche Strukturen und Prozesse zu entwickeln, die auch und gerade bei langen Übergangszeiten mit unsicherem Verlauf Orientierungshilfe leisten können. Dabei werden sowohl von der Dringlichkeit wie von der Schwierigkeit der Aufgabe her Konzepte für innerstädtische und innenstadtnahe Stadtteile, die langfristig von Auszehrung bedroht sind, besonderer Aufmerksamkeit bedürfen.

Für die Entwicklung solcher Konzepte ergeben sich zunächst folgende Leitfragen:

1. Wo, in welchen Teilen der Stadt werden sich Leerstände und Abrisse so häufen, daß sie die derzeitige baulich-räumliche und Nutzungsstruktur in Frage stellen?
2. Nach welchen baulich-räumlichen, funktionalen und strategischen Gesichtspunkten wären Strukturkonzepte zu entwickeln, die sowohl den heutigen Gegebenheiten Rechnung tragen als auch die Sicht auf eine andere Stadt eröffnen?
3. Wo sind Möglichkeiten und Ansätze zu erkennen, statt funktionslos gewordener baulicher Komponenten landschaftliche oder landschafts-

ähnliche Elemente als konstituierende Elemente stadträumlicher Strukturen zu entwickeln?
4. Welche neuen Methoden und Instrumente erfordern Entwurfs- und Planungsprozesse, die immer wieder historisch neue Erfahrungen verarbeiten, klare Orientierungen für kurz- bis mittelfristige Lösungen vermitteln und dabei für eine ungewisse Zukunft offen bleiben müssen?

Aufbau des Bandes

Die damit skizzierten zentralen Fragen haben sich im Aufbau des Buches niedergeschlagen, auch wenn sich nicht allen Fragen mit der gleichen Tiefenschärfe nachgehen ließ.
Der Band beginnt mit einer Skizze der demographischen Rahmenbedingungen der Stadtentwicklung von *Erika Spiegel*. Diese werden, unter dem Stichwort „demographischer Wandel", zurzeit zwar mit zunehmender Intensität, im Hinblick auf ihre Erscheinungsformen und Auswirkungen aber sehr selektiv diskutiert. Hier interessieren vor allem die Bedingungen, die die quantitative Entwicklung der Bevölkerung der Bundesrepublik entscheidend bestimmen werden, insbesondere die Höhe des Zuwanderungsgewinns aus dem Ausland, sowie die absehbare regionale und lokale Verteilung, die sich oft in einem Nebeneinander von Wachstum und Schrumpfung niederschlägt. Auch wird die Aufmerksamkeit darauf gelenkt, daß nicht nur die zunehmende Zahl der Alten und die abnehmende Zahl der Jungen die Altersstruktur prägen, sondern auch die gerade in den nächsten Jahren rapide abnehmende Zahl der 30- bis 45-Jährigen, die die wichtigste Nachfragergruppe nach Familienwohnungen auf dem Wohnungsmarkt stellen.
Den städtebaulichen Einstieg bildet ein historisch angelegter Überblick von *Gerd Albers* über die – im übrigen meist von Außenseitern stammenden – Strukturmodelle, mit deren Hilfe seit der zweiten Hälfte des 19. Jahrhunderts versucht wurde, das Wachstum der Städte in geordnete Bahnen zu lenken. Daran schließt sich die Frage an, ob und in welchem Ausmaß derartige Modelle auch für die Lenkung von Schrumpfungsprozessen herangezogen werden könnten, und ob angesichts der landschaftlichen und historischen Eigenart sowie der zunehmend unterschiedlichen Entwicklungspfade und Entwicklungsziele der einzelnen Städte generalisierende Modellvorstellungen, welcher Art auch immer, überhaupt noch geeignet sein können, die künftige Entwicklung zu steuern.

Strukturelle Überlegungen für schrumpfende Städte können sich nicht auf die Anordnung von Wohn- und Gewerbestandorten sowie von Landschaftselementen, die sie teils ergänzen, teils ersetzen sollen, beschränken. In dem Beitrag von *Johann Jessen* wird daher zunächst auf die Prozesse eingegangen, die die funktional- und sozialräumliche Ausdifferenzierung der Städte unter den Bedingungen des Wachstums gekennzeichnet haben, insbesondere die Flächenausdehnung, die Funktionstrennung, die bauliche Verdichtung und die Zentrenbildung. Sodann wird gefragt, ob sich diese Prozesse unter den Bedingungen des Schrumpfens fortsetzen, modifizieren oder sogar umkehren würden – wobei auch hier mit Nachdruck auf die Unsicherheiten und Vorläufigkeiten hingewiesen wird, die ein Nebeneinander von Schrumpfung und Wachstum mit sich bringt.

Da unter allen städtischen Funktionen das Wohnen am unmittelbarsten von einem Rückgang der Bevölkerung betroffen ist, wird dem Wohnen mit dem Beitrag von *Erika Spiegel* besondere Aufmerksamkeit geschenkt. Dabei geht es auf der einen Seite um die Identifizierung der wichtigsten Nachfragergruppen, die in Zukunft das Geschehen auf den Wohnungsmärkten weitgehend bestimmen dürften, dies vor allem im Hinblick auf ihre Wohn- und Standortpräferenzen, auf der anderen Seite um die Identifizierung der Wohnungsbestände und Wohnstandorte, die diesen Präferenzen entgegenkommen oder auch nicht entgegenkommen und daher bei zurückgehender Nachfrage Gefahr laufen, früher oder später „aus dem Markt heraus zu fallen" und in die daher nicht mehr investiert wird. Dabei wird den langen Übergangszeiten, die der eher schleichender Bevölkerungsrückgang in den westlichen Ländern mit sich bringt, besondere Aufmerksamkeit zuteil, dies insbesondere im Hinblick auf die Bedürfnisse der Bevölkerungsgruppen, die noch längere Zeit auf die dauerhaft nicht mehr zu haltenden Wohnungen und Standorte angewiesen bleiben.

Schrumpfende Städte und gefährdete Stadtteile gibt es nicht nur in Ostdeutschland. Auch im Westen gibt es heute schon Regionen und Städte, die – meist im Zusammenhang mit dem Verlust ihrer traditionellen wirtschaftlichen Basis – von Bevölkerungsrückgängen gezeichnet sind. In Zukunft werden es mehr sein. Der Beitrag von *Elke Pahl-Weber* und *Nikolai Roskamm* geht daher zunächst der regionalen und siedlungsstrukturellen Verteilung der vor allem betroffenen Städte nach, konzentriert sich dann aber auf die Erfahrungen, die in den letzten Jahren mit dem Programm „Stadtumbau West", das besonders auf Hilfen für „Städte in Strukturkrise" zugeschnitten ist, gemacht wurden, dies vor allem im Hinblick auf ihre Übertragbarkeit auf die wachsende Zahl schrumpfender

Städte andernorts. Der Beitrag schließt mit zwei Fallstudien, in denen die Städte Gelsenkirchen und Rendsburg im Hinblick auf die baulich-räumlichen Erscheinungsformen und Konsequenzen von Bevölkerungsverlusten und die Art und Weise, wie die Städte damit umgehen, einer gesonderten Betrachtung unterzogen werden.

„Wie gefährdet sind in den neuen Ländern die Altbauquartiere der Innenstädte und innenstadtnahen Wohngebiete?" – dies ist die zentrale Frage, der *Wulf Eichstädt* in seinem Beitrag „Altbauquartiere im Stadtumbau" nachgeht. Auf der Basis einer genauen Analyse von Alter, Zusammensetzung, Eigentümerstruktur und Leerstandsquoten der Altbaubestände in den neuen Ländern werden typische Problemquartiere herausgearbeitet. Dabei wird mit Nachdruck auf die Unterschiede zwischen Städten unterschiedlicher Lage und Größenordnung hingewiesen, insbesondere darauf, daß es keineswegs nur die Großstädte sind, die unter besonders gravierenden Wohnungsleerständen zu leiden haben, sondern auch und gerade die Klein- und Mittelstädte, darunter vor allem die, die außerhalb des Ausstrahlungsbereichs der großen Zentren liegen. Bei diesen wird denn auch Skepsis laut, ob die empfohlenen Stabilisierungs- und Revitalisierungsstrategien noch greifen und ob nicht in Zukunft mancherorts „die Gärtner die Arbeit der Bauleute übernehmen" müssen.

Unter allen ostdeutschen Städten kommt Leipzig insofern eine Schlüsselrolle zu, als es die Stadt relativ früh verstanden hat, für den Umgang mit massiven und räumlich konzentrierten Leerständen und Brachen ein maßstabsgerecht darauf zugeschnittenes Instrumentarium zu entwickeln. *Wolfgang Kunz* gibt einen ebenso umfassenden wie differenzierten Bericht sowohl über dies Instrumentarium wie über die Erfahrungen und Überlegungen, aufgrund derer es stetig weiterentwickelt und sich ändernden experimentellen Bedingungen angepaßt wurde. Dies gilt nicht zuletzt für die oft zitierten Gebietstypen, die von vornherein darauf angelegt waren, daß sie nicht nur die unterschiedlichen Entwicklungspotentiale der Gebiete, sondern auch bereits die Zielkategorien und Maßnahmen, mit denen diese Potentiale ausgeschöpft werden sollen, zum Ausdruck bringen. Beispiele für den Umgang mit beschädigten Stadträumen, bei denen mit Hilfe einprägsamer Bilder desolate städtebauliche Situationen mit neuen, vorwiegend landschaftlich geprägten Bedeutungsgehalten aufgeladen wurden, ergänzen den Bericht.

Auch der Beitrag von *Kees Christiaanse, Mark Michaeli* und *Tim Rieniets* geht davon aus, daß Begriff und Realität des perforierten Raums sich dem klassischen Selbstverständnis und der planerischen und entwerferischen

Praxis eines traditionellen Städtebaus weitgehend entziehen. Daraus werden Fragen nach der Tragfähigkeit und Robustheit städtebaulicher Pläne und den spezifischen Handlungsfeldern des Städtebaus im perforierten Raum abgeleitet. Die Antwort wird weniger in übergeordneten, integrierenden „Masterplänen" gesehen als in zeitlich und räumlich unabhängigen, sich aber dennoch ergänzenden Regeln, Mustern, Empfehlungen, die in der Summe jedoch ebenfalls übergeordnete Strukturen hervorbringen könnten – sofern jeder einzelne Eingriff die städtebaulichen Ziele und Qualitäten gleich einer DNA in sich trägt. Dabei käme Perforationen die Funktion von „Inkubatoren" für urbane Umbauprozesse zu.

Eine der Ausgangsfragen des Buches war gewesen, ob und wo Ansätze und Möglichkeiten zu erkennen sind, statt funktionslos gewordener baulicher Komponenten landschaftliche Elemente als konstituierende Elemente neuer stadträumlicher Strukturen zu entwickeln. Auch *Undine Giseke* geht davon aus, daß es in der Stadt immer mehr Flächen geben wird, für die sich keine bauliche Nutzung mehr abzeichnet und die daher Spielräume für mehr Freiraum in der Stadt eröffnen. Dabei geht es vor allem darum, ob und wie ungenutzte Bausubstanz und freie Räume neue, auch experimentelle Verbindungen eingehen können, die sie zu Sinnbildern einer kreativen Stadtentwicklung werden lassen. Angesichts des Umfangs mancher dieser Freiräume können oder müssen damit aber auch vermehrt extensive Landschaftselemente in die Stadt Einzug halten, die nicht mehr durch den Menschen, sondern durch die Natur selbst kultiviert werden. Der Beitrag schließt mit der Frage, ob sich die Löcher in den ehedem kohärenten Altbauquartieren mit den neuen weitläufigen Brachen zu einer neuartigen Schicht eher beiläufig entstandener städtischer Landschaft verbinden, die als Merkmal der nachindustriellen Stadt gelten kann.

Günter Nagel erinnert zunächst daran, daß Stadt und Landschaft sich keineswegs immer als Antagonismen gegenüberstanden, sondern zu verschiedenen Zeiten auf verschiedenen Maßstabsebenen eng miteinander verflochten waren. Potentiale für eine neue Verbindung von Stadt und Landschaft werden vor allem auf drei Ebenen gesehen, auf der Ebene der Wohnungen und ihrer Außenräume, auf der Ebene der Stadtteile und auf der gesamtstädtischen Ebene. Hierfür werden Bausteine entwickelt, deren Überlagerung mit den jeweiligen örtlichen Gegebenheiten zu einer Vielzahl von Kombinationsmöglichkeiten führt, die sowohl den Bedürfnissen einer heterogenen Bewohnerschaft angepaßt werden als auch den zahlreichen finanziellen und institutionellen Restriktionen, denen (auch) die Grünplanung heute unterliegt, Paroli bieten können.

Abschließend stellt sich die Frage, wie die Methoden, Instrumente und Verfahren beschaffen sein müssen, die unter den Bedingungen des Schrumpfens für die planerische Vorbereitung und Durchsetzung neuer Konzepte erforderlich sind. Dabei geht es in dem Beitrag von *Heidede Becker* insbesondere darum, Strategien und Konzepte herauszuarbeiten, die einerseits klare Orientierungen für kurz- und mittelfristige, auch temporäre Lösungen bieten, andererseits ausreichend offen bleiben für (noch) diffuse längerfristige Entwicklungsverläufe. Ob und wie dies möglich ist, wird vor dem Hintergrund eines gewandelten Planungsverständnisses am Beispiel des planungsrechtlichen Instrumentariums, der Steuerungsmöglichkeiten durch städtebauliche Entwicklungskonzepte, des in Um- und Zwischennutzungen enthaltenen Innovationspotentials, schließlich des Ausbaus leistungsfähiger Informations- und Beobachtungssysteme untersucht.

1 Vgl. Lütke Daldrup, Engelbert, Die perforierte Stadt. Eine Versuchsanordnung, in: Stadtbauwelt 150, Heft 24/2001, S. 40–45
2 Die Grundlagen für den heute sichtbaren Verfall sind allerdings schon weit früher gelegt worden: zunächst durch das 1976 beschlossenen Wohnungsbauprogramm der DDR, das alle verfügbaren Mittel in den Wohnungsneubau am Stadtrand lenkte, dann aber auch nach der Wende durch die massive steuerliche Förderung auch des Mietwohnungsneubaus in den Außenbezirken im Rahmen des Aufbaus Ost.
3 Zu den Wechselwirkungen zwischen demographischen und ökonomischen Prozessen auf der kommunalen Ebene vgl. Franz, Peter, Schrumpfende Städte – Schrumpfende Wirtschaft? Der Fall Ostdeutschland, in: Deutsche Zeitschrift für Kommunalwissenschaften, Heft I/2004, S. 33–50
4 Immerhin hatte Großbritannien im Jahr 2004 noch einen Bevölkerungszuwachs von 335 000 Personen zu verzeichnen, Deutschland aber, als einziges Land innerhalb der „alten" EU, bereits einen Verlust von 31 000 Personen, der sich im Jahr 2006 auf 130 000 Personen erhöht hat.
5 Vgl. Bodenschatz, Harald, Vorbild England: Urban Renaissance. Zentrumsumbau in Manchester, in: Die Alte Stadt, Heft 1/2006, S. 22ff

Erika Spiegel
Weniger – älter – bunter. Demographische Rahmenbedingungen der Stadtentwicklung

Rückblick

Die Bevölkerungsentwicklung der Bundesrepublik war in der zweiten Hälfte des 20. Jahrhunderts durch ein selbst im historischen Vergleich ungewöhnliches Bevölkerungswachstum geprägt. Dies gilt jedoch nur für die „alte" Bundesrepublik, deren Bevölkerung zwischen 1950, als die kriegsbedingten Bevölkerungsverschiebungen im Wesentlichen abgeschlossen waren, und 2000 von knapp 50 auf reichlich 67 Millionen zunahm.[1] Die Bevölkerung der so genannten „Ostzone", der späteren DDR, ging auch schon zwischen 1950 und 1989, dem Jahr der deutschen Einigung, von 18,4 auf 16,6 Millionen zurück, und sie ist bis 2 000 weiter auf 15,1 Millionen zurückgegangen. Allerdings gab es auch im Westen bereits zwischen 1974 und 1985 einen Rückgang der Bevölkerung um immerhin mehr als eine Million Einwohner, zu dieser Zeit in erster Linie aufgrund vermehrter Rückwanderungen der ehemaligen „Gastarbeiter" in ihre Heimatländer. Zusammen mit den damaligen Prognosen des Statistischen Bundesamtes, die – ohne Berücksichtigung der Zuwanderung aus dem Ausland – schon für die Jahre bis 2030 einen Rückgang der Bevölkerung um etwa ein Drittel in Aussicht stellten, führte dies auch schon zu ersten Überlegungen, wie auf Seiten der Stadt- und Landesplanung mit einem dauerhaften Bevölkerungsrückgang umzugehen sei.[2] Diese Überlegungen verstummten jedoch sehr bald wieder, als nach 1988, bedingt durch das Zusammentreffen eines wachsenden Zustroms von Aussiedlern, Asylbewerbern und Bürgerkriegsflüchtlingen, eine nach Umfang und zeitlicher Konzentration beispiellose Zuwanderung aus dem Ausland einsetzte, die im Jahr 1992 mit einem Wanderungsgewinn von 780 000 Personen einen vorläufigen Höhepunkt erreichte. Die Erinnerung an diesen plötzlichen Umschwung von einem ersten Bevölkerungsrückgang zu einer markanten

Bevölkerungszunahme hat bis heute bei vielen der damaligen Zeitgenossen die Einstellung zur Dauerhaftigkeit von Bevölkerungsrückgängen und zur Glaubwürdigkeit selbst der seriösesten Prognosen geprägt.
Dabei wird jedoch vergessen, daß dieser Umschwung ausschließlich der vermehrten Zuwanderung aus dem Ausland zuzuschreiben war. Hätte die Bundesrepublik nicht zwischen 1990 und 2002 etwa 4 Millionen Zuwanderer von jenseits ihrer Grenzen aufgenommen, so hätte sie schon in diesen Jahren wieder knapp eine Million Einwohner verloren, jetzt vor allem aufgrund der schnell wachsenden Sterbeüberschüsse der deutschen Bevölkerung. Nachdem die Geburtenrate schon 1970 das Bestandserhaltungsniveau von durchschnittlich 2,1 Geburten pro Frau unterschritten und sich seit Ende der 1970er Jahre auf einem Niveau von 1,3 bis 1,4 Geburten pro Frau eingependelt hatte, mußte klar sein, daß die Bundesrepublik schon mittelfristig, erst recht aber langfristig mit erheblichen Bevölkerungsrückgängen zu rechnen haben würde. Allerdings wird diese Tatsache zwar nicht geleugnet, in ihrer Brisanz aber doch abgeschwächt, wenn immer noch weit seltener von einem Bevölkerungsrückgang als von einem „Demographischen Wandel" die Rede ist, einem verharmlosenden Oberbegriff, für den nur spricht, daß er neben der zahlenmäßigen Entwicklung auch die Änderung der Altersstruktur und die Zunahme der Bevölkerung mit Migrationshintergrund einschließt. Um die sich dahinter verbergenden konkreten Veränderungen der Bevölkerung der Bundesrepublik anschaulicher zu machen, wird daher oft auf die drei Kürzel „weniger", „älter", „bunter" zurückgegriffen. Das soll auch hier geschehen.

„weniger"

Nachdem die Bundesrepublik Ende des Jahres 2002 mit 82 537 000 Einwohnern ihren bisher höchsten Bevölkerungsstand erreicht hatte, ist die Bevölkerung kontinuierlich, wenn auch vorerst nur geringfügig zurückgegangen, auf 82,31 Millionen Einwohner Ende des Jahres 2006. Bei einer Geburtenrate, die fast genau um ein Drittel unter dem für eine Bestandserhaltung der Bevölkerung erforderlichen Niveau liegt, und einer Zuwanderung, die, wenn sie nicht die Marke von mehr als einer Million Zuwanderer jährlich überschreiten soll, die wachsenden Sterbeüberschüsse nicht ausgleichen kann, ist ein verstärkter Rückgang jedoch unvermeidlich.
Dabei hängen Ausmaß und Geschwindigkeit des Rückgangs im Wesentlichen von drei Faktoren ab: der Höhe der Geburtenrate, der Dauer der

Lebenserwartung und der Höhe der Wanderungsgewinne aus dem Ausland. Für die Geburtenrate gilt, daß die meisten Prognosen zurzeit von einer Stagnation bei etwa 1,4 Kindern pro Frau ausgehen, daß aber auch eine deutliche Erhöhung erst langfristig zur Wirkung kommen würde. Selbst bei einem – in dieser Höhe und Geschwindigkeit wenig wahrscheinlichen – Wiederanstieg auf 2,1 Geburten pro Frau schon bis zum Jahr 2025 würde sich erst um das Jahr 2080 ein Ausgleich der Geburtendefizite ergeben.[3] Bis dahin fehlen nicht nur die Kinder, sondern auch die potentiellen Mütter, die schon seit mehr als 30 Jahren nicht mehr in ausreichender Zahl geboren wurden. Die weiter zunehmende Lebenserwartung ist zwar von nicht zu unterschätzender Bedeutung für die Altersverteilung der Bevölkerung und die Funktionsfähigkeit der Sozialversicherungssysteme, sie trägt aber nicht entscheidend zur zahlenmäßigen Entwicklung der Bevölkerung bei. Entscheidend für diese ist die Höhe der Wanderungsgewinne aus dem Ausland.

Tabelle 1: Bevölkerungsentwicklung Deutschlands 2005–2050 nach unterschiedlichen Annahmen über die Höhe des Wanderungsgewinns aus dem Ausland (in Millionen)

	ohne Wanderungsgewinn	100 000 pro Jahr (Variante 1-W1)	200 000 pro Jahr (Variante 1-W2)
2005	82,4	82,4	82,4
2010	81,4	81,9	82,0
2020	78,3	80,1	81,3
2030	74,0	77,2	79,8
2040	68,8	73,4	77,3
2050	62,5	68,7	74,0

Die hier gezeigten Varianten gehen von einer gleichbleibenden Geburtenrate von knapp 1,4 und einem Anstieg der Lebenserwartung bis 2050 auf 83,5 Jahre bei männlichen und auf 88,0 Jahre bei weiblichen Neugeborenen aus.
Quelle: Statistisches Bundesamt (Hg.), Bevölkerung Deutschlands bis 2050. Ergebnisse der 11. koordinierten Bevölkerungsvorausberechnung, Wiesbaden 2006

Diese ist jedoch von schwer prognostizierbaren politischen, wirtschaftlichen und sozialen Faktoren abhängig. Daher müssen hierfür Annahmen getroffen werden, die sich nur entweder auf Erfahrungswerte aus der Vergangenheit stützen oder sich, was so deutlich allerdings selten gesagt wird, an eher normativ begründeten Zielvorstellungen für die Zukunft orientie-

ren können. Das Statistische Bundesamt, das sich auf Erfahrungswerte aus der Vergangenheit stützt, rechnet daher in seiner neuesten, der 11. Koordinierten Bevölkerungsvorausberechnung aus dem Jahr 2006 vorsichtshalber mit zwei unterschiedlichen Annahmen, nämlich Wanderungsgewinnen von 100 000 und 200 000 Personen im Jahr.
Dabei markieren die beiden Annahmen die Grenzen eines „Korridors", innerhalb dessen sich die künftige Bevölkerungszahl bewegen könnte. Dabei ist jedoch im Auge zu behalten, daß die faktischen Wanderungsgewinne aus dem Ausland in den Jahren 2004 und 2005 nur 83 000 bzw. 79 000 Personen betragen haben, im Jahr 2006, nach vorläufigen Schätzungen, nur 20-30 000 Personen. Im Auge zu behalten ist aber auch, daß in den letzten Jahren auch die Fortzüge deutscher Staatsangehöriger ins Ausland zugenommen haben, von 118 000 Personen im Jahr 2002 auf 144 800 Personen im Jahr 2005, wobei allerdings keine Differenzierung der neuen „Auswanderer" nach Personen, die die Bundesrepublik nur für einen Arbeitsaufenthalt im Ausland oder auf Dauer verlassen, möglich ist. Aus heutiger Sicht spricht also vieles für eine Entwicklung allenfalls entlang der unteren Grenze von 100 000 Zuwanderern netto im Jahr.
Im Vergleich zur 10. Koordinierten Vorausberechnung aus dem Jahr 2003, deren mittlere Variante mit einem Wanderungsgewinn von 200 000 Personen im Jahr noch fast allen derzeit verwandten regionalen und sektoralen Prognosen zugrunde liegt, ergibt sich demnach bei einem jährlichen Wanderungsgewinn von lediglich 100 000 Personen bis zum Jahr 2020 statt einer Bevölkerungszunahme von 1,3 Millionen Einwohnern eine Bevölkerungsabnahme von 2,3 Millionen, dies vor allem aufgrund der wachsenden Sterbeüberschüsse. Wenn immer wieder auch noch andere Prognosen angeführt werden, die zum Teil noch mit höheren Wanderungsgewinnen rechnen – oft ohne diesen ihren normativen Charakter ausreichend deutlich zu machen – , so ist dabei in Rechnung zu stellen, daß sie häufig bestimmte Interessenlagen im Blick haben, etwa den langfristigen Arbeitskräftebedarf der deutschen Wirtschaft oder die Auslastung der Bau- und Wohnungswirtschaft. Auch bei Prognosen müssen daher stets die jeweiligen Verwendungszusammenhänge und die dahinter stehenden Interessen im Auge behalten werden.
Bei Prognosen der Wohnungsnachfrage ist zusätzlich zu berücksichtigen, daß nicht Individuen, sondern Haushalte Träger der Wohnungsnachfrage sind. Aufgrund der kontinuierlichen Zunahme der älteren Ein- und Zweipersonenhaushalte wurde daher bisher für die Jahre bis 2020 auch noch mit einer Zunahme der Zahl der Haushalte insgesamt – und damit auch

der Nachfrage nach Wohnungen – gerechnet. Auch die damit verbundenen Erwartungen werden sich kaum aufrechterhalten lassen.
In jedem Falle aber wird die Bevölkerungsentwicklung von großen regionalen Unterschieden geprägt sein.[4] Dies gilt nicht nur für die Unterschiede zwischen den alten und den neuen Bundesländern, die heute noch die meiste Aufmerksamkeit auf sich ziehen, sondern auch für Unterschiede zwischen den einzelnen Ländern, zwischen den Regionen, innerhalb der Regionen, nicht zuletzt zwischen den Kernstädten und ihrem engeren und weiteren Umland. Dabei sind auch in den alten Ländern zurzeit schon von deutlichen Bevölkerungsrückgängen betroffen:
– altindustrialisierte Regionen wie das Ruhrgebiet, Teile des Saarlandes, die vom Niedergang der Werftindustrie besonders betroffenen Küstenstädte, aber auch einzelne Mittelstädte, die ebenfalls ihre industrielle Basis verloren haben, etwa Selb in Bayern oder Pirmasens in der Pfalz,
– periphere, schon bisher relativ dünn besiedelte ländliche Regionen, ob im nördlichen Schleswig-Holstein, im südlichen Niedersachsen, in Oberhessen, Oberfranken, sogar in Teilen des Schwarzwalds,
– Kernstädte, und zwar nicht nur in solchen Verdichtungsräumen, die kein oder nur noch ein mäßiges Wachstum aufweisen können, sondern auch in sonst durchaus noch prosperierenden Regionen,
– innerhalb der Kernstädte Quartiere, in denen sich ein nicht mehr heutigen Ansprüchen genügender Wohnungsbestand, Umweltdefizite und eine ungünstige Lage innerhalb des Stadtgebietes überschneiden,
Diese Gebiete werden auch in Zukunft die größten Verluste zu verzeichnen haben. Daneben wird es jedoch auch noch weiter wachsende Regionen und Städte geben, dies vor allem im Umland der Hansestädte, entlang der Rheinschiene zwischen Köln und Mainz, am Oberrhein, in Baden-Württemberg und in Oberbayern. Allerdings werden sich die Gewichte zwischen wachsenden und schrumpfenden Regionen verschieben. Selbst nach den bisherigen, noch mit einem Wanderungsgewinn von 230 000 Personen im Jahr rechnenden Prognosen des Bundesamtes für Bauwesen und Raumordnung (BBR) würde die Zahl der Kreise, die noch Bevölkerungszuwächse zu verzeichnen haben, schon zwischen 2002 und 2020 von 302 auf 188 abnehmen, die der Kreise, die Rückgänge aufweisen werden, von 138 auf 252 zunehmen.[5]

Tabelle 2: Bevölkerungsentwicklung Deutschlands bis 2020 nach Kreistypen (1999=100)

	Alte Länder		Neue Länder	
	2010	2020	2010	2020
Agglomerationsräume	*100*	*99*	*103*	*106*
Kernstädte	97	95	99	100
Hochverdichtete Kreise	101	101	114	122
Verdichtete Kreise	103	104	104	108
Ländliche Kreise	105	107	111	119
Verstädterte Räume	*101*	*100*	*94*	*90*
Kernstädte	99	97	93	89
Verdichtete Kreise	102	102	93	89
Ländliche Kreise	101	100	95	92
Ländliche Räume	*101*	*101*	*93*	*89*
Ländliche Kreise höherer Dichte	102	102	94	89
Ländliche Kreise geringerer Dichte	100	99	93	89
Insgesamt	101	100	98	97

Die Prognose geht noch von einem jährlichen Wanderungsgewinn von 230 000 Personen aus.
Quelle: BBR (Hg.), Raumordnungsprognose 2020, Informationen zur Raumentwicklung, Heft 3/4, Bonn 2004

Geht man nicht von bestimmten Gebieten, sondern von Gebietstypen aus, so ergeben sich weitere Hinweise auf räumliche Differenzierungen. Diese betreffen zunächst einen durchgehenden Unterschied zwischen Ost und West. Während in den neuen Ländern ein deutlicher Konzentrationsprozeß in Richtung auf die Agglomerationsräume zu erwarten ist, werden sich in den alten Ländern die Dekonzentrationsprozesse fortsetzen, wenn auch in abgeschwächtem Ausmaß. Verlierer werden im Westen denn auch einerseits die Kernstädte sein, und zwar nicht nur in den großen Agglomerationsräumen, sondern auch in anderen verstädterten Räumen, andererseits aber auch weiter die ländlichen Räume geringerer Dichte. Gewinner werden vor allem die Kreise im Umland der Agglomerationsräume, in geringerem Ausmaß auch die Kreise im Umland der verstädterten Räume sein, Gewinner sind aber auch diejenigen unter den ländlichen Kreise, die heute schon höhere Dichten aufzuweisen haben. Auch im Osten sind die

größten Gewinner die Kreise im Umland der großen Agglomerationen, die größten Verlierer hier aber nicht nur die ländlichen Räume jedweder Dichte, sondern auch die verstädterten Räume, und das heißt in erster Linie: die Mittelstädte mit ihrem engeren Umland.
Weniger genau prognostizierbar und prognostiziert, aber heute schon zu erkennen sind die Unterschiede innerhalb der Kernstädte. Dort werden nicht nur die Lagevor- und -nachteile der einzelnen Stadtteile, sondern auch die jeweilige Altersstruktur der Bewohner, nicht zuletzt der Anteil der Zuwanderer für eine differenzierte Entwicklung sorgen.[6]
Dieses Bild steht in einem deutlichen Gegensatz zu den in den letzten Jahren immer häufiger geäußerten Erwartungen einer vermehrten Rückwanderung der Bevölkerung in die (Innen)städte. Soweit verläßliche Daten vorliegen, hatten etwa in den Jahren 2004 und 2005 zwar in der Tat zahlreiche Großstädte wieder Wanderungsgewinne zu verbuchen, dies jedoch fast ausschließlich aufgrund von Wanderungsgewinnen bei der Altersgruppe zwischen 20 und 30 Jahren und bei Ausländern. Die Wanderungsverluste bei Familien mit Kindern und bei den Altersgruppen über 50, auch noch über 65 Jahre hielten weiter an. Es bleibt also abzuwarten bzw. jeweils möglichst zeitnah zu überprüfen, wie sich die Wanderungsbilanzen zwischen den Städten und ihrem engeren und weiteren Einzugsbereich in Zukunft de facto entwickeln werden.[7]

„älter"

Bei allen Unsicherheiten der quantitativen Bevölkerungsentwicklung ist jedoch eines sicher: der Anteil der jüngeren Altersgruppen wird überall weiter abnehmen, der Anteil der älteren weiter zunehmen. Dabei unterliegt die Altersverteilung zunächst noch deutlichen Wellenbewegungen, die den starken Schwankungen der Geburtenhäufigkeit zwischen 1960 und 1980 und deren „Echo-Effekten" zuzuschreiben sind und die erst nach 2020 langsam auslaufen werden.

Tabelle 3: Bevölkerungsentwicklung Deutschlands 2004–2020 nach Altersgruppen (Variante 1-W1 mit 100 000 Zuwanderern netto pro Jahr)

	2004		2010		2020	
	in Mio.	Index	in Mio.	Index	in Mio.	Index
unter 20 Jahre	16,7	100	15,0	90	13,5	81
20 bis 40 Jahre	21,9	100	19,8	90	18,8	86
40 bis 60 Jahre	23,4	100	25,5	109	23,3	100
60 bis 80 Jahre	17,0	100	17,2	101	18,6	109
80 und mehr Jahre	3,6	100	4,3	119	5,9	164
Gesamt	82,5	100	81,9	99	80,1	97

Quellen: Daten für 2004: Statistisches Bundesamt (Hg.), Statistisches Jahrbuch für die Bundesrepublik Deutschland 2006, Wiesbaden, 2006; Daten für 2010 und 2020: Statistisches Bundesamt (Hg.), Bevölkerung Deutschlands bis 2050. Ergebnisse der 11. koordinierten Bevölkerungsvorausberechnung, Wiesbaden 2006

Insofern hat die Verschiebung der Altersstruktur aber auch bereits relativ früh weit größere Aufmerksamkeit gefunden als der zu erwartende Rückgang der Bevölkerung, dies zunächst vor allem wegen ihrer Auswirkungen auf den Bedarf an altersspezifischer Infrastruktur, dann aber auch, und zunehmend, wegen ihrer Folgen für die Funktionsfähigkeit der Sozialversicherungssysteme. Dabei ging es zunächst um die rapide Abnahme der Kinder und Jugendlichen im Vorschul- und Schulalter mit ihren jeweiligen Folgen für den Bedarf an Kindergärten, Grund-, Haupt- und weiterführenden Schulen. Und diese Abnahme wird sich fortsetzen. Bis zum Jahr 2020 ist mit mehr als 3 Millionen weniger unter 20-Jährigen zu rechnen. Trotzdem hat sich – wo nicht Schulschließungen bei Eltern und Lehrern laute Proteste auslösen – das Interesse inzwischen auf die wachsende Zahl der Älteren und Alten verlagert, deren Wohn- und Betreuungsbedürfnisse zurzeit Gegenstand einer großen Zahl von Untersuchungen, Modellvorhaben und Programmen sind.

Weit weniger Aufmerksamkeit fand bisher, daß schon sehr bald auch Zahl und Anteil der Erwachsenen jüngeren und mittleren Alters fast ebenso massiv zurückgehen werden wie Zahl und Anteil der Kinder und Jugendlichen. Und wenn dies Aufmerksamkeit fand, dann am ehesten wegen der damit verbundenen Alterung des Erwerbspersonenpotentials, das auch die weit verbreitete – und staatlich geförderte – Praxis der Frühverrentung in Frage stellt. In diese jüngeren und mittleren Altersgruppen, insbesondere die der 30- bis 45-Jährigen, fällt aber auch die Mehrzahl der Nachfrager nach Familienwohnungen auf dem Wohnungsmarkt. Verstärkt durch die Nachwirkungen des so genannten Pillenknicks wird ihre Zahl schon bis zum Jahr 2015 um knapp 4,5 Millionen, im Durchschnitt jährlich um etwa 400 000 Personen abnehmen. Die „jungen Familien mit Kindern", die genau in diese Altersgruppe fallen, werden also nicht nur aus bevölkerungspolitischen Gründen so heiß umworben. Sie werden mehr und mehr zu einem „knappen Gut", um das auch Wohnungsunternehmen und Kommunen hart konkurrieren.

Sieht man von den deutlichen Unterschieden zwischen den neuen und den alten Ländern ab, die vor allem durch den Einbruch der Geburtenzahlen in den Jahren unmittelbar nach der Wende und die arbeitsplatzbedingte Abwanderung jüngerer Personen, oft Frauen, bedingt sind, so sind die Unterschiede der Altersverteilung zwischen den einzelnen Ländern heute noch nicht so groß, als daß sie die künftige Bevölkerungsverteilung erheblich beeinflussen dürften. Dies kann sich jedoch ändern, wenn unterschiedliche Entwicklungsperspektiven auch in den alten Ländern zu verstärkten altersspezifischen Wanderungsbewegungen zwischen den Ländern führen sollten, wie dies schon jetzt etwa zwischen Nordrhein-Westfalen und Baden-Württemberg oder Bayern der Fall ist.

Demgegenüber bestehen auf der stadtregionalen und lokalen Ebene bereits heute teilweise erhebliche Altersunterschiede sowohl zwischen den Kernstädten und den Umlandgemeinden wie zwischen einzelnen Stadtteilen, dort allerdings weniger aus arbeitsplatz- als aus wohnungs- und umweltbedingten Gründen. Ausschlaggebend sind dabei vor allem die unterschiedlichen Wohn- und Standortpräferenzen der einzelnen Altersgruppen und Haushaltstypen, aber auch der Anteil an Migranten, der stets zu einer Verjüngung der Quartiersbevölkerung führt, schließlich das Jahr der Fertigstellung und des Erstbezugs der Wohnungen. Insgesamt ist aber eine generelle strukturelle Überalterung der Kernstädte, wie sie lange Zeit befürchtet wurde, nicht zu erwarten. Im Gegenteil. Die meisten Kernstädte profitieren von der kontinuierlichen Verjüngung, die sich aus dem stetigen Zustrom von 18- bis 30-Jährigen, die dort ihre Ausbildungs-, vielleicht auch noch ihre ersten Berufsjahre verbringen, ergibt, und auch aus ihrer Funktion als Eingangsschleuse für Zuwanderer aus dem Ausland, die ebenfalls zu einer strukturellen Verjüngung beitragen.

„bunter"

Im Jahr 2005 lebten in der Bundesrepublik etwa 7,3 Millionen als solche registrierte Ausländer, knapp 9 Prozent der Bevölkerung. Zählt man die Personen hinzu, die zwar die deutsche Staatsangehörigkeit besitzen, aber einen Migrationshintergrund haben, so waren es mehr als doppelt so viel, 15,3 Millionen bzw. knapp 19 Prozent.[8] Je nach der Höhe des jährlichen Wanderungsgewinns aus dem Ausland werden es in Zukunft deutlich mehr sein. Auch bei einem jährlichen Wanderungsgewinn von nur 100 000 Personen würden schon bis zum Jahr 2020 knapp 17 Millionen, etwa 21 Prozent der Bevölkerung einen Migrationshintergrund haben. Und auch die Zahl der Herkunftsländer wird zunehmen, und sie werden häufiger außerhalb Europas liegen. Schon heute machen die Türken, für viele immer noch der Prototyp des Zuwanderers, der zum Einwanderer geworden ist, nur noch knapp 25 Prozent der ausländischen Bevölkerung aus, wobei man sicher die Einbürgerungen der letzten Jahre in Rechnung stellen muß. Dagegen ist die vermehrte Zuwanderung aus den neuen östlichen Mitgliedsstaaten der Europäischen Union mit ihren zurzeit noch hohen Arbeitslosenraten, auf die sich Hoffnungen wie Befürchtungen gleichermaßen richteten, weitgehend ausgeblieben, dies allerdings auch aufgrund der Einschränkungen der Arbeitnehmerfreizügigkeit gegenüber diesen Staaten. Diese Zuwanderung wird daher zurzeit überwiegend von den drei Staaten aufgefangen, die ihre Arbeitsmärkte frühzeitig für die neuen EU-Bürger geöffnet haben, insbesondere Großbritannien, das auch eine baldige Einbürgerung verspricht, aber auch Irland und Schweden. Angesichts der schon seit Anfang der neunziger Jahre abnehmenden Bevölkerung in den neuen Mitgliedsstaaten – die Geburtenraten liegen noch unter denen in den alten Mitgliedsstaaten – und ihrer Attraktivität als Investitionsstandorte werden sich aber potentiellen Auswanderern schon mittelfristig auch in ihren Heimatländern vermehrte Chancen bieten.
Wo, wenn man asiatische Länder wie China, Thailand und Vietnam, aus denen zurzeit vermehrt Zuwanderer kommen, außer Betracht läßt, die wichtigsten Herkunftsländer der Zukunft liegen könnten, wird deutlich, wenn man die Geburtenraten der europäischen Länder mit denen der südlichen Anrainerstaaten des Mittelmeers vergleicht. Die – legale wie illegale – Einwanderung von dort wird zwar zurzeit noch überwiegend von Spanien, in geringerem Ausmaß auch von Italien aufgenommen, die, trotz eines negativen Geburtensaldos, im Jahr 2005 Bevölkerungszuwächse von

720 000 bzw. 290 000 Personen verbuchen konnten. Für viele der Einwanderer bilden diese Länder aber nur eine erste Durchgangsstation. Demgegenüber und auch im Vergleich mit anderen europäischen Ländern betreibt die Bundesrepublik eine ausgesprochen restriktive Zuwanderungspolitik. Jeder Zuwanderer weniger wird als Erfolg gewertet, die Tatsache, daß jeder Zuwanderer weniger die Bevölkerungsprognosen, von denen auch Bund, Länder und Gemeinden bei ihren Planungen ausgehen, ad absurdum führt, wird weitgehend ignoriert. Und wenn für die Zukunft eine – sorgfältig dosierte – Einwanderung zugelassen werden soll, so wird damit gerechnet, daß dabei die Qualifikation der Einwanderer und spezifische Engpässe auf dem deutschen Arbeitsmarkt als wichtigste Auswahlkriterien eingesetzt werden können. Dabei wird in der Regel übersehen, daß von den 20 000 Green Cards für IT-Fachkräfte, die schon im Jahr 2000 beschlossen wurden, bis zum Jahr 2004 nur knapp 15 000 von Personen in Anspruch genommen worden sind, die neu aus dem Ausland kamen und nicht schon vorher in der Bundesrepublik ansässig waren. Dies spricht nicht eben für eine hohe Attraktivität der Bundesrepublik für qualifizierte Einwanderer. Erst recht übersehen wird, daß auch von den anderen EU-Staaten keiner eine Geburtenrate von 2,1, die die Bestandserhaltung seiner Bevölkerung garantieren würde, aufweisen kann, daß also schon auf mittlere Sicht die Konkurrenz um Einwanderer, vor allem um qualifizierte Einwanderer, zunehmen wird und man sich fragen muß, ob die Bundesrepublik dabei besonders gute Karten hat. Es könnte durchaus sein, daß sich eher die Bundesrepublik für die Aufnahme von Einwanderern qualifizieren muß als Einwanderer für eine Aufnahme in die Bundesrepublik.
In jedem Falle wird sich die Bevölkerung mit Migrationshintergrund noch mehr als die deutsche Bevölkerung ungleich über die Bundesrepublik verteilen. Sieht man von den Unterschieden zwischen den neuen und den alten Ländern und den Unterschieden zwischen den einzelnen alten und neuen Ländern ab, so konzentriert sie sich schon heute im wesentlichen auf die großen Verdichtungsräume, wo sich auch die Arbeitsplätze, die für Migranten in Frage kommen, konzentrieren, und dort auf die Kernstädte, wo sie am ehesten mit einem Wohnungsangebot, das ihren Bedürfnissen und Möglichkeiten entspricht, rechnen können. Ein solches Wohnungsangebot aber findet sich vor allem in nicht oder nur bescheiden sanierten innerstädtischen Altbaugebieten, wo die Mieten entsprechend niedrig sind, oder in den Großsiedlungen am Stadtrand, wo die Wohnungsämter, sofern sie sich um die Unterbringung von Zuwanderern kümmern müssen, noch auf Belegungsrechte zurückgreifen können.

Auch in Zukunft werden vor allem die innerstädtischen Altbaugebiete die Masse der Zuwanderer aufnehmen, ob als Durchgangsschleuse oder als Dauerwohnsitz, die Großsiedlungen am Stadtrand nur noch dann und dort, wo trotz der sich weiter auflockernden Wohnungsmärkte auch Zuwanderern keine Alternativen zur Verfügung stehen. Sollte es gelingen, vermehrt auch qualifizierte Zuwanderer zu gewinnen, so werden sich diese, wie die Erfahrung lehrt, sehr bald auch räumlich kaum anders verteilen als die einheimische Bevölkerung gleichen Bildungs- und Einkommensniveaus auch. Sie werden jedoch in der Minderheit bleiben. In Städten, die, wie Frankfurt, Stuttgart oder München, schon heute Ausländeranteile von 20 bis 30 Prozent – und entsprechend höhere Migrantenanteile – aufweisen, wird die Zahl der Quartiere, in denen Migranten die Mehrheit bilden, daher weiter zunehmen.

Alle Versuche, dem durch eine gezielte Mischung mit der einheimischen Bevölkerung entgegenzutreten, sind bisher schon fehlgeschlagen, und sie werden auch in Zukunft fehlschlagen, sei es, weil es keine Steuerungsmöglichkeiten über die Wohnungsvergabe mehr gibt, sei es, weil die Zahl der Deutschen, die überhaupt für eine solche Mischung zur Verfügung stehen, weiter abnimmt, sei es schließlich, weil auch und gerade neue Zuwanderer nur in solchen Quartieren auf die familiären und ethnischen Netzwerke zurückgreifen können, die ihnen den Neubeginn in einem fremden Land erleichtern – und damit auch staatliche und kommunale Aufnahmestellen entlasten. Wenn aber eine weitere Konzentration von Migranten in solchen Stadtteilen nicht zu verhindern ist, dann gewinnt doppelt an Bedeutung, daß die damit häufig verbundene Stigmatisierung sowohl durch eine auf ihre Bedürfnisse zugeschnittene Infrastruktur wie durch eine sorgfältige Gestaltung und Pflege des öffentlichen Raumes kompensiert wird.

Anmerkungen

1 Ab 2001 werden die Bevölkerungszahlen für das frühere Bundesgebiet ohne Berlin West ausgewiesen. Ein Vergleich mit früheren Jahren ist damit nicht mehr möglich.
2 So stand die gemeinsame Jahrestagung der Akademie für Raumforschung und Landesplanung und der Deutschen Akademie für Städtebau und Landesplanung im Jahr 1975 unter dem Titel „Planung unter veränderten Verhältnissen", wobei unter „veränderten Verhältnissen" in erster Linie der Geburtenrückgang zu verstehen und auch die Wahl des Tagungsortes, Duisburg, insofern Programm war, als die kreisfreien Städte des Ruhrgebiets bereits zwischen 1960 und 1971 165 000 Einwohner verloren hatten. Vgl. auch ARL (Akademie für Raumforschung und Landesplanung) (Hg.), Planung unter veränderten Verhältnissen. Referate und Diskussionsberichte anläßlich der Wissenschaftli-

chen Plenarsitzung 1975 in Duisburg, Reihe Forschungs- und Sitzungsberichte, Band 108, Hannover 1976, S. 67f
3 Vgl. Birg, Herwig, Die demographische Zeitenwende. Der Bevölkerungsrückgang in Deutschland und Europa, München 2001, S. 117
4 Vgl. den Beitrag von Elke Pahl-Weber und Nicolai Roskamm in diesem Band.
5 BBR (Bundesamt für Bauwesen und Raumordnung) (Hg.), Raumordnungsprognose 2020. Heft 3/4 der Informationen zur Raumentwicklung, Bonn 2004, S. 112ff Das BBR, dessen Prognosen wegen ihrer räumlichen und gebietstypenspezifischen Differenzierung besondere Aufmerksamkeit verdienen, beabsichtigt zurzeit nicht, seine Prognosen zu aktualisieren. Das Amt geht dabei davon aus, daß sich eine Veränderung der auf die gesamte Bundesrepublik bezogenen Annahmen zur Höhe des Zuwanderungsgewinns aus dem Ausland nicht wesentlich auf die regionalen Unterschiede der Bevölkerungsentwicklung auswirken dürfte.
6 Vgl. den Beitrag von Erika Spiegel zum Thema „Wohnen" in diesem Band.
7 Vgl. die vom BBR herausgegebene Online-Publikation Nr. 8/2006 „Herausforderungen deutscher Städte und Stadtregionen", die auf der laufenden, auch kleinräumig differenzierenden Raumbeobachtung des Amtes basiert und ein realistisches Bild der Wanderungen auch auf stadtregionaler und innerstädtischer Ebene vermittelt. Vgl. auch Sigismund, Markus, Zurück in die Stadt?, in: Bundesbaublatt 5, 2006, S. 14–16
8 Vgl. Statistisches Bundesamt (Hg.), Ergebnisse des Mikrozensus 2005, Wiesbaden 2006, S. 74f

Gerd Albers
Strukturmodelle für die Stadtentwicklung gerichtet auf Wachstumslenkung – geeignet für Schrumpfungslenkung?

1 Zur Klärung der Begriffe

Der Begriff der Struktur bezieht sich hier in erster Linie auf die räumliche Anordnung von Bereichen unterschiedlicher Nutzung, also auf die Verteilung menschlicher Tätigkeiten im Raum; dabei pflegen sich solche Unterschiede auch in der Form des baulichen Gefüges niederzuschlagen. Die Wirklichkeit bietet eine Fülle verschiedenartiger Strukturen, erwachsen aus örtlichen Verhältnissen und einer Vielfalt von Entscheidungen politischer und ökonomischer Art.
Die hier zu erörternden „Modelle" nun sind vereinfachende Darstellungen einer idealtypischen Anordnung – und wechselseitigen Zuordnung – solcher Nutzungsbereiche, von denen jeweils erwartet wird, daß sie den Bedürfnissen des einzelnen und der Gesellschaft möglichst weitgehend gerecht werden.
Mit dieser Definition stellen sich weitere Fragen – nach der Art der Bereiche, nach den Tätigkeiten, nach den Bedürfnissen. In den frühesten Modellen beschränken sich die Bereiche auf die Grobgliederung in Bauflächen und Freiflächen, zu ihnen kamen bald die Verkehrsinfrastruktur – Straße und Schiene – und die Differenzierung der Bauflächen nach der Art – manchmal auch der Intensität, also der Dichte – der Nutzung. Systematisch bildet sich also zunächst die Gliederung in zwei Grundkategorien an: für bestimmte Nutzungen eingerichtete Bereiche und deren Verbindungssysteme: „adapted spaces" und „flow systems" nach der „Theory of Urban Form" von Lynch und Rodwin.[1] Weitere Überlegungen führen dann zur Gliederung nach Nutzungskategorien und zu den Fragen nach dem möglichen und wünschenswerten Grad der Mischung verschiedener Nutzungen und nach der sinnvollen Größenordnung

von Flächen unterschiedlicher Nutzung, also nach der „Körnung" des Nutzungsgefüges.

Zur Differenzierung der Bauflächen nach ihrer Nutzung findet sich schon in Reinhard Baumeisters erstem deutschen Fachbuch[2] ein Beitrag: ihre Gliederung in Geschäftsstadt, Industriebezirke und Wohnungsbezirke. Ähnliche Unterteilungen finden sich in einer Reihe späterer Werke wie auch in den rechtlichen Regelungen der Zonen- oder Staffelbauordnungen, die seit dem letzten Jahrzehnt des 19. Jahrhunderts üblich wurden.

Im Jahr 1933 definierten die „internationalen kongresse für neues bauen" – besser bekannt unter dem französischen Akronym CIAM – als die Funktionen der Stadt „Wohnen", „Arbeiten", „Erholung (und Bildung)" und „Verkehr" – diesen als Verbindungssystem für die den drei anderen Funktionen gewidmeten Flächenelemente. Es fällt auf, daß die wichtige Kategorie der Einrichtungen von zentraler Bedeutung – zur Versorgung mit Gütern und Leistungen – unerwähnt bleibt.

Gerade dieser Aspekt steht jedoch bei einer Reihe von Modellen im Vordergrund, die den Schwerpunkt auf die Stufung zentraler Einrichtungen und ihre zweckmäßige Anordnung zur Versorgung der Einwohner legen. Hier hat das Konzept der „Nachbarschaftseinheit", um Läden und Grundschule gruppiert, seinen Ursprung; in ihm überlagern sich rationale Gesichtspunkte zweckmäßiger Versorgung mit sozialpolitischen – von Kritikern eher als sozialromantisch bewerteten – Zielvorstellungen, durch solche räumliche Zuordnung zur Bildung und Festigung tragfähiger Gemeinschaften beizutragen.

Bei der Untersuchung derartiger Modelle zeigt sich, daß sie im Grunde zwei verschiedenen Zwecken dienen: sie sollen offenkundig den Zustand eines ausgewogenen und lebenskräftigen Stadtgefüges darstellen – eine statische Situation, aber sie sollen zugleich auch den Rahmen für eine dynamische Entwicklung, für die Steuerung von Wachstumskräften abstecken; dies jedoch in einer Weise, die zu jeder Zeit Zusammenhang und Funktionsfähigkeit des Stadtgefüges sichert. Aus der Sicht des frühen 21. Jahrhunderts betrachtet, legt diese Doppelfunktion die Frage nahe, welche Rolle solche Modelle bei der räumlichen Steuerung künftiger Schrumpfungsprozesse spielen können.

2 Zur Geschichte und Typologie der Strukturmodelle

Die zweite Hälfte des 19. Jahrhunderts war in Deutschland wie in vielen anderen Ländern durch ein stürmisches Stadtwachstum gekennzeichnet, das weitgehend durch die Industrialisierung bedingt war und sich zwangsläufig in der Inanspruchnahme neuer Bauflächen – vor allem für gewerbliche Nutzung und Wohnbauten – niederschlug. Hierfür galt es jeweils die technischen wie die rechtlichen Voraussetzungen zu schaffen; häufig genug ging dies in der Art schrittweiser Ad-hoc-Maßnahmen vor sich, seltener auf der Grundlage umfassender Konzepte. Einen frühen Beitrag zu diesem Thema bietet ein preußischer Ministerialerlaß von 1855 über die „Aufstellung und Ausführung städtischer Bau- und Retablissementspläne"; in ihm wird zwar ein umfassender Planungsansatz gefordert, aber zugleich vor verfrühter Verwirklichung von Teilen gewarnt – „wegen der inzwischen oft wesentlich veränderten Verkehrs- und sonstigen Verhältnisse."

Das spektakulärste deutsche Beispiel für großzügige Erweiterungspläne bietet der in den 1860er Jahren von James Hobrecht aufgestellte Bebauungsplan für Berlin, der auf eine Vervierfachung seiner Einwohnerzahl angelegt war. Die 1870 gegen diesen Plan vorgebrachte Kritik von Ernst Bruch markiert den Beginn einer Fachdiskussion über städtebauliche Strukturkonzepte.[3] Bruch geht es vor allem um die Erhaltung von Freiflächen im Siedlungsgefüge und um eine differenzierte Zentrenstruktur – beides auch weiterhin Kernanliegen struktureller Ordnungsvorschläge. Den Freiflächen widmet auch Arminius – die Gräfin Dohna-Poninski – in ihrem Buch „Die Großstädte in ihrer Wohnungsnot und die Grundlagen einer durchgreifenden Abhilfe"[4] besondere Aufmerksamkeit. Sie fordert die Begrenzung des kompakten Flächenwachstums der Großstädte durch einen Grüngürtel, jenseits dessen erst weitere Bauflächen zulässig sein sollen.

Es gibt zu denken, daß diese frühesten Beispiele für Modellkonzepte der Stadtstruktur nicht von Ingenieuren und Architekten, sondern von „Außenseitern" stammen, die erst später in die Ahnengalerie der Stadtplanung aufgenommen werden. In den ersten eigentlichen Fachbüchern zur Stadtplanung[5] – von Reinhard Baumeister (1876), Camillo Sitte (1889) und Joseph Stübben (1890) – findet sich keine bildliche oder diagrammatische Darstellung einer anzustrebenden Stadtstruktur – ebenso wenig wie Gedanken zur Gründung neuer Städte. Gerade dafür aber liefern die weiteren „Außenseiter" Theodor Fritsch (1896) und Ebenezer Howard (1898) eindrucksvolle Beispiele[6]; in beiden Fällen handelt es sich um konzentri-

Bebauungsplan für Berlin und Charlottenburg von James Hobrecht, 1862
Quelle: Senatsverwaltung für Bau- und Wohnungswesen Berlin, Abt. Vermessung (Hg.), Topographischer Atlas Berlin. Berlin (Dietrich Reimers Verlag) 1987, S.45

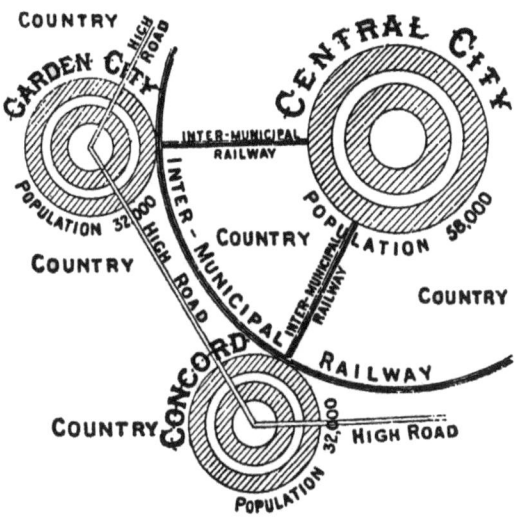

Regionale Einordnung der Gartenstadt nach Howard, 1898

sche Stadtmodelle. Howard propagierte die Gründung von in ihrer Einwohnerzahl (30 000) auf Dauer begrenzten Städten zur Entlastung großstädtischer Verdichtungsräume; weiteres Wachstum in diesen sollte durch Gründung neuer Städte aufgefangen werden. Fritsch schlug einen schrittweisen Ausbau von auf den Stadtkern bezogenen Sektoren vor; zwischen diese sollten keilförmige Freiflächen erhalten bleiben – eine Alternative zur Sicherung wohnungsnahen Freiraums durch den „Grüngürtel" um die Kernstadt.

Das Element der zwischen Stadtkern und umgebender Landschaft vermittelnden Grünzüge findet sich bei allen späteren konzentrischen Modellen[7] – von Heiligenthal (1920) über Wolf (1921) und Reichow (1948) bis zu Hillebrechts Regionalstadtmodell (1962), das in seiner wirklichkeitsnahen Differenzierung auch heute noch als aktuell gelten kann. Sie alle weisen vom Kern ausgehende radiale Siedlungsbänder entlang von Verkehrslinien auf, die durch Freiflächen getrennt sind; meist ist zugleich innerhalb der Bänder eine Zuordnung von Wohn- und Arbeitsstätten vorgesehen, um den auf das Zentrum gerichteten Verkehr in Grenzen zu halten.

Diese Modelle finden ihre Entsprechung in den konkreten Entwicklungskonzepten vieler Städte – so schon in Fritz Schumachers Modelldiagramm für Hamburg aus den zwanziger Jahren und im späteren Hamburger „Dichtemodell", im „Fingerplan" für Kopenhagen wie im Münchner Stadtentwicklungsplan der sechziger Jahre. Im Prinzip diesem „Sternmodell" ähnlich ist das „Kamm-Modell" des M.A.R.S. Planes (Modern Architects Research Society) für London (1938), dessen Siedlungsbänder nicht auf einen geschlossenen Stadtkern, sondern auf eine lang gestreckte Zentral- und Arbeitsstättenzone längs der Themse bezogen sind.[8] Als Hauptproblem des „Sternmodells" erkannte man bald die Überlastung des Zentrums, der man mit der Entwicklung von Nebenzentren zu begegnen suchte.

Hier spielt das Konzept der „Nachbarschaftseinheit", in den 1920er Jahren in den USA entwickelt, eine wichtige Rolle: es bietet gleichsam den kleinsten Baustein einer differenzierten Stadtstruktur mit einer Stufenfolge von Zentren. Auch die „internationalen kongresse für neues bauen" nehmen ihn 1933 in der Charta von Athen unter dem Begriff der „Wohneinheit angemessener Größe" auf.

Dieses Modell einer gestuften Hierarchie von Zentren – vom Nachbarschaftszentrum über das Stadtteilzentrum zum Stadtzentrum – liegt den Strukturkonzepten des ersten Typs (Mark One) der britischen New Towns (so Harlow, Stevenage, Crawley, um 1950) zugrunde; sie finden

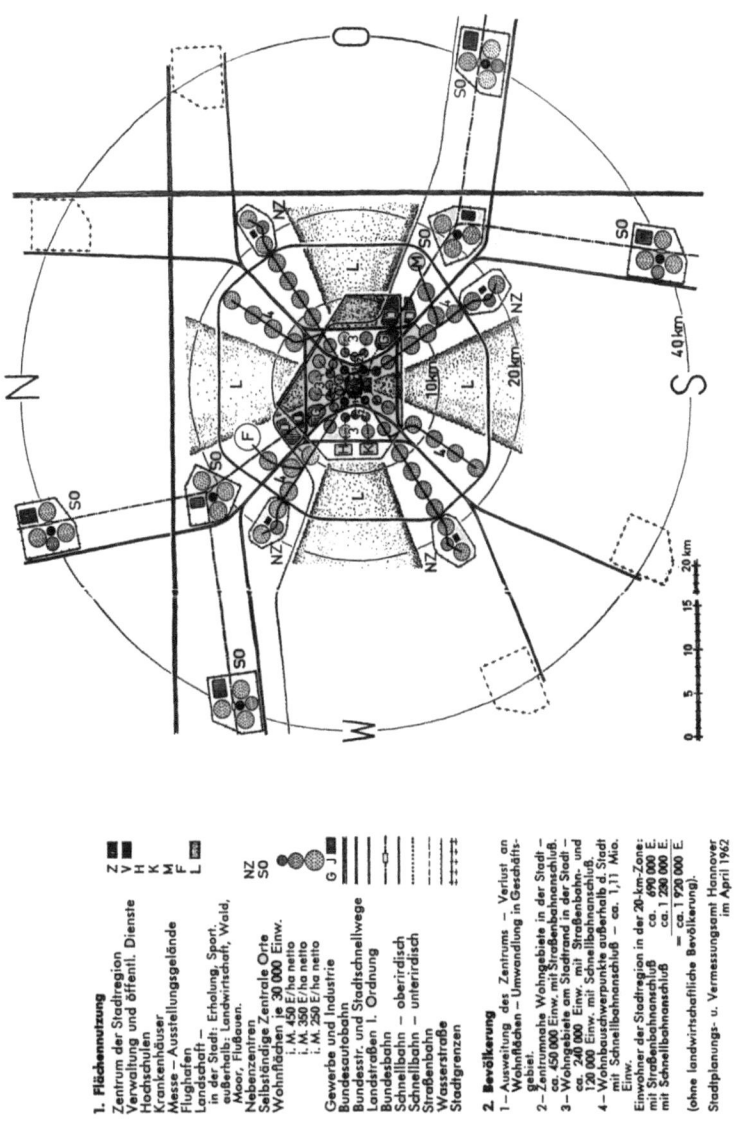

Regionalstadtmodell nach Hillebrecht, 1962

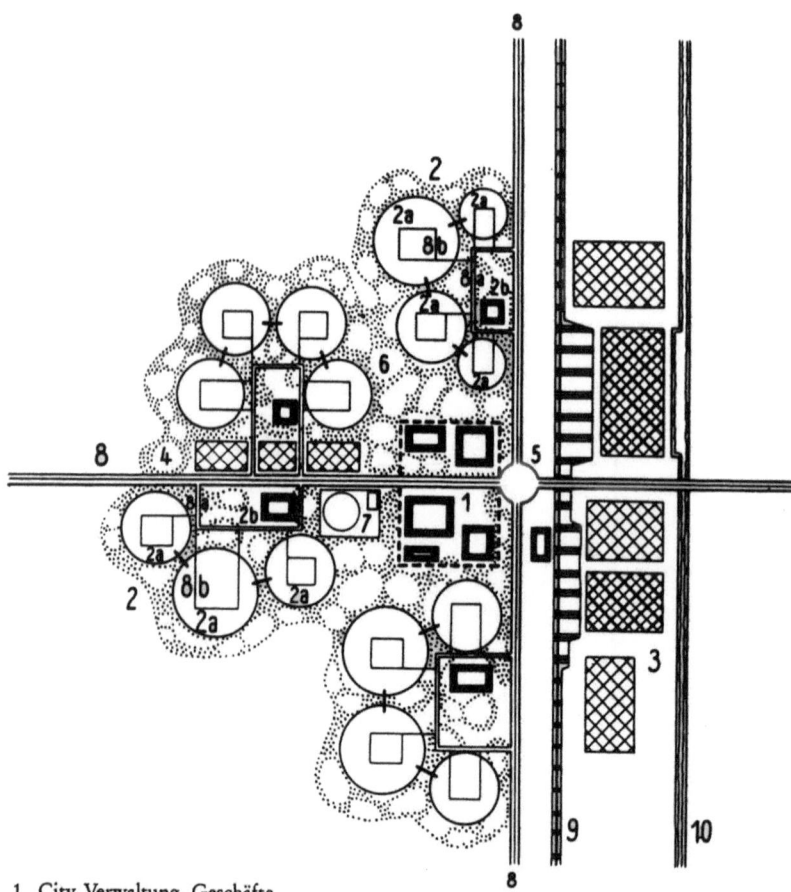

1. City, Verwaltung, Geschäfte
2. Nachbarschaft, 2a Wohnbereich, 2b Nachbarschaftsschwerpunkt
3. Industrie und Gewerbe
4. Kleingewerbe zwischen Nachbarschaft und Hauptverkehrsstraße
5. Hauptverkehrsknoten
6. Erholungsflächen und Grünverbindungen
7. Sportgebiet
8. Hauptverkehrsstraße, 8a Sammelstraße, 8b Anliegerstraße
9. Eisenbahn
10. Schiffahrtskanal

Gliederungskonzept der „gegliederten und aufgelockerten Stadt" nach Göderitz, Rainer, Hoffmann, 1957

eine genaue Entsprechung in dem Diagramm der „gegliederten und aufgelockerten Stadt" (Göderitz, Rainer, Hoffmann 1957), das auf Vorarbeiten aus den vierziger Jahren zurückgeht. Auch spätere Planungen – so für die niederländische Neugründung Almere – folgen diesem Grundprinzip. Während dieses Modell eine Art traubenförmiger Gruppierungen von Siedlungseinheiten verschiedener Maßstabsstufen vorsieht, zielt das „klassische" Bandstadtmodell auf eine einfache lineare Reihung, die zugleich das simpelste Grundmodell für die Steuerung des Flächenwachstums präsentiert – eben durch Verlängerung des Bandes, das in seiner Breite begrenzt ist. Sein erster Protagonist ist der Spanier Arturo Soria y Mata (1882), bezeichnenderweise Direktor der Madrider Straßenbahngesellschaft.[9] Seine bekanntesten Verfechter sind wohl Alexander Miljutin (1930) und Ludwig Hilberseimer (1944); ihre Modelle zeigen die unmittelbare Zuordnung von Wohn- und Arbeitsstätten entlang eines Verkehrsbandes.[10]
Eine Schwäche des Bandstadtmodells liegt offenbar darin, daß es keinen überzeugenden Standort für zentrale Einrichtungen oberhalb der „Nachbarschaftsebene" bietet – außer allenfalls durch die Verknüpfung mehrerer Siedlungsbänder, die indessen wieder in die Nähe des Sternmodells führt. Ein weiterer Grund dafür, daß es keine praktikable Verwirklichung der Bandstadt gibt, liegt gewiß auch darin, daß der Gedanke einer unmittelbaren Zuordnung von Wohn- und Arbeitsstätten aus den frühindustriellen Gegebenheiten erwuchs und der Beschäftigungsstruktur schon der zweiten Hälfte des 20. Jahrhunderts kaum mehr gerecht werden konnte.
Indessen sind um 1960 noch zwei Bandstadtkonzepte – allerdings erheblich flexibler und differenzierter als jene ersten – entwickelt worden, beide für „Neue Städte" mit je etwa 300 000 Einwohnern in England – und beide wegen Überschätzung des Bevölkerungszuwachses nicht verwirklicht. Es handelt sich einerseits um einen „gerichteten Raster" (directional grid) für South Hampshire (Colin Buchanan)[11] und andererseits um ein Konzept dreier paralleler Siedlungsbänder mit einer Abfolge sekundärer Verkehrssysteme um gereihte „Stadtteilzentren" für Central Lancashire (Llewelyn-Davies).
Jener „gerichtete Raster" könnte als Übergangsform zwischen dem Band und dem flächendeckenden Rasternetz gewertet werden, das amerikanische Städte kennzeichnet und von Frank Lloyd Wright in seiner „Broadacre City" (1945) zum Modell erhoben wurde.[12] Das gleiche Prinzip liegt auch Le Corbusiers Plan für die indische Provinzhauptstadt Chandigarh zugrunde, ebenso wie der Struktur der „Neuen Stadt" Milton Keynes

in Mittelengland; deren Plan entstand etwa gleichzeitig mit den beiden oben erwähnten englischen Projekten, wurde aber im Gegensatz zu diesen weitgehend verwirklicht.

Schließlich sind noch die Modelle kompakter Städte zu erwähnen – so Le Corbusiers „Ville Contemporaine" der zwanziger Jahre, dem er den „Plan Voisin" für Paris mit seinem durch vierziggeschossige Hochhäuser definierten Kern als Anwendungsbeispiel zu Seite stellte. Dies ist eines der wenigen Beispiele für die Einbeziehung der dritten Dimension – also die Formgebung der Bebauung – in eine Modellkonzeption. Weniger spektakulär in der Gestaltung und durchaus zeitgemäß in ihrer Zielsetzung waren die auf eine verdichtete Bebauung und eine entsprechend kompakte Struktur ausgerichteten Konzepte für zwei britische New Towns um 1960: Cumbernauld in Schottland, für 50 000 Einwohner konzipiert und verwirklicht, und Hook westlich London, mit einem neuartigen Grundkonzept auf die doppelte Einwohnerzahl ausgelegt und aus lokalpolitischen Gründen nicht ausgeführt. Der Entwurf, vom London County Council 1961 vorgelegt, detailliert dargestellt und ausführlich begründet, fand in Fachkreisen viel Beachtung, blieb aber eigentümlicherweise auch bei späteren Planungen ohne Nachfolge.

Die jüngsten dieser systematischen Strukturvorschläge stammen also aus den sechziger Jahren, und es gibt zu denken, daß weder die „verdichtete und verflochtene Stadt" der sechziger und siebziger Jahre noch die „kompakte Stadt" der neunziger Jahre sich in vergleichbaren Diagrammen niedergeschlagen hat. Der Grund liegt wohl darin, daß diese „Leitbilder" sich auf Teilaspekte beziehen, aber kein vollständig durchdachtes Gesamtkonzept enthalten. So ist es offenbar kein Zufall, daß sich im letzten Drittel des 20. Jahrhunderts kein Stadtplaner getraut hat, ein systematisches Siedlungsmodell auf der Grundlage neuer Erkenntnisse und Tendenzen zu propagieren.

3 Zur heutigen Situation

Dieser knappe Überblick über die verschiedenen Modelle der Raumstruktur und der Versuch, sie systematisch zu ordnen und die ihnen zugrunde liegenden Überlegungen zu skizzieren, mündet also in eine ernüchternde Feststellung: für die Planungswirklichkeit des frühen 21. Jahrhunderts scheinen sie keine nennenswerte Bedeutung mehr zu haben. Sucht man

nach den Gründen, so liegt die Frage nahe, inwieweit sich die Verhältnisse, denen jene Modelle Rechnung tragen sollten, geändert haben.
Ein grundlegender Wandel liegt offenbar darin, daß alle diese Modelle im Grunde für eine Knappheitsgesellschaft entwickelt worden sind, die in ihrer großen Mehrheit nur über relativ bescheidene Mittel verfügte, während die heutige – „westliche" – Gesellschaft als Wohlstandsgesellschaft („affluent society") gelten muß, auch wenn ein erheblicher Sektor an solchem Wohlstand kaum teilhat, wie das Schlagwort von der „Zwei-Drittel-Gesellschaft" andeutet.
Als Beispiel sei die Zuordnung zentraler Standorte zu den Wohngebieten genannt: Das Streben nach Fußwegentfernungen zu den Läden des Tagesbedarfs ist kaum noch aktuell angesichts der Veränderungen im Einzelhandel – Supermärkte in immer größeren Dimensionen bis hin zum „Einkaufserlebniszentrum" – und angesichts des Wandels in den Einkaufsgewohnheiten: das Auto als Einkaufstasche für den Wochen- oder zumindest Halbwochenbedarf, das zugleich die Auswahlmöglichkeit zwischen Einkaufsstätten verschiedener Art erweitert.
Auch der Fußweg zur Schule steht unter neuen Vorzeichen: bei gleicher Baudichte ist nicht nur – mit wachsendem Wohnflächenanteil je Person – die Einwohnerdichte gesunken, sondern unter demographischen Vorzeichen noch stärker die „Kinderdichte": der Schulbus oder die Anfahrt im Privatauto sind die Folgen.
Ein vergleichbarer Wandel vollzieht sich offenbar auch im Erwerbsleben. Allenthalben spricht man vom Ende dauerhafter Arbeitsverhältnisse; an die Stelle des lebenslang seinem Betrieb verbundenen Mitarbeiters trete der unternehmerische Vermarkter seiner eigenen Arbeitskraft, der „flexible Mensch" nach Sennett (1998), der in häufig wechselnden Arbeitsverhältnissen wirtschaftlichen Aufstieg sucht.[13] Damit erwachsen dem Bemühen um Zuordnung von Wohn- und Arbeitsstätten – einem Kernstück vieler Strukturmodelle – neue und kaum überwindliche Hindernisse, denn für eine ebenso wachsende Bereitschaft zum Wechsel der Wohnumwelt scheint nicht viel zu sprechen.
Schließlich hat sich auch das Freizeitverhalten im Raum geändert, wie man aus der Feststellung entnehmen kann, daß der motorisierte Freizeitverkehr bereits den Berufsverkehr übersteigt. Die Naherholung im „Feierabendgrün" tritt demgegenüber zurück – und die offenbare Anziehungskraft neuer Freizeit- und Erlebniszentren läßt eher eine Steigerung dieses Trends erwarten.

Offenkundig liegt zumindest eine Voraussetzung aller dieser Entwicklungen in der gesteigerten individuellen Mobilität, vor allem in der Verfügungsmöglichkeit über das eigene Auto für fast jedermann, aber auch in der Entwicklung des öffentlichen Nahverkehrs und seiner relativen Verbilligung (verglichen mit der Jahrhundertwende, als Arbeiter lange Fußwege in Kauf nahmen, weil sie sich den Fahrpreis der Straßenbahn nicht leisten konnten). Diese Mobilität ist es vor allem, die zu einer großflächigen Ausdehnung von Siedlungsbereichen geringer Dichte geführt hat – einer „Zersiedlung", die jeder städtebaulichen Leitvorstellung zuwiderläuft. Dabei drängen nicht nur, wie früher, Wohnungen, sondern in wachsendem Maße auch Arbeitsstätten und Einkaufszentren ins Umland, um von der besseren Erreichbarkeit für den Individualverkehr zu profitieren: Offenbar ein *Circulus vitiosus*.

Das bedeutet allerdings zugleich, daß eine Gefährdung dieser Voraussetzung, ja schon eine spürbare Einschränkung der Mobilität schwerwiegende Probleme für das Funktionieren der heutigen Siedlungsstruktur, für Wirtschaftsabläufe und Lebensqualität mit sich bringen müssen, so daß auf diese Weise die Modellvorstellungen der „Knappheitsgesellschaft" wieder eine unvermutete Aktualität gewinnen könnten.

Die aus diesen Entwicklungen erwachsene Siedlungsstruktur, von Thomas Sieverts (1997) als „Zwischenstadt" charakterisiert[14] – vergleichbar dem in den USA geprägten Begriff der „Edge City" –, folgt keinem bestimmten Modellkonzept, sondern ergibt sich weitgehend aus dem Aufgreifen örtlicher Entwicklungsmöglichkeiten im Rahmen der jeweils gegebenen Stadt- und Regionalstruktur. Es liegt nahe, hier eine Parallele zu dem von Karl Ganser (1991) so benannten planerischen Vorgehen des „perspektivischen Inkrementalismus" zu sehen; allerdings sind gewiß manche Einzelentscheidungen ohne jene langfristige Perspektive zustande gekommen, die mit diesem Begriff gemeint ist.

Auch die neueren Ansätze zur systematischen Auseinandersetzung mit der Entwicklung der Siedlungsstruktur beschränken sich auf generelle Aussagen. So richten sich die Grundsätze des Raumordnungsgesetzes von 1998 und die Themen der vom Bundesministerium eingesetzten „Kommission Stadt 2 000" auf polyzentrische Regionen mit „Städten der kurzen Wege" – deren Voraussetzung allerdings räumlich eng begrenzte Arbeitsmärkte wären, für die die heutige Situation wenig Chancen bietet.

Eine weitere Perspektive eröffnet der Bericht von Peter Hall und Ulrich Pfeiffer „Urban Future 21" (1999), der die Entwicklungstendenzen und Probleme umfassend darstellt und in zwei Szenarien – Fortschreibung der Trends und Gegensteuern – extrapoliert.[15] Auch hier wird das Zielbild der kompakten Stadt erörtert, aber mit deutlichem Vorbehalt: es trage der Komplexität des Geschehens nicht ausreichend Rechnung. Die Autoren warnen davor, an den gesellschaftlichen und wirtschaftlichen Kräften vorbeizuplanen – Trends könnten wohl beeinflußt, aber nicht negiert werden, heißt die Lehre – wenngleich andererseits eine Kehrtwendung im Umgang mit den Ressourcen und den gängigen finanziellen Anreizen – Subventionen und Steuern – gefordert wird.

Das Siedlungsgefüge, so die Autoren, das sich als optimale Verknüpfung von ökologischer Nachhaltigkeit und öffentlicher Durchsetzbarkeit abzeichne, sei kein einheitliches, sondern eher eine Musterkollektion („portfolio"): innerhalb der Städte Erneuerungsgebiete mittlerer Dichte mit einer Kombination von Wohnen und anderen Nutzungen um Nahverkehrsknotenpunkte, verknüpft mit ähnlichen kleinen, gemischt genutzten Neuerschließungsgebieten, jeweils mit 20 000 bis 30 000 Einwohnern, mit insgesamt bis zu 200 000 Einwohnern entlang von ÖPNV-Linien bandartig gereiht – „ein polyzentrisches Siedlungsmuster sowohl innerhalb wie außerhalb der Stadt, das es jeder Stadt erlaubt, schrittweise in eine polyzentrische Stadtregion hineinzuwachsen, in der jeder Teil in hohem Maße selbständig, aber gleichzeitig mit allen anderen durch Telekommunikation und öffentlichen Nahverkehr verbunden ist."

Hier könnte man eine gewisse Verwandtschaft mit dem Konzept der „Netzstadt" erkennen, das 1998 von Franz Oswald vorgestellt und inzwischen weiter diskutiert wurde.[16] Allerdings handelt es sich dabei eher um eine Metapher als um ein faßbares Modell, wenn auch die Elemente Knoten, Linien und Skalen – damit sind Siedlungselemente unterschiedlicher Größenordnung gemeint – in diese Richtung weisen könnten. Doch die Stadt wird charakterisiert als durch die Überlagerung verschiedener Netze bestimmt, ohne feste Hierarchie, von anthropogenen Kräften ständig in Bewegung gehalten. Es handelt sich hier also um eine aus Beobachtung und Analyse gewonnene Interpretation, kaum um Material für ein generelles räumliches Ordnungsmodell.

4 Folgerungen für die Steuerung der Schrumpfung

Die gegenwärtigen Diskussionen über die Stadtentwicklung – ebenso wie die reale Situation – zeigen, daß die eingangs erörterten Siedlungsmodelle ihre Leitbildrolle und damit ihre lenkende Kraft eingebüßt haben. Da mag es zunächst wenig wahrscheinlich erscheinen, daß sie für die Steuerung der Schrumpfung nutzbar gemacht werden könnten. Andererseits könnte man argumentieren, daß gerade jene zu erwartende Schrumpfung nicht nur der Bevölkerung, sondern auch der verfügbaren Ressourcen eine Wiederbelebung der Strukturmodelle nahe lege; so könnten steigende Mobilitätskosten dem Wunsch nach „fußläufiger" Erreichbarkeit von Schule und Einkaufsmöglichkeiten eine neue Dringlichkeit verleihen. Von einem solchen Ziel würde man sich mit der mehr oder weniger zufälligen Ausdünnung der Bewohner im Stadtgefüge immer weiter entfernen. Da in einer derartigen Situation das Wohnungsangebot die Nachfrage erheblich übersteigt, kann damit gerechnet werden, daß die unattraktiven Wohnungen als erste aufgegeben werden, weil bessere zu vergleichbaren Kosten zur Verfügung stehen; aber auch diese Tendenz dürfte eher zur weiteren „Perforierung" des Stadtgefüges als zu seiner sinnvollen strukturellen Neuordnung beitragen, wenn sie nicht durch gezielte Steuerungsmaßnahmen beeinflußt wird.

Solche Maßnahmen könnten etwa darauf gerichtet sein, dem Modell der „gegliederten und aufgelockerten Stadt" – also einer hierarchischen Stufung von Zentren mit entsprechend dimensionierten Einzugsbereichen – näher zu kommen; hier wären dann „Nachbarschaftseinheiten" aufzugeben, um mit deren verbliebenen Bewohnern andere Wohnbereiche aufzufüllen und funktionsfähig zu erhalten; auch der nahezu unausweichlichen Unterauslastung der Infrastruktur könnte damit am ehesten entgegengewirkt werden. Bei der Entscheidung, welche Bereiche zu konsolidieren und welche aufzugeben sind, könnte auch das Modell der durch Grünzüge gegliederten Siedlungsbänder eine Rolle spielen – etwa im Sinne einer Ausweitung solcher Freiflächen in Richtung auf den Stadtkern.

Derartige Strategien setzen natürlich politische Entscheidungen voraus, die nicht immer durch objektiv faßbare Kriterien zu stützen sind und daher erhebliche Kontroversen auslösen können. Nicht nur die erwähnte „Umsetzung" von Bewohnern, sondern auch die Aufgabe noch nutzbarer Bauten muß zu Schwierigkeiten und Reibungen führen, die sich allenfalls dann in Grenzen hielten, wenn nur wenige Eigentümer – etwa in Gestalt großer Wohnungsbauträger – betroffen wären.

Trotz dieser Schwierigkeiten scheint das erstgenannte Modell noch am ehesten geeignet zu sein, Schrumpfungsprozessen gerecht zu werden und Ansätze für deren Steuerung zu bieten. So wäre etwa beim Modell der vom Zentrum ausstrahlenden Siedlungsbänder zwar die Aufgabe der äußersten Wohnbereiche anzustreben, sie aber dürften häufig die neuesten und attraktivsten sein, deren Abbruch daher nur schwer durchsetzbar wäre. Indessen werden in allen von derartiger Schrumpfung betroffenen Städten die jeweiligen örtlichen Verhältnisse, die individuellen Wesenszüge und Gegebenheiten der Stadt – von den Zeugen der Geschichte und der landschaftlichen Einbindung bis zur technischen Infrastruktur – so beherrschend sein, daß sie die Konzepte für die Bewältigung der Schrumpfungsprobleme weit stärker bestimmen werden, als generalisierende Modellvorstellungen es könnten. Gleichwohl mag die Auseinandersetzung mit diesen auch für den Umgang mit den Besonderheiten der jeweiligen Situation Frucht bringen.

Anmerkungen

1 Lynch, Kevin; Rodwin, Lloyd, A Theory of Urban Form, in: Journal of the American Institute of Planners XXIV (1958), S. 201ff
2 Baumeister, Reinhard, Stadterweiterungen in technischer, wirtschaftlicher und baupolizeilicher Beziehung, Berlin 1876
3 Bruch, Ernst, Berlins bauliche Zukunft und der Bebauungsplan, in: Deutsche Bauzeitung 4, 1870, S. 71ff
4 Arminius (Adelheid Gräfin Dohna-Poninski), Die Großstädte in ihrer Wohnungsnot und die Grundlagen einer durchgreifenden Abhilfe, Leipzig 1874
5 Zu Baumeister vgl. Anm. 2; Sitte, Camillo, Der Städtebau nach seinen künstlerischen Grundsätzen, Wien, 1889; Stübben, Josef, Der Städtebau, Darmstadt 1890
6 Fritsch, Theodor, Die Stadt der Zukunft, Leipzig, 1896; Howard, Ebenezer, To-morrow. A Peaceful Path to Real Reform, London 1898
7 Heiligenthal, Roman, Deutscher Städtebau, Heidelberg, 1921; Reichow, Hans Bernhard, Organische Stadtbaukunst, Braunschweig, 1948; Wolf, Paul, Städtebau. Das Formproblem der Stadt in Vergangenheit und Zukunft, Leipzig, 1919; Hillebrecht, Rudolf, Städtebau und Stadtentwicklung, in: Archiv für Kommunalwissenschaften I (1962), S. 41ff
8 M.A.R.S.-Plan, veröffentlicht in Fry, Maxwell, Fine Building, London 1944
9 Soria y Mata, Arturo, Madrid remendado y Madrid Nuevo, in: El Progreso, Ausgabe vom 6. März 1882
10 Miljutin, N. A., Sozgorod, Moskau/Leningrad, 1930; engl. Übersetzung „Sotsgorod", Cambridge (Mass.)/London 1974; Hilberseimer, Ludwig, The New City, Chicago 1944
11 Buchanan, Colin u. a., South Hampshire Study, London, 1966; Zusammenfassung in Stadtbauwelt 1969, S. 35ff
12 Wright, Frank Lloyd, When Democracy Builds, Chicago 1945; deutsche Übersetzung „Usonien", Berlin 1950
13 Sennett, Richard, Der flexible Mensch, Berlin 1998
14 Sieverts, Thomas, Zwischenstadt, Braunschweig/Wiesbaden 1997
15 Hall, Peter; Pfeiffer, Ulrich, Urban Futures 21, London 2000

16 Oswald, Franz, Die Zukunft der Stadt. Anmerkungen zur Netz-Metapher der Stadt, in: DISP 134 (1998), S. 36ff

Literatur

Akademie für Raumforschung und Landesplanung (Hg.), Zur Ordnung der Siedlungsstruktur, Hannover 1974
Arminius (Adelheid Gräfin Dohna-Poninski), Die Großstädte in ihrer Wohnungsnot und die Grundlagen einer durchgreifenden Abhilfe, Leipzig 1874
Baumeister, Reinhard, Stadterweiterungen in technischer, wirtschaftlicher und baupolizeilicher Beziehung, Berlin 1876
Bruch, Ernst, Berlins bauliche Zukunft und der Bebauungsplan, in: Deutsche Bauzeitung 4, 1870, S. 71ff
Buchanan, Colin u. a., South Hampshire Study, London, 1966; Zusammenfassung in Stadtbauwelt 1969, S. 35ff
Dahir, James, The Neighbourhood Unit Plan, New York 1947
Fritsch, Theodor, Die Stadt der Zukunft, Leipzig 1896
Göderitz, Johannes; Rainer, Roland; Hoffmann, Hubert, Die gegliederte und aufgelockerte Stadt, Tübingen 1957
Hall, Peter; Pfeiffer, Ulrich, Urban Futures 21, London 2000
Heiligenthal, Roman, Deutscher Städtebau, Heidelberg 1921
Hilberseimer, Ludwig, The New City, Chicago 1944
Hillebrecht, Rudolf, Städtebau und Stadtentwicklung, in: Archiv für Kommunalwissenschaften I (1962), S. 41ff
Howard, Ebenezer, To-morrow. A Peaceful Path to Real Reform, London 1898; 2. Auflage 1902 unter dem Titel „Garden-Cities of To-Morrow"
Le Corbusier, Urbanisme, Paris, 1925; deutsche Übersetzung „Städtebau", Stuttgart 1929
Lynch, Kevin; Rodwin, Lloyd, A Theory of Urban Form, in: Journal of the American Institute of Planners XXIV (1958), S. 201ff
Fry, Maxwell, Fine Building, London 1944
Miljutin, N. A., Sozgorod, Moskau/Leningrad 1930; englische Übersetzung „Sotsgorod", Cambridge (Mass.)/London 1974
Oswald, Franz, Die Zukunft der Stadt, Anmerkungen zur Netz-Metapher der Stadt, in: DISP 134 (1998), S. 36ff
Reichow, Hans Bernhard, Organische Stadtbaukunst, Braunschweig 1948
Sennett, Richard, Der flexible Mensch, Berlin 1998
Sieverts, Thomas, Zwischenstadt, Braunschweig/Wiesbaden 1997
Sitte, Camillo, Der Städtebau nach seinen künstlerischen Grundsätzen, Wien 1889
Soria y Mata, Arturo, Madrid remendado y Madrid Nuevo, in: El Progreso, Ausgabe vom 6.03.1882
Stübben, Josef, Der Städtebau, Darmstadt 1890
Wolf, Paul, Städtebau. Das Formproblem der Stadt in Vergangenheit und Zukunft, Leipzig 1919
Wright, Frank Lloyd, When Democracy Builds, Chicago, 1945; deutsche Übersetzung „Usonien", Berlin 1950

Johann Jessen
Stadtverdünnung? Wie verändert sich die funktionalräumliche und morphologische Struktur von Städten unter den Bedingungen des Schrumpfens?*

1 Blick auf schrumpfende Städte jenseits der Umbauperspektive

„Das städtebauliche Grundmuster mit seinen wesentlichen Eckdaten Markt, Kirche, Hauptstraße und Rathaus blieb bei Schrumpfungen innerhalb der umfassenden Stadtmauer zumeist erhalten. In Extremfällen wurden Vorstädte aufgegeben. Verfallene Häuser und wüste Stellen gehörten über lange Zeit zum normalen Bild einer geschrumpften Stadt. Innerhalb der Grenzen der engeren Stadt konnten die verbliebenen Einwohner aber den größeren Freiraum nutzen, so kam die vermehrte innerstädtische Fläche für Hof- und Gartennutzung, z. B. den Ackerbürgern zu gute."[1] So faßt Carsten Benke in seinem Überblick die baulich-räumlichen Auswirkungen des Niedergangs vor- und frühindustrieller Städte zusammen. Er spricht von „weit gehender baulicher Persistenz, die im Einzelfall zu späteren Zeiten wieder als Potential wirken kann."[2] Man darf an Rothenburg ob der Tauber und Aigues-Mortes denken.

Bei den heutigen schrumpfenden Städten insbesondere in Ostdeutschland wird von „weit gehender baulicher Persistenz" keiner sprechen wollen. Allein der Stadtumbau genannte subventionierte Abriß von inzwischen über 125 000 Wohnungen seit 2001 hat nicht nur sichtbare Spuren hinterlassen, sondern auch stark in das funktionalräumliche Gefüge betroffener Städte eingegriffen.[3]

Aber schon vor dem Stadtumbau zeigten sich die Veränderungen in ostdeutschen Städten im Kleinen wie im Großen, wie sie Martha Doehler und Iris Reuther vor fünf Jahren in einem kleinen Aufsatz skizziert haben, der hier ausführlich zitiert wird, weil dieser Ausschnitt zu den wenigen detaillierteren, durch die Maßstabsebenen hindurch gehenden Darstellungen gehört, die die schrumpfende Stadt nicht in Umbauperspektive – also sine ira et studio – fassen: „Die konsolidierten Inseln in der sanierten Innenstadt und die schöneren Gründerzeitquartiere, die nicht mehr so ganz gefüllten großen Wohngebiete mit unterschiedlichen Entleerungstendenzen, die schon ganz schön heruntergerutschten Wohnquartiere in der Nähe der alten Industrie- und Infrastrukturstandorte, die Industriebrachen als große Löcher in der Stadt, die neuen Gewerbezonen an den Ausfallstraßen und Autobahnabfahrten und die neuen Einfamilienhausgebiete am Stadtrand oder im Umland. In dieser nicht mehr so sehr konzentrisch funktionierenden Stadt gibt es neben der äußeren inzwischen auch innere Peripherien, wenn man sich einmal bereits überwucherte ehemalige Trassenkorridore oder Schienenwege, aber z. B. auch die von ehemaligen Industrie- und Gewerbebetrieben geradezu eingekeilten Flußufer oder Kanäle anschaut, die im öffentlichen Bewußtsein kaum oder nur als ‚Rückseite' präsent sind. Auf der Ebene eines Stadtteils erlebt man in der Regel ähnliche Einsichten. Die Grundstücke mit einem Blick oder Bezug ins Grüne und an der Nebenstraße sind besser zu vermieten als die Eckgebäude oder Zeilen an einer Hauptstraße. Leerstandskonzentrationen und fehlendes Interesse an Sanierungen zeichnen sich entlang der Durchfahrtsstraßen oder in der Nähe von Stadtautobahnen ab. Dennoch gibt es nach zehn Jahren eines intensiven Sanierungs- und Baugeschehens kein gründerzeitliches Stadtquartier oder keine Gebäudezeile in einem großen Wohngebiet, die wirklich ganz leer oder ganz voll sind. [...] Schließlich kann man sich auch die einzelnen Häuser genau anschauen. Die ausgebauten Dachgeschosse mit schönem Blick oder die oberen Etagen eines Gebäudes mit Fahrstuhl sind am begehrtesten. Das Erdgeschoß oder eine Eckwohnung, die von verschiedenen Seiten gut einsehbar ist, oder gar die Wohnung über einem Lokal sind viel weniger beliebt."[4]

Bei der Charakterisierung schrumpfender Städte und Regionen dominieren gegenwärtig Bilder, Episoden und Zahlen. Weitläufige Industriebrachen, verwaiste Fabrikbauten, leer stehende Wohnhäuser, verfallende Bahnhöfe, verwilderte Bahnsteige und überwucherte Parkplätze, verbuschte Parks, verbarrikadierte Schulen und Einkaufszentren geben immer noch bizarre Bildmotive von ambivalentem ästhetischem Reiz ab. In ihrem heftigen Kontrast zur geläufigen Erfahrungswelt von Bewohnern nicht-schrumpfender Städte sind sie selbsterklärend. In zahllosen Porträts über individuelle Schicksale von Städten und ihren Bewohnern wird die Dramatik dieser Erfahrung plastisch.[5] Schließlich zeigen Verlaufsstatistiken eindrucksvoll, warum diese Städte oder Teile von ihnen nicht mehr gebraucht werden:

Niedergang von Branchen, Abbau von Arbeitsplätzen, Rückgang und Alterung der Bevölkerung durch Sterbeüberschuß und Abwanderung, Verlust an Kaufkraft und Steuerkraft, Schließung von Infrastruktur wegen Nachfrageausfall.[6]
Wie aber verändert sich die funktionalräumliche und morphologische Struktur von Städten unter den Bedingungen des demographischen (Bevölkerungsrückgang und -alterung) und des wirtschaftlichen Strukturwandels? Läßt sich eine Verlaufslogik des Schrumpfens analog zur Verlaufslogik wachsender Städte identifizieren und wodurch ist sie bestimmt? Ein solch distanzierter Blick auf die wahrscheinliche Zukunft dieser Städte, ohne zugleich das gewünschte und durch den geplanten Umbau anvisierte Bild vor Augen zu haben, mag etwas verfrüht sein, aber er wird sich über kurz oder lang aufdrängen: Alle Prognosen stimmen darin über ein, daß die Zahl schrumpfender Städte in Deutschland zunehmen, diese Form der Stadtentwicklung damit bundesweit zu einem Regelfall wird und dabei gleichzeitig ihre Dramatik, wie sie bisher für den Osten prägend war, verlieren wird. Damit scheint ausgeschlossen, daß die öffentlichen Interventionen auf dem hohen Niveau gehalten werden können, wie es im Programm Stadtumbau Ost mit dem ungewöhnlich raschen und zugleich massiven Einsatz öffentlicher Mittel exerziert wurde. Damit werden sich die Möglichkeiten, diesen Prozeß zu steuern und zu gestalten, mindern und Marktprozesse um so deutlicher auch auf die Stadtstruktur durchschlagen. Dies gilt um so mehr, als ebenso weit gehend Konsens besteht, daß Stadtplanung, wenn sie nicht über öffentliche Fördermittel verfügt, unter den Bedingungen des Schrumpfens an Durchschlagskraft verliert, weil zugleich nahezu alle anderen Akteure der Stadtentwicklung über mehr Optionen und Freiheitsgrade verfügen.
Der wissenschaftliche Blick auf die Stadtstrukturen schrumpfender Städte und ihre zukünftige Entwicklung ist in Deutschland aus nahe liegenden Gründen bisher vor allem auf die ostdeutschen Städte gerichtet und von der Stadtumbauperspektive beherrscht. Die gegenwärtigen und erwartbaren Strukturen werden gewöhnlich daraufhin befragt, inwieweit sie sich einer Anpassung an zukünftige Erfordernisse oder gewünschte Leitbilder öffnen oder versperren, nicht aber, wie und nach welchen Regeln sie sich wahrscheinlich entwickeln werden. Dieser Beitrag kann diese Lücke nicht schließen, versucht aber, einige Beobachtungen zusammenzutragen.
Verfehlt wäre ein Bild, wonach in Zukunft schrumpfende Städte einzig Marktkräften ausgesetzt seien, etwa in Analogie zum Burgess'schen Wachstumsmodell kapitalistischer Stadtentwicklung, das von planeri-

schen und politischen Interventionen völlig absah. Selbstverständlich werden weiterhin planerische Eingriffe des Stadtumbaus die Entwicklung schrumpfender Städte beeinflussen, aber eben aufgrund schwindender Ressourcen nicht so stark und nicht immer so wie beabsichtigt. Noch mag es zu früh sein, systematisch auch den nicht intendierten Wirkungen des Stadtumbaus nachzugehen; sie zeichnen sich noch nicht deutlich ab, aber sie werden eintreten.

2 Problematische typologische Referenzen: die amerikanische und die sozialistische Stadt

Die Gründe für die bisherige Lücke könnten darin liegen, daß die großen Referenzbeispiele Transformationen anderer Stadttypen sind: die Transformation zum einen der amerikanischen Stadt und zum anderen der deutschen sozialistischen Stadt.

Die schrumpfende amerikanische Stadt, die vor allen Dingen durch Berichte über Städte wie Detroit ins Bewußtsein hiesiger Stadtplaner gerückt ist, taugt kaum als Referenz.[7] Hier sind es die spezifischen Bedingungen der amerikanischen Stadtentwicklung, die in den durch Industrie geprägten Städten wie Detroit, Pittsburgh, Cleveland oder Philadelphia nur besonders deutlich wurden, aber auch für andere wachsende amerikanische Großstädte zutreffen. Diese Entwicklung wird gern in die kulinarische Metapher des *doughnut* gefaßt: das Loch in der Mitte, umgeben von einem prallen Ring:

– Leer laufende, ihre Funktionen verlierende und dem baulichen Verfall ausgelieferte Zentren zugunsten wachsender Zentren *(edge cities)* in Suburbia, deren Wachstum durch den forcierten Ausbau des Motorway-Netzes beschleunigt wurde.

– Wachstumsprozesse, die in den amerikanischen Städten immer mit der sehr viel rascheren Aufgabe bestehender Baustrukturen verbunden waren: Die darin eingeschriebenen Verfallsvorgänge und das Entstehen von *derelict landscapes* in wachsenden Stadtstrukturen sind als Prozesse kollektiver *Verschwendung* beschrieben worden, die der amerikanischen Stadtentwicklung eigen sei.[8]

– Ein Prozeß mit einer Verlaufslogik, die von innen nach außen gerichtet ist: Zuerst verfallen die Zentren, weil sie zugunsten der besser erschlossenen neuen Zentren am Rand aufgegeben werden. Inzwischen hat der Verfall im Wachstum die ersten Suburbanisierungsringe erfaßt, weil die

in den 1950er, 1960er und 1970er Jahren errichteten Bestände nicht mehr marktfähig sind.[9]
Wie wenig das amerikanische Stadtmodell als Referenzrahmen taugt, zeigt gerade das Beispiel Detroit, das entgegen der landläufigen Annahme und den höchst beunruhigenden Fotografien und Schwarzplänen vom fortgeschrittenen Verfall der einst höchst vitalen amerikanischen City, der hohle Kern einer nach wie vor dynamisch sich entwickelnden Region ist.[10] Und es erweist sich des weiteren darin, daß eben dieses Wachstum die Voraussetzung für die erstaunlichen Prozesse der Reurbanisierung ist, wie sie seit einigen Jahren wenn nicht in Detroit, so doch in den verlassenen und funktionsentleerten Citykernen und citynahen Quartieren anderer amerikanischer Großstädte wie Los Angeles, Baltimore, Chicago, Washington D.C. und anderen beobachtet werden.[11] Hier können eine auf die Revitalisierung der Innenstädte gerichtete Stadtpolitik und Stadtplanung auf eine umlenkbare Disponiermasse zurückgreifen, mit der sich das Loch in der Mitte wieder füllen läßt.[12]
Das aktuell präsente Bild deutscher schrumpfender Städte ist bestimmt durch die jüngere Entwicklung der Städte in den neuen Bundesländern und durch die Debatten um den Stadtumbau Ost. Dabei sind die schrumpfenden Städte in Ostdeutschland bekanntlich ebenfalls durch Besonderheiten geprägt:
– durch 40 Jahre Stadtentwicklung im Sozialismus, die andere Stadtstrukturen erzeugt haben als im kapitalistischen Westdeutschland: fehlende Suburbanisierung, staatlicher und genossenschaftlicher industrialisierter Geschoßwohnungsbau, kein privater Mietwohnungsbau, marginaler privater Eigenheimbau, Vernachlässigung des Altbaubestands, der schon vor der politischen Wende umfassende massive Leerstände aufwies, betriebsnahe Infrastruktur usf.;
– durch einen dramatisch schnellen Prozeß der Deökonomisierung, Depopulation und Deurbanisierung nach der Wende und eine rasche Bereitstellung großer Einzelhandelsflächen an nicht integrierten Standorten;[13]
– durch ein historisch in diesem Umfang vermutlich einmaliges, breit gefächertes staatliches Förderprogramm mit ambivalenten Folgen: rasche Erneuerung der historischen Altbaubestände und Nachrüstung der technischen Infrastruktur, durch steuerpolitische Anreize ausgelöster Mietwohnungsneubau im Umland von Großstädten in den ersten Jahren, der für die umfassenden Leerstände mitverantwortlich ist.
Diese Besonderheiten erklären zunächst die außergewöhnliche Dramatik. Sie verweisen auf die historische Singularität des Schrumpfungsprozesses

in Ostdeutschland, der auch im postsozialistischen Mittel- und Osteuropa keine Parallele hat. Einerseits bieten die ostdeutschen Städte das aktuellste und umfassendste Anschauungsmaterial für schrumpfende Stadtstrukturen, andererseits muß vor Verallgemeinerungen der dort beobachteten Prozesse gewarnt werden. Die stadtstrukturelle Ausgangssituation und die jüngere Geschichte der ostdeutschen Städte weichen von den schrumpfenden westdeutschen Städten deutlich ab. Veränderungen in den Stadtstrukturen verlaufen gewöhnlich stetiger und langsamer.

3 Strukturmerkmale schrumpfender Städte

Stadtentwicklung war immer schon Stadterweiterung, Stadterneuerung und Stadtumbau zugleich – jedoch in unterschiedlichen Epochen jeweils zu unterschiedlichen Anteilen. Zumindest gilt dies für wachsende Städte. Inwieweit trifft dies auch für schrumpfende Städte zu? Die funktional- und sozialräumlichen Ausdifferenzierungen der Stadt unter den Bedingungen des Wachstums sind häufig beschrieben, von der Stadtsoziologie und der Siedlungsgeographie in Modellen abgebildet und in Studien zur Urbanen Morphologie in ihren Bausteinen gefaßt worden. Diese Merkmale werden hier zunächst noch einmal resümiert, um sich am vertrauten Beispiel der wachsenden Stadt der Dimensionen zu vergewissern, die zur Charakterisierung des funktionalräumlichen Strukturwandels schrumpfender Städte heranzuziehen wären:

(1) Flächenausdehnung: Mit dem Zuwachs an Einwohnern und/oder Arbeitsplätzen weitet sich die Siedlungsfläche kontinuierlich aus, und zwar mit wachsendem gesellschaftlichem Reichtum überproportional zur Arbeitsplatz- und Bevölkerungsentwicklung, da der Flächenbedarf pro Haushalt und Arbeitsplatz ebenfalls steigt. Diese Wachstumsprozesse vollziehen sich nicht kontinuierlich, sondern in Schüben. Es gibt Phasen stürmischen Wachstums und Phasen der Stagnation, des Wachsens in kleinen Schritten. Dies drückt sich auch in der Körnigkeit des Wachstums aus: Je dynamischer es ausfällt, desto größer sind die Einheiten, in denen die Stadt erweitert und umgebaut wird.

(2) Funktionstrennung: Im Zuge der Ausdehnung der besiedelten Fläche verändert sich die funktionale Struktur der Städte selbst. Die Nutzungen entmischen sich. Wohnort und Arbeitsplatz fallen räumlich immer weiter auseinander. Die Vollmotorisierung und der Ausbau des öffentlichen Personennahverkehrs beschleunigen die Funktionstrennung. Es entstehen

große zusammenhängende Wohnquartiere, Industriegebiete, Dienstleistungsstandorte. Die Zahl der Berufspendler steigt, die Pendelzeiten werden immer länger.

(3) Bauliche Verdichtung: Parallel zur Flächenausdehnung vollzieht sich in wachsenden Städten eine Intensivierung der bereits zuvor bebauten Flächen, durch Umnutzung, durch höherwertige Nutzungen oder durch Abriß und Neubau, wobei lagegünstige Standorte (Erreichbarkeit, landschaftliche Vorzüge wie Ufer- und Hanglagen) bei der Nutzungsintensivierung Priorität haben. Während die Baudichte steigt, sinkt in gleichem Zuge die Belegungsdichte, weil die je Arbeitsplatz und je Bewohner in Anspruch genommenen Flächen in Städten westlicher Länder bisher kontinuierlich steigen.

(4) Soziale Differenzierung: Im Zuge des Städtewachstums eröffnen sich im Prinzip für alle Bewohner Chancen, ihre Wohnbedingungen allmählich zu verbessern, wenn auch nicht in gleichem Maße und auf das gleiche Niveau. Entsprechend dem Einkommensgefälle gibt es ‚gehobene', ‚weniger gehobene' und ‚einfache' Wohngebiete; je zentrumsferner die Gebiete, desto höher das Einkommen, desto besser die Wohnqualität. Die Stadtbewohner ‚filtern' dann im Laufe ihres Lebens in der Stadt durch Umzüge – so das Modell –, räumlich nach außen und hinsichtlich der Wohnqualität nach oben. Ein ähnliches Wertgefälle bildet sich auch bei Gewerbegebieten und Dienstleistungs- und Einzelhandelsstandorten heraus, das sich in unterschiedlichen Miet- und Bodenpreisen abbildet.

(5) Zentrenbildung: Im Zuge des städtischen Wachstums expandiert der Citykern mit den wichtigsten kommerziellen und kulturellen Nutzungen, dessen Standort oft vorindustrielle Wurzeln hat. Wie die Stadt als Ganzes weitet auch er sich aus und verdichtet sich gleichzeitig, wobei die einzelnen Bausteine im Sinne der baulichen Einzelinvestitionen immer grobkörniger werden. Größere Städte bilden Nebenzentren aus, sei es am Standort eingemeindeter und durch Siedlungsexpansion überformter alter Ortskerne, sei es entlang wichtiger Ausfallstraßen oder im Umfeld von Haltepunkten der Bahn. Eine historisch relativ neue Entwicklung – erst ab etwa Mitte des 20. Jahrhunderts – ist die Konzentration kommerzieller Einrichtungen an der gut für das Automobil erschlossenen Peripherie.

All dies sind kontinuierlich stattfindende Prozesse, die sich über die Stadtstruktur ungleich verteilen. Daraus ergibt sich ein Nebeneinander von relativ stabilen Strukturen, die sich nur sehr allmählich verändern, und Strukturen, die sich in einem raschen Wandel befinden und binnen kurzer Zeiträume mehrfach transformiert werden können. Als stabile bauliche und soziale Strukturen gelten etwa Einfamilienhausgebiete an den Stadträndern, die sich gewöhnlich nur in kleinen Schritten wandeln; schnellere Veränderungsschübe erfahren demgegenüber bekanntlich innenstadtnahe Quartiere infolge des Expansionsdrucks des Citykerns. Charakteristisch ist die Gleichzeitigkeit des Ungleichzeitigen in den Veränderungen des Gefüges wachsender Städte.

Stadtplanung hat immer versucht, modifizierend auf diesen Prozeß des städtischen Wachstums Einfluß zu nehmen, dabei bestrebt, die negativen Folgen (Landschaftsverbrauch, wechselseitige Störungen von Nutzungen, Verdrängungsprozesse etc.) abzuschwächen

– durch Allokation der sozialen und technischen Infrastruktur,
– durch Gefahren- und Schadensabwehr,
– durch Regulierung von Nutzungsart und Nutzungsintensität zur Konfliktvermeidung,
– durch Schutz gefährdeter Nutzungen und Güter (Naturschutz, Denkmalschutz etc.) und
– durch Flächen- und Ressourcenmobilisierung, wo überkommene verfestigte Strukturen allein durch Marktprozesse nicht gelockert werden können (Stadterneuerung).

Es geht um eine möglichst optimale räumliche Zuordnung von Funktionen, um so Marktversagen zu kompensieren und die Güter zu schützen, die sonst Marktprozessen zum Opfer fallen.

Das Stadtentwicklungsmodell wachsender Städte ist geprägt durch Flächenexpansion, Funktionstrennung, Nutzungsintensivierung, soziale Differenzierung und Zentrumsbildung sowie eine Planung, die versucht, das Wachstum zu steuern und zu gestalten. Wie verändern sich diese funktionalräumlichen Merkmale der Stadtentwicklung unter den Bedingungen des Schrumpfens, des dauerhaften Verlustes an Wohnbevölkerung und Arbeitsplätzen? Was läßt sich heute schon aufgrund der Erfahrungen der letzten Jahrzehnte (Schrumpfungsprozesse westeuropäischer alter Montan-Industriestädte z. B. in Nordengland, in Nordfrankreich, im Ruhrgebiet und im Saarland sowie im historischen Sonderfall der politisch beschleunigten Schrumpfungsprozesse der ostdeutschen Städte) über die Muster der funktional- und sozialräumlichen Ausdifferenzierungen der Stadt unter den Bedingungen des Schrumpfens sagen?

Systematische Untersuchungen von Städten zu Veränderungen ihrer Stadtstruktur im Zuge des Schrumpfungsprozesses im Sinne einer Art *negativen urbanen Morphologie* scheint es bisher nicht zu geben. „In welcher Weise sich die Nutzungskulisse in den schrumpfenden Städte verschiebt und wohin eine sinkende, stagnierende oder bestenfalls relativ steigende Nachfrage bei einem Überangebot an Flächen baulich-räumliche Gestalt annimmt, ist schwer vorauszusagen und in diesem Sinne auch kaum planbar."[14] Noch scheint niemand folgenden Fragen nachgegangen zu sein: Welche Nutzungen der wachsenden Stadt werden in der Phase des Schrumpfens durch welche neuen Nutzungen an welchem Standort in welcher Abfolge in welcher baulichen Form ersetzt? Welche Verschiebungen in den sozialräumlichen Verteilungsmustern ergeben sich? Welche Regelmäßigkeiten bilden sich ab? Hier können nur einige Einzelbeobachtungen zusammengetragen und in eine plausible Argumentation eingefügt werden.

Schrumpfende Stadtentwicklung darf man sich selbstverständlich nicht vorstellen wie einen Film, der rückwärts abgespielt wird – trotz spektakulärer Abrisse, die augenblicklich das Bild beherrschen. Schrumpfungsprozesse sind Ergebnisse einer Bilanz: Schrumpfungs- und Verfallsvorgänge sind dabei dominant gegenüber Wachstums- und Erneuerungsvorgängen, die auch weiterhin stattfinden. Nach jetzigem Stand lassen sich die stadtstrukturellen Veränderungen in schrumpfenden Städten analog zu den oben beschriebenen Prozessen in wachsenden Städten wie folgt skizzieren, wobei wegen ihrer Prägnanz Einzelbeobachtungen aus ostdeutschen Städten einfließen:

(1) Verminderte Flächenexpansion: Die räumliche Expansion der Siedlungsfläche (Ackerland zu Bauland), also die klassische Suburbanisierung, wird sich verlangsamen, aber immer noch stattfinden, sei es als Einfamilienhausbau auf dem Lande oder in Umlandgemeinden größerer Städte, sei es als Erweiterung der nicht integrierten Einzelhandelsstandorte, die unmittelbar nach der Wende bar jeder regionalplanerischen Vorgabe und Vernunft entstanden sind, sei es als neue gewerbliche Standorte für industrielle Neuansiedlungen einer Größenordnung, für die selbst die ausgedehntesten innerstädtischen Brachen nicht hinreichend großen Raum und Erschließungsmöglichkeiten bieten wie der neue Standort des BMW-Werks in Leipzig.

(2) Transformation der Flächennutzungen: Gleichzeitig fallen ehemals industriell, gewerblich und für Wohnen genutzte Flächen brach. Bei den Mechanismen, die für die zeitliche Abfolge des Brachfallens, die Standorte und Größe der Brachen, aber auch für das Überdauern einzelner Standorte verantwortlich sind, ist zwischen den Nutzungen zu differenzieren. Als erstes fallen die Industrie- und Gewerbeflächen brach. Dies werden in Zukunft kaum noch traditionelle zentrumsnahe Standorte in oder in unmittelbarer Nachbarschaft von dicht bebauten Wohnquartieren sein.

Diese wurden ohnehin meist schon Jahre und Jahrzehnte früher bewußt wegen fehlender Expansionsmöglichkeiten und zur Vermeidung von Nutzungskonflikten im Rahmen von Sanierungen zugunsten suburbaner Standorte aufgegeben oder in Gemeinden des Umlands verlagert. Schon heute zeichnet sich ab, daß die gewerblichen Brachen der Zukunft sich in den seinerzeit großzügig ausgewiesenen Gewerbegebieten der 1960er und 1970er Jahre in den gut erschlossenen Randlagen ausbreiten werden. Die Reihenfolge des Brachfallens und die Mikrostandorte der *Industrie- und Gewerbebrachen* ergeben sich aus den ‚Zufällen' der jeweiligen Unternehmensentwicklungen bzw. Unternehmenspolitik, unabhängig davon, ob sie vor Ort oder in fernen Unternehmenszentralen fallen. Eine extensivere Nachfolgenutzung durch andere Industrieunternehmen dürfte äußerst selten sein. Wenn es überhaupt zu Nachfolgenutzungen kommt, dann als extensive Umnutzung durch gewerbliche und kulturelle (Zwischen-)Nutzung. Dabei weisen die alten Standorte mit alten Industriebauten mehr Umnutzungspotential auf als die neueren Standorte mit den Gewerbebauten der Nachkriegszeit.[15] Gelingt eine solche Umnutzung nicht, dann stellen innerstädtische Industriebrachen in der Regel eine empfindlichere Störung des Stadtgefüges dar als periphere Gewerbebrachen, die oft kaum mehr wahrgenommen werden. Die Reihenfolge des Brachfallens und die Standorte der *Verkehrs- und Militärbrachen* resultieren aus politischen Entscheidungen, die ebenfalls nicht auf kommunaler Ebene getroffen werden. Auch hier gilt, daß in aller Regel die Nachfolgenutzung, wenn es denn eine gibt, Umnutzung bedeutet, soweit die neue Nutzung in dem Flächen- und Raumangebot dauerhaft attraktive Potentiale findet. Eine Besonderheit der ostdeutschen Städte sind Brachen und Leerstände an ehemaligen Standorten sozialistischer Verwaltungskomplexe und oft landschaftlich attraktiv gelegener Freizeitinfrastruktur. Anders verhält es sich mit der Wohnnutzung. Im Gegensatz zu den gewerblichen Nutzungen kann eine sinkende Nachfrage nach Wohnraum infolge des Bevölkerungsrückgangs zunächst ohne Brachfallen und Leerstände dadurch aufgefangen werden, daß sich die verbleibenden privaten Haushalte im Bestand ausbreiten und so ihre Wohnfläche bei sinkenden oder unterproportional steigenden Kosten erweitern. Die Reihenfolge des Brachfallens und die Standorte der *Wohngebietsbrachen* ergeben sich aus ihrer jeweiligen Positionierung im Wohnungsmarkt. Die ‚schlechten' Wohnlagen werden zuerst aufgegeben: die ‚schlechtesten' Wohnungen innerhalb eines Wohngebäudes, die ‚schlechtesten' Wohngebäude innerhalb eines Wohnquartiers, die ‚schlechtesten' Wohnquartiere innerhalb einer Stadt. Im Altbau fallen vor allem die vier- bis sechsgeschossigen Mietgeschoßwohnungen als erste endgültig aus dem Markt. Die Umstrukturierung regelt sich dabei über den in diesem Fall sinkenden Mietpreis resp. Immobilienpreis.[16] Einen Sonderfall bilden die großen zusammenhängenden, teilweise noch sozial gebundenen Wohnungsbestände von Wohnungsbaugesellschaften und Wohnungsbaugenossenschaften. Hier geht die Abfolge des Brachfallens bzw. des Erhaltens von Standorten vor allem zurück auf das betriebswirtschaftliche Kalkül der Eigentümer und ist deshalb politisch und planerisch trotz gegenteiligen Bemühens kaum beeinflußbar.

(3) ‚Entdichtung' statt Nutzungsintensivierung: Ein weiterer charakteristischer Prozeß in schrumpfenden Städten ist die Nutzungsextensivierung resp. ‚Entdichtung' von Wohn- und Gewerbequartieren: sowohl sinkende Belegungsdichte (auch einkommensschwächere Gruppen können sich mehr Wohnfläche leisten) als auch sinkende Bebauungsdichte (Baulücken werden nicht mehr geschlossen; anstelle von Geschoßwohnungsbau werden Einfamilienhäuser in Stadtlagen errichtet). Die bodenpreisgesteuerte Verdrängung ökonomisch schwacher Nutzungen durch stärkere Nutzungen ist partiell aufgehoben.

(4) Ausdifferenzierung städtischer Freiflächen: Was das Erscheinungsbild schrumpfender Städte besonders prägen wird und heute schon prägt, ist die enorme Auffächerung in der Lage, Größe, Ausgestaltung und Nutzung öffentlicher Freiräume als Folge nicht und untergenutzter Brachen. Die Natur kehrt in transformierter Form in die Stadt zurück, auf großen zusammenhängenden, dabei oft schwer zugänglichen und einsehbaren ehemaligen Bahnflächen ebenso wie in kleinen Baulücken, die nicht mehr geschlossen werden. Vor fast 15 Jahren hat Ingo Kowarik die Kategorie der „Natur der vierten Art" als spezifisch urban-industrielle Natur eingeführt: „Nicht geplant, nicht von Gärtnerhand gestaltet, sondern entstanden in perfekter Anpassung an die städtischen Bedingungen des Standorts und seiner Nutzungen. Sie schließt die karge Mauervegetation und die Trittvegetation der Bürgersteige ebenso ein wie den ‚spontanen Wald', der in einer Baulücke, auf brach gefallenen Bahnflächen oder auf der Restfläche eines Industriegeländes entstanden ist."[17] Es zeichnet sich ab, daß dieser Typus sich enorm ausdifferenziert nach unterschiedlichen Nutzungsprofilen zwischen Naturschutz und intensiver Zwischennutzung, nach unterschiedlicher Eingriffstiefe, nach unterschiedlichem Gestaltungsanspruch und Unterhaltungsaufwand zwischen urbaner Wildnis, urbaner Landwirtschaft und neuer Parklandschaft, in der eine eigene Ästhetik kultiviert wird.[18]

(5) Funktionstrennung: Durch die Schrumpfungsprozesse ändert sich nichts grundsätzlich an den funktionalräumlichen Trennungen. Mit Funktionsanreicherungen bereits entmischter und entdichteter Strukturen ist nicht zu rechnen – mit Ausnahme zum einen des nun eher möglichen Wohnens in Citylagen, in denen die Nachfrage nach Ladengeschäften und Dienstleistungen rückläufig ist, und zum anderen des bunten Spektrums kultureller und kleingewerblicher Aktivitäten (oft auch nur als Zwischennutzungen), das sich auf vielen Industriebrachen breit macht und dort Formen neuer Nutzungsmischung entstehen läßt. Demgegenüber sind Entmischungen in traditionell gemischten Strukturen zu erwarten. Mit der sinkenden Belegungsdichte und gegebenenfalls den Leerständen erhöhen sich die Bestandsprobleme für die gewerblichen Betriebe im Quartier, die noch der Versorgung der Bewohner dienten.

(6) Sozialräumliche Polarisierungen innerhalb der Nutzungen nehmen offensichtlich zu. „Insgesamt sind raumfunktionale Ausdünnungsprozesse nicht nur Entdichtungs- sondern Entmischungsprozesse. Dies gerade in sozialer Hinsicht: Stadtverdünnung verstärkt Segregations- und Fragmentierungstendenzen."[19] Mit der Entlastung der Wohnungsmärkte erhöht sich Wahlfreiheit der privaten Haushalte. Ob dies zu wechselseitiger Abschottung und Abschirmung von Quartieren führt, ob „Wohnformen der Angst"[20] die Regel werden oder ob es gelingt, die soziale und kulturelle Kohärenz der Europäischen Stadt auch in Phasen des Schrumpfens zu bewahren, ist noch nicht absehbar und wird zurecht als ein zentrales Kriterium des Stadtumbaus angesehen.

(7) Ausdünnung der Zentren: Das Schrumpfen von Städten führt zur Schwächung sowohl des Hauptzentrums wie auch der Stadtteil- und Nebenzentren. Es ist dies allein schon eine unausweichliche Folge sinkender Kaufkraft infolge der Verringerung der Bevölkerung, wird aber verstärkt, wo dies auch mit der Verringerung der Einkommen verbunden ist. Dies führt dann dort meist nicht nur zur Ausdünnung, sondern auch zu spürbaren Banalisierungen des Angebots, wie sie vor allem in den Nebenzentren schrumpfender Städte augenfällig sind.

Wie für wachsende so gilt auch für schrumpfende Städte: Stadtentwicklung ist Stadterweiterung, Stadterneuerung und Stadtumbau zugleich, aber in anderer Gewichtung und mit teils anderer Richtung. Es ist davon auszugehen, daß sich unterschiedliche „Schrumpfungsprofile" bzw. unterschiedliche Typen von schrumpfenden Städten identifizieren lassen. Zwar scheint sich abzuzeichnen, daß Klein- und Mittelstädte sowie Städte, die ihr Wachstum politischen Standortentscheidungen und einseitiger Indus-

trieentwicklung verdankten, langfristig mit sehr viel massiveren Transformationen infolge des Schrumpfens zu rechnen haben als größere Städte mit einer differenzierten ökonomischen Basis und wichtigen Zentrumsfunktionen. Eine Typologie schrumpfender Städte in dieser Perspektive gibt es jedoch bisher nicht.[21]
Den Schrumpfungsprozeß in englischen Städten konnte man in zwei Phasen unterscheiden: in eine erste dramatische Phase des Rückgangs an Arbeitsplätzen und Bevölkerung mit den entsprechend dramatischen stadträumlichen Wirkungen (flächenhafte Leerstände und Abrisse) und eine zweite Phase der Konsolidierung auf reduziertem Niveau.[22] In dieser Phase verschwinden zwar zusammenhängende Leerstände an Wohn- und Gewerbebauten, es gibt jedoch nach wie vor, aber unsystematisch verteilt, einzelne leere, verfallende und vernachlässigte Bauten, auch in zentraler Lage oder oft auch in unmittelbarer Nähe neuer Quartiere und neuer Bauten. Kleinräumig gemusterte Kontraste zwischen Inseln des Verfalls und des Neubeginns, das Unfertige und Vorläufige als Normalfall prägen selbst die „leuchtenden Vorbilder" des Stadtumbaus wie Manchester und scheinen dort das Signum der geschrumpften Stadt zu sein. Es wird abzuwarten sein, ob dieses aus England bekannte Muster sich auch bei der Entwicklung schrumpfender Städte in Deutschland durchsetzen wird oder ob man angesichts des hier prognostizierten heftigeren demographischen Wandels mit einem anderen Verlauf rechnen muß.
Die räumliche Planung verliert unter den Bedingungen des Schrumpfens an Handlungsfähigkeit. Die bemerkenswerte Fülle neuer Planungsansätze zum Stadtumbau, die in den ostdeutschen Städten in den vergangenen Jahren entwickelt und verfolgt wurden, lassen sich als kreativer Versuch interpretieren, verloren gegangenen Handlungsspielraum durch qualitativen Wandel und Innovation zurückzugewinnen.[23] Dieser „Innovationsschub" hat nichts daran zu ändern vermocht, daß Stadtumbau bisher, nicht nur in Ostdeutschland, in hohem Maße an Art und Umfang externer Ressourcen (Fördermittel, Subventionen etc.) gebunden war. Diese Ressourcen werden aber in dem Maße, wie das Schrumpfen zum Regelfall wird und seinen dramatischen Charakter verliert, nicht mehr in dem bisher gekannten Umfang sprudeln. Für eine Evaluation der Stadtumbauwirkungen dürfte es noch zu früh sein. Ein Befund scheint sich jedoch schon jetzt abzuzeichnen. So wie die Stadtentwicklung der Nachkriegszeit in Deutschland in hohem Maße durch die Wohnungswirtschaft und deren vermachtete Strukturen bestimmt wurde, so scheint dies paradoxerweise gegenwärtig auch für den Stadtumbau des sozialistischen Plattenbaus und

der Großsiedlungen des sozialen Wohnungsbaus zu gelten. Erfolgreich unterstützt durch deren Interessenverbände definiert sich der Rhythmus des Rückbaus offensichtlich vorrangig an den betriebswirtschaftlichen Kalkülen der großen Wohnungsbaugesellschaften. Demgegenüber sind bisher andere wichtige öffentliche Güter, wie der Erhalt und effiziente Rückbau der Infrastruktur, Belange des städtebaulichen Denkmalschutzes und nicht zuletzt eine strategische Stadtentwicklungsplanung, trotz aller bemerkenswerten Konzepte bei der Umsetzung von Umbaumaßnahmen in der Defensive. Aber auch dieser Befund ist vorläufig – angesichts des kompletten Verkaufs kommunaler Wohnungsbestände, zu der sich eine Stadt wie Dresden entschlossen hat. Dessen Ausstrahlung auf andere Städte, aber auch dessen langfristige stadtstrukturelle und sozialen Wirkungen vermag derzeit auch noch niemand abzusehen.

Anmerkungen

* Für Hinweise und Kritik danke ich herzlich Heidede Becker, Christine Hannemann und Uwe-Jens Walther.
1 Vgl. Benke, C., Historische Schrumpfungsprozesse: Urbane Krisen und städtische Selbstbehauptung, in: Gestring, Glasauer, Hannemann, Petrowsky, Pohlan (Hg.), Jahrbuch StadtRegion 2004/05. Schrumpfende Städte, Wiesbaden (Verlag für Sozialwissenschaften) 2005, S. 65
2 Ebenda
3 Vgl. den Beitrag von Wulf Eichstädt in diesem Band
4 Doehler, M.; Reuther, I., Schrumpfung planen?, in: Müller, Schmitt, Selle (Hg.), Stadtentwicklung rückwärts! Aufgaben, Strategien, Projekte, Eine Textsammlung für Praxis und Studium, AGB-Pt Bericht 52, Aachen/Dortmund/Hannover 2003, S. 25
5 Eindringlich beschrieben in: Kil, W., Luxus der Leere. Vom schwierigen Rückzug aus der Wachstumswelt, Wuppertal (Müller und Busmann) 2004
6 Besonders instruktiv zusammenfassend: Gatzweiler, H.-P.; Meyer, K.; Milbert, A., Schrumpfende Städte in Deutschland. Fakten und Trends, in: Informationen zur Raumentwicklung, Themenheft Stadtumbau, Heft 10/11 (2003), S. 557–574
7 Vgl. das Themenheft Detroit der Stadtbauwelt, Heft 127 (1995); darin vor allem die Beiträge: Van Buren Jones, D., Stadtgeschichte Detroit, S. 2004–2011 und Plunz, R., Detroit is everywhere, S. 2012–2013
8 Vgl. Jakle, J. A.; Wilson, D., Derelict Landscapes. The Wasting of America´s Built Environment, Savage (Rowman & Littlefield) 1992. Wie sehr die Brache bzw. städtischer Niedergang (urban decline) immer schon selbstverständliches Element dynamischer amerikanischer Stadtentwicklung gewesen ist, zeigt eindrücklich die Studie von Robert A. Beauregard; vgl. Beauregard, R. A., Voices of Decline. The Postwar Fate of US Cities, Cambridge (Blackwell) 1993. In dieser diskursanalytischen Arbeit legt er dar, wie Brachen in den USA in unterschiedlichen Phasen von der Nachkriegszeit bis heute von

unterschiedlichen Gruppen immer wieder anders konnotiert, interpretiert und als Argument strategisch verwendet wurden.
9 Vgl. Lucy, W. H.; Philips, D. L., Confronting Suburban Decline, Washington D.C. (Island Press) 2000
10 Callagher, J., Suburbanisierung Detroits, in: Oswald (Hg.), Schrumpfende Städte. Band 1, Internationale Untersuchung, Ostfildern (Hatje) 2005, S. 242–248
11 Fishman, R., Suburbanisierung: USA, in: Oswald (Hg.), Schrumpfende Städte. Band 1, Internationale Untersuchung, Ostfildern (Hatje) 2005, S. 64–73
12 Vgl. die Einleitung von Undine Giseke und Erika Spiegel zu diesem Band. Selbstverständlich gab und gibt es auch in den USA schrumpfende Städte in Verbindung mit dem industriellen Niedergang ganzer Regionen. Vgl. hierzu aktuell Pallagst, K.; Wiechmann, T., Shrinking smart? Städtische Schrumpfungsprozesse in den USA, in: Gestring, Glasauer, Hannemann, Petrowsky, Pohlan (Hg.), Jahrbuch StadtRegion 2004/05. Schrumpfende Städte, Wiesbaden (Verlag für Sozialwissenschaften) 2005, S. 105–127
13 Vgl. Hannemann, Ch., Die Transformation der sozialistischen Stadt zur schrumpfenden Stadt, in: Siebel (Hg.), Die europäische Stadt, Frankfurt am Main (Suhrkamp) 2004, S. 197–207
14 Reuther, I., Learning from the East? Über die Suche nach neuen Leitbildern zum Stadtumbau, in: Informationen zur Raumentwicklung, Themenheft Stadtumbau, Heft 10/11 (2003), S. 584
15 Vgl. Hauser, S., Industrieareale als urbane Räume, in: Siebel (Hg.), Die europäische Stadt, Frankfurt am Main (Suhrkamp) 2004, S. 146–157; Nicht nur für Industrieareale, sondern für alle Teilräume schrumpfender Städte verfolgt Andrea Haase in ihren Studien die Frage nach deren spezifischen „Tauglichkeit für eine Erneuerung": vgl. Haase, A., Verflechtungsräume, in: Nagler, Rambow, Sturm (Hg.), Der öffentliche Raum in Zeiten der Schrumpfung, Berlin (Leue) 2004, S. 154–184
16 Vgl. den Beitrag von Wulf Eichstädt in diesem Band
17 Kowarik, I., Stadtbrachen als Niemandsländer. Naturschutzgebiete oder Gartenkunstwerke der Zukunft, in: Müller, Schmitt, Selle (Hg.), Stadtentwicklung rückwärts! Aufgaben, Strategien, Projekte. Eine Textsammlung für Praxis und Studium, AGB-Pt Bericht 52, Aachen/Dortmund/Hannover 2003, S. 102–117
18 Vgl. den Beitrag von Undine Giseke in diesem Band
19 Doehler-Behzadi, M.; Keller, D.; Klemme, M.; Koch, M.; Lütke-Daldrup, E.; Reuther, I.; Selle, K., Planloses Schrumpfen? Steuerungskonzepte für widersprüchliche Stadtentwicklungen, in: DISP 161 (2005), S. 72. Der Begriff der Stadtverdünnung im Titel meines Beitrags ist aus dieser Publikation gewonnen.
20 Jeffries, T.; Swanson, N., Wohnformen der Angst, in: Oswald (Hg.), Schrumpfende Städte. Band 1, Internationale Untersuchung. Ostfildern (Hatje) 2005, S. 280–287
21 Die bisher vorliegenden Typologien sind in Stadtumbauperspektive am Sonderfall Neue Bundesländer gewonnen. Die Typologie von Albrecht Göschel, der die perforierte und fragmentierte Stadt, die transformierte Stadt und die aufgelöste Stadt unterscheidet, erhebt die sich abzeichnenden Erfolgschancen von Umbaustrategien zum Unterscheidungskriterium; vgl. Göschel, A., Stadtumbau – Zur Zukunft schrumpfender Städte vor allem in den neuen Bundesländern, in: Informationen zur Raumentwicklung. Themenheft Stadtumbau, Heft 10/11 (2003), S. 607f.; Christine Hannemann gewinnt am Beispiel der von ihr empirisch untersuchten Kleinstädte vier Stadttypen, die sich ebenfalls nach den Aussichten auf die Bewältigung der Schrumpfungskrise von einander abheben: die konsolidierte Stadt, die stabilisierte Stadt, die stagnierende Stadt und die erodierende

Stadt; vgl. Hannemann, Ch., Marginalisierte Städte. Probleme, Differenzierungen und Chancen ostdeutscher Kleinstädte im Schrumpfungsprozeß. Berlin (Berliner Wissenschafts-Verlag) 2004, S. 213f
22 Vgl. Brombach, K.; Jessen, J.; Küchel, L.; Lang, T.; Sonntag. M., Gesamtfazit zu Stadtumbau-Vorhaben in Großbritannien, in: Bundesamt für Bauwesen und Raumordnung (Hg.), Werkstatt Praxis Heft 37, Bonn (Selbstverlag) 2005, S. 51
23 Jessen, J., Stadtumbau – Blick zurück nach vorn. Bedeutung von Leitbildern bei Neuerungen in der Stadtplanung, in: Deutsche Zeitschrift für Kommunalwissenschaften, Heft I (2006), S. 23–43

Erika Spiegel
Wohnen und Wohnungen als Strukturelemente der Stadt. Hat jede Vergangenheit eine Zukunft?

1 Ausgangssituation

Wachstum als Erbe

Unter allen städtischen Funktionen ist das Wohnen diejenige, die am stärksten und unmittelbarsten von einer Zu- oder Abnahme der Bevölkerung und einer Veränderung der Bevölkerungsstruktur betroffen ist. So sind es auch die beiden großen Wachstumsschübe, die die Städte jeweils in der zweiten Hälfte des 19. und des 20. Jahrhunderts erfahren haben, die ihre Struktur und Gestalt besonders nachhaltig geprägt haben: zunächst die Jahrzehnte zwischen 1870 und 1914, die so genannte „Gründerzeit", sodann – dies allerdings mit großen Unterschieden zwischen Ost und West – die Jahrzehnte nach dem Zweiten Weltkrieg, in denen das Wachstum neben der Bevölkerungszunahme allerdings auch schon durch eine überdurchschnittliche Zunahme der Haushalte und eine laufende Vergrößerung der Wohnfläche je Einwohner bedingt war.
Dabei fand die erste große Wachstumsphase ihren Niederschlag vor allem in einem breiten Gürtel von Geschoßwohnungen um die jeweiligen historischen Kerne, die vor allem in den größeren Städten ihre Wohnfunktion weitgehend verloren und zur Geschäftsstadt wurden. Die vorherrschende Bebauungsform war der Baublock, der durch ein mehr oder weniger engmaschiges Straßensystem erschlossen wurde. Die krassen Unterschiede zwischen den ‚herrschaftlichen' Vierteln des Großbürgertums und den „Mietskasernen"-Vierteln der Arbeiterschaft, die sich bis heute im Stadtbild und in der sozialen Topographie der Stadt niederschlagen, ergaben sich vor allem aus der Größe und Ausstattung der Wohnungen, der Dichte der Bebauung, der Nähe zu Freiflächen, nicht zuletzt der Lage im Stadtgebiet. Der bereits kurz nach 1870 einsetzende Exodus der Oberschicht

und der oberen Mittelschicht in die neuen Villen- und Landhausviertel am Stadtrand fand gewissermaßen *fuori le mura* statt, der städtebauliche Zusammenhang der gebauten Stadt blieb davon unberührt. Dies gilt ebenso für die fast gleichzeitig entstehenden ersten Arbeiterkolonien, die ihre Standorte in der Nähe der großen Industrieanlagen und Zechen fanden und die ebenfalls, wenn auch in wesentlich bescheidenerem Maßstab, eher ländlich als städtisch geprägt waren.

Die zweite große Wachstumsphase nach dem Zweiten Weltkrieg sprengte diesen Rahmen. Der Wiederaufbau der oft zu 60 bis 80 Prozent zerstörten Wohnungsbestände fand zwar weitgehend im Rahmen des gründerzeitlichen Stadtgrundrisses statt. Es hat jedoch ernsthafte Bemühungen gegeben, die Kriegszerstörungen für eine Umgestaltung besonders hoch verdichteter Wohngebiete zu nutzen, etwa durch die Einfügung von Zeilen oder die ‚Auflockerung' von Blöcken, doch stellte sich dem meist die Parzellenstruktur, verbunden mit den Eigentumsverhältnissen, entgegen. So blieb es neben einigen radikalen Straßendurchbrüchen bei wenigen tatsächlich einschneidenden Umbauten, etwa in Kiel, Hannover oder auch Kassel. Und auch wo später die ersten großen Flächensanierungen noch *tabula rasa* machen wollten, wurden sie bald durch eine ‚behutsame' Stadterneuerung abgelöst, die sich auf die Instandsetzung und Modernisierung der Wohnungen, vielleicht noch eine ‚Entkernung' der Innenhöfe beschränkte, die Blockränder aber weitgehend unangetastet ließ. Nur die relativ wenigen neuen Wohngebiete, die bereits kurz nach 1950 am Rande der damaligen Städte entstanden, folgten eher einem gartenstädtischen oder dem Muster der gegliederten und aufgelockerten Stadt. Dies gilt ebenso für die ausgedehnten Einfamilienhausgebiete unterschiedlichen Standards, die ihnen in den kommenden Jahrzehnten folgen sollten. Für den Massenwohnungsbau, der sich bald als notwendig erwies, waren diese Muster jedoch nicht geeignet. Auch die Großsiedlungen der 1960er und 1970er Jahre, für die ausreichende Flächen ebenfalls nur an der Peripherie der Städte zur Verfügung standen, brauchten daher auf gewachsene Strukturen keine Rücksicht zu nehmen. Die Ausschreibungen der städtebaulichen Wettbewerbe, aus denen die meisten hervorgingen, legten den Teilnehmern denn auch in dieser Beziehung kaum Beschränkungen auf.

Wohnungen – noch ein knappes Gut?

Der im internationalen Vergleich überdurchschnittliche Anteil an Neubauwohnungen und der relativ hohe Standard für die Sanierung auch der älteren Bestände haben dazu geführt, daß das Versorgungsniveau der Bevölkerung mit Wohnraum in der Bundesrepublik heute relativ hoch ist, auch in den neuen Ländern, die zunächst noch deutlichen Nachholbedarf hatten. Dies gilt für die Größe und Ausstattung der Wohnungen ebenso wie für die durchschnittliche Wohnfläche je Einwohner, die heute bei 41,5 qm liegt. Auch die Eigentümerquote, in der Bundesrepublik traditionell niedrig, steigt laufend an und liegt inzwischen bei 45 Prozent in den alten und 35 Prozent in den neuen Ländern. Wenn sie weiter ansteigen dürfte, so ist dies allerdings nicht nur dem anhaltenden Bau neuer Ein- und Zweifamilienhäuser zuzuschreiben, sondern auch dem Weiterverkauf von Mietwohnungen an die Mieter oder andere Einzeleigentümer, wie er häufig mit dem Verkauf größerer kommunaler oder ehedem gemeinnütziger Bestände an Finanzinvestoren oder Fondsgesellschaften verbunden ist.
Ein nennenswerter Nachholbedarf an Wohnungen ist daher in der Bundesrepublik nicht zu erkennen. Nicht zu vernachlässigen ist jedoch der Ersatz- und Neubedarf, der sich einerseits aus dem Abgang, der Umnutzung und Zusammenlegung von Wohnungen, andererseits aus der zur Zeit noch zunehmenden Zahl der Haushalte und auch einer weiteren Zunahme der Wohnfläche je Einwohner ergibt – sofern nicht die Absenkung der Transfer- und Renteneinkommen dem einen Riegel vorschiebt. Auch der so genannte Remanenzeffekt, d. h. die Tatsache, daß ältere Haushalte auch dann, wenn die Kinder das Haus verlassen haben, die Familienwohnung beibehalten und, statt wie früher vielleicht 20 oder 30, jetzt 30 oder 40 qm pro Person in Anspruch nehmen, und eine weitere Erhöhung der Eigentümerquote, die regelmäßig mit einer Erhöhung der Wohnfläche je Bewohner verbunden ist, dürften auch bei abnehmender Bevölkerung zunächst noch zu einer gewissen Stabilisierung der Nachfrage beitragen, allerdings nicht auf Dauer.
Trotzdem hat der massive Rückgang des Wohnungsneubaus von 514 600 Wohnungen im Jahr 1994 auf 223 700 Wohnungen im Jahr 2006, der vor allem den Neubau von Geschoß- und Mietwohnungen betrifft, entgegen vieler Warnungen der Bau- und Wohnungswirtschaft bis jetzt noch nicht zu einer generellen Verknappung des Wohnungsangebots mit entsprechend steigenden Miet- und Kaufpreisen geführt. Ob und inwiefern die damit und mit dem Verkauf namhafter Mietwohnungsbestände an Ein-

zeleigentümer verbundene Verlagerung des Angebots vom Miet- auf den Eigentumssektor zu spezifischen Engpässen auf dem Mietwohnungssektor führt, ist noch schwer abzusehen. Daß auch außerhalb der wenigen Wachstumsinseln und außerhalb des Luxussegments wieder vermehrt Mietwohnungen gebaut werden, ist jedoch kaum zu erwarten. Wer seine Kalkulation darauf aufbauen muß, daß eine Wohnung, die er heute baut, auch in 50 Jahren noch einen Mieter findet, wird sich die Bevölkerungsprognosen sehr genau ansehen. Anders, wenn er für den baldigen Verkauf baut und mit dem Kaufvertrag das Risiko auf den Käufer abwälzen kann. Ob und zu welchem Preis dieser die Wohnung oder das Haus, wenn er den Arbeitsplatz wechselt, wenn sich seine Familienverhältnisse ändern oder auch wenn er gegen Ende seines Lebens vielleicht doch in eine betreute Wohnanlage umziehen will oder muß, verkaufen kann, braucht ihn nicht zu interessieren.

Wenn auch in regional und lokal unterschiedlichem Ausmaß und auch nicht in allen Marktsegmenten, so ist insgesamt jedoch eine deutliche Entspannung der Wohnungsmärkte zu beobachten. Diese Entspannung schlägt sich denn auch in weithin stagnierenden Mieten und Grundstückspreisen nieder, außerhalb der neuen Länder aber erst vereinzelt in nennenswerten Leerständen. Für deren zeitnahe Erfassung werden daher auch erst langsam zuverlässige Instrumente entwickelt.[1] Dabei konzentrieren sich die Leerstände in den alten Ländern bislang in erster Linie auf die altindustrialisierten, schon länger vom wirtschaftlichen Strukturwandel und von Bevölkerungsverlusten gebeutelten Regionen und auf einzelne Städte, die ebenfalls mit dem Niedergang bestimmter Industriezweige (Porzellan, Schuhe, Textilien) ihre wirtschaftliche Basis verloren und wenig Aussicht haben, durch die Ansiedlung neuer, zukunftsfähiger Betriebe die Lücken dauerhaft zu schließen. Aber auch in sonst noch prosperierenden Regionen, die weiter auf Wachstum setzen, deuten die zunehmenden Fluktuationsraten und punktuelle Leerstände in Großsiedlungen und, wenn auch weniger beachtet, an belebten Verkehrsstraßen darauf hin, daß nicht mehr jede Wohnung ihren Abnehmer findet.

Nun sind Leerstände zunächst nur ein Indiz für die Normalisierung eines Marktes, dessen Funktionsmechanismen lange Zeit nicht nur durch Engpässe, sondern auch durch eine hohe Regelungsdichte gekennzeichnet waren. Funktionierende Wohnungsmärkte aber sind, wie andere Märkte auch, dadurch gekennzeichnet, daß technisch oder funktional Veraltetes nicht mehr nachgefragt und durch Neues ersetzt wird, das den Ansprüchen der Käufer besser entspricht, ein Nebeneinander von Leerstand, Abriß und

Neubau also selbstverständlich ist. Dies ist auch solange kein Problem, wie die neu zu bauenden Wohnungen nach Zahl und Standort den abzureißenden in etwa entsprechen. Es wird allerdings zum Problem, wenn dies nicht der Fall ist, wenn weniger Neubauten nachgefragt als Altbauten obsolet werden. Und es wird erst recht zum Problem, wenn die Standorte auseinander fallen, wenn in einem Teil der Stadt (oder Stadtregion) Neubauten nachgefragt, in einem anderen Leerstände zur Gewohnheit werden, wenn also nicht nur Wohnungen, sondern ganze Wohnstandorte zur Disposition stehen. Wo und in welchem Ausmaß dies voraussichtlich der Fall – und wie damit umzugehen – sein wird, wird damit zu einem zentralen Problem jeder städtebaulichen Planung, deren Zeithorizonte ja nicht in Jahren, sondern in Jahrzehnten zu messen sind.

Immerhin hat das Programm „Stadtumbau West", das zunächst etwas zögerlich angelaufen ist, dazu geführt, daß auch im Westen das Thema „Rückbau" nicht mehr tabu ist und auch nicht mehr nur als Instrument zur Bereinigung überschüssiger Wohnungsbestände verstanden wird. Allerdings sind Konzepte zu einem strukturellen „Umbau" der am Programm teilnehmenden Städte noch dünn gesät. Nur die ansatzweise Reduzierung der städtebaulichen Dichten und die Aufwertung des Wohnumfeldes durch vermehrte Grün- und Freiflächen lassen vermuten, daß damit auch eine Änderung von Struktur und Gestalt der Städte verbunden sein könnte.

2 Tendenzen und Perspektiven

Angesichts der Bedeutung, die der demographischen Entwicklung sowohl für die Auslastung der vorhandenen Bestände wie für den Wohnungsneubau und nicht zuletzt für die Ausweisung neuer Wohngebiete zukommt, haben daher neben dem Bundesamt für Bauwesen und Raumordnung auch die meisten größeren Städte und Wohnungsunternehmen eigene Wohnungsbedarfsprognosen erstellt oder in Auftrag gegeben. Da diese Prognosen jedoch fast immer von – aus heutiger Sicht – überhöhten Annahmen über die Höhe der Zuwanderung und daher auch von überhöhten Bedarfsschätzungen ausgehen, sind sie für eine realistische Einschätzung der mittel- bis langfristigen Auswirkungen des Bevölkerungsrückgangs auf den Wohnungs- und Baulandbedarf nur noch begrenzt geeignet. Sie werden daher hier durch eine eher qualitativ orientierte Analyse der wichtigsten Einflußfaktoren, die Zahl, Qualität und Standorte der künftig nachgefragten Wohnungen bestimmen dürften, ersetzt. Dabei geht es zunächst um die Identifizierung der Bevölkerungsgruppen, die am ehesten als Nachfrager auf den Wohnungsmärkten in Frage kommen und deren Bedürfnisse und Präferenzen daher auch für die Auslastung der vorhandenen Bestände und den Bedarf an Neubauwohnungen bestimmend sein werden, sodann um die Identifizierung der Wohnungsbestände und Wohnstandorte, die diesen Bedürfnissen und Präferenzen am ehesten entgegenkommen – oder auch nicht entgegenkommen.

Die „marktaktive" Nachfrage

Geht man von der heute absehbaren Bevölkerungsentwicklung aus, so wird sich die so genannte ‚marktaktive' Nachfrage auf den Wohnungsmärkten auf absehbare Zeit auf drei, unter Berücksichtigung der Zuwanderung auf vier Bevölkerungsgruppen konzentrieren,[2] und zwar auf
– die 20- bis 30-Jährigen, die nach dem Auszug aus dem Elternhaus eine erste eigene Wohnung suchen. Da es sich dabei um eine Altersgruppe handelt, die häufig mit dem Auszug aus dem Elternhaus auch den Beginn einer Ausbildung oder einer ersten Berufstätigkeit verbindet, und dies oft in einer größeren Stadt, erklären sich damit auch die anhaltenden Wanderungsgewinne der Großstädte bei dieser Altersgruppe. Trotz ihrer altersmäßigen Homogenität handelt es sich dabei jedoch um eine je nach dem Status der Ausbildung, der anschließenden Berufstätigkeit und dem Einkommen außerordentlich heterogene Gruppe, der allerdings eine gewisse Freizeit- und Erlebnisorientierung gemeinsam ist. Gemeinsam ist ihr daher auch eine Präferenz für innerstädtische Standorte, wobei auch ethnisch und sozial gemischte Viertel Anziehungskraft ausüben, und dies um so mehr, je mehr sie Ansätze zu Szenevierteln zeigen. Am Erwerb von Eigentum besteht in der Regel (noch) kein Interesse, wie denn den meisten dieser 20- bis 30-Jährigen der Übergangscharakter dieser ihrer Lebensphase und der damit verbundenen Wohn- und Standortpräferenzen durchaus bewußt ist. Wer nicht eine Wohngemeinschaft bevorzugt, begnügt sich daher in der Regel auch mit einer Ein-, lieber einer Zweizimmerwohnung. In jedem Falle dürfte diese Gruppe ohne Schwierigkeiten im Bestand unterkommen, dessen Potentiale allerdings kaum ausschöpfen.
– die 30- bis 45-Jährigen, die, sofern sie eine eigene Familie gründen, die erste Familienwohnung beziehen, diese vielleicht später auch noch einmal gegen eine größere Wohnung eintauschen wollen. Bei diesen ist jedenfalls

zur Zeit noch davon auszugehen, daß sie ein Haus mit Garten bevorzugen, und dies in einem räumlichen und sozialen Umfeld, das sie für die Entwicklung der Kinder für zuträglich halten. Angesichts des zunehmenden Wettbewerbs der Gemeinden und der Wohnungsunternehmen um diese immer knapper werdenden ‚jungen Familien mit Kindern' wird ihnen das ‚Haus mit Garten' denn auch an fast jedem Standort in Aussicht gestellt, von der innerstädtischen Brache bis zur Waldsiedlung in einer Umlandgemeinde, wobei ein Preisgefälle durch verbilligte Grundstücke, günstige Kindergartenplätze oder kostenlose Vereinsmitgliedschaften auszugleichen versucht wird. Und auch den Familien, die besonders ‚individuell' wohnen wollen, stehen dafür ebenso umgebaute Scheunen wie stillgelegte Fabriken zur Verfügung. Da dieser Gruppe bislang innerstädtische Einfamilienhäuser oder sogar Bauplätze zu erschwinglichen Preisen kaum angeboten wurden, bleibt abzuwarten, wie sie auf ein derartiges Angebot reagiert. Conditio sine qua non für die Akzeptanz innerstädtischer Standorte dürfte allerdings – neben dem Garten oder wenigstens einem Sitzplatz im Freien und einem Parkplatz am Haus – die Qualität des sozialen Umfelds und die Zugänglichkeit guter Schulen bleiben.

– die wachsende Zahl der älteren allein lebenden, oft verwitweten Frauen, die sich bei weiter steigender Lebenserwartung vielleicht dann doch dazu entschließen, die Familienwohnung aufzugeben und in eine kleinere, bei Bedarf auch eine betreute Wohnung umzuziehen. Sie treten daher auf dem Markt aber auch nicht nur als Nachfrager kleinerer altersgerechter, sondern auch als Anbieter größerer Familienwohnungen in Erscheinung. Ob sie mit dem Wohnungswechsel auch einen Standortwechsel verbinden, hing bisher in der Regel entweder von der Bindung an den bisherigen Standort oder vom Wunsch nach der Nähe der Kinder ab, könnte sich in Zukunft aber auch vermehrt nach den Standorten betreuter Wohnanlagen richten.

– die Neuzuwanderer, deren Nachfrage sich zunächst weiter auf die innerstädtischen Altbauquartiere konzentrieren dürfte, wo sie mit billigen Wohnungen und der Hilfe von Landsleuten rechnen können. Sofern es sich um qualifizierte Fachkräfte handeln sollte, weichen ihre Standortpräferenzen allerdings selten von denen einheimischer Fachkräfte ähnlichen Qualifikationsniveaus ab.

Diesen ‚marktaktiven' Alters- und Bevölkerungsgruppen steht der große Block der etwa 45- bis 75-Jährigen gegenüber, die, insbesondere nach dem Auszug der Kinder, so großzügig behaust und auch heute schon zu 60 bis 70 Prozent durch Wohneigentum gebunden sind, daß sie vergleichsweise selten umziehen, und wenn, dann ebenfalls am ehesten in die Nähe der Kinder oder aber in landschaftlich bevorzugte Gegenden, in denen sie mit einem ihren Bedürfnissen und Wünschen entsprechenden Dienstleistungsangebot rechnen können. Auch und gerade von ihnen wird zwar angenommen, daß sie wegen des reichhaltigeren Dienstleistungs- und Kulturangebots verstärkt in die (Innen)Städte zurückkehren. Die Belege hierfür sind jedoch noch spärlich.[3] Nach wie vor weisen bei den so genannten Ruhestandswanderern die beiden Stadtstaaten Hamburg und Bremen weitaus die größten Wanderungsverluste aus, und auch die meisten anderen Großstädte verzeichnen bei den entsprechenden Altersgruppen weiterhin deutliche Verluste.[4] Es wird leicht vergessen, daß zumindest die größeren Umlandgemeinden schon längst keine Dienstleistungswüsten mehr sind und daß auch sie, im Bemühen, ihre Einwohnerzahl zu halten, zunehmend um altersgerechte Wohnungs- und Dienstleistungsangebote besorgt sind. Und was sie an ‚Kultur' – sofern damit nicht der tägliche Besuch von Vernissagen oder literarischen Zirkeln gemeint ist – nicht zu bieten haben, vermögen sich Interessierte leicht in der nahen Großstadt zu beschaffen. Nicht umsonst rangiert ein Mangel an Kultur- und Freizeitangeboten bei den so genannten ‚Umzugstreibern' erst an achtzehnter Stelle.[5]

Hoffnungen auf einen zusätzlichen Neubaubedarf werden aber auch mit der zunehmenden Individualisierung und Ausdifferenzierung der Lebensstile und entsprechend individualisierten Wohnbedürfnissen, die im Bestand nicht zu befriedigen seien, begründet.[6] Und in der Tat wird man heute schwerlich eine Wohnung finden, die noch nach einem einheitlichen ‚Stil', ob nun antik, rustikal oder modern, eingerichtet ist. Eine höchst persönliche Mischung aus teils ererbten, teils erworbenen, teils geschenkten Gegenständen, mit denen die Bewohner biographische Erfahrungen, ästhetische Präferenzen und symbolhafte Assoziationen verbinden, herrscht vor. Diese Form einer radikalen Individualisierung der privaten ‚Wohnwelt' läßt sich jedoch nur schwer auf deren bauliche Hülle übertragen. Die mit einer Individualisierung der Grundrisse und Gebäudeformen für die Bauherren verbundenen Risiken werden leicht unterschätzt, ebenso aber auch die Anpassungsfähigkeit der Bestände.

Immerhin sind in den Jahren 1970 bis 1980 in der Bundesrepublik mehr als vier Millionen weitgehend neue Haushaltstypen entstanden, die die bis dahin vorherrschenden Familienhaushalte zwar nicht ersetzten, aber doch durch neue Formen des Zusammenlebens ergänzten, die bis dahin nur wenige Außenseiter angezogen hatten: Wohngemeinschaften, unverheiratet zusammenlebende Paare mit oder ohne Kinder, allein erziehende

Mütter und Väter, auch dauerhaft und freiwillig Alleinlebende jüngeren und mittleren Alters, die bis dahin im Familienverband wohnen geblieben waren. Diese neuen Haushaltstypen sind seinerzeit nahezu geräuschlos im Bestand untergekommen, allerdings zum weitaus größten Teil im Altbaubestand. Dieser erwies sich in der Regel als flexibel und anpassungsfähig genug, um auch die vielfältigsten Lebensformen aufzunehmen – anders als die meisten Neubauwohnungen, die von vornherein auf den berufstätigen Vater, die nicht berufstätige Mutter und zwei Kinder hin zugeschnitten waren und allenfalls noch so genannten ‚Zweier-WG's' eine passende Unterkunft boten. Zwar hat auch die Bau- und Wohnungswirtschaft bald erkannt, daß nutzungsneutralere Grundrisse den sich ausdifferenzierenden Lebensstilen eher gerecht würden, doch waren etwa einer Vergrößerung der Kinderzimmer durch die Normen und Grenzwerte des öffentlich geförderten Wohnungsbaus relativ enge Grenzen gesetzt. Insofern sind es aber auch heute noch vor allem die Altbaubestände, die die meisten Variationsmöglichkeiten bieten. Dies gilt im übrigen auch für die immer wieder postulierte Verbindung von Wohnen und Arbeiten in der eigenen Wohnung, die jedoch zumindest seit 1996 bei 5 Prozent überwiegend und 9 Prozent gelegentlich zu Hause Arbeitenden stagniert, wobei nach wie vor die Selbständigen und die Lehrerinnen und Lehrer weitaus den größten Anteil stellen.[7]

Für die Bauherren von Neubauwohnungen hingegen ist ein Eingehen auf faktische oder zu erwartende ‚Sonderwünsche' mit erheblichen Risiken behaftet. Bauen sie für den Mietwohnungsmarkt, so müssen sie ohnehin darauf bedacht sein, daß die Wohnungen auch auf lange Sicht eine möglichst breite Auswahl von Mietern ansprechen. Insofern liegen relativ nutzungsneutrale, vielfältig interpretierbare Grundrisse mehr als je in ihrem Interesse. Bauen sie für den Eigentumswohnungsmarkt und nicht nur auf Bestellung, so gehört es zwar inzwischen zum Standard, daß die Käufer zumindest nicht tragende Wände versetzen lassen und auch andere Sonderwünsche äußern können. Auf großstädtischen Wohnungsmärkten mag auch ein begrenztes Angebot schon vorgefertigter Atelierwohnungen oder Lofts seine Abnehmer finden. Selbst für nach Maß geschneiderte Einfamilienhäuser aber gilt, daß, wer an der Wiederverkäuflichkeit seiner Wohnung oder seines Hauses interessiert ist, gut daran tut, diese nicht so individuell, sondern so vielfältig nutz- und interpretierbar wie möglich zu gestalten.

Neue Standortpräferenzen?

Tabelle 1: Wohnwünsche bei einem Wohnortwechsel

Von je 100 Befragten wollen in Zukunft gern leben	Landbewohner	Kleinstädter	Mittelstädter	Großstädter
auf dem Lande (bis 4 999 Einwohner)	59	47	20	8
in einer Kleinstadt (5 000 bis 19 999 Einwohner)	19	36	22	12
in einer Mittelstadt (20 000 bis 99 999 Einwohner)	17	7	45	11
in einer Großstadt (100 000 Einwohner und mehr)	3	3	9	40
in einem Vorort am Rand einer Großstadt	2	5	5	28
	100	100	100	100

Basis: Interviews im Rahmen einer repräsentativen Stichprobe von 4 000 deutschsprachigen Personen ab 14 Jahren in der Zeit vom 26. Oktober 2004 bis zum 11. April 2005
Quelle: Opaschowski, Horst, Besser leben, schöner wohnen? Leben in der Stadt der Zukunft, Darmstadt 2005, S.188

Nicht nur wie, sondern auch wo eine Bevölkerung wohnen will, der sich nach fast 150 Jahren Wohnungsknappheit erstmals eine große Zahl von Wahlmöglichkeiten auf dem Wohnungsmarkt bieten, scheint zunächst mit noch größeren Unsicherheiten behaftet. Auch hier wird jedoch mit einem Wandel der bevorzugten Lebensstile und Milieus gerechnet, der als spezifisch ‚urban' geltenden Standorten zugute kommen würde. Allerdings sprechen auch neuere und neueste Umfragen noch nicht für einen merklichen Wandel der Standortpräferenzen. Sie sprechen eher dafür, daß die Mehrheit der Bevölkerung mit ihrem gegenwärtigen Wohnstandort durchaus zufrieden ist, auch und gerade dann, wenn es sich dabei um eine ländliche Gemeinde, eine Klein- oder eine Mittelstadt handelt. Und daß sie, wenn sie dies nicht ist, als Alternative eher eine kleinere als eine größere Stadt bevorzugen würde. Dies gilt auch für die Bewohner von Großstädten. Auch wer heute in einer Großstadt lebt, würde, vor die freie Wahl gestellt, dies nur zu 40 Prozent auch in Zukunft tun wollen, zu 28 Prozent aber lieber in einem Vorort am Rande einer Großstadt leben, zu mehr als 30 Prozent sogar in einer kleineren Stadt oder Gemeinde.[8] Differenziertere, etwa nach innerer und äußerer Stadt unterscheidende Präferenzen wurden im Rahmen dieser Umfragen nicht erhoben. Angesichts der erstaunlichen Konstanz der sonstigen Präferenzen kann hierfür jedoch auf eine Lebensstiluntersuchung aus dem Jahr 1996 verwiesen werden,

Tabelle 2: Gewünschte Wohnlage nach ausgewählten Lebensstilen in Westdeutschland (in Prozent)*

	Umland		Großstadt	
	größerer Stadt	Stadtrand	Innere Stadt	Zentrum
Hochkulturell Interessierte, sozial Engagierte	16	10	8	1
Arbeits- und Erlebnisorientierte, vielseitig Aktive	15	15	14	5
Hedonistisch Freizeitorientierte	9	22	9	8
Westdeutsche Bevölkerung insgesamt	10	10	9	2

* Die Prozentwerte entsprechen dem Anteil an der Gesamtheit der Angehörigen der jeweiligen Lebensstile dar, die eine der genannten Wohnlagen bevorzugen würden.
Quelle: Schneider, Nicole; Spellerberg, Annette, Lebensstile, Wohnbedürfnisse und räumliche Mobilität, Opladen 1999, S. 204

bei der sich, nach der gewünschten Wohngegend befragt, ebenfalls eine deutliche Mehrheit, nahezu 70 Prozent, der (westdeutschen) Befragten für Klein- und Mittelstädte oder ländliche Gemeinden aussprachen, weitere zehn Prozent für das Umland einer größeren Stadt und nur 21 Prozent für die Großstadt selbst. Und von diesen 21 Prozent wollten auch noch zehn Prozent am Stadtrand wohnen, nur neun Prozent in der Inneren Stadt, nur zwei Prozent im Zentrum.[9] Dabei waren es, wie kaum anders zu erwarten, vor allem die so genannten „Arbeits- und Erlebnisorientierten vielseitig Aktiven" und die „Hedonistisch Freizeitorientierten", die nicht nur überdurchschnittlich häufig in einer Großstadt leben wollten, sondern auch ungleich häufiger als alle anderen Befragten im Zentrum. Die so genannten „Hochkulturell Interessierten, sozial Engagierten", bei denen man ebenfalls eine besondere Präferenz für die Nähe kultureller Einrichtungen vermuten könnte, waren dagegen unterdurchschnittlich häufig am Wohnen in einer Großstadt interessiert, um so mehr aber am Wohnen im Umland einer größeren Stadt.

Dabei interessiert hier weniger, daß es sich bei den „Arbeits- und Erlebnisorientierten vielseitig Aktiven" und den „Hedonistisch Freizeitorientierten", die eine besondere Präferenz für die Großstadt und dort für das Zentrum hatten, um eine Minderheit handelt, die aber immerhin zusammen etwa 15 Prozent der westdeutschen Befragten stellte, als daß das Durchschnittsalter mit 33 bzw. 30 Jahren deutlich unter dem der übrigen Lebensstilgruppen lag, und daß nur acht bzw. neun Prozent Kinder hatten. Damit ist die Zielgruppe, die auch heute noch vorrangig für innerstädtisches bzw. zentrumsnahes Wohnen in Frage kommen dürfte, ziemlich genau umschrieben, allerdings auch, daß es sich dabei um keine sehr große Gruppe handelt, die, selbst wenn sie die Mittel zur Realisierung ihrer Standortpräferenzen hätte – oder diese ihr zu besonders günstigen Konditionen ermöglicht würde –, allein kaum ausreichen würde, um alle faktischen und potentiellen Lücken zu füllen.

Gefährdete Standorte

Bei aller Vorsicht gegenüber Antworten auf hypothetische Fragen – die in diesem Falle jedoch eine bemerkenswerte Persistenz aufweisen – deutet ein Vergleich der Wohn- und Standortpräferenzen der Bevölkerung mit Art und Ort des Wohnungsangebots also gerade für Großstädte auf erhebliche Diskrepanzen hin, die zwar sicher nur einen Teil der derzeitigen Vermietungsschwierigkeiten und Leerstände erklären, aber doch eine weitere Zunahme erwarten lassen. Dabei ist, wie die Erfahrungen in Ostdeutschland gezeigt haben, davon auszugehen, daß es an allen Standorten und in allen Marktsegmenten zuerst die (relativ) schlechtesten Wohnungen und unbeliebtesten Wohnungstypen sind, die keine Mieter oder Käufer mehr finden: die Erdgeschoßwohnungen an belebten Straßen, die Eckwohnungen, die den Einblicken der Nachbarn ausgesetzt sind, die Wohnungen im vierten Stock ohne Lift, nicht zuletzt die Wohnungen über einer Gaststätte oder einem anderen Publikumsmagneten, während im gleichen Haus oder in der gleichen Straße andere Wohnungen durchaus noch Interessenten finden.[10] Sieht man von den Erdgeschoßwohnungen an belebten Straßen

ab, so sind damit in der Regel auch nur punktuelle Leerstände verbunden, die häufig auch noch durch Preisnachlässe oder kleinere Umbauten und Umnutzungen vermindert werden können.
Die Erfahrungen in Ostdeutschland haben aber auch gezeigt, daß die zunehmende Wahlfreiheit der Bewohner nicht nur zu einer Stärkung oder Schwächung bestimmter Wohnungstypen, sondern auch zu einer Stärkung attraktiver und einer Schwächung weniger attraktiver Wohngebietstypen geführt haben. Bei einem weitergehenden Rückgang der Bevölkerung dürften also keineswegs alle Wohngebiete einer Stadt gleichermaßen von einem Abbröckeln der Nachfrage und potentiellen oder faktischen Leerständen betroffen sein. Zu erwarten sind zum Teil erhebliche Unterschiede nicht nur zwischen der inneren und der äußeren, sondern auch innerhalb der inneren und innerhalb der äußeren Stadt.

Innere Stadt

Geht man von der baulich-räumlichen Struktur aus, die sich in den meisten größeren Städten der Bundesrepublik im Zuge der großen Stadterweiterungen des 19. und der zweiten Hälfte des 20. Jahrhunderts herausgebildet hat, so scheinen in der inneren Stadt am wenigsten gefährdet die mehr oder weniger ‚herrschaftlichen' Stadtteile der Gründerzeit, deren großzügig geschnittene Wohnungen „mit Stuck und hohen Räumen" sich überall einer lebhaften Nachfrage und eines stabilen, wenn nicht steigenden Preisniveaus erfreuen. Dabei trägt wesentlich zu ihrer Beliebtheit bei, daß sie nicht nur selbst oft über ältere Baumbestände verfügen, sondern häufig auch in der Nähe innerstädtischer Park- oder Wasserflächen gelegen sind. Weniger gefährdet sind auch die zahlreichen gutbürgerlichen Stadtteile der gleichen Zeit, die neben relativ geräumigen Wohnungen oft auch begrünte Innenhöfe, baumbestandene Straßen und kleinere Platzanlagen aufweisen. Wenn und wo Rückwanderer vom Stadtrand oder aus dem Umland zu verzeichnen sind, so auch vorzugsweise in diesen Stadtteilen, mit der Folge, daß auch bei Leerständen andernorts Um- und Neubauten, die diese Standortgunst nutzen, zu verzeichnen sind.
Um so stärker gefährdet sind die Arbeiterwohngebiete der gleichen Zeit, in denen sich nach wie vor Defizite der Wohnungen mit Defiziten des Wohnumfeldes und einer auch sonst wenig attraktiven Lage überschneiden. Hier konzentriert sich denn auch das so genannte unterste Woh-

nungsmarktsegment, das am ehesten, wie es heißt, „aus dem Markt heraus fällt" und in das daher nicht mehr investiert wird. Wenn und wo in den inneren Bereichen der ostdeutschen Städte flächenhafte Leerstände zu verzeichnen sind, so am ehesten dort, und dies um so mehr, je mehr sich schon vor der „Wende" die staatliche Bautätigkeit auf die Neubausiedlungen am Stadtrand konzentriert hatte und die innerstädtischen Altbaubestände sich selbst, und das hieß in der Regel: dem Verfall, überlassen geblieben waren. In den alten Ländern sind konzentrierte Leerstände in diesen Gebieten erst in Ausnahmefällen zu beobachten, zum einen, weil sie zu einem großen Teil schon seit Jahrzehnten Gegenstand staatlich geförderter Erneuerungsmaßnahmen sind und die Wohnungsqualität als solche wenig zu wünschen übrig läßt, zum anderen, weil das Preisgefälle zwischen den Wohnungsmarktsegmenten größer ist und es nach wie vor Bevölkerungsgruppen gibt, die auf die niedrigen Mieten des untersten Marktsegments angewiesen sind, ob es sich dabei um die *working poor* handelt, um Sozialhilfe- oder Empfänger von Arbeitslosengeld II oder auch um alte und neue Zuwanderer, die, wenn überhaupt, nur schlecht bezahlte Arbeit gefunden und davon in der Heimat noch eine Familie zu unterhalten haben.

Wenn sich einige dieser Viertel zu so genannten „Szenevierteln" entwickelt und damit Hoffnungen auch für andere ehemalige Arbeiterviertel geweckt haben, so wird leicht übersehen, daß die symbolische Bedeutung der jeweiligen „Szenen" erheblich über ihre reale hinausgeht. Die Beispiele, in denen sich, ausgelöst etwa durch die Nähe zu kulturellen Experimentierstätten, ehemalige Arbeiterquartiere zu gesuchten Wohnvierteln einer neuen Art von Bohème entwickelt haben, sind jedenfalls dünn gesät, und dies um so mehr, als für große Teile dieser Bohème die „Szeneviertel" weniger Wohnort als Treffpunkt und Ort der kollektiven Selbstdarstellung sind.

Eine andere Art potentieller Problemgebiete stellen die innerstädtischen oder innenstadtnahen Brachen dar, die Bahn, Post, Militär oder verlagerte Industriebetriebe hinterlassen haben und für die bisher neben Büro-, Einkaufs- und „Entertainment"-Zentren auch Stadtwohnungen oder Stadthäuser für junge Familien mit Kindern vorgesehen waren, und zwar um so mehr, je weniger sich Investoren für andere Nutzungen fanden. In welchem Ausmaß derartige Stadthäuser, sei es mit oder ohne Garten, auf das Interesse dieser Familien stoßen, wird auch hier nicht nur vom Preis, sondern mindestens ebenso von der – aus der Sicht der Eltern – Zuträglichkeit der baulich-räumlichen und sozialen Umwelt für ihre Kinder abhängen, nicht zuletzt von der Zugänglichkeit guter Schulen. Auf weniger Vorbehalte, aber nur auf eine sehr selektive, auf wenige große Zentren beschränkte Nachfrage dürfte ein vermehrtes Angebot an Zweitwohnungen stoßen, sei es als Service-Wohnungen für ein international mobiles Management oder als „Opernwohnungen" für wohlhabende Umlandbewohner, wie sie auch aus anderen europäischen Großstädten bekannt sind.

Weniger auf einzelne Gebietstypen beschränkt, dafür aber doppelt problematisch sind die bereits erwähnten und auch in Westdeutschland schnell zunehmenden Leerstände an belebten Geschäftsstraßen, wo der Strukturwandel im Einzelhandel die Geschäfte und der Lärm die Bewohner vertreibt und andere, weniger empfindliche Nutzungen selten in Sicht sind. Sofern diese Straßen innerhalb der gründerzeitlichen Stadt liegen, würde mit einem Abriß der leer stehenden Gebäude aber gerade eines ihrer wichtigsten Strukturmerkmale, der geschlossene Blockrand, in Frage gestellt, von den Auswirkungen auf die Blockinnenbereiche ganz zu schweigen. Das Stehenlassen als „Lärmschutzhäuser" oder „Wächterhäuser", zu dem man etwa in Leipzig Zuflucht genommen hat, kann sicher nur eine Übergangslösung sein, und dies nicht nur wegen des absehbaren Verfallsdatums, sondern auch wegen der bedrückenden Assoziationen, die für die sensibleren unter den Vorbeigehenden mit dem Blick in leere Fenster und zugenagelte Eingänge verbunden sind.

Äußere Stadt

Für die äußere Stadt gilt, daß zur Zeit die Einfamilienhausgebiete unmittelbar diesseits und jenseits der Stadtgrenzen nur wenig gefährdet erscheinen. Dies gilt auch für die Gebiete, die bereits kurz nach 1950 entstanden sind und in denen die Häuser nach Größe, Zuschnitt und Ausstattung der Wohnungen nicht mehr heutigen Ansprüchen genügen. Wo die Eigentümer nicht für eine laufende Modernisierung gesorgt haben, erweisen sich viele dieser Häuser denn auch als schwer verkäuflich, dies allerdings vor allem dann, wenn die Eigentümer oder ihre Erben unrealistische Vorstellungen über die zu erzielenden Preise haben. Sofern die Preise jedoch die Umbau- oder Abrißkosten berücksichtigen, die ein Käufer aufzubringen hätte, um dort seinen Vorstellungen entsprechend wohnen zu können, so finden die Häuser in der Regel auch Abnehmer. An der Nachfrage nach erschwinglichen Baugrundstücken in ähnlich günstiger Lage mangelt es jedenfalls noch nicht.

Ähnliches gilt auch für die im Zusammenhang gebauten Wohnsiedlungen der 1950er Jahre. Sofern sie nicht bereits durch die Eigentümer, ob Genossenschaften oder ehedem gemeinnützige Unternehmen, modernisiert wurden, entsprechen zwar auch dort die Wohnungen nach Größe, Ausstattung und ökologischem Standard nicht mehr heutigen Ansprüchen. Die relativ günstige Lage zum Stadtkern, die geringe Dichte, die inzwischen herangewachsenen Baumbestände, auch eine gewisse ‚Wohnlichkeit' stellen aber begehrte Standortqualitäten dar. Jedenfalls lassen sich auch in diesen Gebieten zunehmend Erneuerungsprozesse beobachten, die sich, sofern etwa die Modernisierung der Wohnungen durch Bau und Verkauf von Einfamilienhäusern nebenan finanziert werden kann, für die Eigentümer offenbar auch ohne besondere öffentliche Förderung rechnen und sich in einem Nebeneinander von Umbau, Abriß und Neubau niederschlagen.

Gefährdet sind aber die Großwohnsiedlungen am Stadtrand, nicht nur die „Platte". Auch bei guter Qualität der Wohnungen sind sie durch die Gleichförmigkeit der großen Serie und hochgeschossige Gebäudetypen, die sich in der Bundesrepublik noch nie großer Sympathie erfreuten, belastet. Wo die Kommunen Belegungsrechte besaßen, kommen weitere Belastungen durch die Konzentration benachteiligter Bevölkerungsgruppen hinzu. Aber auch in den neuen Ländern, in denen sie wegen der modernen, zentral beheizten und auch sonst gut ausgestatteten Wohnungen zunächst als bevorzugte Wohnlagen galten, droht die „Platte" inzwischen zum Auffangbecken für eine Restbevölkerung zu werden, die weder die Mittel noch die Kraft hat, sich einer womöglich mehrfachen Umsetzung in jeweils noch nicht zum Abriß vorgesehene Wohnungen zu entziehen. Wo allerdings die Hochhäuser abgerissen oder „abgestockt" und durch Mietergärten ergänzt, die Zeilen durch Reihen- oder Atriumhäuser ersetzt wurden, finden sich auch für Wohnungen in Großsiedlungen, im Osten wie im Westen, durchaus Interessenten. Auch die offene Bauweise, das „viele Grün", die Nähe zu den Erholungsgebieten am Stadtrand werden von den Bewohnern durchaus als Standortvorteile empfunden.[11] Ein Rückbau der Städte „von außen nach innen", wie er, nicht nur als Fernziel, in vielen Schrumpfungsszenarien durchgespielt wird, dürfte jedenfalls kaum auf die allgemeine Zustimmung der Bevölkerung stoßen.

Eigentümer und Eigentümerinteressen

Die Mehrzahl der Wohnungen in den Großsiedlungen befindet sich, im Westen wie im Osten, heute noch im Besitz großer, ehedem staatlicher, kommunaler oder sonst gemeinnütziger Wohnungsgesellschaften. Insofern läßt auch deren kommunalpolitisches und wirtschaftliches Gewicht erwarten, daß sie auf eine Werterhaltung ihrer Bestände bedacht sind und – etwa nach Beseitigung ihrer Altschulden – Mittel und Wege finden werden, sich gesund, nicht krank zu schrumpfen. Wie sich die Finanzinvestoren und Fondsgesellschaften, in deren Besitz eine wachsende Zahl dieser Bestände übergeht, verhalten werden, wird sehr von deren Unternehmensinteresse abhängen, etwa, ob sie auf die schnelle Realisierung von Gewinnen durch Weiterverkauf an andere Gesellschaften oder die vormaligen Mieter bedacht sind oder, wie etwa Pensionsfonds, auf eine langfristige Kapitalanlage mit einer sicheren Rendite.

Weit schwerer zu beurteilen ist die Reaktion der Eigentümer in den inneren Stadtbereichen. Dort herrschen zumindest in den alten Ländern zahlreiche Einzeleigentümer bzw. so genannte „Amateurvermieter" vor, mit, soweit sie denn überhaupt bekannt sind, sehr heterogenen Interessen. Wie diese auf wachsende Vermietungsschwierigkeiten und Leerstände, die auch nicht mehr durch eine Herabsetzung der Mieten aufgefangen werden können, reagieren, ist weitgehend offen. Hinzu kommt, daß sie, wie die Mehrzahl der Grundeigentümer in den alten Ländern, in aller Regel einer so genannten „Wertefiktion" unterliegen, d. h. den Marktwert ihrer Wohnungen oder Grundstücke überschätzen. Ob man sie durch entsprechende finanzielle Anreize zu einer grundlegenden Erneuerung ihrer Wohnungen oder sogar zu Umbauten veranlassen kann (und soll), dürfte weitgehend von den Perspektiven des örtlichen bzw. regionalen Wohnungsmarktes abhängen. Die beträchtliche Zahl der hervorragend sanierten und trotzdem leer stehenden Wohnungen in den neuen Ländern ist Warnung genug. Liegen die Grundstücke bereits brach, so haben sich dort so genannte Gestattungsvereinbarungen bewährt, durch die die Nutzungsrechte für einen bestimmten Zeitraum an die Kommunen abgetreten werden, das Baurecht aber erhalten bleibt. Als Gegenleistung wird für die Dauer der Abtretung eine Befreiung von der Grundsteuer gewährt. Auch in den neuen Ländern wird jedoch selbstkritisch vermerkt, daß die Mitwirkung der Einzeleigentümer am Stadtumbau zwar gerade in den Innenstädten Voraussetzung jeden Erfolgs ist, daß jedoch bis jetzt auch von Seiten der Verwaltung zu wenig Anstrengungen unternommen worden sind, sie in die Entwicklung diesbezüglicher Konzepte und Maßnahmen einzubeziehen.[12]

3 Konzepte und Orientierungen

Für die städtebauliche Planung ergeben sich aus diesen Tendenzen und Perspektiven zumindest zwei Problemkonstellationen, mit denen sie wenig Erfahrung hat. Zum einen geht es um die Entwicklung baulich-räumlicher und funktionaler Konzepte für ein Nebeneinander von bebauten und nicht (mehr) bebauten Grundstücken, Bauflächen und Stadt-Teilen, die sowohl den jeweiligen Standortfaktoren Rechnung tragen wie Spielräume für vielfältige Variationsmöglichkeiten offen lassen. Zum anderen geht es um die stadt- und sozialverträgliche Gestaltung der langen Übergangszeiten, die ein allmähliches Abbröckeln der Nachfrage nach Wohnungen in weniger attraktiven Stadt-Teilen mit sich bringt, vor allem solchen, in denen auch in die noch bewohnten Wohnungen nicht mehr investiert wird, in denen aber auch eine öffentlich geförderte Erneuerung auf längere Sicht kaum noch zu vertreten ist, selbst wenn die Mittel hierfür zur Verfügung ständen. Hinzu kommt, daß auch bei abbröckelnder Nachfrage und wachsendem Wohnungsüberhang in einem Teil der Stadt eine Nachfrage nach Neubauwohnungen in anderen Teilen der Stadt befriedigt, aber gleichzeitig im Auge behalten werden muß, daß und wo dadurch andernorts neue Leerstände erzeugt, Lücken gerissen oder vergrößert werden.

Langfristig orientierte Konzepte für ein dauerhaftes Nebeneinander von bebauten und nicht mehr bebauten Grundstücken, Bauflächen oder größeren Stadt-Teilen, von Abriß hier und Neubau dort, sind zumindest aus den alten Ländern kaum bekannt. Das damit verbundene Eingeständnis, daß man sich auf Dauer mit einem Weniger an gebauter Stadt abzufinden habe, ist zumindest aus der Sicht von Politik und Verwaltung auch schwer zu vermitteln. Aber auch in den neuen Ländern gehören solche Konzepte selbst in Städten, die bereits mit flächenhaften Leerständen konfrontiert sind, zu den Ausnahmen. Sieht man von Dessau ab, das sich explizit für ein Nebeneinander von urbanen Kernen und landschaftlichen Zonen – als Alternative zur ungesteuerten kleinteiligen Perforation der Stadt – entschieden hat, so ist als Fernziel am ehesten ein Rückbau „von außen nach innen" zu erkennen, ob dies nun von der Bevölkerung mitgetragen wird oder nicht.

Auch ist sowohl aus Wohnungsmarktanalysen wie aus der wohnungspolitischen Diskussion bekannt, daß einer weitergehenden Konzentration des Wohnens auf die innere Stadt zumindest zweierlei entgegensteht: einmal die Interessen der großen Wohnungsunternehmen, die den überwiegenden Teil ihrer Bestände in der äußeren Stadt und dort in den Großwohnanlagen haben und diese auch bei (subventionierten) Teilabrissen als solche kaum in Frage gestellt sehen wollen; zum anderen eben die Wünsche einer Bevölkerung, die auch in der Stadt ein vielfältiges Wohnungsangebot von der Geschoßwohnung in der inneren bis zum Eigenheim in der äußeren Stadt erwartet und, wenn ihr dies nicht zur Verfügung gestellt wird, mehr als genug Alternativen im benachbarten Umland findet. Der Weg von der Stadtrandwohnung ins Umland war jedenfalls bisher, wie Erfahrungen auch in Leipzig-Grünau gezeigt haben, oft kürzer als der in die Innenstadt.

Will man trotzdem den städtebaulichen Zusammenhang der gründerzeitlich geprägten innerstädtischen Wohngebiete erhalten, so führt kein Weg daran vorbei, ihre jeweilige baulich-räumliche und funktionale Struktur daraufhin zu überprüfen, wo und wie am besten wachsenden Leerständen und Lücken zu begegnen ist. Geht man von den bestehenden und als solche auch nachgefragten Standortqualitäten der innerstädtischen Wohngebiete aus, so wäre – bei allen lokalen und regionalen Unterschieden – dabei generell zu differenzieren nach

– solchen („gehobenen") Gebieten, die auch bei insgesamt abnehmender Bevölkerung aufgrund ihres Wohnungsbestands und ihrer Lagequalitäten mit einer dauerhaften Nachfrage rechnen können und in denen daher auch Ersatz- oder Neubauten nachgefragt werden,

– solchen Gebieten, die zwar zunehmend Leerstände und Lücken aufweisen, die aber von der Lage oder anderen Standortqualitäten her ebenfalls noch eine längerfristige Nachfrage erwarten lassen und in die daher auch von privater Seite noch investiert wird, sei es durch die Erneuerung vorhandener Wohnungen, sei es durch den einen oder anderen Neubau, in denen es aber auch darauf ankommt, die verbleibenden Brachen für die Erweiterung wohnungs- oder quartierbezogener Freiflächen zu nutzen und sie damit als Wohnstandorte weiter aufzuwerten, und

– solchen Gebieten, in denen sowohl von der Lage wie von der Qualität des Wohnungsbestandes her keine dauerhafte Nachfrage mehr zu erwarten ist, in denen die Leerstände und Lücken allmählich überhand nehmen und daher Konzepte für eine grundlegende Umgestaltung entwickelt und entsprechende Maßnahmen eingeleitet werden müssen, und zwar so frühzeitig, daß auch jeder Anschein eines öffentlichen Desinteresses vermieden wird. Dabei sind es vor allem die ‚gehobenen' Wohngebiete der Gründerzeit, deren relativ aufgelockertes und durchgrüntes Umfeld am ehesten den Standortpräferenzen auch einer weniger ‚urban' orientierten Bevölkerung entspricht und die daher als Muster auch für andere, weniger ‚gehobene' Gebiete dienen können. Trotzdem wird man sich, wenn auch bei weniger Bewohnern der stadtbildprägende Grundriß dieser Quartiere erhalten bleiben soll, fragen müssen, ob nicht innerhalb dieses Grundrisses eher weniger Wohnungen untergebracht werden sollten als zuvor, nicht weiter verdichtet als entdichtet werden sollte. Dafür geeignete Bebauungstypen, die sich breiter Sympathie erfreuen, gibt es genug. Nicht umsonst wurden die Planungsziele für die innere Stadt von Leipzig, das sich trotz aller wirtschaftlichen Erfolge und trotz einer merklichen Rückwanderung in die innere Stadt auch dort mit einigen tausend leer stehenden Wohnungen auseinander zu setzen hat, in dem einprägsamen Kürzel „Weniger Dichte – Mehr Grün" zusammengefaßt.

Weniger Dichte – Mehr Grün

Wenn und wo eine graduelle Entdichtung nicht ausreicht und sich auch auf längere Sicht für kleinere und größere Brachen keine Bebauungsmöglichkeiten mehr finden, wird allerdings eine grundlegende Umstrukturierung unumgänglich sein, und das heißt aus heutiger Sicht: eine Umwandlung in größere zusammenhängende Freiräume. Diese allerdings können nicht mehr nur auf die umliegenden Wohngebiete bezogen sein, strukturell wie funktional bedürfen sie einer Einbindung in gesamtstädtische Zusammenhänge und müssen integrierender Bestandteil des gesamtstädtischen, wenn nicht des stadtregionalen Nutzungsgefüges sein.
Nur durch eine konsequente Orientierung an dem Leitsatz „Weniger Dichte – Mehr Grün" kann aber auch die zweite neue Problemkonstellation, mit der sich die städtebauliche Planung auseinanderzusetzen hat, gemeistert werden, nämlich die stadt- und sozialverträgliche Gestaltung der langen Übergangszeiten, die ein allmähliches Abbröckeln der Nachfrage nach Wohnungen in weniger attraktiven Gebieten mit sich bringt. Diese Gebiete waren bisher, ob als herkömmliches Sanierungsgebiet oder im Rahmen des Bund-Länder-Programms „Soziale Stadt", Gegenstand öffentlich initiierter und geförderter Erneuerungsmaßnahmen, mit deren

Hilfe dann auch private Investitionen angeregt wurden. Dies wird in Zukunft kaum noch der Fall sein, nicht nur, weil die öffentlichen Mittel fehlen, sondern auch, weil auf lange Sicht nicht mehr mit einer verläßlichen Nachfrage nach den geförderten Wohnungen zu rechnen ist.

Auf lange Sicht. Es kann kein Zweifel bestehen, daß auch während einer längeren Übergangszeit die Wohnungen in diesen Gebieten, gerade wenn sie dem so genannten „untersten Marktsegment" zuzurechnen sind, gebraucht werden. Nach wie vor wird es Bevölkerungsgruppen geben, die angesichts abnehmender Sozialwohnungsbestände und eines zunehmenden Einkommensgefälles auf die niedrigen Mieten dieses Marktsegments angewiesen sind. Auch wenn im internationalen Vergleich in der Bundesrepublik Größe und Ausstattung der Wohnungen auch in den unteren Marksegmenten wenig zu wünschen übrig lassen, ist es doch ihre Häufung, vor allem aber das vernachlässigte, wenn nicht verwahrloste Umfeld, das oft weniger den Bewohnern als etwa Drogenhändlern und ihren Kunden anzulasten ist, die sie an den unteren Rand drücken.

Will man die verbleibenden Bewohner nicht unzumutbaren Wohn- und Lebensverhältnissen aussetzen und sie damit zu einer ungeliebten „Restbevölkerung" degradieren, so können diese Defizite, können auch zunehmende Leerstände und Abrisse nur durch eine besonders sorgfältige Freiraumgestaltung, die nicht nur die häufige Überbelegung der Wohnungen ausgleicht, sondern auch zusätzliche Betätigungs- und Kommunikationsmöglichkeiten bietet, kompensiert werden. Dabei sind bis jetzt die gemeinschaftliche Nutzung von Brachen für Sport und Spiel, die Aufteilung in Mietergärten, die Überlassung als Grabeland bei den Bewohnern auf die meiste Gegenliebe gestoßen und damit auch auf die Bereitschaft, die Anlage und Pflege zu übernehmen – und damit auch die öffentliche Hand zu entlasten.

Nicht nur an die Bewohner dieser Quartiere, auch an die breitere Öffentlichkeit richten sich dagegen die zahlreichen Appelle zur Entfaltung „kreativer Potentiale", zur Beteiligung an künstlerischen Inszenierungen und Installationen, die nicht nur der persönlichen Entfaltung der Initiatoren dienen, sondern auch die Chancen, die sie den Bewohnern bieten, deutlich machen sollen. Auch wenn viele dieser Initiatoren und ihrer Aktionen den Bewohnern „vor Ort" fremd bleiben mögen, so sind sie doch legitimiert durch das Bemühen, gerade in diesen Quartieren jedem Anzeichen von Ausgrenzung und Verwahrlosung ein deutliches Zeichen eines gemeinsamen öffentlichen Interesses und einer gemeinsamen öffentlichen Verantwortung entgegenzusetzen.

Anmerkungen

1 So hat im Jahr 2001 das empirica-Institut in Kooperation mit der Firma Techem eine Methode entwickelt, um mit Hilfe von Heizkostenabrechnungen bundesweit Leerstände zu erfassen und daraus einen Leerstandsindex zu berechnen. Damit wurden im Mai 2006 bereits 2,5 von den 5 Mio. der von Techem betreuten Wohnungen erfaßt. (vgl. empirica Newsletter 4/2005, S.1f)
2 Vgl. auch Bucher, Hansjörg; Schlömer, Claus, Wohnungsmärkte im demographischen Wandel, in: vhw-Forum Wohneigentum, Heft 3/2005, S. 122–128
3 Vgl. vor allem die vom BBR (Bundesamt für Bauwesen und Raumordnung) herausgegebene Online-Publikation Nr. 8/2006 „Herausforderungen deutscher Städte und Stadtregionen", die auf der laufenden, auch kleinräumig differenzierenden Raumbeobachtung des Amtes basiert und ein weit realistischeres Bild der Wanderungen auch auf stadtregionaler und innerstädtischer Ebene vermittelt.
4 Beispielsweise hatte auch die Stadt Mannheim im Jahr 2005 bei allen Altersgruppen über 50 Jahren, selbst bei denen über 75 Jahren noch deutliche Wanderungsverluste zu verbuchen.
5 Vgl. Appel, Cornelia u. a., vhw-exklusiv. Wohnen in der Sinus-Trendbefragung 2004, in: vhw-Forum Wohneigentum, Heft 3/2005, S. 120
6 So werden im Rahmen des im Jahr 2003 vom vhw Bundesverband Wohneigentum und Stadtentwicklung e. V. initiierten Forschungsprojekts „Nachfrageorientierte Wohnungspolitik" von dem für seine Lebensstil- und Milieuuntersuchungen bekannten Institut Sinus Sociovision in Heidelberg bei dessen jährlichen Trendbefragungen auch wohnungsrelevante Meinungen, Einstellungen und Verhaltensweisen ermittelt, und zwar differenziert nach den zehn soziokulturell definierten „Sinus-Milieus". Nachdem sich diese Befragungen vorher auf die Ermittlung von „Wohnwelten" bzw. Einrichtungsstilen konzentriert hatten, werden jetzt auch Einstellungen zum Erwerb von Wohneigentum, zur Alternative Harmonie oder Wettbewerb, zur Quartierssicherheit oder zu den „potenziellen Umzugstreibern" u. ä. erfragt. (Vgl. vhw-Forum Wohneigentum 1/2003, 1/2004, 3/2005, 3/2006)
7 Vgl. Statistisches Bundesamt, Mikrozensus 2003
8 Opaschowski, Horst, Besser leben, schöner wohnen? Leben in der Stadt der Zukunft, Darmstadt 2005, S. 188
9 Schneider, Nicole; Spellerberg, Annette, Lebensstile, Wohnbedürfnisse und räumliche Mobilität, Opladen 1999, S. 204
10 Vgl. u. a. Doehler, Marta; Reuther, Iris, Schrumpfung planen? in: Wohnbund-Informationen, Heft 3/2001, S. 5–7
11 Vgl. Kabisch, Sigrun; Bernt, Matthias; Peter, Andreas, Stadtumbau unter Schrumpfungsbedingungen. Eine sozialwissenschaftliche Fallstudie, Wiesbaden 2004
12 Bundestransferstelle „Stadtumbau Ost", „Stadtumbau Ost" – Stand und Perspektiven. Erster Statusbericht der Bundestransferstelle, Berlin 2006, S. 76f

Elke Pahl-Weber / Nikolai Roskamm
Weniger Menschen – andere Stadt?
Zum Umgang mit städtischen Schrumpfungsprozessen im Westen Deutschlands

1 Rahmenbedingungen

Schrumpfende Städte sind kein auf den Osten Deutschlands beschränktes Phänomen. Die umfangreiche Debatte über die Ursachen und Auswirkungen von städtischen Schrumpfungsprozessen wird bisher jedoch hauptsächlich mit Blick auf den Osten geführt. In diesem Beitrag soll untersucht werden, welche Konsequenzen des demographischen Wandels sich für die Städte im Westen Deutschlands abzeichnen und mit welchen planerischen Strategien und Maßnahmen – in der Regel unter dem Begriff „Stadtumbau" subsumiert – sich die Kommunen auf diese Veränderungen einstellen. Diese Betrachtung erfolgt vor dem Hintergrund eigener Praxiserfahrungen mit integrierten Stadtentwicklungskonzepten und dialogorientierten Stadtumbauprozessen in Westdeutschland.

Was bedeutet Schrumpfung? Philip Oswalt umschreibt den Begriff „Schrumpfende Städte" als Verlust „von städtischer Bevölkerung und von wirtschaftlicher Aktivität".[1] Bernhard Müller schlägt eine Unterscheidung zwischen „shrinking cities" und „declining cities" vor: „shrinking cities" steht für die Abnahme der Bevölkerung, „declining cities" für den wirtschaftlichen Niedergang einer Stadt.[2] Auch der Raumordnungsbericht 2005 der Bundesregierung trägt dem doppelten Bedeutungsgehalt des Begriffs Rechnung, wenn er Schrumpfung anhand folgender Indikatoren definiert: Wanderungsverluste, starke Arbeitsplatzverluste, Kaufkraft- und Realsteuerkraftverluste, sinkende Investitionen in private Betriebe und öffentliche Infrastruktur, in der Folge weitere Bevölkerungs- und Arbeitsplatzverluste. Schrumpfung liegt demnach dann vor, wenn bei einer Gemeinde oder Region die Mehrzahl dieser Indikatoren gegeben ist. Liegen sämtliche Indikatoren im unteren Quintil einer bundesweiten Rangskala, wird Schrumpfung als problematisch bezeichnet.³ So spröde diese Definition wirkt, sie liefert doch relativ verläßliche Anhaltspunkte für den Umgang mit einem Begriff, der sonst leicht mit politisch oder ideologisch aufgeladenen Emotionen und Assoziationen verbunden wird. Vor allem bietet die Unterteilung in die genannten Indikatoren die Möglichkeit einer genaueren Bestimmung des Ausmaßes, in welchem eher demographische oder eher ökonomische Faktoren für Schrumpfungsprozesse verantwortlich sind.

Je nach den Annahmen über die Höhe des Wanderungsgewinns aus dem Ausland rechnet das Statistische Bundesamt in der 11. koordinierten Bevölkerungsvorausberechnung vom November 2006 bereits bis zum Jahr 2020 mit einer Abnahme der Bevölkerung, und zwar bei einem jährlichen Wanderungsgewinn aus dem Ausland von 100 000 Personen um 2,3 Mio., bei einem Gewinn von 200 000 Personen um 1,1 Mio. Einwohner. Da in den Jahren 2004 und 2005 der faktische Wanderungsgewinn aus dem Ausland nur bei 83 000 bzw. 79 000 Personen lag, dürfte die erste Annahme die realistischere sein. Danach würde die Bevölkerung der Bundesrepublik zwischen 2005 und 2020 von 82,4 Mio. auf 80,1 Mio. zurückgehen.

Die Konsequenzen des demographischen Wandels für die Einwohnerzahlen lassen sich nicht generalisierend beschreiben. Auch in den alten Ländern verläuft die Entwicklung regional höchst unterschiedlich. Ausschlaggebend für die Unterschiede zwischen den Regionen sind in erster Linie die Entwicklungspotentiale der vorhandenen Wirtschafts- und Branchenstruktur. Dabei kommt den jeweiligen Anteilen an modernen, zukunftsträchtigen Industrien, an unternehmensbezogenen und vermehrt auch an wissensbezogenen Dienstleistungen entscheidende Bedeutung zu. Gerade diese sind jedoch sehr ungleich über die Bundesrepublik verteilt. In der Folge ergibt sich ein teilweise unmittelbares Nebeneinander von wachsenden und schrumpfenden Regionen und Städten. In den alten Ländern sind derzeit vor allem altindustrialisierte Regionen wie das Ruhrgebiet und Teile des Saarlandes von Schrumpfung betroffen, aber auch ländliche Regionen in Schleswig-Holstein, im südlichen Niedersachsen und Oberhessen, in Rheinland-Pfalz und in Oberfranken. Auch die Städte mit den stärksten Einwohnerverlusten finden sich in oder am Rande dieser Regionen. Hinzu kommen noch einige vom Rückgang der Schiffahrtsindustrie besonders betroffene Küstenstädte. Bei einem Ranking der 440 Kreise und kreisfreien Städte der gesamten Bundesrepublik hinsichtlich ihrer Bevölkerungsverluste zwischen 1990 und 2000 belegte Bremerhaven als erste westdeutsche Stadt den 53. Platz, auf dem 65. Platz folgte Wilhelmsha-

ven und bald darauf die ersten Ruhrgebietsstädte.[4] Überdurchschnittlich wachsende Regionen und Städte finden sich dagegen vor allem im südlichen Bayern, in Baden-Württemberg und entlang der Rheinschiene. Deutliche Unterschiede gibt es aber auch zwischen den einzelnen Siedlungstypen. Die großen Kernstädte haben auch im Zeitraum zwischen 1997 und 2001 weiter Einwohner verloren. In den Umlandgemeinden und in den großen und kleinen Landgemeinden wurden dagegen Bevölkerungszuwächse von 3,3 bzw. 2,5 Prozent verzeichnet. Auch die Kleinstädte wuchsen weiter, mit 1,6 Prozent jedoch in einem etwas geringeren Ausmaß.[5] Gerade in den ländlichen Regionen bestehen jedoch deutliche Unterschiede zwischen einzelnen Regionstypen: Auf der einen Seite stehen verkehrlich gut erschlossene Regionen, meist im Ausstrahlungsbereich prosperierender Metropolen, auf der anderen Seite peripher gelegene Gebiete, die ganz auf sich selbst gestellt sind, sofern sie nicht über außergewöhnliche landschaftliche Vorzüge verfügen.
Bei einer weiteren Abnahme der Gesamtbevölkerung dürften sich diese Unterschiede noch akzentuieren. Die Zahl der schrumpfenden Städte und Regionen wird zunehmen, die der wachsenden abnehmen. Nach der Prognose des Bundesamtes für Bauwesen und Raumordnung (BBR) 2020/2050 wird es bis zum Jahr 2020 auch in den alten Bundesländern Regionen, in denen die Bevölkerung weiter wächst, nur noch im erweiterten Umland der großen Städte und Agglomerationszentren geben.[6] Solche Gebiete finden sich insbesondere im erweiterten Umland von München, Hamburg, Stuttgart, Köln, in der Rhein-Main- und der Rhein-Neckar-Region. Außerdem wären auch in einigen eher ländlich strukturierten Räumen wie dem Emsland, dem Münsterland, am Oberrhein und um den Bodensee noch Zuwächse zu erwarten.[7] Verstärkte Abnahmen werden dagegen für die altindustrialisierten Regionen Ruhrgebiet und Saarland prognostiziert, außerdem für einige ohnehin schon dünn besiedelte Räume in Schleswig-Holstein, im südlichen Niedersachsen, in Oberhessen und in anderen, auch süddeutschen Mittelgebirgslagen.[8]
Ein Prognosezeitraum von 20 Jahren ist für langfristige Strategieüberlegungen jedoch in der Regel zu kurz. Allerdings sind längerfristige Bevölkerungsvorausschätzungen gerade bei regionaler Differenzierung mit einem hohen Prognoserisiko verbunden. Das Bundesamt für Bauwesen und Raumordnung weist daher die längerfristigen, etwa bis zum Jahr 2050 reichenden Trends der Bevölkerungsdynamik nur in räumlich vergröbertem Maßstab aus. Danach sinkt nach 2020 die Bevölkerungszahl in Deutschland insgesamt zwar schneller, es wird jedoch – vor allem im

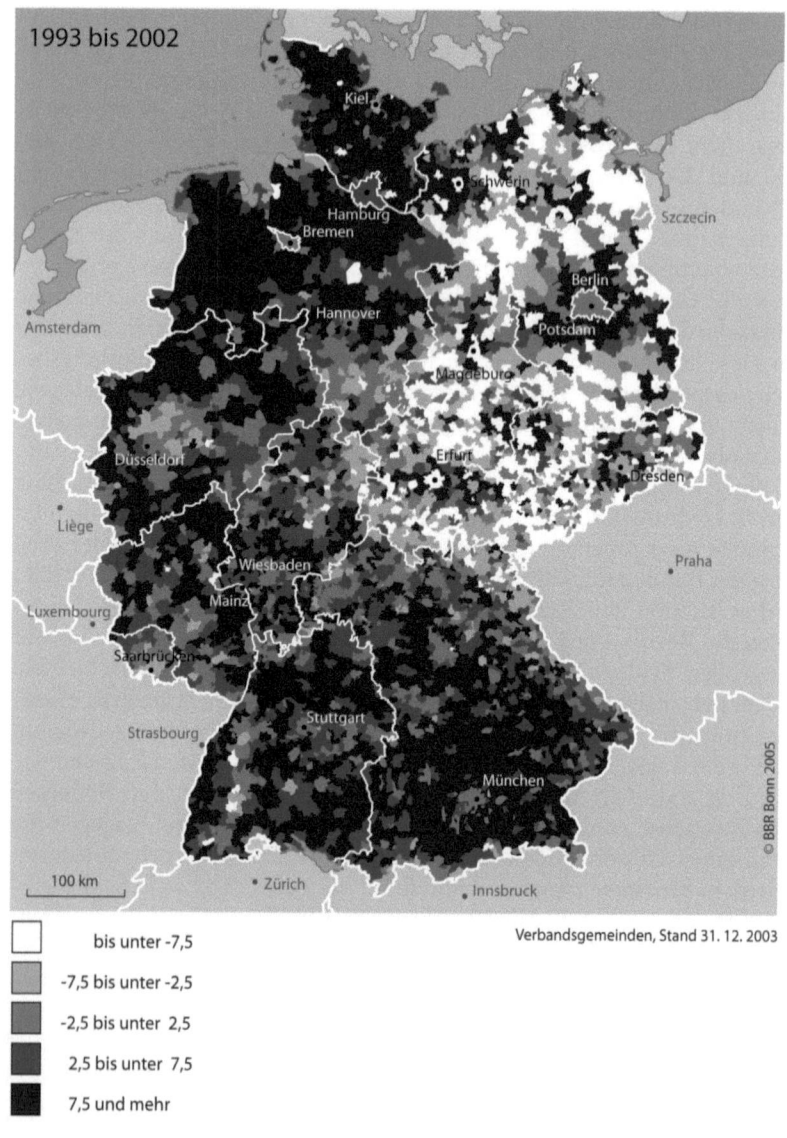

	bis unter -7,5
	-7,5 bis unter -2,5
	-2,5 bis unter 2,5
	2,5 bis unter 7,5
	7,5 und mehr

Verbandsgemeinden, Stand 31. 12. 2003

Veränderung der Bevölkerungszahl 1993–2002 in Prozent
Quelle: Eigene Bearbeitung auf Grundlage Laufende Raumbeobachtung des BBR

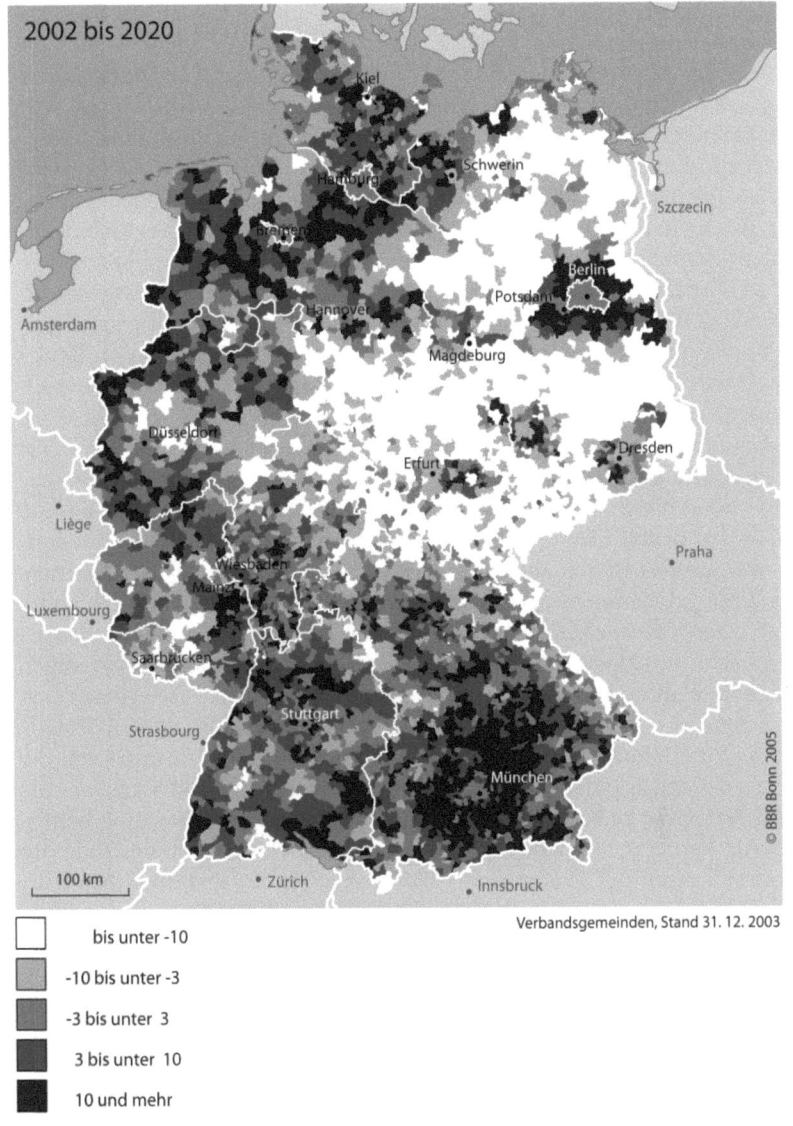

Veränderung der Bevölkerungszahl 2002–2020 in Prozent
Quelle: Eigene Bearbeitung auf Grundlage BBR-Bevölkerungsprognose 2002–2020/Exp.

Westen – weiter Räume geben, die zunächst noch ein weiteres Bevölkerungswachstum erwarten können. Dazu gehören vor allem wieder das Umfeld der Agglomerationsräume München, Stuttgart, Hamburg, Nürnberg sowie ländliche Gebiete im Großraum Alpenrand-Bodensee. Von zunehmender Stagnation und Schrumpfung betroffen sind danach auch weiterhin die altindustrialisierten Regionen im Ruhrgebiet, im Saarland und an der Wesermündung.[9] Wenn also schon heute ein Nebeneinander von Wachstum und Schrumpfung, von Gewinnern und Verlierern, die Realität der Raum- und Siedlungsentwicklung in Deutschland kennzeichnet, so wird dies in Zukunft erst recht so sein, auch wenn dieses Nebeneinander von Wachstum und Schrumpfung zunehmend in ein Nebeneinander von weniger Schrumpfung und mehr Schrumpfung übergeht. Beides jedoch wird mit einer zunehmenden Vielfalt räumlicher Problemkonstellationen verbunden sein.

Großräumige und regionale Entwicklungstrends sagen jedoch noch nichts darüber aus, wie sich die Bevölkerungsrückgänge auf die baulich-räumlichen Strukturen innerhalb der einzelnen Städte auswirken. Während dies in den neuen Ländern bereits Gegenstand zahlreicher Untersuchungen war, gibt es in den alten Ländern zwar Hinweise, welche Quartiere und Wohngebietstypen am stärksten betroffen sein dürften[10], es fehlt aber an genaueren Recherchen und Analysen vor Ort. Entscheidende Bedeutung haben in jedem Falle das Ausmaß der Entspannung der jeweiligen örtlichen Wohnungsmärkte und die räumlichen Muster, nach denen sich die Anbieter- zu Nachfragermärkten wandeln. Auch hier ist eine Polarisierung zu erkennen. Gute Lagen lassen sich weiter gut vermarkten, die Chancen weniger guter Lagen werden schlechter. Dort sind auch am ehesten Leerstände zu beobachten, die zu einer weiteren Abwertung beitragen. Als Verlierer können in erster Linie die hoch verdichteten Teile der Großsiedlungen der 1960er und 1970er Jahre gelten, aber auch Neubaugebiete aus den 1950er Jahren, die nach Größe und Ausstattung der Wohnungen nicht mehr heutigen Ansprüchen genügen. Gerade letztere weisen allerdings wegen ihrer relativen Innenstadtnähe, ihrer guten Verkehrserschließung und des „eingewachsenen" Umfeldes häufig Lagevorteile auf, die eine selbsttätige Erneuerung begünstigen. Bedroht sind aber auch die innerstädtischen oder innenstadtnahen Arbeiterwohngebiete der Gründerzeit, die trotz teilweise umfangreicher Erneuerungsmaßnahmen ihre Lage- und Umfelddefizite behalten haben. Hinzu kommen Leerstände und Brachen im gewerblichen Bereich, die die Schließung oder Verlagerung von größeren Betrieben ebenso wie die massive Reduzierung der von

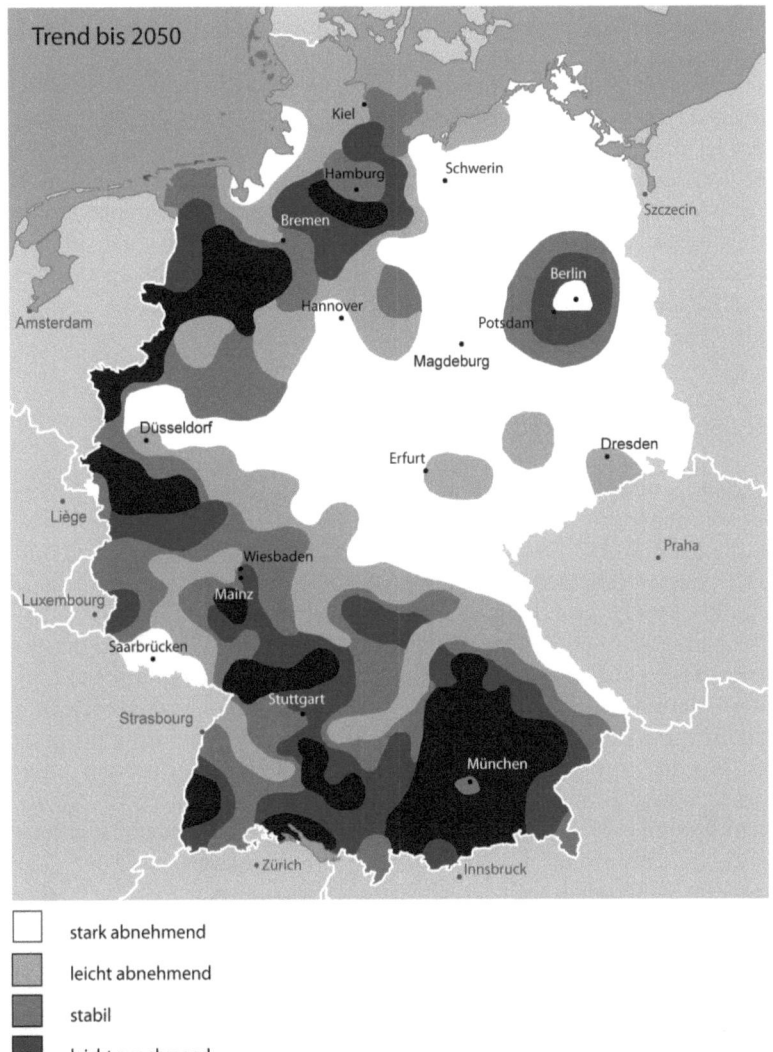

Veränderung der Bevölkerungszahl zwischen 2002 und 2050
Quelle: eigene Darstellung auf Grundlage BBR (Hg.), Raumordnungsbericht 2005.
BBR-Bevölkerungsprognos 2002–2050/Exp, Bonn 2005

Bahn, Post oder Militär genutzten Flächen hinterlassen haben. Die damit verbundenen Lücken und Leerstellen innerhalb des bebauten Stadtgebiets werden zwar in Zukunft zunehmen, heute werden sie jedoch vor allem in Großstädten noch eher als Chance denn als Risiko wahrgenommen. Anders ist die Situation in solchen kleineren und mittleren Städten, die in den letzten Jahrzehnten im Zuge des Wegbrechens ihrer traditionellen Industrien gravierende Verluste an Arbeitsplätzen und entsprechende Wanderungsverluste hinnehmen mußten. Hier lassen sich auch in den alten Ländern schon jetzt die Auswirkungen von Schrumpfungsprozessen an dauerhaften großflächigen Brachen, für die wenig Chancen auf Umnutzung bestehen, ablesen.

2 Der „Stadtumbau West"

So eindeutig und unwiderlegbar die Ergebnisse der Bevölkerungsvorausberechnungen für die Bundesrepublik sind, so ungern werden sie zur Kenntnis genommen. Das Gutachten „Kommunale Planungspraxis quo vadis?"[11], das im Jahr 2005 im Rahmen des Forschungsfeldes „Stadtquartiere im Umbruch" vom BBR in Auftrag gegeben wurde, zeichnet in dieser Beziehung ein überaus aufschlußreiches Bild. Das Gutachten beruht in weiten Teilen auf einer Umfrage bei Städten mit 20 000 und mehr Einwohnern, die entweder bereits seit 1995 von einem Bevölkerungsrückgang betroffen waren oder denen bis 2020 ein Bevölkerungsrückgang prognostiziert worden war. Angeschrieben wurden 319 Städte in der gesamten Bundesrepublik, geantwortet hatten immerhin 255, darunter 164 Städte aus dem Westen und 91 Städte aus dem Osten. Wie nicht anders zu erwarten, war „Schrumpfung" für 99 Prozent der Kommunen im Osten „ein Thema", im Westen lediglich für 62 Prozent. Begründet wurde die Nicht-Thematisierung von Schrumpfung in den westlichen Städten in der Regel damit, daß Schrumpfung politisch unpopulär und/oder die Auswirkungen beherrschbar seien. Dem entsprechend erwarteten auch mehr als die Hälfte der östlichen Städte, die mit einem Bevölkerungsrückgang von mehr als 10 Prozent konfrontiert waren, „schwerwiegende Auswirkungen" des Bevölkerungsrückgangs und hielten daher auch eine „grundsätzlich veränderte Planungspraxis" für erforderlich. Von den – ausschließlich im Westen gelegenen – Städten, die selbst noch keinen Bevölkerungsrückgang erfahren hatten, denen er aber prognostiziert worden war, erwartete dagegen keine einzige schwerwiegende Auswirkungen, noch hielten sie eine Veränderung der Planungspraxis für erforderlich. Wenn „Schrumpfung" im Westen zum Thema geworden war, so in erster Linie aufgrund des Vorliegens neuerer Prognosen und der Notwendigkeit, diese bei der Ausarbeitung eines neuen Stadtentwicklungskonzept zu berücksichtigen, wenn im Osten, so in erster Linie aufgrund erhöhter Wohnungsleerstände, beziehungs- und bezeichnenderweise aber auch aufgrund der Auflage neuer Förderprogramme.

Die vorrangige Bedeutung der Wohnungsleerstände kommt in den östlichen Städten aber auch in anderen Antworten immer wieder zum Ausdruck. Auch bei der Frage nach den am stärksten von der Schrumpfung betroffenen Bereichen und Einrichtungen wird der Wohnungsmarkt an erster Stelle genannt – im Westen dagegen die Kinderbetreuungseinrichtungen –, bei der Frage nach planerischem Handlungsbedarf der Rückbau bzw. der Abriß von Wohnungen – im Westen dagegen die Wohnumfeldverbesserung und die Reaktivierung bzw. Umnutzung von Brachflächen. Auch die Antworten auf die Frage nach den Chancen, die ein Bevölkerungsrückgang für die Stadtentwicklung bietet, könnten unterschiedlicher nicht sein. Für die Städte im Osten bestehen diese Chancen in erster Linie in einer Verringerung der baulichen Dichte und einer besseren Versorgung mit Grün- und Freiflächen, Chancen, die im Westen erst an hinterer Stelle rangieren. Hier besetzen Angaben wie „mehr Möglichkeiten der Wohnungswahl" und „neue Nutzungsmöglichkeiten" die vorderen Ränge. Insgesamt wurden im Westen jedoch die Chancen eines Bevölkerungsrückgangs skeptischer beurteilt als im Osten. So hatten denn im Westen auch nur 62 Prozent der Städte den Stadtumbau zum Thema ihrer neuen Stadtentwicklungskonzepte gemacht, im Osten aber 94 Prozent.[12]

Schriftliche Umfragen können sicherlich nur ein relativ grobes Bild der Befindlichkeiten und Dringlichkeiten „vor Ort" zeichnen. Kaum zu übersehen ist jedoch, daß selbst für die Mehrheit der westdeutschen Städte, die bereits Bevölkerungsverluste erfahren haben oder denen sie unmittelbar bevorstehen, dies zumindest im Jahr 2005 nicht nur ein ungeliebtes, sondern auch noch ein relativ abstraktes Thema war, wobei sicher zu berücksichtigen ist, daß auch nur 34 der 164 westdeutschen Städte bereits konkrete Erfahrungen mit Abriß und Rückbau gemacht hatten. Fast alle aber hatten bereits Erfahrungen mit der Schließung von Kindergärten und Schulen gemacht. Daß die gestern und heute fehlenden Kinder und Jugendlichen morgen auch als Nachfrager auf dem Wohnungsmarkt fehlen würden, mit entsprechenden Auswirkungen auf die Auslastung der Wohnungsbestände, war aber offenbar noch nicht ins allgemeine Bewußtsein gedrungen. Planerischer Handlungsbedarf wird denn auch weiter eher bei der Verbesserung des Wohnumfeldes gesehen, dazu bei der Reaktivierung oder Umnutzung von Brachen. Weder gestellt noch beantwortet wurde in diesem Zusammenhang allerdings die Frage, für welche neuen Nutzungen die Brachen reaktiviert werden sollten.

Ging es bei dieser Umfrage vorrangig um die Wahrnehmung und Bewertung von Schrumpfung durch die Kommunen, so bei dem gleichzeitig laufenden Forschungsprogramm „Stadtumbau West" vorrangig um die Bewältigung bereits faktisch ablaufender Schrumpfungsprozesse. Nach der bemerkenswerten Resonanz des Programms „Stadtumbau Ost" hatte sich die Bundesregierung schon im Herbst 2002 veranlaßt gesehen, auch den Städten im Westen, die in besonderem Maße von den Auswirkungen des wirtschaftlichen und demographischen Wandels betroffen waren, bei der Bewältigung der damit verbundenen städtebaulichen Problemlagen Hilfestellung anzubieten. Voraussetzung für die Teilnahme an dem Forschungsprogramm waren die Erarbeitung von je nach Problemlage gesamtstädtischen oder teilräumlichen städtebaulichen Entwicklungskonzepten sowie die Vorbereitung und Durchführung investiver Maßnahmen in Form von so genannten „Impulsprojekten". Damit verbunden war die Hoffnung, daß die am Programm beteiligten Städte eine gewisse Vorreiterfunktion bei der Bewältigung der städtebaulichen Folgen des wirtschaftlichen und demographischen Wandels im Westen übernehmen könnten.

An dem Programm nehmen 16 Pilotstädte teil, von denen die Mehrzahl in Gänze als „Städte in Strukturkrise" eingestuft werden, einige Städte aber auch nur mit einem von besonders hohen Wohnungsleerständen betroffenen Stadtteil im Programm vertreten sind.[13] Dabei handelt es sich bei den „Städten in Strukturkrise" überwiegend um Städte, die in den letzten Jahrzehnten aufgrund des Wegbrechens tragender Industrien (Bergbau, Schuhe, Porzellan) massive Arbeitsplatz- und Wanderungsverluste hatten hinnehmen müssen, ohne daß diese Verluste durch neue Arbeitsplätze etwa im Dienstleistungssektor hätten kompensiert werden können. Die Folge waren fast überall großflächige Industrie- und Gewerbebrachen, wachsende Leerstände von Wohnungen, Geschäftsräumen und Ladenlokalen sowie eine Unterauslastung der sozialen Infrastruktur. Dabei sind die Zusammenhänge zwischen wirtschaftlicher Strukturkrise und Wohnungsleerständen zwar unübersehbar, in ihren wechselseitigen Abhängigkeiten aber außerordentlich komplex und daher schwer durchschau- und noch schwerer beeinflußbar. Die Städte, die nur mit einem Stadtteil im

Programm vertreten sind, sind zwar nicht insgesamt von Bevölkerungsverlusten betroffen, verzeichnen aber in einzelnen Stadtteilen hohe Einwohnerrückgänge und Wohnungsleerstände von bis zu 20 Prozent. Die Gründe hierfür sind häufig ein schlechter Bau- und Erhaltungszustand oder eine unzureichende Modernisierung der Wohnungen. Auch haben die Gebiete in den meisten Fällen ein schlechtes Image, bedingt in erster Linie durch das Überwiegen benachteiligter Bevölkerungsgruppen, die sozial besser gestellte Bewohner zum Fortzug veranlaßt hatten. Betroffen sind insbesondere Wohngebiete aus den 1950er, 1960er und 1970er Jahren, in einem Fall auch aus den 1930er und 1940er Jahren.

Erste Zwischenergebnisse zum Forschungsprogramm Stadtumbau West geben wichtige Hinweise auf die spezifischen Voraussetzungen, Hemmnisse und Lösungsansätze in den einzelnen Städten. Über den Erfolg der Impulsprojekte, die in den meisten Städten gerade erst angelaufen sind, sind allerdings noch kaum Aussagen möglich. Im Folgenden wird versucht, die bisherigen Ergebnisse und Erfahrungen des Programms im Hinblick auf ihre Relevanz auch für Umbauprozesse in anderen Städten zusammenzufassen.

– Für fast alle Städte gilt, daß sie erhebliche Schwierigkeiten hatten, sich mit dem notwendigen – aber politisch wenig ertragreichen – Paradigmenwechsel von städtebaulichen Entwicklungskonzepten, die auf stetiges Wachstum angelegt waren, zu Konzepten, die Schrumpfungsprozesse bewältigen sollen, auseinander zu setzen. Trotz des bereits länger anhaltenden Strukturwandels verfügen bisher auch die wenigsten Städte über praktische Erfahrungen im Umgang mit längerfristig brachliegenden Flächen und leer stehenden Gebäuden. Ebenso ungewohnt war der dafür notwendige hohe Abstimmungs- und Kooperationsbedarf mit privaten Eigentümern.

– Einige der Pilotstädte hatten im Rahmen ihrer Entwicklungskonzepte Szenarien für den Umgang mit Brachen und Leerständen ausgearbeitet, die sich im wesentlichen auf folgende Alternativen konzentrierten:
– Erhaltung der bisherigen Nutzung bei Erhaltung der Bebauung,
– Änderung der bisherigen Nutzung bei Erhaltung der Bebauung,
– Änderung der bisherigen Nutzung bei Änderung der Bebauung,
– Vorhalten der Nutzungsmöglichkeit durch Zwischennutzung,
– Aufgabe der Nutzung, etwa durch Renaturierung.

In Anbetracht dieser also als bekannt vorauszusetzenden Alternativen fällt auf, daß jedenfalls zur Zeit „überwiegend Stadtumbau-Strategien verfolgt (werden), die eine grundsätzliche Beibehaltung der vorherigen Nutzung oder eine Änderung in eine erneute bauliche Nutzung von Gebäuden und Flächen zum Ziel haben, während das reine Vorhalten oder die Aufgabe von baulichen Nutzungen bislang verhältnismäßig selten verfolgt wird."[14] Eine „Renaturierung" war in keinem der ausgearbeiteten Konzepte vorgesehen. Auch hinsichtlich der Möglichkeit von Zwischennutzungen herrschte anfangs große Zurückhaltung, die sich jedoch inzwischen zunehmend in aufmerksames Interesse gewandelt hat.

– Bei den teilweise von beträchtlichen Leerständen betroffenen Wohngebieten aus den 1950er, 1960er und 1970er Jahren überschneiden sich in der Regel bauliche und wohnungswirtschaftliche Problemlagen mit sozialräumlicher Polarisierung. Insofern wird auch mit einigem Recht auf die Notwendigkeit einer stärkeren Verzahnung der Programme „Stadtumbau West" und „Soziale Stadt" hingewiesen. Bei den baulichen und wohnungswirtschaftlichen Problemlagen herrschen den heutigen Ansprüchen nicht mehr genügende Wohnungsgrößen und -zuschnitte, bauliche Mängel und ein unzureichender Modernisierungsstandard vor. Die Gebiete aus den 1960er und 1970er Jahren sind zusätzlich durch eine hohe bauliche Dichte belastet. In diesem Zusammenhang wird ebenso kurz wie bündig festgestellt, daß „die dem Leitbild Urbanität durch Dichte folgenden städtebaulichen Lösungen dieser Jahre nur geringe Akzeptanz auf dem Wohnungsmarkt erfahren."[15] Demgegenüber wurden in keiner der Pilotstädte bestehende Einfamilienhausgebiete als potentielle Stadtumbaugebiete identifiziert, wobei allerdings auch hier bei einer Aufgabe der Häuser aus Altersgründen ein Überhang nicht ausgeschlossen wird.[16]

– Die Maßnahmen in den Wohngebieten mit Leerständen konzentrieren sich neben der Beseitigung der baulichen Mängel und Ausstattungsdefizite auf eine Reduzierung der Wohnungsbestände, und zwar sowohl durch Abriß oder „Abstockung" vor allem der hochgeschossigen Gebäude als auch durch eine Zusammenlegung von Wohnungen. Dabei werden durch Abriß freigewordene Grundstücke in der Regel mit Ein- und Zweifamilienhäusern oder mit Reihenhäusern neu bebaut. Vor allem bei den hoch verdichteten Siedlungen aus den 1960er und 1970er Jahren wird allerdings auch auf eine Vergrößerung der Freiräume Wert gelegt.

– Weit schwieriger gestaltet sich die Anpassung der Wohnungsbestände in innerstädtischen Lagen, in denen sich in der Regel erhebliche Leerstände mit hohen baulichen Dichten, Freiraumdefiziten und einer Konzentration von benachteiligten Bevölkerungsgruppen überschneiden. Trotz der hohen Dichten und der fehlenden Freiräume wird jedoch nur selten über kompletten Rückbau nachgedacht.

– Der Erfolg der im Verlauf des Forschungsprogramms eingeleiteten Maßnahmen und Projekte hängt ganz entscheidend von der Mitwirkung der Eigentümer der leer gefallenen Gebäude und Grundstücke ab. Dabei zeigte sich, daß die großen Wohnungsgesellschaften, die in der Regel Eigentümer in den Wohngebieten mit hohem Wohnungsleerstand waren, zwar zähe Verhandlungspartner sind. Immerhin aber standen sie als solche zur Verfügung, und bei erfolgreichem Abschluß der Verhandlungen konnten die Ergebnisse anschließend zügig umgesetzt werden. Allerdings ist es „bislang nicht gelungen, die Nachteile des Abrisses [...] durch einen Nutzen- und Lastenausgleich zwischen Unternehmen zu kompensieren", dies nicht zuletzt deswegen, weil die Buchwerte in den Bilanzen der Unternehmen über dem aktuellen Wert der Gebäude liegen und daher erhebliche Wertberichtigungen erforderlich würden.[17]

– Bei innerstädtischen Brachen und Leerständen sahen sich die Städte in der Regel einer Vielzahl von Einzeleigentümern mit sehr heterogenen Interessen gegenüber. Gemeinsam war ihnen jedoch einerseits eine Überschätzung des Wertes ihrer Grundstücke und Gebäude, eine so genannte „Wertefiktion", welche die bereits allerorts manifeste Wertminderung durch die Strukturkrise kaum zur Kenntnis genommen hatte. Andererseits zeigten sie eine äußerst zurückhaltende Investitionsbereitschaft, die weniger aus fehlendem Kapital als aus unsicheren Renditeerwartungen resultierte und, zusammen mit der finanziellen Notlage der Kommunen selbst, als eines der wesentlichen Hemmnisse eines Erfolg versprechenden Stadtumbaus gelten kann. Ein „Aufbrechen" der Wertefiktion wird in der Zwischenbilanz des Programms denn auch für dringend erforderlich gehalten.

– Die Rückbauvorhaben treffen überraschenderweise in den meisten Städten bei Politik und Einwohnern auf Akzeptanz, sogar bei den Einwohnern, deren Wohnungen zum Rückbau vorgesehen waren – sofern sie nur früh und umfassend genug darauf vorbereitet werden. Es ist allerdings nicht auszuschließen, daß diese Akzeptanz auch darauf zurückzuführen ist, daß man mit Abrissen hier und dort einer grundsätzlicheren Änderung der bisherigen Wachstumsstrategie aus dem Wege zu gehen hoffte.

– „Stadtentwicklung ohne Wachstum ist für politische Entscheidungsträger ein unpopuläres Themenfeld".[18] Um eine grundsätzlichere Auseinandersetzung damit zu vermeiden, wurden daher häufig nur ausgewählte Teile der Entwicklungskonzepte politisch beschlossen, oder die Konzepte wurden der Politik lediglich zur Kenntnis gegeben.

– Bei der Entwicklung der Konzepte und der Vorbereitung der Maßnahmen und Projekte wurden regionale Bezüge häufig vernachlässigt, und zwar wegen der – sicher nicht nur nach dem Eindruck der Berichterstatter – „wenig belastbaren Kooperationsbeziehungen zu den angrenzenden Gemeinden."[19] Insofern vermuten die Berichterstatter, daß es trotz der Notwendigkeiten und Chancen regionaler Kooperation beim Stadtumbau kaum freiwillige Zusammenschlüsse der Kommunen geben wird.
Neben dem Forschungsprogramm „Stadtumbau West" werden seit 2004 vom Bund im Rahmen der allgemeinen Städtebauförderung zusätzliche Mittel bereitgestellt, die auch die westdeutschen Gemeinden in die Lage versetzen sollen, sich frühzeitig auf die städtebaulichen Auswirkungen von demographischen und ökonomischen Strukturveränderungen einzustellen. Diese Mittel werden inzwischen von zahlreichen Gemeinden in Anspruch genommen. Eine Auswertung der ersten Ergebnisse steht noch aus.

3 Fallstudien

Anhand zweier Fallstudien soll nun die Situation in zwei westdeutschen Städten beschrieben werden, um die dort eingeschlagenen stadtplanerischen Strategien und Maßnahmen eingehender zu beleuchten. Zum einen geht es dabei um Gelsenkirchen. Das Ruhrgebiet ist zusammen mit den an der ehemaligen deutsch-deutschen Grenze gelegenen Gebieten des nördlichen Hessens und des südlichen Niedersachsens die hinsichtlich der rückläufigen Bevölkerungs- und Arbeitsplatzentwicklung am stärksten betroffene Region Westdeutschlands.[20] Der altindustrielle Ballungsraum ist dabei nicht nur ein signifikantes und gut dokumentiertes Beispiel für eine Region in der Strukturkrise, sondern auch eine Experimentierstätte für die Bewältigung des ökonomischen, sozialen und ökologischen Strukturwandels, die insbesondere durch die Internationale Bauausstellung Emscher Park weithin Beachtung gefunden hat. Der Strukturwandel ist allerdings noch keineswegs abgeschlossen, und auch vom demographischen Wandel ist das Ruhrgebiet stärker betroffen als viele andere Gebiete in Westdeutschland.
Die zweite Fallstudie beschäftigt sich mit den Städten Rendsburg und Büdelsdorf in Schleswig-Holstein. Schleswig-Holstein steht ebenfalls vor großen demographischen Veränderungen. Eine Betrachtung allein der Daten für das gesamte Bundesland ist allerdings irreführend, da sich

positive und negative Entwicklungen weitgehend aufheben. Schleswig-Holstein ist daher auch ein Beispiel für regional sehr unterschiedliche Entwicklungstrends, mithin für ein Entwicklungsmuster, das für den gesamten Westen Deutschlands zunehmende Relevanz gewinnt.

Fallstudie Gelsenkirchen

Gelsenkirchen liegt im nördlichen Ruhrgebiet in Nordrhein-Westfalen. Die kreisfreie Stadt im Regierungsbezirk Münster ist in der Landesplanung als Mittelzentrum ausgewiesen und Mitglied im Regionalverband Ruhr und im Landschaftsverband Westfalen-Lippe. Gelsenkirchen ist aber vor allem durch den Strukturwandel in Folge des seit über 40 Jahren anhaltenden Rückzugs der Montanindustrie geprägt. Von den ehemals drei wirtschaftlichen Säulen der Stadt, Kohle, Stahl und Chemie ist heute nur noch die chemische Industrie von größerer Bedeutung. Arbeitslosigkeit und Kaufkraftverluste sind in vielen Bereichen der Stadt spürbar. Direkte Folge dieses Strukturwandels ist auch der Bevölkerungsrückgang seit Anfang der 1960er Jahre von etwa 400 000 auf derzeit rund 270 000 Einwohner. Die Abnahme der Einwohnerzahl durch Geburtendefizite ist dabei etwa gleich hoch wie die Abnahme durch Abwanderung. Nach einer Prognose des Landesamtes für Statistik NRW wird Gelsenkirchen zwischen 2002 und 2020 weitere 36 000 Einwohnern und damit noch einmal annähernd 13 Prozent seiner Bevölkerung verlieren. Damit wäre dann im Vergleich zu 1964 eine Abnahme um über 40 Prozent zu verzeichnen.[21]

In allen Gelsenkirchener Stadtteilen hat es in zeitversetzten Phasen zwar auch kurzfristige Anstiege der Einwohnerzahlen gegeben, insgesamt sind jedoch überall Abnahmen zu verzeichnen: 13 Prozent in Gelsenkirchen-West, 17 Prozent in Gelsenkirchen-Ost und -Nord, die stärksten in Gelsenkirchen-Mitte und -Süd mit 20 Prozent.[22] Über die Abwanderungsmotive gibt eine Wanderungsstudie aus dem Jahr 2003 Auskunft.[23] Dabei zeigt sich, daß in allen Stadtteilen der entscheidende Auslöser für eine Abwanderung die Qualität und Ausgestaltung des Wohnumfeldes war. Im einzelnen geht es in erster Linie um Lärmbelästigung, fehlende Grünräume bei hoher Bebauungsdichte und – insbesondere in Gelsenkirchen-Mitte und -Süd – um Merkmale des sozialen Umfeldes. Dort werden auch eine hohe Arbeitslosigkeit und ein sinkender Bildungsstand der Quartiersbevölkerung als Abwanderungsgründe genannt.

Aber auch die Qualität der Wohnungen spielt eine Rolle. Dabei ist zu berücksichtigen, daß, zum Beispiel, in der so genannten Altstadt von Gelsenkirchen, die hinsichtlich der Bevölkerungsabnahme im Mittelfeld liegt, etwa die Hälfte des Wohnungsbestandes aus den 1950er und 1960er Jahren stammt und kleine Wohnungsgrößen von 40–60 qm häufig vertreten sind, umfassende und koordinierte Bestandsentwicklungen und Qualitätsverbesserungen aber nicht stattgefunden haben. Auch die Eigentümerstruktur ist sehr kleinteilig: die 900 Wohngebäude befinden sich in der Hand von 1200 Eigentümern[24], die unterschiedliche Interessen an der Verwertung ihres Bestandes haben.[25] Auch in den anderen Stadtteilen sind es vor allem die Lage an Hauptverkehrsstraßen, kein oder wenig Grün und die Nähe von Industrieanlagen, die zu Abwanderungen führen, ebenso die Qualität der Wohnungen. Dabei sind die problematischen Bestände überall die kleinen Wohnungen aus der Nachkriegszeit, aber auch die nicht sanierten Wohnungen der Gründerzeit.

Strategien für den Stadtumbau werden in Gelsenkirchen nicht erst seit gestern erarbeitet. Ausgelöst durch den wirtschaftsstrukturellen Wandel wurden bereits in den 1990er Jahren im Rahmen der IBA Emscher Park zahlreiche architektonisch und sozial innovative Projekte realisiert, die sowohl in der Stadt selbst als auch in der Außenwahrnehmung eine positive Aufbruchstimmung signalisierten, etwa der Wissenschaftspark Rheinelbe, die Siedlungen Schüngelberg und Küppersbusch, die Evangelische Gesamtschule in Gelsenkirchen-Bismarck u. a. Auch wurde mit dem Abschied von der Montanstadt und der Ansiedlung zweier großer Betriebe zur Herstellung von Solarelementen sowie der Gründung eines Vereins „Solarstadt Gelsenkirchen", der alle auf diesem Gebiet tätigen Akteure umfaßt, das neue Leitbild der „Solarstadt" entwickelt. Inzwischen wird die Gelsenkirchener Stadtplanung allerdings weniger von einzelnen, Aufmerksamkeit heischenden Projekten als von integrierten, flächenhaften Förderprogrammen für ganze Stadtteile dominiert:

– Im Rahmen des vom Bund und dem Land Nordrhein-Westfalen geförderten Programms „Soziale Stadt" wird mit dem „Stadtteilprogramm Bismarck/Schalke-Nord" versucht, soziale, bauliche und arbeitsmarktpolitische Verbesserungen zu erreichen. Nach dem Auslaufen der Förderung im Jahre 2004 werden die sozialen Projekte in bürgerschaftlichen Netzwerken weiter geführt. Seit 2002 wird mit dem „Stadtteilprogramm Südost" in den Stadtteilen Bulmke-Hüllen, Neustadt und Ückendorf eine Verbesserung angestrebt. Die Wiedernutzung der zentrumsnahen ehemaligen Hochofenfläche Schalker Verein mit kleinen Handwerksbetrieben,

Handel und Wohnen ist hier das Leitprojekt. In allen diesen Programmen initiieren Stadtteilbüros vor Ort in Kooperation mit den in den Quartieren arbeitenden bürgerschaftlichen Initiativen, Vereinen, Kindergärten, Schulen, freien Trägern, Kirchen und Moscheevereinen Projekte zur städtebaulichen Aufwertung und sozialen Stabilisierung.

– Im Jahr 2004 wurde der zentrale Innenstadtbereich Gelsenkirchens rund um das geschwächte Einkaufszentrum Bahnhofstraße in das Forschungsprogramm „Stadtumbau West" aufgenommen. Ziel ist hier, die City als zentralen Versorgungs- und Einzelhandelsstandort zu stärken und zu aktivieren, die Aufenthaltsqualitäten im öffentlichen Raum zu verbessern und den Wohnstandort City zu verbessern. Dabei spielt gerade die Stabilisierung des Wohnungsangebots eine wichtige Rolle. In einzelnen Projekten werden Blöcke mit Grün- und Freiraum im Blockinneren neu gestaltet und neue Wohnangebote, auch für die Zielgruppe der Senioren, geschaffen. Die Stadt konzentriert sich dabei vor allem auf die in einer in Arbeit befindlichen Wohnungsmarktstudie als problematisch bezeichneten Bereiche nordöstlich der Bahnhofstraße und an den großen Hauptverkehrsstraßen. Dabei wird ein abgestuftes System von Anreizfinanzierung, Beratung und Moderation mit den privaten Eigentümern erprobt.

Eine weitere Planungsebene bildet der „Masterplan Ruhr", eine regionale Kooperation der acht Städte Duisburg, Oberhausen, Mülheim an der Ruhr, Essen, Herne, Bochum, Dortmund und Gelsenkirchen.[26] Der Masterplan ist eines von mehreren Handlungsfeldern und Leitprojekten, welche die acht Städte im Rahmen des „Stadtregionalen Kontraktes" im Jahre 2003 vereinbart haben. Dieser Stadtregionale Kontrakt wiederum ist das Ergebnis eines von den acht Städten und der Fakultät Raumplanung der Universität Dortmund gemeinsam durchgeführten mehrjährigen Leitbildprozesses unter dem Titel „Städteregion Ruhr 2030", der im Rahmen des Forschungsvorhabens „Stadt 2030" des Bundesministeriums für Bildung und Forschung initiiert und durchgeführt wurde. Der Stadtregionale Kontrakt war zugleich Abschluß des Forschungsvorhabens und Beginn der stadtregionalen Zusammenarbeit in verschiedenen Feldern der räumlichen Entwicklung. Der Masterplan Ruhr beinhaltet eine erste Bilanz zu den drei Themen „Wohnen in der Städteregion Ruhr", „Städtebauliche Projekte von besonderer Bedeutung" sowie „Region am Wasser" und faßt Grundlagen für die weitere räumliche Entwicklung zusammen. Dabei wird die künftig verstärkt rückläufige Entwicklung der Bevölkerung in den einzelnen Städten wie in der Stadtregion Ruhr insgesamt keineswegs verschwiegen. Diese wird aber vor allem als Aufforderung verstanden, „der sogenannten ‚Schrumpfung' entgegenzuwirken [...] und die Bevölkerung noch stärker an die Region zu binden".[27] Eine Konkurrenz um Einwohner läßt der Masterplan nicht erkennen, alle Städte verfügen auch über so viel ausgewiesenes Bauland, daß sie sich damit untereinander kaum Vorteile verschaffen können.

Neben dem Masterplan arbeiten die Städte Bochum, Essen, Gelsenkirchen, Herne, Mülheim an der Ruhr und Oberhausen auch an der Erstellung eines Regionalen Flächennutzungsplans, an der (sanften touristischen) Entwicklung des Ruhrtals sowie an verschiedenen Beispielprojekten kooperativer Flächenentwicklungen. Zusätzlich gibt es in der „Metropole" Ruhr eine ganze Reihe von interessanten regionalen Projekten und Aktivitäten, wie den „Emscher Landschaftspark 2010", den „Masterplan emscher:zukunft" oder die regionale Initiative „Fluss Stadt Land", es gab eine gemeinsame und erfolgreiche Bewerbung um den Titel „Kulturhauptstadt Europas 2010" und eine weitere gemeinsame Bewerbung um den Titel „Stadt der Wissenschaft 2007".

Zusammenfassend läßt sich feststellen, daß in der Stadt Gelsenkirchen der wirtschaftsstrukturelle Wandel und die demographische Entwicklung als die beiden großen Herausforderungen für die Stadtentwicklung erkannt worden sind. Die Stadt weiß, daß sie starke Bevölkerungsverluste zu verzeichnen und weitere zu erwarten hat, sie weiß auch, daß die Innenstadt in ihrer zentralen Funktion als Versorgungsschwerpunkt, kultureller Mittelpunkt und Wohnstandort gefährdet ist. In der Stadt ist daher auch eine intensive Diskussion über die langfristige Ausrichtung der Stadtentwicklung angelaufen, und es wird versucht, diesen Gefährdungen entgegen zu steuern. Ziel ist, die Stadtstruktur zu stabilisieren und den sich ändernden Bedingungen anzupassen. Dabei lassen sich insbesondere zwei Strategien identifizieren:

– *Integrierte Stadtumbauplanung:* Mit dem Stadtteilentwicklungs- und dem Innenstadtprogramm im Rahmen der Programme „Soziale Stadt" und „Stadtumbau West" wird versucht, in Kooperation mit Bürgern und Wirtschaft stabilisierende und revitalisierende Prozesse in den Gebieten anzustoßen. Neben baulich-räumlichen Maßnahmen und Leitprojekten ist vor allem der Aufbau eines sich selbst tragenden Netzwerkes in den einzelnen Bereichen Hauptziel dieser Strategie.

– *Regionale Kooperationsplanung*: Durch die Kooperation mit den umliegenden Städten wird die tragende Rolle der Stadtregion in den derzeitigen Wandlungsprozessen anerkannt und versucht, sie produktiv zu nutzen.

So entsteht mit dem Umbau von der Montanstadt zur „Solarstadt" tatsächlich eine andere Stadt, die räumlichen Grundstrukturen bleiben allerdings bei Ausdünnung der baulichen und der Einwohnerdichte in mehreren Stadtteilen – zumindest vorerst – erhalten, die Erhaltung und Verbesserung der Innenstadt ist explizites Ziel der Stadtumbaukonzeption.

Fallstudie Rendsburg-Büdelsdorf

Nach aktuellen Prognosen beginnt in Schleswig-Holstein die Bevölkerung nach dem Jahr 2010 zu schrumpfen,[28] ein deutlicherer Bevölkerungsrückgang wird ab 2015 erwartet, dieser jedoch mit großen regionalen Unterschieden. Während die an die Hansestadt Hamburg angrenzenden Kreise mittelfristig noch an Einwohnern zunehmen, werden vor allem die nördlich und nordwestlich anschließenden Landesteile teilweise starke Verluste hinnehmen müssen. Daher ist auch die Aussage, der Wohnungsmarkt Schleswig-Holsteins stelle sich derzeit als ausgeglichen dar,[29] nur bedingt aussagekräftig. Auch die aktuelle wirtschaftliche Entwicklung verläuft räumlich sehr differenziert.[30]

Rendsburg und Büdelsdorf liegen etwa in der Mitte von Schleswig-Holstein, räumlich eng verzahnt an der Eider und in unmittelbarer Nähe des Nord-Ostsee-Kanals. Rendsburg hat derzeit etwas mehr als 28 000 Einwohner, Büdelsdorf etwas mehr als 10 000 Einwohner. Rendsburg ist Sitz der Kreisverwaltung des Kreises Rendsburg-Eckernförde und, wie auch Büdelsdorf, ein traditioneller Industrie- und Dienstleistungsstandort mit breit gefächerter Wirtschaftsstruktur, insbesondere Maschinen- und Werkzeugbau, Feinmechanik, Elektronik und Schiffbau. Insofern sind auch beide Städte von den Folgen des wirtschaftlichen Strukturwandels betroffen, darüber hinaus aber auch durch den Verlust von 1 900 Arbeitsplätzen aufgrund des Abzugs der Bundeswehr: die drei Standorte in Rendsburg werden bis 2011 geschlossen.

Die Entwicklung der Einwohnerzahlen zeigt Unterschiede zwischen den beiden Städten: In Rendsburg haben seit 1990 die Einwohnerzahlen um knapp 9 Prozent abgenommen, in Büdelsdorf gab es zunächst einen geringfügigen Zuwachs und dann eine Abnahme um etwa 1 Prozent.[31] Nach den derzeit vorliegenden Prognosen wird Rendsburg bis 2020 weitere 9 bis 10 Prozent seiner Einwohner verlieren, Büdelsdorf 4 Prozent. Auch die Alterung wird zunehmen. Büdelsdorf hat bereits heute einen Anteil von über 50 Prozent bei den 45-jährigen und älteren Personen, der Anteil der über 80-jährigen wird bis 2020 um über 80 Prozent steigen.[32]

In Rendsburg sind die Verluste an Einwohnern in den 1990er Jahren zu etwa zwei Dritteln auf Stadt-Umland-Wanderungen zurückzuführen. Gleichzeitig nahmen die Einwohnerzahlen im direkten Umland deutlich zu, insgesamt um 18 Prozent. Auch Büdelsdorf hatte in dieser Zeit noch Zuwächse zu verzeichnen.[33] Die Wanderungsverluste von Rendsburg lassen sich im Stadtgebiet nicht eindeutig verorten. Aktuell zeigen sich jedoch Leerstände im Stadtteil Mastbrook, einem Wohngebiet im Norden der Stadt, mit einem überwiegend aus den 1950er und 1960er Jahren stammenden Wohnungsbestand. Das Gebiet ist zweigeteilt in einen Bereich mit Eigenheimen in ein- und zweigeschossiger Bauweise und einen Bereich mit zwei- bis viergeschossigen Zeilen und vier Punkthochhäusern. In diesem Bereich konzentrieren sich die Leerstände in einzelnen Gebäuden mit bis zu 50 Prozent, ein Hochhaus steht komplett leer.[34] Die hohen Leerstände sind hier vermutlich auch darauf zurückzuführen, daß Mastbrook vergleichsweise schlecht erreichbar ist, nur über eine mangelhafte Nahversorgung verfügt und eine hohe Lärmbelastung durch Straßen- und Bahnlärm und durch die Lage in der Einflugschneise des Militärflugplatzes Hohn aufweist. Ähnlich betroffen ist der Stadtteil Schleife, der in der Anfahrtsschleife zur vom Bahnverkehr genutzten Rendsburger Kanalhochbrücke liegt. In anderen Teilen der Stadt finden sich Leerstände vor allem an den Hauptverkehrsstraßen und in nicht sanierten Gebäuden, dies vor allem in der Altstadt. Demgegenüber sind die Bestände aus den 1950er und 1960er Jahren hier nicht generell von Leerständen betroffen. Im Vergleich zu Rendsburg sind die Leerstände in Büdelsdorf gering, sie bewegen sich innerhalb der Fluktuationsreserve.

Die engen räumlichen und wirtschaftlichen Verflechtungen zwischen den beiden Städten gaben Anlaß, auch ein gemeinsames Integriertes Stadtentwicklungskonzept (ISEK) als Grundlage für die Entwicklung bis 2020 zu erarbeiten. Damit übernehmen die beiden Städte in Schleswig-Holstein eine Pionierrolle. Im Rahmen des Konzepts, das im Jahr 2007 vorliegen soll, werden fünf Kerngedanken für die Entwicklung von Rendsburg und Büdelsdorf formuliert, die vor allem den Standort und seine hohen Qualitäten hervorheben: Wasserlagen entwickeln, Freiräume gewinnen, Quartiere umbauen, Zentren stärken, Wirtschaftsprofil schärfen. Diese Kerngedanken werden in einem Strukturkonzept konkretisiert. Wichtig ist hier – neben der Wahrung der Eigenständigkeit beider Städte – vor allem die Konzentration auf Konversion sowie die Innen- und Bestandsentwicklung, in Rendsburg insbesondere auf die Sanierung und den Umbau der bestehenden Quartiere, vor allem auf die Sanierung und den Umbau der unter hohem Handlungsdruck stehenden Stadtteile Mastbrook und Schleife sowie der Altstadt. Dabei sollen durch Abrisse nicht marktgerechter Wohnhochhäuser und die Entwicklung neuer Freiräume auch die Chancen der Schrumpfung in den Vordergrund gestellt, insbesondere die hervorragende Wasserlage besser zur Geltung gebracht werden. Mit Blick auf die verstärkte Konsolidierung der Stadt wird auch die Rücknahme von noch nicht bebauten Wohnbauflächen erwogen, notwendiger Neubau soll im Bestand und möglichst citynah erfolgen. Ein gut ausgebautes Monitoringsystem soll ermöglichen, den Wohnungsbedarf angesichts der wirtschaftlichen und demographischen Entwicklung immer wieder zu überprüfen, um Überangebote zu vermeiden. Auch in Büdelsdorf steht die Erhaltung der guten Wohnlagen im Vordergrund. Hinzu kommt die gemeinsam mit Rendsburg betriebene Neunutzung der innerstädtischen Gewerbegebiete an der Obereider.

Die Schwerpunkte des Stadtumbaus liegen jedoch in beiden Städten in der Verbesserung der Wohnungsqualität, der Beseitigung nicht mehr nachgefragter Bestände (Mastbrook) und in der Qualifizierung des öffentlichen Raumes, in der Rendsburger Innenstadt vor allem durch die Verknüpfung von Wasserlage und Einkaufsbereich. Als Fernziel ist die Verbindung der beiden Städte entlang des Wassers vorgesehen, um trotz schwieriger Eigentümerstruktur gerade in diesem Bereich ein einheitliches Stadtbild zu schaffen. Die gemeinsame Entwicklungsplanung wird also auch hier zu einer anderen, räumlich stärker zusammengewachsenen Stadt führen. Die zahlreichen Gemeinsamkeiten, die zurzeit das integrierte Stadtentwicklungskonzept befördern, sollen auch dann noch tragen, wenn die Konkurrenz um Einwohner härter wird und jeder Einwohner mehr hier einen Einwohner weniger dort bedeutet. Dies gilt allerdings ebenso für das Verhältnis beider Städte zu ihrem gemeinsamen Umland. Dafür haben die Städte bereits im Rahmen der Arbeit an einem Gebietsentwicklungsplan, an der neben den beiden genannten noch elf weitere Gemeinden beteiligt waren, eine Vereinbarung über einen Interessenausgleich geschlossen.[35] Der Interessenausgleich hat drei Stufen, nämlich eine abgestimmte Flächenentwicklung, gemeinsame Leitprojekte und einen Strukturfonds. Dieser wird aus Beiträgen aller Gemeinden gespeist sowie speziellen Zahlungen der Gemeinden, die für jede Wohnung, die auf den im gemeinsamen Gebietsentwicklungsplan ausgewiesenen Wohnbauflächen gebaut wird, einen Fixbetrag entrichten. Aus diesem Fonds sollen Projekte der zweiten Stufe finanziert werden. Damit ist ein Weg beschritten, der sich explizit von der „klassischen" Stadt-Umland-Konkurrenz abwendet und auf eine gemeinsame Bewältigung der Herausforderungen durch wirtschaftsstrukturellen und demographischen Wandel ausgerichtet ist.

4 Schlußbetrachtungen

Die Auswirkungen des demographischen und wirtschaftlichen Wandels im Westen Deutschlands sind regional sehr unterschiedlich ausgeprägt. Neben prosperierenden gibt es zunehmend wirtschaftlich und demographisch schrumpfende Regionen. Hinzu kommt, daß auch innerhalb der einzelnen Städte häufig ein Nebeneinander von schrumpfenden und wachsenden Bereichen festzustellen ist. Die Städte in den alten Ländern begreifen allerdings Schrumpfungsprozesse bisher vor allem als Herausforderung, um im interregionalen und/oder interkommunalen Standortwettbewerb besonders günstig abzuschneiden. An vorderer Stelle stehen dabei Strategien, mit deren Hilfe die Stadt-Umland-Wanderung gestoppt oder zumindest reduziert werden soll. Erste Erfolge gibt es auch bereits. Gleichzeitig findet Schrumpfung jedoch weiter statt, und die Prognosen zur weiteren Entwicklung der Bevölkerung sind in nicht wenigen Regionen ohne Übertreibung als dramatisch zu bezeichnen.

Schrumpfende Städte stehen vor einem schwierigen Spagat: Zum einen wollen sie eine positive Stimmung und Entwicklung initiieren und bemühen sich schon mit dem verwendeten Vokabular, erst gar nicht in den Sog einer etwaigen Abwärtsspirale zu geraten. Auf der anderen Seite dürfen sie nicht die Augen vor den realen Entwicklungen verschließen und müssen gerade auf dem Gebiet der Infrastruktur Schrumpfungsabläufe steuern und Mangel verwalten.[36] Die lokalen wie regionalen Kooperationen, die sowohl für die Herausstellung der eigenen Stärken als auch für eine intelligente Schrumpfungssteuerung unbedingt wünschenswert und positiv zu bewerten sind, können so bei der Verteilung von Mangel durchaus konfliktträchtig verlaufen. Trotzdem: Regionale und örtlich angepaßte Strategien für schrumpfende Regionen brauchen eine auf Ausgleich der Verluste und Risiken bedachte Kooperation, sowohl zwischen den Städten als auch zwischen den einzelnen Akteuren in einer Stadt.

Anmerkungen

1 Oswalt, Philip, Einleitung, in: Oswalt, Philip (Hg.), Schrumpfende Städte. Band 2: Handlungskonzepte, Ostfildern-Ruit 2004, S. 14
2 Müller, Bernhard, Vortrag „Demographic change in Europe – in search of new policies and strategies" auf der Tagung „Coping with shrinkage" am 31.03.2006 in Dresden
3 Vgl. Bundesamt für Bauwesen und Raumordnung (Hg.), Raumordnungsbericht 2005, Bonn 2005, S. 90
4 Vgl. Klemmer, Paul, Demographie und Immobilienwirtschaft, in: Ummen, Robert; Johns, Sven R. u. a. (Hg.), Immobilien – Praxis und Recht. Jahrbuch 2005, S. 54
5 Bundesamt für Bauwesen und Raumordnung (Hg.), Stadtentwicklung in Deutschland. Aktuelle Informationen aus der Laufenden Raumbeobachtung des BBR, Bonn 2004
6 Bucher, Hansjörg; Schlömer, Claus, Die Bevölkerung, in: Bundesamt für Raumordnung und Bauwesen (Hg.), Raumordnungsprognose 2020/2050. Berichte Band 23, Bonn 2006, S. 7–38. Die Prognose geht noch von der Annahme eines jährlichen Wanderungsgewinns von 230 000 Personen aus. Inzwischen wird ein jährlicher Wanderungsgewinn von 100 000 Personen für wahrscheinlicher gehalten. Das Amt beabsichtigt jedoch zurzeit nicht, seine Prognosen zu aktualisieren. Es geht davon aus, daß sich eine Veränderung der auf die gesamte Bundesrepublik bezogenen Annahmen zur Höhe des Zuwanderungsgewinns aus dem Ausland nicht wesentlich auf die regionalen Unterschiede der Bevölkerungsentwicklung auswirken dürfte.
7 Bundesamt für Bauwesen und Raumordnung (Hg.), Raumordnungsbericht 2005, Bonn 2005, S. 86
8 ebenda
9 Bundesamt für Bauwesen und Raumordnung (Hg.), Raumordnungsprognose 2020/2050, Kurzfassung, Bonn 2006, S. 28
10 Vgl. den Beitrag von Erika Spiegel zum Thema Wohnen in diesem Band
11 Vgl. Bundesamt für Bauwesen und Raumordnung (Hg.), Kommunale Planungspraxis quo vadis? Gutachten im Rahmen des ExWoSt-Forschungsfelds „Stadtquartiere im Umbruch", Bearbeitung: Deutsches Institut für Urbanistik; Institut für Stadt- und Regionalplanung der TU Berlin, BBR-Online-Publikation, November 2005
12 Dabei muß berücksichtigt werden, daß ein solches Konzept Bedingung für die Aufnahme der Städte in das Programm Stadtumbau Ost gewesen ist.
13 Bei den „Städten in Strukturkrise" handelt es sich um Albstadt, Bremerhaven, Essen, Gelsenkirchen, Pirmasens, Saarbrücken-Burbach, Schwalm-Eder-West, Völklingen, Wildflecken und Wilhelmshaven. Einen Sonderfall stellt hier die Stadt Hamburg dar, die nur mit dem Ortsteil Wilhelmsburg vertreten ist, der aufgrund des massiven Strukturwandels im Hafengewerbe großflächige Brachen zu verzeichnen hat. Bei den Städten, die lediglich mit einem Wohngebiet im Programm vertreten sind, handelt es sich um Lübeck (Buntekuh), Bremen (Osterholz-Tenever), Oer-Erkenschwick (Schillerpark). Hier bildet Salzgitter einen Sonderfall, wo trotz gut ausgelasteter Industrie gleich mehrere Wohnquartiere aus den 1940er, 1960er und 1970er Jahren hohe Bevölkerungsverluste und Leerstände aufweisen. Siehe auch Bundesamt für Bauwesen und Raumordnung (Hg.), Stadtumbau West. 16 Pilotstädte gestalten den Stadtumbau – Zwischenstand im ExWoSt-Forschungsfeld Stadtumbau West, Bearbeitung: Forschungsagentur Stadtumbau West Forum GmbH, Berlin/Oldenburg 2006, S. 9ff
14 Ebenda, S. 36

15 Ebenda, S. 20
16 Ebenda, S. 28
17 Ebenda, S. 41
18 Ebenda, S. 51
19 Ebenda, S. 12
20 Vgl. Bundesamt für Bauwesen und Raumordnung (Hg.), Raumordnungsbericht 2005, Bonn 2005
21 Vgl. Stadt Gelsenkirchen (Hg.), Bevölkerungsentwicklung in Gelsenkirchen, 2004
22 Vgl. Stadt Gelsenkirchen (Hg.), Zeitreihen Bevölkerung Gelsenkirchen, Tabelle 02.1.03, o. J., zur Verfügung gestellt vom Stadtumbaubüro, 2006
23 Blotevogel, Hans Heinrich, Stadt-Umland-Wanderungen im Ruhrgebiet, Duisburg 2003
24 Gespräch mit Stephan Kemper, Leiter Stadtumbaubüro Gelsenkirchen, Dezember 2006
25 Stadt Gelsenkirchen (Hg.), Pilotstudie Gelsenkirchen Altstadt als Wohnort, Berichtsentwurf, Bearbeitung: Empirica, Oktober 2005
26 Vgl. Städteregion Ruhr (Hg.), Masterplan Ruhr. Städte Duisburg, Oberhausen, Mülheim an der Ruhr, Essen, Herne, Bochum, Dortmund und Gelsenkirchen, 2006
27 Ebenda, S. 13
28 Vgl. Landesregierung Schleswig-Holstein (Hg.), Schleswig-Holstein im demographischen Wandel. Ein Beitrag zur Diskussion, Kiel 2005
29 Ebenda, S. 41
30 Vgl. Statistisches Amt für Hamburg und Schleswig-Holstein (Hg.), Statistik informiert Nr. 127/2006, 25. September 2006
31 Städte Rendsburg und Büdelsdorf, aufbereitete Zahlenreihen des Statistischen Amts für Hamburg und Schleswig-Holstein, o. J.
32 Bertelsmann-Stiftung (Hg.), Demographiebericht. Ein Baustein des Wegweisers Demographischer Wandel, Zugriff auf www.aktion2050.de/wegweiser im Dezember 2006
33 Städte Rendsburg und Büdelsdorf, aufbereitete Zahlenreihen des Statistischen Amts für Hamburg und Schleswig-Holstein, o. J.
34 BPW Hamburg, Integriertes Stadtentwicklungskonzept für Rendsburg und Büdelsdorf, unveröffentlichtes Manuskript 2006
35 Kommunen Alt-Duvenstedt, Borgstedt, Büdelsdorf, Fockbek, Jevenstedt, Nübbel, Rendsburg, Schacht-Audorf, Osterrönfeld, Rickert, Schülp b. Rendsburg, Westerrönfeld, Neue Wege für den Lebens- und Wirtschaftsraum Rendsburg. Vereinbarung der an der Gebietsentwicklungsplanung für den Lebens- und Wirtschaftsraum Rendsburg beteiligten Kommunen über einen Interessenausgleich, 2006
36 Vgl. Pahl-Weber, Elke; Pätzold, Ricarda, Immobilienwirtschaft. Beitrag zum Bericht der Kommission „Chancen der vor uns liegenden demografischen Entwicklung für die Wohnungs- und Städtepolitik" im Auftrag des Deutschen Verbandes für Städtebau, Wohnungswesen und Raumordnung, Berlin 2006 (unveröffentlicht)

Wulf Eichstädt
Altbauquartiere im Stadtumbau Ost – Gefährdungen, Handlungsspielräume, Handlungserfordernisse.
Welche Rolle spielt der Altbau im Stadtumbau?

Der Ausgangspunkt der Stadtumbaudiskussion im Jahr 2000 war die Feststellung, daß in den neuen Ländern ca. eine von 6,9 Millionen Wohnungen, davon mehr als die Hälfte im Altbau, leer standen, was zu einer Destabilisierung der Wohnungsmärkte in den Städten führte, die nur durch einen Abriß von 350 000, d.h. 35 % dieser leer stehenden Wohneinheiten aufgehalten werden konnte.[1] Bereits im Jahr 2000 war unklar und umstritten, ob dieser Abriß zu gleichen Teilen in Plattenbauten und Altbauten oder nur in den Plattenbaubeständen stattfinden sollte. Mehrere neue Länder lehnten im Rahmen ihrer Fördermittelvergabe den Abriß von Altbauten ab und die Stiftung Städtebaulicher Denkmalschutz, die sich vor allem um die Erhaltung und Erneuerung historischer Altstädte verdient gemacht hat, forderte einen generellen Verzicht, zumindest für ihre ca. 150 Betreuungsgebiete.[2]
Neben der Marktstabilisierung versprach das Sachverständigen-Gutachten „eine Renaissance der Innenstädte", was im Prinzip nur möglich ist, wenn die innere Stadt (und ihre Altbauten) pfleglich behandelt und modernisiert werden, während die Rückbaumaßnahmen sich ganz wesentlich auf die äußere Stadt konzentrieren.
Diese Konzeptfigur verlangt allerdings, etwa eine halbe Million Altbauwohnungen baulich und preislich so attraktiv zu erneuern, daß sich ebenso viele Haushalte aus ihren Plattenbauwohnungen auf den Weg machen und in die innere Stadt zurückziehen. Um dieses Ziel zu erreichen, setzte die Kommission vor allem auf eine deutliche Ausweitung der Selbstnutzerzahlen in den Altbauquartieren.[3]

Zwischenstand

Prüft man den Statusbericht des Bundes aus dem Jahr 2006[4], so sind bis Ende 2005 126 000 Wohneinheiten im Rahmen des Programms „Stadtumbau Ost" zurückgebaut und insgesamt ca. 180 000 Rückbaubewilligungen ausgesprochen worden, ca. 50 % der geplanten Größenordnung. Von den Bundesfinanzhilfen für Rückbaumaßnahmen 2004 wurden 5,5 % für Abrisse von Altbauten veranschlagt, 94,5 % für jüngere Bestände. In Quartieren aus der Zeit vor 1948 lagen 26 % der Fördergebiete für Abriß und Aufwertung, in jüngeren Quartieren 74 %. Das heißt, die bisherige Umsetzung des Programms „Stadtumbau Ost" konzentriert sich in seinem Abrißteil, wie gewollt, schwergewichtig auf die jüngeren Bestände, dies gilt aber auch für die Aufwertungsmittel, die immerhin zu drei Vierteln außerhalb der Altbaugebiete ausgegeben werden.
Wenn darum der Gesamtverband der Wohnungswirtschaft (GdW) im Frühjahr 2006 erklärt, daß seine Mitgliedsunternehmen mit einem Rückbau von insgesamt 135 000 Wohneinheiten ihre Leerstandsquoten im Durchschnitt auf weniger als 15,0 % senken konnten und damit eine Stabilisierung auf niedrigem Niveau erreicht haben, dann belegt dies ebenfalls, daß die Maßnahmen des „Stadtumbau Ost" vor allem außerhalb der Altbaugebiete stattgefunden haben. Der GdW kündigt darum gleichzeitig an, daß seine Unternehmen nicht allein in der Lage sein werden, die verabredeten 350 000 Wohneinheiten bis 2009 vom Markt zu nehmen, sondern daß nun auch ein zählbarer Beitrag der privaten Althauseigentümer zur Marktstabilisierung folgen müßte.[5]
Um so mehr stellen sich die folgenden Fragen: Wie steht es inzwischen mit den privaten Altbaubeständen ostdeutscher Städte? Werden sie zunehmend modernisiert und neu belegt? Oder werden sie mehr und mehr zu Leerstandsreservaten mit zunehmender sozialer Stigmatisierung und Verwahrlosung? Meidequartiere und Schandflecken mitten in den Städten?

1 Was weiß die Statistik?

Das Untersuchungsfeld „Altbaubestände und ihre Eigentümerstruktur in den neuen Ländern" ist aufgrund der mangelhaften Datenlage sehr unübersichtlich.

Struktur des Altbaubestandes

Einzige brauchbare Quelle ist nach wie vor die Sonderauswertung des Mikrozensus aus dem Jahr 2002. Die Auswertung unterscheidet nach acht Altersgruppen (bis 1900, 1901 bis 1918, 1919 bis 1948, 1949 bis 1978, 1979 bis 1986, 1987 bis 1990, 1991 bis 2000, nach 2000) und sechs Gebäudegrößengruppen (mit 1 WE, mit 2 WE, mit 3 bis 6 WE, mit 7 bis 12 WE, mit 13 bis 20 WE sowie mit 21 und mehr WE). Dabei blendet man im Rahmen dieser Untersuchung die Wohnungsbestände aus den Jahren 1919 bis 1948 am besten aus, weil sie in der Regel außerhalb der inneren Stadt liegen, und berücksichtigt auch die Altbaubestände bis 1918 mit nur einer Wohnung, bei denen es sich vornehmlich um Dorflagen handelt, nur mit eingeschränkter Aufmerksamkeit.

Tabelle 1: **Behandelter Altbaubestand in den neuen Ländern (einschließlich Berlin-Ost, in Tausend)**

	Wohneinheiten in Gebäuden mit…					
	1 WE	2 WE	3–6 WE	7–12 WE	>12 WE	Gesamt
Wohnungsbestand insgesamt	(1 722)	969	1 399	2 401	1 147	7 638
darunter Baujahr:						
bis 1900	(340)	281	243	114	43	681*
1901–1918	(141)	129	233	222	73	658*
bis 1918 zusammen	(481)	410	476	336	116	1 339*
Anteil bis 1918 am Wohnungsbestand insgesamt (in Prozent)	(28,0)	42,3	34,0	14,0	10,1	17,5
1919–1948	(419)	(262)	(391)	(319)	(47)	1019)*

* ohne Gebäude mit einer Wohneinheit (WE)
Quelle: Statistisches Bundesamt, Mikrozensus Zusatzerhebung 2002

Im Hinblick auf die Größenordnungen und die strukturellen Eigenheiten der Altbaubestände ergibt sich dann:
– Die Anzahl der Altbauwohnungen in Gebäuden mit nur einer Wohneinheit ist größer als die Anzahl der Altbauwohnungen in allen anderen Gebäudegrößenklassen. Dies gilt besonders für die Altersgruppe bis 1900,

in der Wohnungen in Gebäuden mit nur einer Wohnung ein Drittel aller Wohnungen stellen. Da es überwiegend um dörfliche Altbaubestände geht, wird diese Gruppe hier einbezogen, aber in Klammern gesetzt.
- Der Anteil der insgesamt bis 1918 gebauten Altbauwohnungen in Gebäuden mit mindestens 2 WE liegt bei 17,5 %, also bei weniger als einem Fünftel des Gesamtwohnungsbestandes in den neuen Ländern.
- Bei den Altbaubeständen aus den Jahren vor 1918 dominieren die Wohnungen in kleineren Gebäuden. So liegt der Altbauanteil an den Wohnungen in Gebäuden mit 2 WE bei 42,3 %, mit 3 bis 6 WE bei 34,0 %, in größeren Gebäuden nur bei 14,0 % bzw. 10,1 %.
- Während sich die Gesamtheit der hier behandelten Altbaubestände etwa gleichmäßig auf die Baujahre bis 1900 und 1901 bis 1918 verteilen, sinkt der Anteil der älteren Bestände kontinuierlich von den Zweifamilienhäusern bis zu den Häusern mit mehr als sieben Wohneinheiten, bei denen die jüngeren Bestände eindeutig dominieren.

Geht man davon aus, daß der größte Teil der Altbauwohnungen in Gebäuden mit nur zwei Wohnungen und auch noch ein überdurchschnittlicher Anteil der Altbauwohnungen in Gebäuden mit drei bis sechs Wohnungen in Klein- und Mittelstädten liegt, die Gebäude mit sieben und mehr Wohnungen aber vornehmlich in größeren Städten, so dürfte die Annahme berechtigt sein, daß mehr als die Hälfte der Altbaubestände Klein- und Mittelstädten zuzuordnen ist.

Geht man weiter davon aus, daß die 410 000 Wohnungen in Gebäuden mit zwei Wohneinheiten zum größten Teil und auch die 476 000 Wohnungen in Gebäuden mit drei bis sechs Einheiten noch überdurchschnittlich häufig in kleinen und mittleren Städten gelegen sind, die 452 000 Wohnungen in Gebäuden mit mehr als sieben Wohneinheiten aber eher in größeren Mittelstädten und Großstädten, so entsteht der Eindruck, daß der größere Teil der Altbaubestände und der damit verbundenen Probleme nicht, wie häufig angenommen, vor allem die Groß- und größeren Mittelstädte belastet, sondern eher die *Klein- und Mittelstädte*. Es stellt sich die Frage, ob dies auch für die Wohnungsleerstände gilt.

Struktur des Altbauleerstands

Die Sonderauswertung des Mikrozensus zum Wohnungsleerstand aus dem Jahr 2002 ergab für die neuen Länder insgesamt 1 100 000 leer stehende Wohnungen, davon 125 000 in Einfamilienhäusern und 975 000 in

Mehrfamilienhäusern. Eine verdichtete Darstellung der Struktur des Altbauleerstands ergibt:

Tabelle 2: Leerstände und Leerstandsquoten im Altbaubestand 2002

	Wohneinheiten in Gebäuden mit...					
	1 WE	2 WE	3–6 WE	7–12 WE	>12 WE	Gesamt
Leerstand WE insgesamt	(125 000)	56 000	271 000	447 000	201 000	975 000*
Leerstand von bis 1918 gebauten WE	(59 000)	27 000	121 000	99 000	116 000	272 000*
in Prozent der leerstehenden WE	(47,2)	48,2	44,6	22,1	57,7	27,9*
in Prozent aller bis 1918 gebauten WE	(12,2)	6,6	25,4	29,5	21,5	20,3*

* ohne Gebäude mit einer Wohneinheit (WE)
Quelle: Eigene Berechnungen. Grundlage: Statistisches Bundesamt, Mikrozensus Zusatzerhebung 2002

– Der hier nicht vertiefte Leerstand von 59 000, d. h. 47,2 % der bis 1918 gebauten Einfamilienhäuser ist erstaunlich hoch. Er betrifft vermutlich in erster Linie Einfamilienhäuser in Dorflagen.
– Klammert man diese hier aus, so beträgt der Leerstand in allen bis einschließlich 1918 errichteten Altbauten mit mehr als einer Wohnung 272 000 Wohnungen, also 27,9 % des Gesamtbestandes oder 20,3 % des Bestandes an den bis 1918 errichteten Wohnungen in Gebäuden mit mehr als einer Wohnung.
– Die im Bericht der Kommission „Wohnungswirtschaftlicher Strukturwandel" von 2000 genannte Zahl von mehr als 500 000 leer stehenden Altbauwohnungen ist erheblich überhöht, selbst wenn man zu der Zahl von 272 000 leer stehenden Wohnungen in Gebäuden mit zwei und mehr Wohnungen noch die 59 000 leer stehenden Einfamilienhäuser hinzuzählt.
– Die Leerstandsunterschiede zwischen Wohnungen in bis 1918 errichteten Gebäuden mit mehr als 3 WE sind eher marginal.
Schließlich zeigt ein kurzer Überblick über die sehr unterschiedlichen Altbaubestände und Altbauleerstände in den fünf neuen Ländern, daß sich

beinahe die Hälfte aller Altbaubestände im Land Sachsen befindet, bei den Altbauleerständen sind es sogar 56,2 %.

Tabelle 3: Struktur des Altbaubestandes bis 1918 und des Leerstandes in den neuen Ländern (ohne Wohneinheiten in Ein- und Zweifamilienhäusern)

	Bestand	davon leer	in Prozent
Brandenburg	66 000	23 000	34,8
Mecklenburg-Vorpommern	85 000	22 000	25,9
Sachsen	504 000	155 000	30,8
Sachsen-Anhalt	168 000	43 000	25,6
Thüringen	203 000	33 000	16,3
Neue Bundesländer insgesamt	1 026 000	276 000	26,9

Quelle: Statistisches Bundesamt, Mikrozensus Zusatzerhebung 2002

2 Was weiß man über die Eigentümer in alten Quartieren?

Ein Gutachten aus dem Jahr 2002/2003[6], das auf den Ergebnissen von ca. 200 Interviews in vier strukturschwachen Städten in Brandenburg mit unterschiedlich hohem Altbauanteil aufbaut, nämlich Eberswalde mit 44,0 %, Luckenwalde mit 58,9 %, Guben mit 25,5 % und Forst mit 49,7 %, zeichnet folgendes Bild von der Eigentümer- und Objektstruktur:
– 45 % der befragten Eigentümer waren Nachwende-Erwerber, der Rest Alteigentümer und Rückübertragungsfälle;
– 53 % der Eigentümer hatten ihren Wohnsitz vor Ort, 37 % waren Selbstnutzer, 12 % kamen aus Berlin, 21 % aus den alten Bundesländern;
– 49 % der Objekte stammten aus der Zeit vor 1900, 31 % aus der Zeit von 1900 bis 1918, nur 20 % aus der Zeit von 1918 bis 1948;
– 42 % der Wohnungen standen aus spezifischen Vermietungsgründen bzw. wegen mangelhafter Nachfrage leer;
– 41 % der Wohnungen und Wohnungsbestände waren vollständig saniert, 50 % teilsaniert und nur 9 % ohne Erneuerungsmaßnahmen;
– Der Erneuerungsaufwand betrug 680 Euro/m² Wohnfläche (WFL) bei Vollsanierung, 258 Euro/m² WFL bei Teilsanierung, dies bei durchschnittlichen Mieten von ca. 4 Euro/m²;

- 35 % der Erneuerungsmaßnahmen waren aus Eigenkapital finanziert, 38 % aus Kapitalmarktdarlehen und 26 % aus Fördermitteln und Förderdarlehen der Kreditanstalt für Wiederaufbau (KfW);
- Der Cash-Flow betrug im Durchschnitt 0,56 Euro/m² WFL. Gleichzeitig arbeiteten jedoch 40 % der Objekte nicht wirtschaftlich, bei den aufwendiger erneuerten Objekten waren es sogar 60 %.

Diese Ergebnisse dürften auch für viele andere Städte der neuen Länder, die sich mit überdurchschnittlichen Einwohnerverlusten und Leerständen auseinander setzen, zutreffen.

Die Eigentümer in Altbauquartieren lassen sich gegenwärtig in zwei Gruppen unterteilen:
- selbstnutzende Eigentümer kleiner Objekte, die als eigenheimähnliche Objektform gelten können und
- Eigentümer von Mehrfamilienhäusern bzw. von Miethäusern.

In dieser zweiten Gruppe lassen sich in einem ersten Ansatz folgende acht Gruppen unterscheiden:
- Immobiliengesellschaften, darunter auch städtische Wohnungsunternehmen, mit eigenem Hauseigentum sowie der Bewirtschaftung/Verwaltung von Anlageobjekten,
- Eigentümer mehrerer Objekte, die diese selbst verwalten oder professionell verwalten lassen,
- Einzeleigentümer mit Selbstnutzeranteil mit delegierter oder nicht delegierter Verwaltung,
- Einzeleigentümer als Anleger mit professioneller Verwaltung,
- Eigentümergemeinschaften aus oder mit Selbstnutzern und professioneller Verwaltung,
- Ertragsabhängige Einzeleigentümer mit Bewirtschaftungsproblemen,
- Einzeleigentümer mit aufgegebener Hausbewirtschaftung und
- nicht handlungsfähige Eigentümergebilde (z. B. Erbengemeinschaften).

Wenn man von der Objektseite ausgeht, gibt es zusätzlich Objekte ohne Eigentümer bzw. mit unklarer Eigentümerschaft, die als Restitutionsbestände von den Städten bzw. den städtischen Gesellschaften mit einem Minimalaufwand bewirtschaftet werden.

Von den aufgezählten acht Eigentümergruppen können die ersten fünf als mehr oder minder handlungsfähig, die Gruppen sechs bis acht als nicht oder nur eingeschränkt handlungsfähig angesehen werden. Im Gegensatz zu den Neubaugebieten am Stadtrand dürfte also in den Altbaugebieten der Anteil der nur eingeschränkt handlungsfähigen Eigentümer relativ hoch sein. Hinzu kommt, daß auch professionelle Eigentümer nicht immer zu kontinuierlicher Investitionstätigkeit bereit sind, sondern unter bestimmten Marktbedingungen (s. u.) ihre Investitionen zurückstellen und abwarten.

Für die erfolgreiche Bewirtschaftung eines Altbau-Miethauses in den neuen Ländern sind neben der allgemeinen Marktentwicklung und der Lage des Objektes vor allem vier Bedingungen von Bedeutung:
- der Erhaltungs- und Pflegezustand des Gebäudes,
- die Höhe der nach 1990 investierten Erneuerungsmittel bzw. der laufenden Kapitaldienstkosten,
- die Höhe der vor Ort erzielbaren Mieteinnahmen sowie
- die Abhängigkeit des Eigentümers von den Mieteinnahmen als Einnahmequelle bzw. die Verfügung über weitere Einnahmequellen, die eine Absetzung der Erneuerungsaufwendungen und sonstigen Bewirtschaftungskosten in der jährlichen Einkommenssteuererklärung möglich macht.

Für eine Beurteilung der nachhaltigen Wirtschaftlichkeit eines Objektes sind jedoch temporäre Abschreibungsmöglichkeiten ähnlich wichtig wie die langfristige Wertentwicklung bzw. der Wiederveräußerungswert der Immobilie. Bei der allgemeinen Marktentwicklung zeichnen sich gegenwärtig zwei sehr unterschiedliche Entwicklungspfade ab:
- Städte in Wachstumsregionen und in Regionen, die auf dem Weg zu einer schrittweisen Stabilisierung sind (hier muß auch die schrittweise Stabilisierung der Altbaubestände möglich sein).
- Städte außerhalb von Wachstumsregionen mit weiteren Substanzverlusten an Einwohnern, Kaufkraft, Wirtschaftskraft (hier dürfte auch die Stabilisierung von nicht erneuerten Altbaubeständen äußerst schwierig sein).

3 Was sind typische Altbauquartiere?
Was sind typische Problemquartiere?

Die bis 1918 errichteten Altbauquartiere lassen sich in der Mehrzahl in folgende Grundtypen einteilen:
- Altbau-Innenstädte,
- Altbau-Vorstädte aus der Gründerzeit mit hohem Miethausanteil,
- Altbau-Eigenheim- und Altbau-Villengebiete am Rand von Innen- und Vorstädten.

Anders als die Innenstädte und Vorstädte, die als Schwerpunktgebiete des Stadtumbaus ausgewiesen sind, werden die Vorstadtsiedlungen aus den 1920er und 1930er Jahren, die Altbau-Eigenheimgebiete und die Altbau-Villengebiete in der Regel als „konsolidierte Gebiete", also als Gebiete ohne Handlungsbedarf, eingeordnet. Sie können daher hier ausgeklammert werden.

Zusätzlich zu den drei genannten Grundtypen, die sich nach Stadtgrößen weiter differenzieren lassen, gibt es verschiedene Mischformen, vor allem in stark kriegszerstörten Städten. Typische Mischformen sind:
- Wiederaufbau-Innenstädte mit größeren oder kleineren „Resten" der ehemaligen Altbausubstanz und teilweise aufgelöstem Stadtgrundriß,
- Wiederaufbau-Vorstädte mit erhaltenem oder aufgelöstem Stadtgrundriß, die durch Strukturen offener Bebauung aufgefüllt sind und
- Altbau-Randbebauungen an Ausfallstraßen in noch homogener oder bereits aufgelöster Struktur.

Was sind in diesem Rahmen typische Problemgebiete? Der am häufigsten genutzte Indikator für ein Problemgebiet ist der Wohnungsleerstand. Liegt dieser über 30 %, kommt eine Stadt nicht darum herum, dieses Quartier als Problemgebiet oder als Gebiet mit besonderem Handlungsbedarf einzuordnen. Die Gründe hierfür können sein:
- der generelle ökonomische und soziale Substanzverlust der Stadt,
- eine strategische Vernachlässigung in den zurückliegenden Jahren oder
- strukturelle Mängel und Schwächen des Gebietes selbst, die bisher nicht erfolgreich korrigiert werden konnten.

Die generellen Substanzverluste stammen in der Mehrzahl aus umfassenden Deindustrialisierungsprozessen und sind mit städtebaulichen Konzepten nur schwer zu beeinflussen. Die strategische Vernachlässigung der Altbaugebiete resultiert in der Regel aus einer zu langen Förderpriorität von Gewerbegebieten, Verbrauchermärkten und Wohngebieten in der äußeren Stadt. Sie ist nicht selten auch durch innerkommunale Machtverhältnisse, z. B. die führende Rolle der großen Wohnungsunternehmen mit ihren Bestandsschwerpunkten in der äußeren Stadt, bedingt und darum nur durch ausdauernde Überzeugungsarbeit beeinflußbar. Das eigentliche stadtplanerische Handlungsfeld sind die strukturellen Mängel und Schwächen der Problemgebiete selbst, die, wohnungswirtschaftlich gesehen, das unattraktivste Angebot auf dem lokalen oder regionalen Wohnungsmarkt stellen.

Typische Problemquartiere sind darum:

– die schlichtesten Formen von ehemaligen Arbeiterquartieren in bis zur Wende industriell geprägten Räumen, in der Regel in größeren Mittelstädten und Großstädten, sowie
– die schlichtesten Formen von Ackerbürger-, Bürger- und Siedlerquartieren in Mittel- und Kleinstädten vor allem im ländlichen Raum.

Mittelständische oder bürgerliche Altbauquartiere werden in der Regel dann zu Problemgebieten, wenn alte Lagevorteile verloren gegangen sind oder sich die Wohnungen in der Konkurrenz mit jüngeren, schneller modernisierten Beständen nicht behaupten können. Dies gilt zum Beispiel für ehemals repräsentative Wohnlagen an den Ausfallstraßen, die in vielen ostdeutschen Städten zu Problemzonen geworden sind. Ein zweites Beispiel sind die alten großbürgerlichen Villen vor ehemaligen Fabrikstandorten, die heute leer stehen und verwahrlosen, weil auch die Fabrikstandorte ihre Funktion verloren haben.

Die städtebauliche Struktur alter Arbeiterquartiere kann sehr unterschiedlich sein, je nach Entstehungszeit, Stadtgröße und Lage im Stadtgefüge. Typische Beispiele sind

– das großstädtisch-gründerzeitliche Miethausquartier mit einer vier- bis fünfgeschossigen Bebauung in geschlossenen Blöcken und einem Minimalkomfort im öffentlichen Raum, d. h. in der Regel engen Straßenprofilen, fehlenden Straßenbäumen, keinen Vorgärten, keinen Platz- und Grünanlagen oder
– das mittel- und kleinstädtische Arbeiterquartier mit einer zweigeschossigen Bebauung in geschlossenen Blöcken, durchsetzt mit Kleingewerbe in den Höfen, häufig in direkter Nachbarschaft zu größeren Gewerbe- und Industriestandorten.

Die Arbeiter- oder Schlichtwohnungssiedlungen der 1920er, 1930er und 1940er Jahre, oft abgelegen von den zentralen Wohnlagen und Gemeinbedarfsstandorten der Stadt, bleiben hier ausgeklammert.

Eine ganz andere Welt stellen daneben die schlichten Formen von Ackerbürger-, Bürger- und Siedlerquartieren in Mittel- und Kleinstädten dar, deren Wohnhäuser in der Regel in einer kleinteiligen Parzellenstruktur als Einzelobjekte von ihren Nutzern selbst gebaut worden sind. Typische Schwächen dieser Quartiere sind:

– enge Straßen und Parzellen, die oft noch auf einen vorgründerzeitlichen Stadtgrundriß zurückgehen, mit allen damit zusammenhängenden Enge- und Verschattungsproblemen,
– eine intensive Durchmischung mit gewerblichen Anlagen oder mit landwirtschaftlichen Nutzgebäuden wie Ställen und Scheunen,

– nach heutigen Standards mangelhafte Wohnungsgrundrisse mit vielen gefangenen Räumen, niedrigen Raum-, Tür- und Fensterhöhen, schlechter Belichtung der Räume sowie
– komplizierte, häufig verbrauchte bauphysische Strukturen, die durch verschiedene Um- und Ausbauzyklen der letzten 100 bis 200 Jahre entstanden sind. Die gleichen Schwächen gelten selbstverständlich auch für Quartiere, Quartiersteile und Gebäude, deren Basisstruktur bis auf das Mittelalter zurückreicht und deren primäres Baumaterial häufig noch Holz und Fachwerk waren.
Die beiden Gruppen von Problemquartieren,
– das im Zuge der Industrialisierung zusammenhängend entstandenen Arbeiterquartier in größeren und mittleren Städten und
– das in Städten des ländlichen Raums entstandene Ackerbürger- und Siedlungsquartier,
unterscheiden sich vor allem darin, daß die Arbeiterquartiere in größeren und mittleren Städten weitgehend standardisiert, häufig aus einer Hand, realisiert worden sind, während in den Ackerbürger und Siedlerquartieren über Generationen das individuelle Bauen vorherrschte, auch wenn dabei bestimmten Vorbildern und Regeln gefolgt wurde. Daneben sind beide Gruppen auch durch eigene Größenordnungen, Gebäude- und Wohnungstypen geprägt. Während das gründerzeitliche Arbeiterquartier in einer größeren Stadt nicht selten zwei- bis fünftausend Wohnungen umfassen kann, bestehen die Problemquartiere in Mittel- und Kleinstädten des ländlichen Raums oft nur aus zweihundert bis vierhundert Gebäuden mit weniger als tausend Wohnungen. Selbstverständlich ist diese Art von Strukturproblemen nicht nur auf ostdeutsche Städte beschränkt, sie können in ähnlicher Form auch in westdeutschen Städten auftreten. Zwei gravierende Unterschiede bleiben jedoch bestehen: Während in den westdeutschen Städten solche Quartiere seit den 1950er Jahren kontinuierlich erneuert und angepasst worden sind, ist dies in den ostdeutschen Städten beinahe fünfzig Jahre lang unterblieben. Vor allem aber gab es nur in den ostdeutschen Städten in den zurückliegenden zehn Jahren einen derartigen Nachfrageschwund mit den dadurch erzeugten Leerständen.

4 Wie sieht die Entwicklung gefährdeter Altbauquartiere in verschiedenen Städten aus?

In den vergangenen fünf Jahren ist eine Reihe von Entwicklungen eingetreten, die die Stabilisierung vieler Städte in den neuen Ländern und auch die Stabilisierung von gefährdeten Altbauquartieren gefördert haben:
– Die Bevölkerungsentwicklung mehrerer großer Städte, z. B. Leipzig, Halle und Chemnitz[7], hat sich deutlich stabilisiert, in Leipzig und Chemnitz hat die Bevölkerung sogar leicht zugenommen.
– Dies gilt auch für die innenstadtnahen Altbauquartieren der drei Städte: In Halle hat die Bevölkerung in der südlichen und der nördlichen Innenstadt, im Paulusviertel und in Giebichenstein deutlich zugenommen, in Leipzig zumindest im Musikviertel, in der Südvorstadt, im Zentrum Ost und in Ost1, während sich im innenstadtferneren Stadtteil Ost2 die Bevölkerungsverluste in abgeschwächter Form fortgesetzt haben. In Chemnitz verzeichnen Zuwächse bisher nur eher mittelständisch geprägte Altbauquartiere wie Kassberg und Hilbersdorf, während ehemalige Arbeiterquartiere wie Sonnenburg und das Lutherviertel weiterhin Verluste zu verzeichnen haben.
– Dort, wo sich die Bevölkerungsentwicklung langsam stabilisiert oder durch ein allmähliches Wachstum geprägt ist, nimmt auch der Altbauleerstand ab – ein Prozeß, den Leipzig und Halle relativ exakt stadtteilbezogen nachweisen können.
– Der Neubau von Wohnungen im Umland der Großstädte und in Mittelstädten ist stark zurückgegangen.
– Die Umlandwanderungen haben sich reduziert, so daß viele Städte ausgeglichene Wanderungsbilanzen erreichen konnten.
– Daneben läßt sich ein Trend zum Rückzug in die größeren und mittelgroßen Städte feststellen, vor allem bei der älteren Generation, die eine Versorgung mit kurzen Wegen sucht.
Nach wie vor gibt es jedoch eine große Zahl von kleineren Mittel- und Kleinstädten, deren Bevölkerungsentwicklung in den zurückliegenden fünf Jahren ähnlich negativ oder sogar noch negativer war als in den 1990er Jahren. Auch gibt es eine Reihe von Trends, die die Stabilisierung gefährdeter Altbauquartiere in größeren wie in kleineren Städten erschweren:
– Die Förderung von privaten Bauinvestitionen ist drastisch eingeschränkt worden.

– In vielen Städten sind die standörtlich und bautechnisch günstigeren und einfacher zu handhabenden Altbaubestände bereits erneuert, übrig geblieben sind die schwierigeren Fälle.
– Auf beinahe allen Wohnungsmärkten gibt es Überangebote, die die erzielbaren Mieten drücken und damit Erneuerungs- und Modernisierungsinvestitionen unrentabler machen.

5 Wie viele Städte sind gegenwärtig von einem zunehmenden Altbauleerstand betroffen?

Zur Zahl der Städte mit einem hohen und zunehmenden Leerstand im Altbau kann man gegenwärtig nur vorsichtige Hypothesen aufstellen. Dies liegt daran, daß nicht nur die amtliche Statistik solche Leerstände nicht erfaßt, sondern daß auch viele, vor allem kleinere Städte nicht über diesbezügliche eigene Instrumente verfügen. So zeigt der Monitoringbericht 2005 der Begleitforschung des Landes Thüringen[8] u. a., daß bisher nur 12 der 42 Programmgemeinden ihren Leerstand regelmäßig kontrollieren, während die anderen sich noch mit Hochrechnungen und Schätzungen begnügen.

Insofern müssen hier einfache Analogieschlüsse aus dem verfügbaren Zahlenmaterial weiterhelfen:
– Nach der wissenschaftlichen Auswertung der Integrierten Stadtentwicklungskonzepte in Mecklenburg-Vorpommern aus dem Jahr 2003[9] verfügten 27 der 44 Städte über genauere Daten zum Leerstand in ihren Altbaugebieten. Dabei ließen sich 13 Altbau-Innenstädte mit einem Leerstand von durchschnittlich 25 % identifizieren, bei einem gesamtstädtischen Leerstand nahe von 10 %. Von diesen 13 Städten hatten 25 % 20 000 bis 50 000 Einwohner, 50 % 10 000 bis 20 000 Einwohner und wiederum 25 % weniger als 10 000 Einwohner. Daraus können drei erste Schlußfolgerungen gezogen werden:
(a) Die kritische Entwicklung der Altbauinnenstädte betrifft nicht alle 260 oder jetzt 290 „Stadtumbau Ost"-Städte, sondern eher weniger als die Hälfte.
(b) Von einer solchen kritischen Entwicklung sind nicht nur größere Städte, sondern vor allem mittlere und kleinere Städte betroffen.
(c) Bei den Städten mit moderaten Gesamt-, aber hohen Altbauleerständen ist zu erwarten, daß sie bisher über relativ gute Voraussetzungen verfügen, das Problem des Altbauleerstands aus eigener Kraft zu lösen.[10]

Zu den Städten mit besonderen Altbauproblemen gibt der Statusbericht zum „Stadtumbau Ost"[11] folgende Hinweise: Die Leerstandsquote liegt inzwischen im Gesamtdurchschnitt bei 15 %, dies auch in den Programmgemeinden. In den Fördergebieten mit besonderem Handlungsbedarf liegt sie jedoch bei bis zu 18 %. In Thüringen und Mecklenburg-Vorpommern liegen die Werte darunter, in den anderen neuen Ländern darüber. Dies sagt jedoch noch nichts über die Leerstandsentwicklung in Altbauquartieren aus. Von den 605 registrierten Fördergebieten liegen 115 Gebiete oder 23 % in vor 1918 errichteten Quartieren.[12] Von diesen 115 Gebieten lagen wiederum 56 % in Städten mit weniger als 20 000 Einwohnern, 32 % in Städten mit 20 000 bis 50 000 Einwohnern und nur 12 % in Städten mit mehr als 50 000 Einwohnern.[13] Es spricht also auch hier vieles dafür, daß weniger als die Hälfte der 260 bzw. 290 Stadtumbaustädte sich mit vernachlässigten Altbauquartieren auseinanderzusetzen haben und daß es sich dabei vorrangig um kleinere Mittelstädte und Kleinstädte handelt.

Wie geht es weiter? Die Bevölkerungsentwicklung zwischen 1989 und 2000/01 war durch relativ moderate Verluste der Landkreise und hohe Verluste – bis etwa 14 % – der zentralen Orte gekennzeichnet, dies vor allem aufgrund der Umlandwanderungen. Eine Fortsetzung dieser Verluste in den kommenden 10 bis 15 Jahren wird nicht erwartet, vielmehr dürfte sich die Bevölkerungsentwicklung von Zentren und umgebenden Landkreisen angleichen. Die Raumordnungsprognose[14] für die Bundesrepublik sieht für die neuen Länder (inkl. Berlin) bis 2020 eine Bevölkerungsabnahme von 17,0 Mio. auf 15,7 Mio. Einwohner, d. h. um etwa 8 % vor, eine Abnahme der Haushalte jedoch nur um 2 %. Die Leerstände würden damit nur noch langsam zunehmen und sich damit Chancen für eine wirksame Stabilisierung bieten.

Diese verhalten positive Einschätzung der Entwicklung bis 2020 gilt allerdings nicht für alle Städte und Regionen, sondern voraussichtlich nur für die Hälfte. Die andere Hälfte wird sich mit weiteren Einwohnerverlusten von deutlich mehr als 8 % auseinander setzen müssen. Nach der neuesten Bevölkerungsprognose des Landes Brandenburg bis zum Jahr 2030[15], die erstmals auch alle 199 kreisangehörigen Ämter und amtfreien Gemeinden aufführt, werden für 115 von 199 Ämtern und Gemeinden Einwohnerverluste von über 20 % erwartet, darunter für 30 Gemeinden Verluste von mehr als 25 %. Für drei der vier kreisfreien Städten werden Verluste von ca. 21 % erwartet, nur für Potsdam ein Gewinn von 9,6 %. Rechnet man die bis 2030 prognostizierten Verluste herunter auf das Jahr

2020, so bedeutet dies, daß in einer größeren Zahl von Städten mit Verlusten um die 15 % und in 30 Städten sogar um die 20 % gerechnet werden muß. Während in Mecklenburg-Vorpommern und voraussichtlich auch in Thüringen die Entwicklung etwas positiver verlaufen könnte, könnten in Sachsen-Anhalt und Thüringen Verluste in ähnlicher Höhe zu erwarten sein.

6 Wie lange kann eine Stadt die Bebauung eines Quartiers, seine physische Struktur, halten, wenn die lebendigen Funktionen sichtbar abnehmen und Leerstand und Verwahrlosung zunehmen?

Handlungsspielräume und Handlungserfordernisse

Die kritische Grenze für die Auszehrung eines Altbauquartiers liegt hier nicht bei einem Leerstand von 15 oder 20 Prozent, sondern eher von 35 bis 50 Prozent. Was eine Stadt in einem solchen Fall stabilisieren und revitalisieren kann, hängt vom Verhältnis der noch vorhandenen Handlungsspielräume zu den Handlungserfordernissen ab. Sind die Handlungsspielräume extrem begrenzt und die Handlungserfordernisse beinahe unbegrenzt, so müssen für die einzelnen Quartiere oder Quartiersteile Prioritäten gesetzt werden. Eine der zentralen Funktionen von Integrierten Stadtentwicklungskonzepten ist es, solche Prioritäten herauszuarbeiten. Dabei spielen nicht nur der Erneuerungsetat und die zusätzlich mobilisierbaren Ressourcen an Grundstücken, Personal etc. eine Rolle, sondern auch die Verfassung des Wohnungsmarktes und die Flächennachfrage auch anderer Sektoren. Bei einer Abnahme der lebendigen Funktionen wird nicht nur die Finanzierung von Erneuerungsmaßnahmen schwieriger, sondern auch das Finden angemessener Nachfolgenutzungen für brach gefallene Flächen.

Nähe zum Herzen

Die Entscheidung, ein dichtes gründerzeitliches Arbeiterquartier am Innenstadtrand, zunächst einmal sich selbst zu überlassen, um zu sehen, welche neuen Nutzungsinteressen sich hier vielleicht herausbilden, ist in der Regel leichter zu begründen als der bewußte Handlungsverzicht in einem innerstädtischen Altbauquartier, das noch das Zentrum der Stadt

und ihres Selbstverständnisses bildet und dem Herzen ihrer Bürger nahe ist. Im Gegensatz zu Gründerzeitquartieren größerer Städte sind Altstadtquartiere mittlerer und kleinerer Städte mit 600 bis 2 000 Wohnungen und einem Leerstand von 150 bis 500 Wohnungen kleiner und überschaubarer. Auch sind die Handlungsspielräume meist noch nicht völlig ausgeschöpft, eine Verwahrlosung ist eher das Ergebnis falscher kommunalpolitischer Prioritäten. Hier kann es also kein Argument dafür geben, die alte Mitte der Stadt sich selbst zu überlassen, ihre Revitalisierung muß vorrangiges Ziel der Kommunalpolitik werden, eine Forderung, in der sich Bundesregierung, Landesregierungen und Fachöffentlichkeit einig sind – auch wenn allen bekannt ist, daß überhöhte Bodenpreiserwartungen der Eigentümer und eine komplizierte Bodenordnung dies erheblich erschweren können. Was bedeutet das? Es muß ein Erneuerungs- und Revitalisierungskonzept erarbeitet werden, in das möglichst viele lokale Akteure ihre Ideen und Energien einbringen können. Im Prinzip gibt es hierbei nur zwei Alternativen:
– Die absehbaren innenstadtgeeigneten Nutzungsinteressen reichen aus, die brach gefallenen Bereiche wieder schrittweise in Besitz zu nehmen, oder
– diese Interessen sind zu schwach, um die brach gefallenen Bereiche wieder sinnvoll zu nutzen und es muß ein Freiflächen- oder Gartenkonzept entwickelt werden, das auch eine Zwischennutzung vorsehen kann.

7 Welche Stabilisierungsstrategien sind bisher nicht ausgeschöpft?

Zur Stabilisierung und Revitalisierung von Altbauquartieren liegen inzwischen eine umfangreiche Leitfadenliteratur und Best-Practice-Sammlungen vor, die von den Städtebauministerien der neuen Länder, dem BBR oder anderen auf diesem Gebiet tätigen Instituten herausgegeben worden sind. Hinsichtlich der Stabilisierung der Innenstädte lassen sich vor allem zwei Strategien unterscheiden:
– die integrativen, multisektoralen Ansätze, die die Multifunktionalität der Innenstädte hervorheben und diese zu stärken versuchen, und
– die Ansätze, die sich auf die Neubelebung des Wohnens in der inneren Stadt konzentrieren und damit der Suburbanisierung gegensteuern wollen.
Während der Bericht des Städtebauministeriums Brandenburg an den Landtag „Starke Städte – Masterplan Stadtumbau"[16] ein gutes Beispiel

für den ersten Ansatz bietet, enthält die BBR-Veröffentlichung „Wohneigentumsbildung und Stadterneuerung in den neuen Ländern" aus dem Jahr 2002[17] noch immer die beste Zusammenstellung aller Chancen und Hemmnisse für eine Förderung des selbst genutzten Wohneigentums in innerstädtischen Altbauquartieren.
Der Brandenburger Bericht umfaßt u. a. ein Zehn-Punkte-Programm, das den Willen zum integrativen Handeln sichtbar macht. Die zehn Punkte sind: (1) Stärkung der Innenstädte, (2) Stärkung der Städte als Wirtschaftsstandort und als Basis für Wissen, (3) Konsequente Fortführung des Stadtumbaus, (4) Förderung familiengerechten Wohnens und von Wohnen im Alter, (5) Integrative Sicherung der Infrastruktur, (6) Aktivierung bürgerschaftlichen Engagements und lokaler Netzwerke, (7) Anregung und Unterstützung interkommunaler Kooperation, (8) Klare Fördersystematik, (9) Erschließung von EU-Programmen für Aufgaben der Stadtentwicklung, (10) Integrierte Stadtentwicklungskonzepte als Basis für eine situationsgerechte Unterstützung der Städte und für einfache Förderverfahren.
Die BBR-Veröffentlichung wurde von der empirica GmbH erarbeitet und baut auf 23 Projektuntersuchungen aus verschiedenen Städten auf. Als wichtigste Hemmnisse für eine Ausweitung des selbst genutzten Eigentums werden herausgestellt[18]:
– die Auflagen von Bauämtern und Denkmalschutz, die eine kostengünstige Sanierung oder einen kostengünstigen Neubau erschweren;
– Gestaltungsvorschriften, die der erfolgreichen Vermarktung von entsprechenden Gebäuden und Grundstücken im Weg stehen;
– die beschränkten räumlichen Voraussetzungen für bedarfsgerechte Grundrisse und Freiflächen (Sitzplätze, Stellplätze, Grün);
– spezifische Eigenschaften der Altbausubstanz, die sich teilweise aus der inneren Struktur der Gebäude (Orientierung, Erschließung, Teilbarkeit etc.), teilweise aus der geringen Größe der Gebäude und Grundstücke ergeben;
– der häufig noch schlechte Ruf innerstädtischen Wohnens aus der DDR-Zeit, in der Altbauwohnungen mit mangelhafter Ausstattung und schlechtem Instandhaltungsstand gleichgesetzt wurden;
– die kontraproduktive Wirkung der Sonder-Abschreibungsmöglichkeiten in Sanierungsgebieten und denkmalgeschützten Gebäuden, die nur für hohe Einkommen attraktiv ist, während eine verstärkte Selbstnutzung auf Haushalte mit mittlerem und niedrigem Einkommen angewiesen ist;
– die unzureichende Anrechnung von Eigenleistungen im Rahmen der

baulichen Selbsthilfe, die z. B. die Einbeziehung von Handwerkern und anderen Baufachleuten in Selbstnutzerprojekte erschwert, und schließlich – das viel zu geringe Repertoire räumlich steuerbarer Fördermittel außerhalb der Sanierungsgebiete, was sowohl für Ordnungsmaßnahmen als auch für Instandsetzungs-, Sanierungs- und Neubaumaßnahmen gilt.

Diesen Hemmnissen werden folgende Chancen und Handlungsmöglichkeiten gegenübergestellt:

– Um den häufig schwierigen Zugang zu geeigneten Grundstücken zu erleichtern, sollten die Städte Grundstückspools bilden und selbst Grundstücke anbieten oder Entwickler entsprechend unterstützen.

– Um das höhere Risiko für Selbstnutzer bei Altbauten herabzusetzen, sollten geeignete Organisations-, Finanzierungs- und Subventionsformen entwickelt werden, etwa. Baugemeinschaften mit professionellem Management, dessen Hilfe umfassende Umbauten und ein transparentes Kostenmanagement erst ermöglicht.

– Um die Herausbildung unterstützender Nachbarschaften zu fördern, sollten die Städte die Förderung von Selbstnutzerprojekten auf städtebaulich überschaubare und kleinteilige Strukturen konzentrieren.

– Um den geringeren Durchschnittseinkommen in den neuen Ländern gerecht zu werden, sollten die Städte vor allem die Selbstnutzergruppen fördern, die handwerkliche Eigenleistungen einbringen können.

– Um den schlechten Ruf innerstädtischen Wohnens abzubauen, sollten die Städte für das Wohnen im Altbau und in der inneren Stadt werben, dabei aber jede Ähnlichkeit mit kommerzieller Werbung vermeiden.

Die Studie schließt mit dem Resümee, daß in den neuen Ländern das Wohneigentum nicht das Privileg höherer Einkommensgruppen sein muß. Vielmehr sei dort angesichts der schwachen Nachfrage und der entsprechend niedrigen Renditen im Mietwohnungssektor auch in den Innenstädten die Chance einer verstärkten Eigentumsbildung im Bestand gegeben, und dies nicht nur für Junge und Wohlhabende. Dies erfordert allerdings, so ist hinzuzufügen, neuartige Kombinationsmodelle zwischen städtebaulicher Strukturförderung, genereller Wirtschaftsförderung und individuellen Transferzahlungen.

8 Was tun, wenn die Revitalisierung versagt?

Im Vorangegangenen wurde herausgearbeitet,
- daß es, allen vorliegenden Zahlen nach, wesentlich weniger Notstandsquartiere im Altbau gibt als noch im Jahr 2000 angenommen und
- daß die Handlungsmöglichkeiten zur Stabilisierung von Altbau-Innenstädten und anderen Altbauquartieren noch bei weitem nicht ausgeschöpft sind.

Trotzdem wird es in den nächsten 10 bis 15 Jahren Stadtteile geben, in denen die Stabilisierungsansätze versagen und die Brachenentwicklung zunimmt. Dies wird sich voraussichtlich nicht im Zentrum größerer Städte, sondern eher am Innenstadt- oder Altstadtrand mittlerer und kleinerer Städte ereignen. Es wird auch nicht die Größenordnung der Gewerbe- und Industriebrachen der zurückliegenden 15 Jahre erreichen, aber es wird als besonders schmerzlich empfunden werden, weil es wichtige öffentliche Räume und damit die Alltagswelt der Bürger betrifft.

Als Beispiel kann die Brachenentwicklung im Packhofviertel in Wittenberge gelten.[19] Dort hat eine Revitalisierung durch den Neubau von Eigenheimen wenig Chancen, nicht nur weil die Stadt in den Landesprognosen zu den Schlußlichtern gehört, sondern weil bereits in unmittelbarer Nähe ein Neubaugebiet für Eigenheime ausgewiesen wurde. Demgegenüber hat die in den vergangenen Jahren viel diskutierte Leipziger Oststadt[20] offenbar die Chance zu einer Stabilisierung. Dort werden die vorhandenen Lücken zwar nicht durch neue gründerzeitähnliche Bauten gefüllt, aber durch eine Mischung von Wohngebäuden und Freiräumen, die jeweils eigene urbane Zwecke erfüllen. Hier, aber nicht nur hier, wird es also über kurz oder lang Orte und Zonen geben, in denen die Gärtner auch längerfristig die Arbeit der Bauleute übernehmen müssen.

Wann und wo dies erforderlich ist, muß anhand eines Integrierten Stadtentwicklungskonzepts abgewogen und entschieden werden. Alle vorliegenden Fakten sprechen dafür, daß die funktionalen Chancen innerstädtischer Altbauquartiere meist größer sind als es eine zeitweilige Verwahrlosung vermuten läßt. Es ist darum sicherlich angemessener, von innerstädtischen Quartieren mit offenen Zukunftsaussichten zu sprechen als von dauerhaften Problemzonen oder inneren Peripherien.

Zum konzeptionellen Umgang mit innerstädtischen Brachflächen liegen inzwischen umfangreiche Erfahrungen vor, die auch kompetent dokumentiert sind.[21] An dieser Stelle nur drei Grundsätze:

– Ein freiflächenorientiertes Aufwertungskonzept in einem Altbauquartier mit ungewissen Zukunftsperspektiven muß an der Qualifizierung des öffentlichen Raums ansetzen.
– Ein freiflächenorientiertes Aufwertungskonzept darf die Rückkehr urbaner, auch baulicher Nutzungen nicht ungebührlich erschweren.
– Ein freiflächenorientiertes Aufwertungskonzept muß den verbliebenen Nutzungen möglichst viele funktionale Vorteile bringen und auch die Nutzer an der Planung und Umsetzung beteiligen.
Sowohl für die offensive Stabilisierungsstrategie, etwa durch Förderung von Selbstnutzerinitiativen, als auch für die eher defensive Freiflächenstrategie gilt, daß die Konkretisierung vor allem eine politische und institutionelle Aufgabe ist. Vor der Forderung nach Erhöhung der öffentlichen Mittel sollten daher zunächst die kommunalen Handlungsspielräume voll ausgeschöpft werden.

9 Wo wird Hilfe erforderlich?

Die aktuelle Situation wie die absehbaren Entwicklungstendenzen legen folgenden Förderungsbedarf nahe:
– die aktive Förderung wirtschaftlicher Initiativen, wie sie mit der stärkeren Inanspruchnahme von EU-Mitteln für die Stadtentwicklung angestrebt wird.[22] Die EU-Mittel werden aber voraussichtlich keine Ansätze für die Wohnförderung enthalten;
– die aktive Förderung von Wohnprojekten in den inneren Städten, ob in Form von Projekten für qualifizierte Selbstnutzer oder für ältere und junge Menschen. Hierfür sind nach den Verabredungen der Förderalismusreform die Länder zuständig;
– die verstärkte Qualifizierung des öffentlichen Raums (Straßen, Wege, Plätze) sowie freiflächenorientierte Aufwertungsmaßnahmen.
Eine kompetente Auswertung der Stadtumbau-Monitoringberichte sowie der laufenden Fortschreibung der Integrierten Stadtentwicklungskonzepte müßte den Landesministerien in den neuen Ländern die Maßstäbe für die Entscheidung liefern, wo das vorhandene Hilfsangebot ausreichend ist und wo zusätzliche oder sogar besondere Notfall-Hilfen[23] erforderlich werden.
Die ersten Auswertungsergebnisse der Städtebefragung der Bundestransferstelle „Stadtumbau Ost"[24] bestätigen die problematische Situation im Altbau, die zu geringen Erfolge in Innenstädten und Vorstädten, die

zunehmende Bereitschaft zum Abriß von Altbauten und die hohe Bedeutung der Brachflächenentwicklung, die von den Städten als größtes Problem herausgestellt wird. Diese Trends stehen den betonten funktionalen Potentialen der Innenstädte entgegen und zeigen, wie beschwerlich der Weg einer „Stärkung der Innenstädte" für viele Kommunen in neuen Ländern noch sein wird.

10 Zusammenfassung

Zur Beantwortung der Frage: „Wie gefährdet sind in den neuen Ländern die innerstädtischen und innenstadtnahen Altbauquartiere?" wurden hier folgende Hinweise gegeben:
– Sowohl die Probleme wie der Gefährdungsstatus der Altbauquartiere sind statistisch nur schwer greifbar. Auch die Sonderauswertung des Mikrozensus 2002 hilft nur bedingt weiter, weil sie nichts darüber aussagt, wie viel ältere Ein- und Zweifamilienhäuser den inneren Stadtbereichen, wie viel den Dorflagen zuzurechnen sind. Unstrittig ist eher, daß die jüngeren Altbaubestände der Jahre 1919 bis 1948 eher den äußeren als den inneren Stadtteilen zuzuordnen sind. Insofern beschränkte sich diese Untersuchung auf die 1,3 Millionen Wohnungen in vor 1919 erbauten Mehrfamilienhäusern, von denen auch im Jahr 2002 noch 20,3 % leer standen – ein Leerstand, der besorgniserregend bleibt. Dabei lagen beinahe 60 % der Altbauleerstände in den neuen Ländern in Sachsen.
– Große Informationslücken bestehen auch hinsichtlich der Eigentümerstruktur in den alten Quartieren. Dies betrifft insbesondere Gebäude, deren Eigentumsstatus ungeklärt ist oder die im Eigentum nicht handlungsfähiger Eigentümergebilde oder Einzeleigentümer liegen.
– Beinahe die Hälfte der Miethäuser, die in einer Brandenburger Studie untersucht wurden, arbeitete nicht wirtschaftlich, bei Häusern mit aufwendig erneuerten Wohnungen waren es sogar 60 %. Da die abnehmende Bevölkerung zu tendenziell fallenden Rohmieten führt, ist mit einer zunehmenden Wirtschaftlichkeit der Miethäuser auch auf längere Sicht nicht zu rechnen. Die gezielte Selbstnutzerförderung in den Altbauquartieren versucht dem entgegenzuwirken.
– Das innerstädtische oder innenstadtnahe Altbauquartier tritt in sehr vielen Strukturformen auf, die nach Stadtgröße, Entwicklungspfad, Zentrumsnähe und sozialem Status schon zur Zeit der Bebauung differieren. Am stärksten gefährdet sind in der Regel die Quartiere, die schon zu

Beginn in Schlichtstandards errichtet wurden. Dabei bestehen vor allem zwischen den Arbeiterquartieren in größeren Städten mit standardisierten Bautypologien und den Schlichthausquartieren in mittleren und kleinen Städten, die stark durch individuelles Bauen geprägt sind, große Unterschiede.

– Für die aktuelle Gefährdung sind nicht nur die baulichen und städtebaulichen Strukturen der Quartiere verantwortlich, sondern auch die ökonomischen und sozialen Substanzverluste der Städte, in vielen Fällen auch eine falsche Entwicklungsregie, die sich zu lange auf die äußere Stadt konzentrierte.

– In den zurückliegenden vier bis fünf Jahren haben eine Reihe von Trends die Entwicklung der inneren Städte und darin der Altbauquartiere begünstigt: der Rückgang des Neubaus, die deutliche Abnahme der Umlandwanderungen sowie der Trend zum Rückzug in die Ober- und Mittelzentren. Daneben stehen allerdings auch Trends, die die Entwicklung erschweren: die Einschränkung der Bauförderung, die weitgehende Sanierung der günstigen und das Liegenlassen der schwierigen Bestände, z. B. an Hauptverkehrsstraßen, dazu das generelle Überangebot an Wohnungen, das die Rentabilität von Altbauinvestitionen in Frage stellt.

– In vielen großen Städten der neuen Länder haben sich die Einwohnerzahlen zwischen 2000 und 2005 stabilisiert, etwa in Dresden, Leipzig, Chemnitz, Halle, Magdeburg, Rostock und Schwerin. Auch sind die Einwohnerzahlen in mehreren innerstädtischen Altbauquartieren erstmalig wieder gestiegen und der Leerstand konnte sogar partiell abgebaut werden. Diese Tendenzen gelten auch für Mittelstädte mit stabiler Bevölkerungsentwicklung.

In welchen Städten liegen nun die akut gefährdeten Altbauquartiere und wie geht es weiter? – Dies sind die schwierigsten Fragen für die Zukunft. Hierfür ergeben sich verschiedene Anhaltspunkte. Ein erster interessanter Anhaltspunkt ist, daß nach dem Statusbericht „Stadtumbau Ost" von den 605 registrierten Fördergebieten nur 120 Gebiete in vor 1918 errichteten Quartieren liegen. Berücksichtigt man, daß in stark altbaugeprägten Städten auch zwei oder drei Fördergebiete registriert sind, so enthalten weniger als 100 der Stadtumbaustädte (akut) gefährdete Altbauquartiere. Ein zweiter Anhaltspunkt aus der gleichen Quelle ist, daß die Größenstruktur der Stadtumbaustädte von Land zu Land sehr unterschiedlich ist. So liegt z. B. der Anteil der Stadtumbaustädte mit weniger als 10 000 Einwohnern im Durchschnitt aller fünf Länder bei 43%, in Thüringen und Mecklenburg aber bei 53% bzw. 51%, in Sachsen-Anhalt bei 31%, in Brandenburg nur bei 15 %. Daraus läßt sich folgern, daß die Auseinandersetzung mit gefährdeten Altbaubeständen zunehmend mittlere und kleinere Städte betrifft. Auch eine Sonderauswertung der Transferstelle zum Stadtumbau Ost vom Sommer 2006 kommt zu dem Ergebnis, daß von den Altbau-Programmgebieten 56 % in Städten unter 20 000 Einwohnern liegen, 32 % in Städten mit 20 000 bis 50 000 Einwohnern und nur 12 % in Städten mit mehr als 50 000 Einwohnern.

Wie geht es weiter? Alle Untersuchungen zur neueren und zur künftigen Bevölkerungsentwicklung lassen erwarten, daß es in den neuen Ländern neben einer durchschnittlichen Bevölkerungsabnahme von 8 % bis 2020 auch immer eine kleinere Hälfte von Städten geben wird, die schon bis 2020 mit Bevölkerungsverlusten von 15 bis 20 % rechnen muß, Verluste, die auch die Stabilisierung der Altbauquartiere erschweren werden.

Wie lange müssen gefährdete Quartiere gehalten, wann sollten sie aufgegeben werden? Auf diese Frage kann es nur fallbezogene Antworten geben, die anhand der in Integrierten Stadtentwicklungskonzepten gesetzten Prioritäten gefunden werden müssen. Dabei müssen Handlungserfordernisse und Handlungsspielräume nüchtern einander gegenübergestellt werden, wobei der Umfang der bisherigen und noch zu erwartenden Substanzverluste, die Verfassung des Wohnungsmarktes und die Flächennachfrage auch anderer Sektoren zu berücksichtigen sind. Je mehr die baulichen und funktionalen Substanzverluste in das Zentrum der Stadt vorrücken, um so prekärer wird die Situation, um so dringlicher wird es, die drohenden Leerräume durch die verstärkte Förderung von selbst genutztem Wohneigentum und, wenn dies nicht ausreicht, durch freiflächenbezogene Aufwertungskonzepte zu besetzen. Dies gilt für kleine und größere Städte gleichermaßen.

Es wird also über kurz oder lang Orte geben, in denen die Gärtner auch langfristig die Rolle der Bauleute übernehmen müssen. Für diesen Fall werden hier drei Regeln aufgestellt:
(a) Ein freiflächenorientiertes Aufwertungskonzept muß am öffentlichen Raum ansetzen.
(b) Es darf die Rückkehr städtischer Nutzungen (Wohnen, Gewerbe, Handel) nicht behindern.
(c) Es muß für die verbliebenen Nutzungen unmittelbare funktionale Vorteile bringen und am besten mit den betroffenen Nutzern gemeinsam entwickelt und umgesetzt werden.

Als zukünftige Förderungsbedarfe sind auszumachen:

- die aktive Förderung wirtschaftlicher Initiativen, wie es z. B. der EU-Strukturfonds möglich macht,
- die aktive Förderung von Selbstnutzerprojekten im Altbau sowie beim Neubau auf Abrißflächen,
- die weitere Unterstützung einer Qualifizierung des öffentlichen Raums sowie von freiflächenorientierten Aufwertungsmaßnahmen.

Eine kompetente Auswertung der fortgeschriebenen Stadtentwicklungskonzepte sollte den Ländern auch die notwendigen Entscheidungsgrundlagen für eine Neujustierung ihrer Städtebauförderung in diesem Sinn liefern können.

Anmerkungen

1 Die Kommission „Wohnungswirtschaftlicher Strukturwandel in den neuen Bundesländern" wurde im Auftrag der Bundesregierung im Februar 2000 berufen. Den Abschlußbericht ihrer Untersuchungen legte sie im November des gleichen Jahres vor.
2 Expertengruppe „Städtebaulicher Denkmalschutz", Memorandum zu akuten Problemen des Städtebaulichen Denkmalschutzes und des Stadtumbaus, Wurzen/Oschatz 2004, S. 3
3 Ebenda, S. 47
4 BMVBS (Bundesministerium für Verkehr, Bau und Stadtentwicklung); BBR (Bundesamt für Bauwesen und Raumordnung) (Hg.), Statusbericht 1 Stadtumbau Ost. Stand und Perspektiven, Berlin 2006, Tabelle 9, S. 38, Abbildung 15, S. 40 und Tabelle 5, S. 28
5 Eichstädt, Wulf, Stadtumbau-Ost – ein Erfolg? Wohnungsmärkte auf Konsolidierungskurs, in: PlanerIn, Heft 3/2006, S. 32
6 Institut für Stadtentwicklung und Wohnen des Landes Brandenburg, Bewirtschaftungssituation vermieteter Altbaubestände im Eigentum von Privatpersonen in Stadtumbaustädten, Frankfurt (Oder) 2003
7 Vgl. Wohnungsmarktmonitoring Leipzig 2005, Wohnungsmarktbericht Halle 2005 sowie Chemnitz, Stadtteilentwicklung 2001 bis 2005
8 Thüringer Ministerium für Bau und Verkehr (Hg.), Monitoringbericht 2005 der Begleitforschung, Erfurt 2006
9 ISEK-Städte Mecklenburg-Vorpommern (Hg.), Wissenschaftliche Auswertung der 44 Integrierten Stadtentwicklungskonzepte (ISEK) in Mecklenburg-Vorpommern, bearbeitet vom Büro Eichstädt/Emge, Berlin 2003
10 Bei den genannten Zahlen muß berücksichtigt werden, daß das Leerstandsproblem im Altbau in Mecklenburg-Vorpommern weniger zugespitzt ist als in anderen neuen Ländern vor allem in Sachsen. Vgl. BMVBS/BBR, a.a.O., S. 28/29
11 Statusbericht a.a.O., S. 28/29
12 Der Statusbericht macht dazu die Einschränkung, daß das Land Brandenburg keine Fördergebietsaufschlüsselung liefert. Die Gesamtzahl der Fördergebiete ist darum etwas größer, ebenso die der geförderten Altbaugebiete.
13 Sonderauswertung der Bundestransferstelle „Stadtumbau Ost" (nicht veröffentlicht)

14 BBR (Bundesamt für Raumordnung und Bauwesen) (Hg.), Raumordnungsprognose 2020/2050 – Kurzfassung, Bonn 2006, S. 13
15 Landesbetrieb für Datenverarbeitung und Statistik des Landes Brandenburg (Hg.), Bevölkerungsprognose des Landes Brandenburg für den Zeitraum 2005–2030, Potsdam 2006, Anlage 3
16 Landtag Brandenburg, Drucksache 4/2385, Bericht der Landesregierung, Starke Städte – Masterplan Stadtumbau, Potsdam 2006
17 BBR (Hg.), Forschungen Heft 107, Wohneigentumsbildung und Stadterneuerung in den neuen Bundesländern, Bonn 2002
18 BBR-Wohneigentumsbildung, ebenda, S. 4
19 BBR (Hg.), Informationen zur Raumentwicklung, Heft 6/2005, Strategien für historische Stadtzentren; darin: Eichstädt, Wulf, Stadterneuerung in einer schrumpfenden Stadt. Das Beispiel Wittenberge, S. 379ff.
20 BMVBW und BBR (Hg.), Zwischennutzung und neue Freiflächen. Städtische Lebensräume der Zukunft, Berlin 2004; darin: Leipzig. Neue Freiflächen als Bestandteil des gesamtstädtischen Stadtumbaukonzeptes, S. 12ff.
21 Vgl. die bereits zitierten Veröffentlichungen des BMVBW, inzwischen BMVBS, und des BBR.
21 Vgl. FN 19
23 Notfall-Hilfen müßten vor allem aus dem Erlaß von Kofinanzierungsanteilen bestehen und würden ausschließlich für Kommunen mit weit überdurchschnittlichen Substanzverlusten gelten.
24 Bundestransferstelle Stadtumbau Ost, Befragung der Kommunen im Programm Stadtumbau Ost zum Stand der Umsetzung des Programms, durchgeführt 2006, geplante öffentliche Vorstellung und Veröffentlichung Anfang 2007

Wolfgang Kunz
Leipzig.
Alternative Strukturkonzepte für eine Stadt im Übergang

1 Was ist neu an den gegenwärtigen Transformationsprozessen?

Es wird behauptet, die gegenwärtigen oder in naher Zukunft zu erwartenden Prozesse der Stadtentwicklung seien nichts Ungewöhnliches, das habe es in Phasen immer gegeben. Dies mag zwar in einem sehr generellen Sinn zutreffend sein, es zeigt sich aber, daß Vergleiche mit den Devastierungen ganzer Landstriche in Folge des Dreißigjährigen Krieges ebenso wenig Erhellendes zur aktuellen Lagebestimmung beitragen wie Beispiele aus den Entwicklungsphasen der alten Bundesrepublik nach dem Zweiten Weltkrieg.

Neu ist: die Dynamik der Entwicklung, ihre Richtung (Schrumpfung), die erwartete Nachhaltigkeit und Unbeeinflußbarkeit (Demographie), die stark gewachsene Mobilität (Wahlfreiheit) und die (globale) Vernetzung vieler Rahmenbedingungen. Leipzig z. B. hat in den ersten zehn Jahren nach der Wende 100 000 Einwohner verloren, und obwohl es heute eine der wenigen Städte im Osten ist, die ein Bevölkerungswachstum zu verzeichnen haben, sind es auf einem um die Hälfte vergrößerten Stadtgebiet nach fünfzehn Jahren immer noch 25 000 Einwohner weniger als 1989, und ihre Struktur ist eine andere (ältere). Die Zahl der im produktiven Sektor Beschäftigten ging nach 1989 innerhalb von nur drei Jahren von 100 000 auf 15 000 zurück. Die Arbeitslosigkeit beträgt heute 18 Prozent. Die städtebaulichen Auswirkungen dieser Entwicklung sind am deutlichsten an der Wohnbausubstanz (Leerstand) und den innerstädtischen (Gewerbe-)brachen erkennbar.

Tabelle 1: Basisdaten zur Einwohner- und Wohnungsentwicklung in Leipzig 1990–2005

	1990	1995	2000	2005
Einwohner				
Leipzig*	511 079	471 409	493 208	502 651
Leipzig (Gebietsstand 01.01.2000)	557 341	519 710	493 208	502 651
Innere Stadt[1]	—	287 097	276 659	300 386
Großsiedlungen	—	152 110	121 124	103 751
Wohnungen				
Leipzig gesamt*	257 928	268 247	315 701	316 027
Baujahr bis 1918	45,5 %	42,4 %	35,9 %	35,0 %
Baujahr 1919–1948	19,1 %	19,6 %	18,5 %	18,2 %
Baujahr 1949–1989	35,4 %	36,8 %	32,0 %	30,9 %
Baujahr ab 1990	—	2,2 %	13,6 %	15,8 %
Wohnungsleerstand*				
Absolut	15 000[2]	35 000	62 500	45 000
Relativ	6 %	13 %	20 %	14 %
Altbau	15 000	33 000	52 000	31 000
DDR-Wohnungsbau	—	1 500	9 000	12 500
Öffentlich geförderter Rückbau (WE)	—	—	—	6 430[3]
Wohngebäude bis 1918 errichtet*				
Gesamt	—	ca. 13 900	ca. 15 500	ca. 15 100
(Teil-)Saniert	—	ca. 15 %	ca. 60 %	ca. 75 %
Gefährdet	—	ca. 2 000	ca. 1 000	ca. 500

* jeweiliger Gebietsstand
[1] Niedrigster Wert 1998 mit 260 568
[2] Schätzung
[3] 2002 bis 2005

Neu ist auch der verschärfte nationale und internationale Wettbewerb der Städte und Regionen. Dieser hat nicht mehr die harmlose Form einer verbesserten interkommunalen Zusammenarbeit in der Region. Gefragt sind Stadt- und Standortmarketing, Präsenz in internationalen Netzwer-

ken, Entwicklung von ‚Labels' und Alleinstellungsmerkmalen, letztlich: erfolgreiches Bemühen um Investitionsentscheidungen aller Art zugunsten der Stadt.
Die für den nationalen Maßstab inzwischen weithin anerkannten Prognosen der Demographen werden sich in den einzelnen Städten und Regionen sehr unterschiedlich darstellen. Die ‚Gesamtentwicklungsmasse' wird sich verteilen auf weiter wachsende Städte und auf solche, die von starker Schrumpfung gekennzeichnet sind. In welchem Maße das eine oder andere am konkreten Ort wirksam wird, ist noch nicht entschieden. Diesen Entscheidungsprozeß zu beeinflussen, ist gleichzeitig Aufgabe und Motivation heutiger und künftiger Stadtentwicklungsplanung auf kommunaler und regionaler Ebene.
Den Wettbewerb gibt es auch in der Stadt selbst. In Leipzig beschreiben wir mit dem Begriff ‚bipolare Stadt' die räumliche Nähe und Zeitgleichheit von Wachstum und Schrumpfung.
Ebenso wird es große Unterschiede bei der Bewältigung der Transformationsprozesse im ländlichen Raum im Vergleich zu den kleinen und größeren Städten geben. Ich spreche hier und im Folgenden von einer Großstadt, die sich in diesem Entwicklungsszenario behaupten wird und entschlossen ist, den Transformationsprozeß zu *gestalten*.

2 Leipziger Antworten:
Strukturkonzepte und Bilder städtischer Transformation

2.1 Rahmenbedingungen für die Stadtentwicklung 1990–1999

Ein kurzer Rekurs auf die Entwicklungsbedingungen nach der Wende ist für das Verständnis der heutigen Situation unerläßlich.
Die rechtliche ‚Grauzone' bis zum 3. Oktober 1990 und in der Zeit danach mangelnder politischer Gestaltungswille von Seiten des Bundes und (im Falle Leipzigs) des Freistaates Sachsen haben zu gravierenden städtebaulichen Fehlentwicklungen geführt, die noch in die weite Zukunft hinein die Stadtentwicklung belasten werden. So sind unmittelbar nach der Wende im Umkreis von Leipzig mehrere hunderttausend Quadratmeter Verkaufsfläche auf der ‚Grünen Wiese' errichtet worden, sämtlich genehmigt in den ersten neun Monaten des Jahres 1990 (die letzten 35 000 am 2.10.1990!).
Das hat zwar die Entwicklung der Leipziger Innenstadt nicht in die Knie gezwungen, sie jedoch erheblich erschwert und verzögert, insbesondere

aber verheerende Auswirkungen auf die verbrauchernahen Stadtteilzentren des Oberzentrums und die Entwicklung der Innenstädte der umliegenden kleineren Städte, wie Naumburg und Merseburg gezeitigt. Nach nunmehr fünfzehn Jahren bewegt sich innerhalb dieser riesenhaften Flächenkulisse ein unerfreulicher Umstrukturierungsprozeß zwischen ‚trading down' und hoch investiven Aufwertungsversuchen (wie jüngst der zum „Nova Eventis" mutierte „Saalepark" von ECE).

Fast noch gravierender sind die Auswirkungen der Fehlentwicklungen im Wohnungsbau. Die erst zehn Jahre nach der Wende einsetzende zögerliche Gemeindegebietsreform hat im Zusammenspiel mit einer nahezu unwirksamen Landes- und Regionalplanung dazu geführt, daß in den zahlreichen damaligen Nachbargemeinden der Stadt Leipzig, von denen viele nicht mehr als 1 000 Einwohner hatten, im verständlichen Bestreben der ehrenamtlichen Bürgermeister um eine dynamische Aufwärtsentwicklung ihrer Ortschaft Tausende von Wohneinheiten neu errichtet wurden. Das betraf zu einem geringeren Teil freistehende Einfamilienhäuser, überwiegend jedoch den Geschoßwohnungsbau. Die Mieter der Neubauten rekrutierten sich fast ausschließlich aus der Leipziger Wohnbevölkerung, die ihre damals desolate Wohnsituation in den Gründerzeitvierteln verlassen oder in die ‚noch bessere Platte' ziehen wollte. Etwa ein Drittel des bis zum Jahre 1999 andauernden jährlichen Leipziger Verlustes von 10 000 Einwohnern kam auf diese Weise zustande. Heute gehören die meisten dieser Ortslagen zum Leipziger Stadtgebiet. Die Schuldenhinterlassenschaften der örtlichen Baugesellschaften sind in Millionenhöhe beglichen und eine Fortsetzung der Fehlentwicklungen wird es hier nicht geben. Der Rückbau dieser – städtebaulich meist mißlungenen – Befrachtungen dörflicher Ortslagen mit ungeeigneten Siedlungsstrukturen ist jedoch in realistischer Sicht nicht zu erwarten. Hier gibt es keine Leerstände.

Ein drittes Segment der Fehlentwicklungen und -einschätzungen bezieht sich auf die Großsiedlungen, die ‚Platte'. Diese bei den Bewohnern aus damals nahe liegenden, heute jedoch nur noch eingeschränkt gültigen Gründen sehr geschätzten Wohnungen wurden in der Nachwendezeit unkritisch und ohne nachhaltiges Konzept größtenteils aufwendig saniert. Die öffentliche und private Infrastruktur wurde nachgerüstet, städtebauliche Wettbewerbe wurden abgehalten und Rahmenpläne beschlossen. Woran es fehlte, waren strategische Überlegungen, wie dieser im Verhältnis zur Gesamtstadt unverhältnismäßig große (in Leipzig befinden sich ca. 25 Prozent der rund 315 000 Wohnungen in den Großsiedlungen) monostrukturierte und final geplante Wohnungsbestand in die städtebauliche Gesamtentwicklung integriert werden sollte. Heute wohnen in Grünau, dem größten Plattenbaugebiet am Stadtrand, statt 85 000 nur noch 47 000 Menschen. Der sanierte Bestand, die konkurrierenden Eigentümerinteressen und die vermögensrechtlichen Altlasten behindern eine schlüssige städtebauliche Perspektive, die sich nach heutigen Schätzungen im Jahre 2020 auf etwa 30 000 Bewohner beziehen wird.

Die in zehn Jahren ‚Stadtentwicklung im Zeitraffer' empirisch gewonnenen Erkenntnisse verdichteten sich Ende der 1990er Jahre zu einer neuen Handlungsstrategie, von der im Folgenden die Rede sein wird.

1998 wurde in einer ‚Stadtwerkstatt' von Akteuren und Beratern unterschiedlicher Disziplinen der Transformationsprozeß analysiert und die Frage nach dem ‚letzten Drittel' aufgeworfen. Dieser Schlüsselbegriff beleuchtete die damalige Situation des wichtigsten städtebaulichen Kapitals der Stadt Leipzig: der umfangreichen wertvollen Gründerzeitquartiere. In nur zehn Jahren war es gelungen, zwei Drittel der Substanz größtenteils hochwertig zu sanieren (etwa 8 000 von 12 000 Wohngebäuden). Aber der Sanierungsprozeß hatte sich verlangsamt, die Nachfrage war mit der Bevölkerung zurückgegangen und die Sanierung des letzten Drittels von Ungewißheit geprägt. Der Wohnungsleerstand bewegte sich bei 65 000, das bauliche ‚Kleid' der Stadt war zu groß geworden.

Die einzelnen Stadtquartiere präsentierten sich höchst unterschiedlich: Neben inzwischen wieder völlig intakten Gebieten gab es solche mit verfallenden Gebäuden, Brachen und wachsenden sozialen Problemen. In einigen Stadtteilen waren die städtebaulichen Mißstände so gravierend und ohne Hoffnung auf Änderung, daß sie mit dem Begriff der ‚Perforierten Stadt' beschrieben wurden.

Die Leipziger Stadtentwicklungspolitik war sich einig, daß die hier erkannten Phänomene weiter zu analysieren waren, daß die gewonnenen Erkenntnisse offensiv vertreten und diskutiert sowie in möglichst kurzer Zeit in umfassende Handlungskonzepte umgesetzt werden sollten. Diese sollten sowohl langfristig-strategisch wirksam sein als auch unmittelbar im aktuellen Stadtentwicklungs- und Stadterneuerungsprozeß umsetzbare Maßnahmen enthalten. Es war in diesem Zusammenhang klar, daß das überkommene Planungsinstrumentarium für die anstehenden Aufgaben nur bedingt geeignet ist. Zwar sind die Gesetze, Vorschriften und Verfahrensweisen des Bau-, Planungs-, Sanierungs- und Denkmalrechtes selbstverständlich weiter gültig, die Gestaltung des Transformationsprozesses bedarf aber ergänzend neuer, flexibler und prozeßhaft angelegter Methoden und Maßnahmen.

2.2 Strategische Stadtentwicklungspläne

Unter dem plakativen Begriff „Neue Gründerzeit" wurde 1999 ein umfangreiches Programm auf den Weg gebracht, das auf drei Strategieelemente ausgerichtet war:
- Wettbewerbsstrategie: Verbesserung der Wettbewerbsbedingungen der innerstädtischen Altbauquartiere gegenüber dem Stadtrand und dem Stadtumland (Leitmotiv: Mehr Grün, weniger Dichte, mehr Individualität),
- Erhaltungsstrategie: Soviel Stadterhalt wie möglich (insbesondere im Bereich der gründerzeitlichen Bebauung der „Inneren Stadt"),
- Umbaustrategie: Soviel Stadtumbau wie nötig (für die Verbesserung der Wohnumfeldqualität und die Konsolidierung des Wohnungsmarktes).

Planerisch umgesetzt wurde dieser strategische Ansatz in dem „Stadtentwicklungsplan (STEP) Wohnungsbau und Stadterneuerung", der Ende 2000 vom Stadtrat (einstimmig) beschlossen wurde.

Der STEP umfaßte zunächst die Teilpläne Wohnungsbau, Stadterneuerung und Großsiedlungen. Der *Teilplan Wohnungsbau* setzt sich mit der Problematik der weitgehend ungesteuert entstandenen Siedlungsgebiete der „Äußeren Stadt" (überwiegend auf dem Gebiet der erst 1999/2000 eingemeindeten Ortsteile) und den planungsrechtlich gebundenen Flächenreserven auseinander. Der Ansatz ist betont restriktiv, die Fehlentwicklungen sollen gestoppt, ‚überschüssiges' Planungsrecht aufgehoben werden. Zu dem *Teilplan Großsiedlungen* werden im Zusammenhang mit den räumlichen Schwerpunkten des Stadtumbaus noch weitere Ausführungen gemacht.

Methodisches Neuland wurde mit dem *Teilplan Stadterneuerung* betreten. Auf der Grundlage umfangreicher Analysen und Bestandserhebungen wurden für die „Innere Stadt" so genannte Zielkategorien entwickelt, die sowohl typologische Beschreibung sind als auch bereits die Zielrichtung der zu treffenden Maßnahmen enthalten. Auf diese Weise entsteht eine sehr konkrete stadträumliche Charakterisierung der gesamten „Inneren Stadt" wie auch deren einzelner ‚Stadtbausteine' (Quartiere, Blöcke). Für die weitere Planungsarbeit und für die Vielzahl von Einzelentscheidungen, die von Verwaltung und Politik im Rahmen des Stadtumbaus getroffen werden müssen, gibt es damit schon auf der Ebene des Stadtentwicklungsplans nachvollziehbare Entscheidungsgrundlagen. Die einzelnen Zielkategorien des Teilplans Stadterneuerung, wie z. B. Konsolidiertes Gebiet, Erhaltungsgebiet, Umstrukturierungsgebiet, Bestandsanpassungsgebiet,

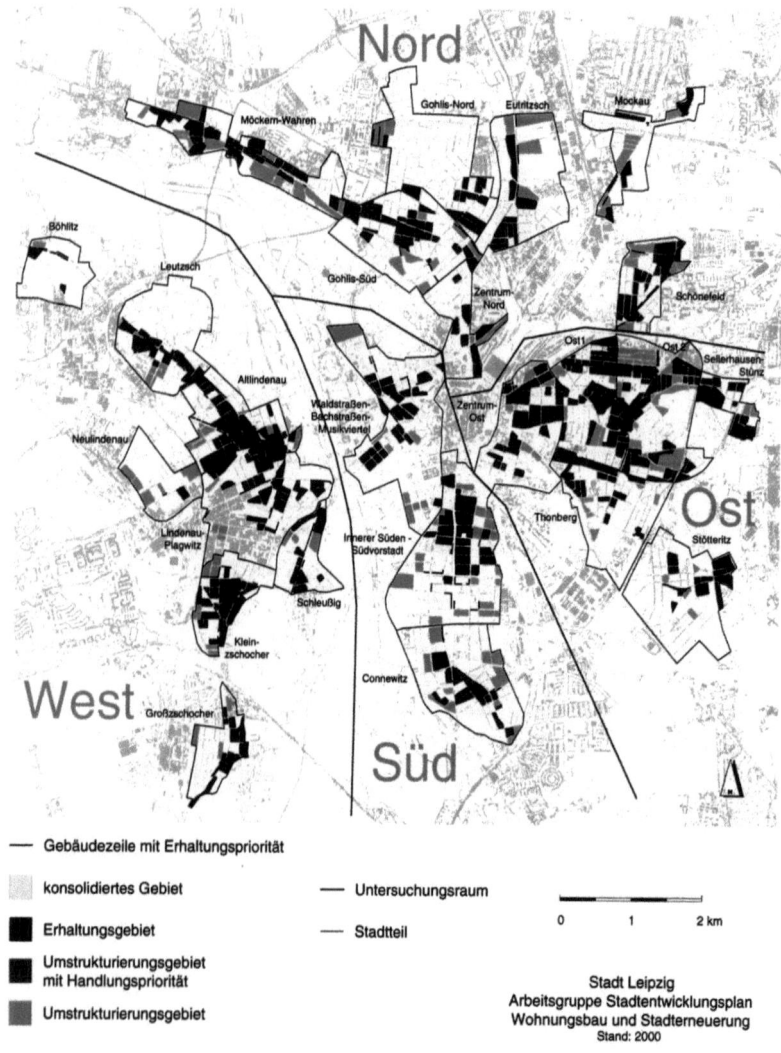

Stadtentwicklungsplan Leipzig, Teilplan Stadterneuerung

werden zusammen mit den weiteren in der Planung Verwendung findenden Kategorien, Bildern, Instrumenten noch näher beschrieben.
Die Gesamtschau auf die Gebietskulisse vermittelte wichtige Erkenntnisse.
Erstens: knapp 60 Prozent der „Inneren Stadt" können im Jahre 2000 bereits als ‚konsolidiert' gelten, 15 Prozent sind als Erhaltungsgebiete, 25 Prozent als Umstrukturierungsgebiete mit und ohne Priorität zu charakterisieren. Das umreißt den Umfang der noch zu leistenden Arbeit.
Zweitens: die sichtbar gemachte Verteilung der Gebiete im Stadtraum erlaubte in der Kombination mit sozialen und anderen Indikatoren die Ermittlung von ‚Problemintensitäten' für die Stadtteile. Es bilden sich deutlich zwei Bereiche im Westen und im Osten des Stadtgebietes mit dem dringendsten Handlungsbedarf ab, auf die sich seither die finanziellen und personellen Ressourcen der Stadt konzentrieren.
Der STEP wird regelmäßig fortgeschrieben. Die Daten werden aktualisiert, Erfolge und Mißerfolge analysiert und Handlungsfelder neu gewichtet oder ergänzt. So wurde im Jahr 2006 ein weiterer Teilplan (Wohnanlagen) beschlossen, der sich mit den Siedlungen der Zwischenkriegszeit beschäftigt, und der Teilplan Großsiedlungen wird neu aufgelegt, weil sich das Konzept von 2002 als nicht zielführend erwiesen hat.
Die Erkenntnisse und Aussagen des STEP werden seit 2000 auf drei Ebenen umgesetzt. Erstens mittels zahlreicher *Einzelentscheidungen* des Stadtumbaus. In der Planungsverwaltung wurde eine ständige Arbeitsgruppe „Stadtumbaupool" eingerichtet, die Abriß- und Fördermittelanträge unter den Aspekten Städtebau, Stadtentwicklung, Stadterneuerung, Denkmalpflege und Bauplanungsrecht aufbereitet und einer differenzierten Beschlußfassung zwischen Genehmigung, Zurückstellung und Ablehnung zuführt. Hier ist die Zuordnung zu den Gebietskategorien des STEP von Bedeutung. Abweichungen müssen dem Planungsausschuß vorgelegt werden.
Zweitens durch *Maßnahmebezogene Stadtteilpläne*. Diese Pläne beziehen sich auf Bereiche in den Problemgebieten, die keine strukturellen Veränderungen erfordern, sondern mit einigen konkreten (in der Finanzierung gesicherten) Maßnahmen aufgewertet werden können. Der räumliche Umfang ist begrenzt, der zeitliche Ablauf determiniert. Und drittens durch *Konzeptionelle Stadtteilpläne (KSP)* für die Gebiete größter Problemintensität Leipziger Osten und Leipziger Westen.

2.3 Neues Planungsverständnis: Der Konzeptionelle Stadtteilplan

Wie sieht in zehn, fünfzehn oder zwanzig Jahren ein Stadtteil einer Halbmillionenstadt aus, der 1993 42 000 Einwohner hatte und acht Jahre später nur noch 30 000, von denen weit über 50 Prozent äußern, sie trügen sich mit Fortzugsabsichten? Gut 11 500 von 29 500 Wohnungen stehen leer, auch in vollwertig sanierten Häusern. Dabei sieht man diese Fakten dem Gebiet bei Weitem nicht überall an. Neben desolaten Bereichen, bei denen es schwer fällt, realistische Vorschläge zu entwickeln, gibt es attraktive Ecken mit ansprechend gestalteten öffentlichen Räumen und wirksamer Verzahnung mit dem Freiflächensystem der Stadt.

Diese kritischen und schwierigen Fragen zur künftigen Entwicklung des Leipziger Ostens sollten im Jahr 2001 fünf Teams in einem kooperativen Gutachterverfahren beantworten, nachdem die in Abschnitt 2.2 erwähnten Analysen des STEP die Fokussierung auf diesen Stadtteil ergeben hatten. Das Teilnehmerfeld war interdisziplinär besetzt mit Stadtplanern, Landschaftsplanern, Architekten, Wohnungswirtschaftlern und einem Bürgerteam aus dem Stadtteil. Das Ergebnis des Verfahrens waren neben der vertieften Erkenntnis, daß künftig nicht vorwiegend hochbaulich geprägte städtebauliche Vorstellungen, sondern die Freiraumplanung das wichtigste Element der Stadtentwicklung in den Problemgebieten sein wird, erste Ansätze für einen neuen Typ städtebaulicher Planung. Kein Bauleitplan, kein Rahmenplan, auch kein Masterplan, sondern ein „Planungshandbuch", das ein Bild von einem Stadtteil entwirft und transportiert, wie er in der Phase der Transformation in zehn oder zwanzig Jahren beschaffen sein *könnte*, aber nicht *muß*. Eine Vision, die gleichwohl mit ‚Aktionsräumen' und ‚Initialmaßnahmen' im Hier und Heute der Realisierungsmöglichkeiten und Förderprogramme ankommt.

Im Herbst 2002 beschloß der Leipziger Stadtrat das Produkt dieser Überlegungen, den nun so genannten *Konzeptionellen Stadtteilplan Leipziger Osten (KSP LEO)*. Es folgte die Erarbeitung des Konzeptionellen Stadtteilplans für das zweite Problemgebiet, den Leipziger Westen, der 2004 beschlossen werden konnte. Das methodisch und instrumentell Neue gegenüber klassischer Planung (auch gegenüber anderen Ansätzen *informeller* Planung) besteht in der Bildhaftigkeit und Offenheit seiner Aussagen. Wobei Offenheit keineswegs mit Beliebigkeit gleichzusetzen ist. Die Planungsvorschläge und -szenarien beruhen auf sorgfältigen Analysen und realistischen Annahmen. Der Plan arbeitet mit neuen Begriffen, die ein Bild der künftigen Entwicklungsmöglichkeiten und -chancen vermitteln. Anstatt von „Allgemeinen Wohngebieten" oder „Mischgebieten" wird von „Kern und Plasma", von „Geduldsfeldern" und „Magnetfeldern", „Potentialgebieten" und „Perforationsgebieten", von „Wandel auf der Parzelle", von „dunklem Wald" und „lichtem Hain" und dem „Hirschgehege am Hauptbahnhof" gesprochen. Die Planungsbeteiligten gehen nicht davon aus, daß diese ‚Bilder' 1:1 umgesetzt werden, sondern sehen sie vielmehr als Grundlage für eine lange andauernde, flexible und prozeßhafte Planungstätigkeit, die durch Monitoring, ständige Rückkopplung und Vergewisserung, in Teilen sicher auch durch Korrektur und Anpassung nachhaltig ihre Ziele verfolgt.

Die in den Konzeptionellen Stadtteilplänen angelegte Dualität von Vision und langfristigen Leitbildern auf der einen und konkreten Vorgaben für aktuelles Handeln auf der anderen Seite hat sich in der bisherigen Umsetzung bewährt. Mit dem ‚roten Faden' des KSP konnten nicht nur die großen und aufwendigen Projekte der Stadterneuerung, sondern vor allem eine Vielzahl von Einzelmaßnahmen in den Kontext einer langfristig reflektierten Stadt(teil)entwicklung gestellt werden. Dies hat die Vermittlung in Politik und Öffentlichkeit sehr befördert und positive Signale in den Problemgebieten setzen können.

2.4 Die dritte Dimension: das Planwerk „Stadtraum Leipzig 2015+"

Mit dem Planwerk „Stadtraum Leipzig 2015+" liegt erstmalig eine zusammenfassende Visualisierung der Potentiale der Leipziger Stadtstruktur, der Grundaussagen der langfristigen Entwicklungskonzepte und der Inhalte raumprägender Projekte vor. Damit zeichnet es vor dem Hintergrund der Dualität von Wachstum und Schrumpfung, welche die Entwicklung der Stadt auch in den nächsten Jahren bestimmen wird, das realistische Bild einer möglichen Stadtstruktur nach 2015, basierend auf heutigem Kenntnisstand. Das Planwerk zeigt, wie die vielfältigen Potentiale der Stadt räumlich vernetzt sind und auf welchem Wege sich stadträumliche Qualitäten weiterentwickeln oder wiedergewinnen lassen.

Alle wichtigen Aussagen bereits vorhandener sektoraler Stadtentwicklungspläne, des derzeit in Überarbeitung befindlichen Flächennutzungsplans, von Konzeptionellen Stadtteilplänen, Rahmenplänen und teilräumlichen Entwicklungsplänen, aber auch von einzelnen Projekten, sind in ihren stadträumlichen Bezügen in das Planwerk „2015+" eingeflossen und damit in einen gesamtstädtischen Kontext gestellt.

Mit dem Planwerk bestehen – über seinen aktuellen Stand hinaus – vielfältige Möglichkeiten, stadträumliche und städtebauliche Kriterien zu unterschiedlichen Themen und Projekten zu generieren. Beispielsweise können Kriterien für die Abgrenzung von Stadtumbaugebieten gewonnen werden. Prioritäten bei der Festlegung von Qualitätsstandards für die Gestaltung des öffentlichen Raums lassen sich hier erstmals in einer räumlichen Zusammenschau bestimmen, und vieles andere mehr.
In vielen Diskussionen in den verschiedenen Ressorts der Verwaltung, in Politik und Öffentlichkeit mußte immer auch deutlich gemacht werden, daß Wert und Nutzen des Planwerks in seiner *Beschränkung* auf die Darstellung der stadträumlichen Situationen und Potentiale besteht. Das Planwerk will und kann nicht ein alles umfassender ‚Gesamt-Stadtentwicklungsplan' sein, auch nicht ein gesamtstädtischer Masterplan oder ein ‚erweiterter' Flächennutzungsplan. Ebenso wenig kann es dazu dienen, die dargestellten Projekte und Potentiale zum jetzigen Zeitpunkt hinsichtlich ihrer Realisierungschancen zu überprüfen. Dies wäre weder leistbar noch besonders sinnvoll, geht es doch vorrangig darum, alle wesentlichen ‚urbanen Projekte', die in den zurückliegenden 15 Jahren eine gewisse Beschlußreife erreicht haben, im stadträumlichen Kontext ablesbar zu machen. Das Planwerk wird dazu beitragen, bei späteren Überarbeitungen und Weiterentwicklungen diese Zusammenhänge deutlich vor Augen zu führen. Aus Gründen der Anschaulichkeit und Handhabbarkeit wurde auch der Versuchung widerstanden, das Werk mit Daten zu überfrachten. Grundlage ist eine eigens für diesen Zweck digitalisierte Stadtkarte, die einfache und dadurch auch in sehr unterschiedlichen Maßstäben gut lesbare Darstellungen erlaubt.
Die Idee, ein solches *Planwerk* mit dreidimensionaler Darstellung für das gesamte Stadtgebiet zu erarbeiten, wurde im Jahre 2003 im Zusammenhang mit der Leipziger Bewerbung für die Ausrichtung der Olympischen Spiele 2012 geboren, um das Konzept der ‚kompakten Spiele' städtebaulich zu konkretisieren. Glücklicherweise bedeutete das Scheitern der Bewerbung nicht das ‚Aus' für das Planwerk. Obwohl aus Anlaß der Olympiabewerbung initiiert und zu wesentlichen Teilen erarbeitet, war von Anfang an klar, daß Aufbau und Struktur des Planwerks auch ohne den Olympiakontext Sinn und Nutzen behalten würden. Während es zunächst um eine schlüssige Verzahnung der ‚urbanen Projekte' der Olympischen Spiele mit den ‚urbanen Räumen' der gewachsenen Stadt ging, wurden nach dem Ende der Bewerbung die Fokussierung auf die Olympiaprojekte verlassen und statt dessen ‚urbane Projekte' im gesamten Stadtgebiet dargestellt.

Als ‚urbane Projekte' werden stadträumlich wirksame Planungen und Projekte unterschiedlicher Größe und Struktur bezeichnet, wie z. B. die Rahmenplanung für die Alte Messe, die Industrieansiedlungen im Norden der Stadt, Vorstellungen für die Nutzung der großen Brachen stillgelegter Bahnanlagen, aber auch die in die Gründerzeitstrukturen integrierten Standorte für Stadthäuser oder Stadtteilzentren. Die neue Bezeichnung „Planwerk Stadtraum Leipzig 2015+" soll den umfassenden Ansatz und den langfristigen Betrachtungshorizont charakterisieren.

Aufbau des Planwerks

Der Hauptplan des Werks zeigt in anschaulicher axonometrischer Darstellung das Raumgefüge der gesamten Stadt. Hier sind alle Blockränder, Gebäudezeilen und größeren Einzelgebäude, aber auch die Raumkanten der Grünanlagen erkennbar. Die Datengrundlage für den Plan ist so aufgebaut, daß der Plan für viele thematische Aussagen programmierbar ist. Aktuell wird beispielsweise daran gearbeitet, die städtebaulich bedeutsamen Gebäude, die in ihrem Bestand gefährdet sind, hervorzuheben.
Dem Hauptplan vorangestellt sind vier Segmentpläne, in denen der Betrachter das Raumgefüge der Stadt zunächst in thematischer Fokussierung erfahren kann. Diese Pläne bestehen jeweils aus zwei Blättern, wobei ein Blatt die Analyse der Raumstruktur und ein zweites das Konzept der Entwicklung zeigt. Dargestellt sind:
- Siedlungsentwicklung,
- Grün- und Freiraumentwicklung,
- Öffentlicher Raum,
- Verkehrsentwicklung.
In stark generalisierender Darstellung sind ergänzend die Schwerpunkträume der Stadtentwicklung sektoral und in ihrer Gesamtschau bis 2015 erfaßt. Die Darstellung des Raumgefüges in seiner historischen Entwicklung ergänzt die Analyse.
Insgesamt gehen die im Planwerk räumlich dargestellten Transformationsprozesse jedoch über die in diesem Beitrag abgehandelten Themen hinaus und befassen sich beispielsweise auch mit den ‚Neuen Arbeitswelten' und der ‚Stadtsequenz' an den Autobahnen oder den ‚Seenlandschaften neuen Typs' in den Gebieten des ehemaligen Tagebaus.
  Über die gesamtstädtischen Pläne hinaus bietet das Planwerk jedoch auch Möglichkeiten der dreidimensionalen Darstellung von Teilbereichen und damit die Grundlage für eine Beurteilung auch künftiger Projekte

aus stadträumlicher Sicht. Das Planwerk „Stadtraum Leipzig 2015+" ist jedoch auch in seiner Gesamtheit nicht statisch, sondern als ein kontinuierlicher Arbeitsprozeß zu verstehen. Ein regelmäßiges stadträumliches Monitoring bildet die Grundlage für die Fortschreibung. Veränderungen in den strategischen Entwicklungskonzepten und Projektschwerpunkten werden dabei kontinuierlich eingearbeitet.

3 Kategorien, Bilder, Instrumente

Die Bildung von Kategorien und Begriffen für Stadtteile, Quartiere und Baublöcke spielte bei allen genannten Planungen eine wichtige, vielleicht sogar die zentrale Rolle. Das betrifft sowohl die Erarbeitung der Planwerke als auch ihre Anwendung und Umsetzung in Verwaltung, Politik und Öffentlichkeit.

Schon bei den Analysen der Rahmenbedingungen wurde klar, daß die Situation mit den Kategorien aus Baugesetzbuch und Baunutzungsverordnung nicht zu erfassen war. Auch die üblichen Begriffe informeller Planungen waren meist nicht geeignet, Zustände und erwartete oder zu planende Transformationsprozesse treffend zu beschreiben. Für die einzelnen Planungsebenen stellen sich die Anforderungen an den Aussagegehalt der Definitionen unterschiedlich dar.

3.1 Die Ebene des Stadtentwicklungsplans (STEP)

Auf der Ebene des Stadtentwicklungsplans (STEP) wurden folgende Gebietskategorien verwendet:

Konsolidierte Gebiete

Als konsolidiert werden die Gebiete eingestuft, die aufgrund ihrer spezifischen Rahmenbedingungen und des erreichten Sanierungsstandes eine positive Entwicklung als Selbstläufer, d.h. ohne den weiteren Einsatz von Förderinstrumenten, zeigen oder erwarten lassen. Das schließt keineswegs aus, daß in diesen Blöcken noch ein begrenzter Sanierungsbedarf gegeben ist. Es wird aber davon ausgegangen, daß sich der Stadterneuerungsprozeß dort aus eigener Kraft wirtschaftlich trägt.

Wesentliche Merkmale konsolidierter Blöcke sind:

- gutes Standortpotenzial ohne gravierende Beeinträchtigungen aus dem Umfeld,
- vergleichsweise hohe Nachfrage nach sanierten Wohnungen,
- geringer Anteil unsanierter Gebäude,
- überwiegend soziale Stabilität.

Erhaltungsgebiete

Erhaltungsgebiete haben aufgrund guter Lagequalitäten und eines gegenwärtig oder künftig positiven Umfeldes eine langfristige, realistische Perspektive als Wohnstandorte. Ihre Struktur (in der Regel geschlossene Blockrandbebauung) ist weitgehend erhalten, erhaltungswürdig und unter Einsatz von Fördermitteln auch erhaltungsfähig. Aufgrund des erreichten Sanierungsstandes sowie der geschlossenen und qualitätvollen Gebietsstruktur ist eine Umstrukturierung nicht erforderlich. Handlungsspielräume und -erfordernisse ergeben sich allenfalls im Bereich der Entkernung im Blockinnenbereich, der generelles Ziel der Stadterneuerung ist, um das Wohnumfeld aufzuwerten. Das bedeutet im Allgemeinen:
- positive Bewertung von Standort, Umfeld und Gebietsstruktur (z.B. Nachbarschaft zu konsolidierten Bereichen, absehbare Aufwertung des Umfeldes) und
- deutlicher weiterer Sanierungsbedarf (noch hoher Anteil unsanierter Gebäude, höhere Leerstandsquoten).

Umstrukturierungsgebiete

Umstrukturierungsgebiete sind Gebiete mit Handlungsspielräumen bezüglich ihrer künftigen städtebaulich-funktionalen Entwicklung. Diese Kategorie beinhaltet sowohl Blöcke, bei denen unter dem Stickwort ‚Liegenlassen' ein weiteres Absinken des Bestandes akzeptiert wird – sinkende Grundstückspreise schaffen auch Chancen für eine zukünftige Neuorientierung, als auch Blöcke mit partiell erhaltenswerten Strukturen. Dies bedeutet, daß die Erhaltung der Blockrandstruktur nicht zwingend im Vordergrund steht, sondern die gegebenen Spielräume (Lücken, schlechter Sanierungsstand) anderweitig genutzt werden sollen, z. B. für wohnungsnahes Grün, Stellplätze, Wegeverbindungen und Etablierung neuer Bau- und Wohnformen.
Die Umstrukturierungsgebiete werden unterschieden in solche mit und ohne Priorität. In den *Umstrukturierungsgebieten ohne Priorität* wird

auf mittlere Sicht wegen der Prioritätensetzung in anderen Bereichen kein Planungs- und Handlungsbedarf gesehen. Kennzeichnend ist daher eine offene Entwicklungsperspektive. Der Einsatz von Fördermitteln für investive Maßnahmen ist nicht vorgesehen. *Umstrukturierungsgebiete mit Priorität* sind so definiert, daß bei vorhandenen Handlungsspielräumen entweder
- eine gravierende Störwirkung auf die Umgebung beseitigt,
- eine Planungsabsicht dringend gesichert oder
- ein Potential mit spezieller Nachfrage kurzfristig genutzt werden soll.

Daraus ist abzuleiten, daß in diesen Gebieten entsprechende Planungskonzepte vorrangig als Grundlage für den Einsatz von Förderinstrumenten für Umstrukturierung oder Erhalt zu erarbeiten sind.

Gebäudezeilen mit Erhaltungspriorität

Gebäudezeilen mit Erhaltungspriorität sind durch folgende Kriterien definiert:
- besondere städtebauliche Bedeutung und/oder besondere Schutzfunktion gegen Verkehrslärm sowie
- Handlungsbedarf, z. B. Sanierungsdefizit, gefährdete Bausubstanz, Lücken.

Die besondere städtebauliche Bedeutung ist gegeben, wenn die Zeile entweder in einem wichtigen Erschließungsraum liegt (Hauptachsen, Zentren) und damit für die Außenwirkung des Quartiers bedeutsam ist, oder die Quartiersidentität prägt (z. B. Platzbildung, besondere Straßenführung aus historischem Zusammenhang). Nach dieser Definition können für alle Gebietskategorien, also auch konsolidierte Gebiete, Gebäudezeilen mit Erhaltungspriorität festgesetzt werden.

In Gebäudezeilen mit Erhaltungspriorität ist die Schließung von Lücken, die vorhanden oder durch Substanzaufgabe entstanden sind, durch Neubebauung strukturell gewünscht.

Ein besonderes Problem stellen die städtebaulich wichtigen Magistralen dar, die sich wegen der hohen Lärmbelastung zu „Leerstandsschwerpunkten" entwickelt haben (während unmittelbar dahinter konsolidierte Wohnlagen bestehen). Eine wirkliche Lösung des Problems ist für viele dieser Straßenabschnitte aufgrund fehlenden Entwicklungsdrucks nicht in Sicht. Das Beispiel der Eisenbahnstraße im Leipziger Osten zeigt, welch hoher Aufwand erforderlich ist, um hier erkennbare Fortschritte zu erzielen. Das ist derzeit nur in wenigen Bereichen möglich.

Bestandsanpassungsgebiete

Diese Kategorie wurde mit der Erarbeitung des Teilplans „Wohnanlagen" zusätzlich eingeführt. In den *Bestandsanpassungsgebieten* steht die Anpassung der Bebauung und ihre Qualifizierung für ein künftig realistisches Nutzungsmaß, d. h. in der Regel eine Herabsetzung der städtebaulichen Dichte, sowie die Nutzung vorhandener oder neu entstehender Baulücken für die Aufwertung des Wohnumfeldes im Vordergrund.

3.2 Die Ebene des Konzeptionellen Stadtteilplans (KSP)

Auf der Ebene der Stadtteilpläne haben die Gebietsdefinitionen weitergehende und konkretere Anforderungen zu erfüllen. Hier müssen ‚Rückbauvolumina' definiert und vor allem verortet und in entsprechende Szenarien eingebracht werden. Die Ausgangsfrage war und ist: *Wie sieht ein Stadtteil in zehn oder zwanzig Jahren aus, wenn 10 bis 30 Prozent der Bausubstanz nicht mehr benötigt wird?*
Für den Leipziger Osten wurden die Gebietskategorien für den KSP nach den Kriterien
– Struktur,
– Dynamik,
– Zielaussage,
– Dichte, Bevölkerung, Leerstand und
– Planerische Haltung
gebildet und als Konsolidierungsgebiet, Potentialgebiet, Sicherungsgebiet, Perforationsgebiet und Rückbaugebiet definiert.
Das ist sozusagen die *strukturelle Ebene* der Gebietsdefinitionen. Sie ermöglicht es, den Stadtteil systematisch zu erfassen und Szenarien ‚durchzuspielen', und sie dient als Grundlage für Einzelentscheidungen. Diese Ebene reicht jedoch nicht aus, um die Zustände und Eigenschaften einzelner Bereiche und ihre Möglichkeiten im Rahmen der erwarteten Transformationsprozesse deutlich zu machen. Ergänzend wurden daher sowohl bei der Planerarbeitung und der Vermittlung der Planungsziele in Politik und Öffentlichkeit als auch bei der seit vier Jahren laufenden Umsetzung der Pläne anschauliche Begriffe und ‚Bilder' benutzt. Mit Begriffen wie ‚Kern und Plasma', ‚Magnetfeld', ‚Geduldsfeld', ‚Aktionsraum' ist es – ansatzweise – gelungen, die komplexen Zusammenhänge des

	Konsolidierungsgebiet	Potenzialgebiet	Sicherungsgebiet	Perforationsgebiet	Rückbaugebiet
Struktur	Stadtstruktur gefestigt	Stadtstruktur mit Potenzial zum Wandel	Stadtstruktur weitgehend erhalten, erhaltungswürdig	Struktur weitgeh. erhalten, überw. erhaltungswürdig	Stadtstruktur differenziert
Dichte, Bevölkerung, Leerstand	Gebiet weitgehend gefüllt Geringer Leerstand Hohe Bau- und Nutzungsdichte erhalten und ausbauen	Sanierte Gebäude gut belegt; großer Anteil an Entwicklungsfläche Dichte und Nutzung sehr unterschiedlich, maßvolle Verdichtung anstreben	Überwiegend starke Entleerung, mittlerer bis hoher Leerstand Hohe Baudichte, trotz Entleerung keine bauliche Auflockerung anstreben	Überwiegend starke Entleerung, mittlerer bis hoher Leerstand Hohe bauliche Dichte, auf das Maß der genutzten Bausubstanz schrumpfen	Überwiegend starke Entleerung, Mittlerer bis hoher Leerstand Unterschiedliche Bau- u. Nutzungsdichten, flächenhafte Entdichtung angehen
Dynamik	Eigendynamik vorhanden	Extrem untersch. Dynamik	Geringe Dynamik	Stillstand	Stillstand
Zielaussage	Lückenschließung u. Arrondierung, Aufwertung von Stadtbild u. Wohnumfeld, ggf. Blockentkernung	Struktur neu interpretieren, auffüllen, neue Stadtbilder, Gebäudetypologien, neue Freiflächenangebote	Sicherung von Stadtstruktur und Bausubstanz, bei negativer Dynamik einmotten	Auflockerung durch Einzelabbruch zulassen, mehr Grün, Zwischen- und Umnutzung auf der Parzelle	Rückbau der Stadt, Schaffung von Freiflächen, Vernetzung und Öffnung zur Landschaft
Planerische Haltung	Förderung von Einzelmaßnahmen, Verbesserungen im öffentlichen Raum	Aktive Unterstützung von Akteuren, Planung, Prozessbegleitung	Abwarten, Monitoring, soziale Unterstützung, ggf. Gebäudesicherung, Denkmalpflege	Abwarten, Monitoring, soziale Unterstützung, Förderung von Einzelabriss, Brachengestaltung	Aktive Unterstützung von Akteuren, Planung, Prozessbegleitung

Konzeptioneller Stadtteilplan Leipziger Osten, Gebietskategorien

Stadtumbauprozesses zu veranschaulichen und die Planungsarbeit nachvollziehbar zu machen.
Bemerkenswert und positiv überraschend war die rasche Identifikation der Bewohner ‚vor Ort' mit den gewählten Bildbegriffen. Was zunächst den planenden Akteuren dazu diente, sich über die inhaltliche Konkretisierung abstrakter Leitbilder zu verständigen, stellt sich nun als ein nicht zu unterschätzendes Vehikel bei der schrittweisen Umsetzung der Konzepte heraus, die sich im übrigen überwiegend im Bereich der Freiraumplanung bewegen.
Der Stadtumbau tritt auf diese Weise nicht als Abrißszenario und Ausdruck des Niedergangs eines Stadtquartiers in Erscheinung, sondern wird im Gegenteil mit einer positiven Vorstellung besetzt, an deren Realisierung die Beteiligten und Betroffenen Anteil nehmen und die sie mit verfolgen können. Auch die im Laufe der Realisierung der Maßnahmen (die selten ‚aus einem Guß' erfolgen kann) erforderlichen Umplanungen und Modifizierungen lassen sich so anhand eines verifizierbaren Bildes vermitteln und fortentwickeln. So kann es gelingen, auch widersprüchlich erscheinende Phänomene in den Griff zu bekommen und einer sich über einen längeren Zeitraum hinziehenden Realisierung einer Maßnahme den „roten Faden" zu geben. Dies gilt im übrigen nicht nur für die Vermittlung gegenüber der Stadtpolitik, den Bewohnern des Stadtteils und den Medien, sondern auch für die Kommunikation innerhalb der Verwaltung. Beispielsweise ist es gelungen, die Denkmalpflege in die Realisierung der Konzepte dergestalt einzubinden, daß die Beurteilung der Erhaltungsnotwendigkeit der einzelnen Baudenkmale (in Leipzig gibt es etwa 17 000) im Kontext der Aussagen der konzeptionellen Stadtteilpläne erfolgt.
Zur Veranschaulichung sollen einige Beispiele ausgeführt werden:
Das Bild ‚Hirschgehege am Hauptbahnhof' birgt natürlich eine Provokation in sich. Der Planungsvorschlag ist grotesk und irritierend, aber zugleich nicht unrealistisch, zeigt er doch deutlich das Problem auf, um das es hier geht: Ein drei Hektar großes Areal gegenüber der Ostseite des Leipziger Hauptbahnhofs, der unmittelbar vor der städtebaulich sehr geschlossenen und sich zuversichtlich entwickelnden Innenstadt liegt, ist seit Jahren ungenutzt, obwohl eine Baugenehmigung für eine dichte sechsgeschossige Bebauung vorliegt. Es besteht auf absehbare Zeit offenbar kein Bedarf an Büro- oder Wohnflächen, und so findet sich kein Investor. Es ist ein ‚Geduldsfeld': gute Lage, potentielles Baugrundstück, Bodenwerte um 1 000 Euro je qm, derzeit kein Bedarf. Städtebaulich wird an der Vorstellung einer angemessenen urbanen Struktur festgehalten und

das Gelände einer Kisten- und Kastenbebauung mit Fachmarktbaracken nicht geöffnet.

Daher entstand die Idee, diese Fläche mit einer Aufsehen erregenden Interimsnutzung zu belegen. An die Stelle einer Brachfläche mit belastendem Image tritt ein positiv besetztes ausdrucksstarkes Bild, das die Irritation vergegenständlicht, die das Stadtgefüge an dieser Stelle durch Schrumpfung und Leere erfährt. Im Übrigen ist geprüft worden, daß die artgerechte Haltung von fünf Hirschen auf dem Gelände möglich wäre. Denkbar wären ein dicht umpflanztes Schaugehege, Mauern mit Gucklöchern und sogar drei Hochsitze.

Auch das Konzept ‚Dunkler Wald' resultiert aus der Problematik der schrumpfenden Stadt, wenn auch hier mit anderem Vorzeichen als am Hauptbahnhof. An einem Abschnitt einer Hauptverkehrsstraße, der als Eingang zum inneren Stadtbereich zu verstehen ist, stehen sich städtebauliche Strukturelemente verschiedener Zeiten unversöhnlich gegenüber: Auf der einen Seite schieben sich Plattenbauten aus den späten 1980er Jahren mit spröden Kanten an die Straße, ohne räumliche Bezüge aufzunehmen oder herzustellen, auf der anderen Seite verfällt eine gründerzeitliche Blockrandbebauung mit Häusern ohne Nutzungsperspektive. Auf diese desolate Situation, die auf absehbare Zeit nicht mit baulichen Mitteln korrigierbar ist, wird mit einer künstlichen Waldlandschaft reagiert. In unregelmäßiger Anordnung stehende Blöcke aus Großbäumen mit dichter (‚dunkler') Krone simulieren nicht mehr vorhandene Baukanten und formulieren einen eigenartigen, signifikanten Stadtraum, durch den die Straße geführt wird. Eine Beleuchtung mit Bodenstrahlern soll auch zur Nachtzeit diesen Stadtraum erlebbar machen. Hier ist die desolate Gründerzeitbebauung längs der Straße auch bereits weitgehend abgerissen, die Bäume sind gepflanzt worden. Für die dahinter liegenden Blöcke öffnen sich die Innenhöfe nun dem „Wald" und nicht mehr den unansehnlichen Brachflächen. Die Wohn- und Umfeldqualität der Wohnungen ist damit beträchtlich gesteigert worden.

Eine weitere Variation des Umganges mit beschädigten Stadträumen zeigt der ‚Lichte Hain' im östlichen Teilbereich derselben Straße. Dieser Teil der Straße wurde zur Gründerzeit an seiner Südseite mit nur einer Häuserzeile bebaut. Dahinter bot die topographische und natürliche Grenze einer Flußaue ein schwer zu überwindendes Hemmnis für eine weitere Quartiersentwicklung. Kleingärten und andere Grünanlagen prägen daher hier den Rand der inneren Stadt. Nachdem Verdichtungs- und Entwicklungsideen der frühen Nachwendezeit mit Terrassen-Wohnanlagen und

Einfamilienhäusern glücklicherweise nicht zum Tragen gekommen sind, bot sich der Abriß der desolaten Bausubstanz südlich der Strasse, der Verzicht auf eine weitere Bebauung und, nach dem Leitbild ‚Grüne Räume vernetzen', mit Hilfe des ‚Lichten Hains' ein offener Übergang in die stadtnahe Landschaft an.

Hier dient der Bildbegriff ‚Lichter Hain' der Vermittlung einer Planungsvorstellung, die auf den ersten Blick kontroverse Ziele verfolgt. Während auf der Südseite der Straße mit Zuschüssen aus öffentlichen Kassen Bausubstanz abgerissen wird, die im Einzelfall durchaus sanierungsfähig wäre (wenn es denn eine Nachfrage gäbe), wird auf der Nordseite der Straße alles daran gesetzt, die Blockstrukturen zu erhalten. Vorliegende Abrißanträge werden negativ beschieden, Fördermittel für Gebäude-Sicherungsmaßnahmen akquiriert.

Auch in diesem Fall eröffnet ein positiv besetztes Bild die Möglichkeit, einer sich über einen längeren Zeitraum hinziehenden Realisierung einer Maßnahme einen anschaulichen ‚roten Faden' zu geben.

Ein weiteres Beispiel, wie sich durch nicht-bauliche Nutzungen neue Identität in einem problematischen Umfeld schaffen läßt, gibt das so genannte Jahrtausendfeld im Stadtteil Plagwitz im Problemgebiet Leipziger Westen. Hier hatte jemand 1999 die Idee, mit Bezug auf die Geschichte des Areals, das bis zur Wende dem ehemals weltweit tätigen Betrieb Boden-Bearbeitungs-Geräte (BBG) diente, Getreide anzupflanzen und es im Jahre 2000 zu ernten. Des weiteren wurde ein Zirkuszelt errichtet, das einem vom Umbau der Spielstätte heimgesuchten Theater als Interim diente und auch für andere Events zur Verfügung stand. Obwohl inzwischen wieder geschlossen, darf diese ‚Inbesitznahme' als ein Beispiel dafür gelten, wie es faktisch ohne finanziellen Aufwand allein durch innovative Ideen gelingen kann, Freiräume positiv zu besetzen und zu nutzen. Anstelle einer anonymen, der Verwahrlosung anheim gegebenen Brachfläche, auf der früher einmal BBG produzierte, gibt es ein ‚Jahrtausendfeld', das in Veranstaltungskalendern auftaucht und zu einer positiven Identifikation mit dem Stadtumbauprozeß beiträgt.

Dem Bereich konkreter Stadterneuerungsarbeit zuzuordnen sind Projekte wie die ‚Wächterhäuser' oder die Kunstaktion ‚Statthalten'. ‚Wächterhäuser' sind unsanierte und unbewohnte, im Bestand tendenziell gefährdete Gründerzeithäuser, die von Gruppen und Vereinen kostenlos genutzt werden können. Die bloße Anwesenheit von derartigen Nutzern wirkt bestandserhaltend, auch ohne daß (zunächst) eine bauliche Aufwertung erfolgt.

In einem anderen Bereich des KSP Leipziger Westen bewirkte das Projekt ‚Statthalten' eine unerwartet starke Anteilnahme der Bevölkerung an dem Prozeß des Stadtumbaus. Hier ging es um die Besetzung ungenutzter Areale mit künstlerischen Aussagen zum Thema. Mit dem Instrument der Gestattungsverträge ist es gelungen, wichtige Grundstücke des Stadtteils für eine interimistische ‚Besetzung' zu mobilisieren, es erfolgte eine Ausschreibung und die Auswahl der Kunstobjekte durch eine Jury. Mit geschickter Einbindung in die Aktivitäten vor Ort (z. B. Stadtteilfest) ist es gelungen, die künstlerische Auseinandersetzung mit den problematischen Phänomenen des Stadtumbaus im Stadtteil zu verankern und positiv zu besetzen. Inzwischen sind die Objekte zu einem festen Bestandteil des Ortsbildes geworden, so daß ihre geplante kurze Standzeit erfreulicherweise infrage gestellt wird.

Dieses Projekt wurde 2004 im Rahmen des Deutschen Städtebaupreises ausgezeichnet. Diese Auszeichnung wurde 2006 auch dem Projekt selbstnutzer.de zuteil, das in diesem Zusammenhang erwähnenswert ist, weil auch hier mit einem prägnanten Begriff, quasi einer ‚Marke', eine ganze Fülle von Stadtumbauaktivitäten den strategischen und konzeptionellen Planungen zugeordnet werden kann. Im Rahmen der Aktion selbstnutzer.de wird das wichtige Segment junger, urban orientierter Familien und Gruppen von der Stadt beraten.

3.3 Planungsinstrumentarium und Leipziger Gestattungsvereinbarungen

Das Problem der nachlassenden Nutzungsintensität in Teilen des Stadtgebietes und der damit verbundenen stark eingeschränkten Verwertungsmöglichkeiten der Grundstücke wünschen sich manche Betroffenen so gelöst, daß die öffentliche Hand die Grundstücke zu Baulandpreisen erwirbt, um sie dann in öffentliche Grünflächen umzuwandeln. Das ist natürlich völlig unmöglich.

Das klassische Instrumentarium der städtebaulichen Sanierungsverfahren und der Grundstücksumlegung greift angesichts der Größe der betroffenen Gebiete und ihrer immanenten Schwerfälligkeit nur in bestimmten Fällen. Hier verlangt der Stadtumbauprozeß nach anderen, flexibleren und kostengünstigeren Vorgehensweisen. Auch an die Planinhalte sind unter diesen Rahmenbedingungen besondere Anforderungen zu stellen. Sie müssen – unter Beibehaltung der Grundidee – bis tief in die meist schrittweise Realisierung hinein flexibel auf die Grundstücksverhältnisse reagieren können.

In Leipzig wurde in diesem Zusammenhang das Instrument der Gestattungsvereinbarung entwickelt, das bei der Realisierung von Planprojekten stetig an Bedeutung gewinnt. Mehr als 150 Grundstücke konnten bisher schon in die Planung einbezogen werden, ohne daß Eigentumsverhältnisse und Baurechte verändert wurden. Prinzip dieser Vereinbarung ist, daß Eigentümer, die auf absehbare Zeit keine bauliche Entwicklung auf ihrem Grundstück beabsichtigen, dieses der Stadt für fünf bis zehn Jahre für eine temporäre Nutzung überlassen. Die Stadt akquiriert die Fördermittel für den Abriß maroder Bausubstanz und die Herrichtung des Grundstücks, übernimmt die Verkehrssicherung und erläßt dem Eigentümer einen Teil der Steuern und Abgaben. Das Baurecht für das Grundstück bleibt bestehen. Insofern bestehen auch keine (planerischen) Bedenken, etwaige Baubescheide für diese Grundstücke zu verlängern, wenn die Eigentümer dies (meist auf Begehren ihrer Banken) beantragen. Ein Nebeneffekt besteht darin, daß auf diese Weise die Eigentümer langfristig an die Erkenntnis herangeführt werden, daß ihre Grundstücke nicht mehr den einstmals erhofften Wert haben.

Bei den geschilderten Maßnahmen kam dieses Instrument häufig zur Anwendung. Natürlich müssen die Kernbereiche von öffentlichen Grünflächen nach wie vor in öffentlichem Besitz sein. Auch ein auf Dauer geplanter Eingriff in die städtebaulichen Strukturen ist nur mit Grunderwerb möglich. Aber in den Randbereichen der neuen Stadtteilparks, am ‚Lichten Hain' oder im ‚Dunklen Wald' basieren die Maßnahmen der Freiraumplanung grundstücksrechtlich überwiegend auf Gestattungsverträgen. Das bedeutet auch, daß die Konzepte flexibel reagieren müssen, wenn der eine oder andere Eigentümer keine Bereitschaft zeigt.

4 Offene Fragen und der Versuch von Antworten. Ein Ausblick

4.1 Stadtumbau von Außen nach Innen: Wunschdenken oder zukunftsfähiges Konzept?

Kein Umbaukonzept, das nicht den Grundsatz ‚von Außen nach Innen' beschwört. Grundsätze haben es an sich, daß sie ‚grundsätzlich' richtig, im Einzelnen aber nicht umsetzbar sein können. Konkret: die in den 1990er Jahren entstandenen peripheren Siedlungskonglomerate zugunsten der

Entwicklung der Innenstadt zu korrigieren, muß ein Wunschtraum der Planer bleiben. Die nächsten Generationen werden sich damit auseinanderzusetzen haben. Hier ist die aktuelle Aufgabe, der weiteren Ausdehnung und Arrondierung dieser Fehlentwicklungen Einhalt zu gebieten.
Ein zweites ‚Außen' sind die Großsiedlungen am Stadtrand. Diese waren das Hauptziel der DDR-Wohnungspolitik und haben daher in ostdeutschen Städten allein von ihrer Quantität her eine weitaus exponiertere Stellung als vergleichbare Gebiete im Westen des Landes. In Leipzig befanden sich 1990 25 Prozent des Wohnungsbestandes in diesem Segment. Beispiel Großsiedlung Grünau: die Zahl der Bewohner ist von 85 000 Einwohnern im Jahr 1990 auf 47 000 gesunken. Nur 4 000 von 35 000 Wohnungen wurden bisher abgebrochen.
Es mußte kritisch festgestellt werden, daß das Konzept aus den Jahren 2001/02, das in Kooperation mit der Wohnungswirtschaft (‚Pakt der Vernunft') auf partielle Entdichtung ohne klare räumliche Schwerpunktsetzung abstellte, nicht zum Ziel führen wird. Hier steht dem ‚Rückbau von Außen' neben dem Widerstand der betroffenen Wohnungsgesellschaften das Unverständnis der Bewohner entgegen: Warum sollen gerade diese, von den umgebenden Freiraumpotentialen profitierenden Wohnquartiere abgerissen werden? Die Planungsverwaltung hat nun ein neues „Entwicklungskonzept Grünau 2020" erarbeitet, das von der Fragestellung ausgeht, wie ein gut strukturierter Stadtteil Grünau mit nur 30 000 Einwohnern im Jahre 2020 aussehen soll. Mit den Erfahrungen aus den Gründerzeitquartieren wurden Gebiete nach Kategorien gegliedert und zunächst ein ‚urbaner Kern' und ein ‚Umbaugürtel' räumlich abgegrenzt und ‚Umbauziele' formuliert. Im urbanen Kern soll der Rückbau als abgeschlossen gelten, im Umbaugürtel müßten in den kommenden Jahren noch 8 000 Wohnungen abgerissen werden. Die Frage, ob es gelingen wird, ein solches langfristiges, auch städtebaulich verantwortbares Konzept mit den Interessen der Wohnungswirtschaft in Einklang zu bringen, kann heute noch nicht beantwortet werden. Hier wirken die umfangreichen, im stadtstrukturellen Sinn meist planlosen Sanierungen der 1990er Jahre als großes Hemmnis. Bei den Bewohnern des Stadtteils treffen strategische Diskussionen verständlicherweise auf geringes Interesse. Sie wollen wissen, was mit ihrer Wohnung und ihrem unmittelbaren Umfeld in nächster Zukunft geschehen wird. Es bleibt zu hoffen, daß auch die Politik den Mut zu einer klaren Problemansprache findet und den Rückbau von Grünau zu einer im gesamtstädtischen Maßstab angemessenen Größe zum Ziel der Stadtentwicklung erklärt. Es ist nicht ausgeschlossen, daß erst eine deut-

lich spürbare Verschärfung der demographischen, sozialen und ökonomischen Verhältnisse den notwendigen Handlungsdruck erzeugen wird: Aufgrund der Altersstruktur werden sich die heute als konsolidiert geltenden Quartiere absehbar entleeren, die Kosten der technischen Infrastruktur werden erheblich steigen, Zuzugspotentiale und gesamtstädtisches Bevölkerungswachstum werden und sollen sich auf die Innere Stadt konzentrieren.

Die Wohnanlagen der Zwischenkriegs- und frühen Nachkriegszeit (etwa 11 Prozent des Leipziger Wohnungsbestandes) sollen, da für eine ausführlichere Darstellung kein Raum ist, an dieser Stelle wenigstens angesprochen werden: Neben prägnanten, städtebaulich und architektonisch bemerkenswerten Ensembles (wie z. B. dem markanten „Rundling" von Hubert Ritter im Stadtteil Lößnig), die saniert wurden und keinen Leerstand aufweisen, gibt es in größerer Zahl weitgehend leergezogene Anlagen, bei denen vor allem wegen ihrer einfachen Bauweise eine Sanierung wirtschaftlich nicht darstellbar ist. Nur wo es gelingt, meist mit Teilabbrüchen und Ergänzungsbauten, die Anlagen heutigen Wohnbedürfnissen anzupassen, können städtebauliche Zusammenhänge erhalten werden. Ein anderer Ansatz ist die Nachnutzung rückgebauter Areale für den Bau von Einfamilienhäusern. Der Erfolg von Versuchen, über konkurrierende Verfahren städtebauliche Qualität zu erreichen, bleibt abzuwarten. Im günstigen Fall können auch auf diesem Wege Stadtstrukturen in den Übergangbereichen zwischen ‚Innen' und ‚Außen' zukunftsfähig transformiert werden. Der Stadtrat hat 2006 mit dem Beschluß eines weiteren Teilplans zum STEP für das Segment Wohnanlagen Maßnahmen und Entwicklungsziele formuliert. Für einige Ensembles stehen in im Spannungsfeld von Wohnungswirtschaft, Denkmalschutz und gesamtstädtischer Entwicklungspolitik noch schwierige Einzelentscheidungen an.

Im Sinne der Leipziger Wettbewerbsstrategie haben sich die Leitlinien
– Konzentration auf die Erhaltung und Entwicklung der Inneren Stadt,
– weiterer Rückbau der Großsiedlungen und Anpassung an einen stadtverträglichen Maßstab,
– restriktive Entwicklungspolitik in der Äußeren Stadt
bisher als tragfähig erwiesen. Aber gleich im zweiten Schritt gibt es keine idealtypischen Antworten auf die vielen offenen Fragen. Hier wird man erst in einigen Jahren sehen, ob die Vielzahl prozeßhaft ausgerichteter Ansätze die gewünschten Ergebnisse bringt. Daß in den vergangenen fünf Jahren die Wohnbevölkerung der Inneren Stadt durch Zuzug von außen und Umzüge innerhalb der Stadt um 40 000 zugenommen hat, ist sicher

nur zum Teil der hiesigen Stadtentwicklungspolitik zuzuschreiben, gibt jedoch Anlaß zur Zuversicht.

4.2 Stadtumbau in der Gründerzeit: Zerstörungswerk oder Notwendigkeit?

Man liest in einigen Feuilletons, aber auch in Fachzeitschriften, Leipzig hätte „Perforationskonzepte" beschlossen, um sich im Rahmen des Stadtumbaus größerer Teile der gründerzeitlichen Bausubstanz zu entledigen. Das ist natürlich Unsinn. Der Begriff „perforierte Stadt" beschreibt einen bestehenden oder zu befürchtenden Zustand und nicht ein Umbauziel. Richtig ist jedoch, daß der Rückbau sich nicht auf die ‚Platte' beschränken kann, daß somit auch in der Inneren Stadt mit öffentlichen Mitteln geförderte Abbrüche stattgefunden haben und weiter stattfinden werden. Hier kommt es darauf an, mit großer Umsicht zu Werke zu gehen. Wo es in die Gesamtentwicklung integrierte Planungsvorstellungen gibt, wie z. B. in den Konzeptionellen Stadtteilplänen, sind auch Abbrüche von Bausubstanz, die keine Nutzungsperspektive mehr hat, zugunsten von neuen Freiraumelementen vertretbar. Die Alternative bestünde ansonsten nur in der Beobachtung des Verfalls. Die Leipziger Stadtentwicklungspolitik hat sich demgegenüber zum Ziel gesetzt, die notwendigen Transformationsprozesse aktiv und positiv zu *gestalten* und auch Experimente zu wagen. Das heißt u. a., daß gründerzeitliche Strukturen nicht ‚heilig gesprochen' werden. Es gibt höchst unterschiedliche Qualitäten und Zustände, die jeweils andere Herangehensweisen erfordern. Was in einem Bereich tabu ist, kann an anderer Stelle notwendig und richtig sein. Die Gefahr, daß manches Vorhaben nicht oder nicht vollständig gelingt, ist dennoch gegeben. Weil viele Maßnahmen auf Freiwilligkeit und Konsens gründen und zudem von der Politik der Fördermittelgewährung abhängig sind, können die avisierten Ergebnisse nicht ‚garantiert' werden. Das bisherige Diktum der Landesregierung, die Stadtumbaumittel zu 80 Prozent für Abriß und nur zu 20 Prozent für die Aufwertung auszureichen, ist in diesem Zusammenhang schon häufig als falsche Wegweisung kritisiert worden.

Die wenigen spektakulären Verluste an wertvoller Bausubstanz, die in der Öffentlichkeit fälschlicherweise als Ergebnis verfehlter Stadtentwicklungsziele dargestellt wurden, haben andere Hintergründe, die sowohl in der Nutzungs- und Eigentumsgeschichte der Gebäude als auch in den fehlenden rechtlichen und finanziellen Möglichkeiten der öffentlichen

Hand zu finden sind. Die Stadt hat 2005 ein Gebäudesicherungsprogramm aufgelegt, das die strategischen und konzeptionellen Planungen ergänzt. Darin wird eine große Zahl städtebaulich wertvoller, in der Substanz gefährdeter Gebäude benannt, in Prioritätslisten erfaßt und in das Bewußtsein der Öffentlichkeit gebracht. Man geht derzeit von etwa 500 gefährdeten Gebäuden aus, von denen etwa 80 eine besondere Bedeutung haben. Ziel des Programms ist es, zwanzig Gebäude in einer Liste oberster Priorität zu führen und die Kräfte auf diese Gebäude zu konzentrieren. Dieser Ansatz hatte bereits im ersten Jahr beträchtliche Erfolge zu verzeichnen: Es wurde ein hohes Maß an öffentlichem Interesse erreicht und zehn der zwanzig prioritären Gebäude konnten – teils mit Eigentümerwechsel – gesichert oder sogar in die Sanierung geführt werden.

4.3 Mehr Qualität durch weniger Dichte versus Urbanitätsverlust?

Auch dieser Gegensatz hat viele Facetten. Entdichtung, Entsiegelung, Teilrückbau, Gewinnung von Freiflächen bis hin zu landschaftlich geprägten Freiräumen, die sich an ungewohnten Stellen mit der gebauten Stadt verbinden, sind die eine Seite, die Gefahr, daß gewohnte Strukturen der Inneren Stadt sich aufzulösen beginnen, Eigenarten und Vorteile gebietstypischer Bebauung verloren gehen und letztlich auch Elemente der technischen Infrastruktur obsolet werden, die andere. Eine Zeit lang wurde in Leipzig versucht, in nachgefragten Wohnlagen den Dachgeschoßausbau und den Umbau von Rück- und Hintergebäuden für Wohnzwecke zu unterbinden. Diese Idee erwies sich als nicht tragfähig, weil sie nicht nur den Interessen investitionsbereiter Eigentümer, sondern auch den Wünschen der Bewohner entgegen stand. Diese schätzten das urbane Leben in konsolidierten und beliebten Lagen, in individuellem Ambiente oder mit weitem Blick über die Dachlandschaft höher ein als die Möglichkeit, das Auto im Hof abstellen zu können oder einen eigenen Garten zu haben. Es ist zu erwarten, daß es in der „bipolaren Stadt" sowohl Quartiere gibt, in denen die Verdichtung durch ergänzende Um- oder Neubauten noch zunehmen wird (und ‚darf'), wie z. B. in den Stadtteilen Schleußig und Plagwitz, als auch solche, die durch Verringerung der Dichte und Rückbau der Substanz an Qualität gewinnen, wie z. B. in vielen Bereichen der Großsiedlungen. Beides erfordert unterschiedliche, auf die Stadtteile und Quartiere ausgerichtete Konzepte. Sorgen bereiten indes die Gebiete (meist ‚Umbaugebiete ohne Priorität'), die aus dem Weniger an Dichte keine Chancen ziehen können und ihr einst urbanes Gepräge zu verlieren drohen. Sie sind keine ‚Geduldsfelder' im Sinne der positiven Leipziger Diktion, sondern Problemgebiete in nicht unerheblichem Umfang, für die es heute noch keine schlüssigen Konzepte, sondern nur vage Hoffnungen gibt.

4.4 Wieviel ‚Vorläufigkeit' verträgt die Stadt?
Eine – vorläufige – Schlußbemerkung

Die Leipziger Stadtentwicklungsstrategien enthalten viele prozeßhafte und experimentelle Elemente. Wo man nicht auf eine ‚Durchsanierung' mit gesicherter finanzieller Ausstattung setzen kann, wo schwierige Eigentumsverhältnisse grundlegende Neuordnungen behindern und verläßliche lokale Prognosen kaum zu treffen sind, müssen neue Wege beschritten werden.

Wenn als Handlungskonzepte Bilder entworfen werden, wie ein Stadtteil in zehn Jahren aussehen *kann,* aber nicht *muß,* entsteht Vorläufigkeit und Ungewißheit. Ob das System der ‚Gestattungsvereinbarungen' für Abrißflächen, das in Leipzig entwickelt wurde, auch längerfristig trägt, wird sich noch erweisen müssen. Ebenso ungewiß ist heute, ob auf diese Weise ohne Änderung des Boden- und Sanierungsrechtes nachhaltig Stadtumbau betrieben werden kann. Es hat sich in den vergangenen fünf Jahren jedoch – teils überraschend – erwiesen, daß viele der Bilder und Begriffe, die zunächst eher für das intellektuelle Selbstverständnis der Planer entwickelt worden sind, in der Realität, d. h. in der Wahrnehmung der Stadtbewohner, angenommen worden sind, Identitäten stiften und Orientierung bei vielen anstehenden Entscheidungen bieten.

In der Gewißheit, daß nach großen Anstrengungen aller Beteiligten inzwischen 70 Prozent der Inneren Stadt als ‚konsolidiert', d. h. als im traditionellen Sinn urban intakt betrachtet werden können, darf, ja muß in denjenigen Stadtgebieten, die das ‚Transformationspotenzial' bilden, auch Vorläufigkeit und Ungewißheit – in den oben erläuterten Begrifflichkeiten: ‚Plasma' statt ‚Kern' – praktiziert werden. Anstelle von baulichen Entwicklungen gewinnen Freiraumgestaltungen, Kunstprojekte und städtebauliche Experimentierfelder an Bedeutung. Spannung und Ungewißheit, welche Ergebnisse langfristig tatsächlich erreicht werden, verbleiben und werden zum Elixier für die Attraktivität oder gar das ‚Überleben' dieser Stadtteile.

Dies ist eine für die Stadt- und Stadtentwicklungsplanung noch ungewohnte Herangehensweise zwischen determinierter Planung und bloßer Moderation des Vorgefundenen. Insofern werden auch die Ergebnisse weniger von bedrucktem Papier, als ganz wesentlich von der Aktionstiefe und -breite der Protagonisten abhängig sein.

Literatur

Stadt Leipzig, Dezernat Stadtentwicklung und Bau (Hg.), Stadtentwicklungsplan Wohnungsbau und Stadterneuerung. Teilplan Wohnungsbau und Teilplan Stadterneuerung, Beiträge zur Stadtentwicklung, Heft 30, Leipzig 2000

Stadt Leipzig, Dezernat Stadtentwicklung und Bau (Hg.), Stadtentwicklungsplan Wohnungsbau und Stadterneuerung. Teilplan Großsiedlungen, Beiträge zur Stadtentwicklung, Heft 34, Leipzig 2002

Stadt Leipzig, Dezernat Stadtentwicklung und Bau (Hg.), Konzeptioneller Stadtteilplan Leipziger Osten. Beiträge zur Stadtentwicklung, Heft 38, Leipzig 2003

Stadt Leipzig, Dezernat Stadtentwicklung und Bau (Hg.), Stadterneuerung und Stadtumbau in Leipzig. Beiträge zur Stadtentwicklung, Heft 43, Leipzig 2005

Stadt Leipzig, Dezernat Stadtentwicklung und Bau (Hg.), Konzeptioneller Stadtteilplan für den Leipziger Westen. Beiträge zur Stadtentwicklung, Heft 44, Leipzig 2005

Kees Christiaanse, Mark Michaeli, Tim Rieniets
Aufgabe als Aufgabe.
Entwurf und Strategie im perforierten Raum

Mit dem Phänomen der Perforation des urbanen Raumes, hervorgerufen durch Prozesse wie Schrumpfung, Verlagerung oder gar Zerstörung, vollzieht sich eine Form der Raumproduktion, welche sich dem klassischen Selbstverständnis einer planerischen und entwerferischen Praxis des Städtebaus und der Raumplanung weitgehend entzieht. In der Morphologie des städtischen Raumes sind die Folgen der Perforation leicht zu identifizieren, wenngleich es sich dabei nur um die Oberfläche eines vielschichtigen, über die klassischen Aufgaben des Städtebaus weit hinausreichenden Phänomens handelt. Und keinesfalls kann eine nachhaltig positive städtebauliche Wirkung erreicht werden, wenn im Sinne von Schönheitsoperationen die im Stadtgefüge entstehenden Löcher und Lücken allein visuell gestopft und damit die eigentlichen urbanen Prozesse der Perforation verschleiert werden.

Vielmehr ist es im Sinne eines nachhaltigen Städtebaus notwendig, das räumliche Phänomen in seinem Kontext von Ursachen und Wirkungen zu begreifen, um für die Planungsdisziplinen neue Instrumente, aber auch Grenzen des Entwerfens ableiten zu können.

Das Entwerfen von Strukturen im Kontext der perforierten Stadt präsentiert sich somit in zweifacher Weise. Einerseits integriert die Diskussion die operativen Möglichkeiten des Entwerfens mit den Instrumenten der klassischen Planung, andererseits muß sie versuchen, die Disziplin in ihrem Wirkungskontext selbst zum Gegenstand der Untersuchung zu machen.

Um die Dualität der Fragestellung adäquat abbilden zu können, versucht der folgende Beitrag, zwei völlig unterschiedlich geartete Aspekte des städtebaulichen Entwerfens eingehender zu beleuchten. Dabei wird der Blick sowohl auf die notwendigen Leistungseigenschaften des Entwurfes wie auch auf die generellen Anforderungen an die Disziplin Städtebau gerichtet:

– Was macht die Tragfähigkeit und Robustheit des städtebaulichen Planes gegenüber nicht vorhersehbaren, positiven wie negativen Entwicklungen

der Stadt aus? Wie bildet sich die Bevorzugung von adaptierbaren und assimilierbaren, gegebenenfalls gar rückbaubaren Stadtstrukturen im Vergleich zu städtebaulich starren Konzeptionen, welche die im Kontext der Perforation notwendigen Freiheitsgrade und Fehlerfreundlichkeiten vermissen lassen, in räumlichen Strukturen ab?
– Welches sind die Handlungsfelder des Städtebaus im perforierten Raum? Welche Methoden hat die Disziplin zur Verfügung, welche hat sie neu zu erfinden? Was sind in der Folge die ökonomischen, politischen und gesellschaftlichen Rahmenbedingungen einer auf Erschließung und Ausschöpfung neuer Handlungsspielräume ausgerichteten Disziplin Städtebau?
Im Mittelpunkt der Untersuchung steht die Rolle des Städtebauers als Entwerfer und Moderator von produktiven Prozessen in der Stadt. Verstanden als Instrument einer erweiterten entwerferischen Tätigkeit, muß der städtebauliche Plan eine kontext-, akteurs- und zeitspezifische Auslegeordnung der produktiven Potentiale eines Raums beinhalten.

1 Strukturkonzeptionen des geplanten Raums

1.1 Kohärenter versus perforierter Raum

Zu Beginn des 21. Jahrhunderts umspannt ein globales Netz urbaner Räume unseren Planeten. Wo sie nicht bereits in ihrer morphologischen Ausprägung miteinander verschmolzen sind, wurden die urbanen Systeme zumindest im physiologischen Aufbau längst Teil einer zusammenhängenden und weltumspannenden, aus Knoten, Verbindungen und Hinterländern gebildeten Struktur. Als Erzeuger dieses Geflechtes kann die rege Nachfrage nach Austausch von Personen, Gütern und Informationen auf multiplen Maßstabsebenen (Skalen) identifiziert werden.[1] Grundbedingung, um diese Aufgaben übernehmen zu können, ist der strukturelle Zusammenhalt des Raumes, welcher sich in Charakteristiken wie Zugänglichkeit, Verbindlichkeit oder Nähe bewerten läßt. Kohärenz ist demnach, komplementär zu einer formal-geometrischen Eigenschaft des Raumes, auch eine topologisch-strukturelle Konzeption[2] der funktionalen, physiologischen Raumzusammenhänge: Erst mit der Etablierung einer leistungsfähigen Kohäsion (physisch oder nicht-physisch) zwischen den einzelnen räumlichen Konzentrationen können diese einen gemeinsamen Kontext bilden. Es entsteht gemäß geometrischer Definition ein steter und kohärenter Raum, der sowohl den physischen Austausch zwischen den Teilräumen ermöglicht, und zugleich eine soziale, kulturelle und ästhetische Mobilität erlaubt. Vor allem aber ermöglicht der kohärente Raum eine effiziente und ökonomische Nutzung des Territoriums. Als direkte Ableitung aus dieser Erkenntnis ist das Erreichen eines höheren Kohärenzgrades des Raumes (sei es in Form der Erhöhung der Konnektivität innerhalb bestehender Raumstrukturen oder durch das Erschließen neuer Räume in Form von Erweiterungen des urbanen Perimeters) als qualitatives Ziel städtebaulicher Projekte zu verstehen.

Verlieren damit, vor dem Hintergrund einer nicht aufzuhaltenden Perforation des Raumes, die planenden Disziplinen nun ihre Existenzberechtigung? Ganz im Gegenteil: Es bedarf gerade im perforierten Raum des entwerferischen Efforts, um neue Bedeutungsgehalte erfinden und erschließen zu können, soweit der Raum wegen des fehlenden Entwicklungsdrucks dazu selbst nicht in der Lage ist.[3]

1.2 Prozesse der Raumproduktion – Wachstum und Schrumpfung

So wie Wachstumsprozesse die Grenzlinien des urbanisierten Raumes nicht gleichmäßig weiter in die Landschaft verschieben, sondern an besonders günstigen Stellen das urbane Knotenfeld lokal erweitern und neue Verbindungen schaffen, so ist auch der Prozeß der Schrumpfung nicht mit einem im Perimeter gleichförmig auftretenden homogenen Rückzug vergleichbar. Vielmehr sind im urbanen System besonders ungünstig positionierte Elemente, und das sind keineswegs immer räumlich-periphere urbane Situationen, in hohem Maße durch verschiedene Formen des Aufgebens bedroht: sei es durch Zerstörung (z. B. Umwelteinflüsse, Kontamination, Naturkatastrophen), durch Verlagerung (z. B. Migration, Suburbanisierung, veränderliche Standortgunst), oder durch Prozesse des Rückgangs (z. B. demographischer oder ökonomischer Größen).

Der Raum reißt in seinem Inneren, es bilden sich Löcher im urbanen Gefüge. Die Kohärenz eines Raumes wird durch diesen Prozeß gefährdet, indem die nun auftretenden Brüche und Verwerfungen bestehende Verbindungen und räumliche Zusammenhänge durchtrennen.

Diese hier nur abstrakt formulierten Gedanken zum Wesen von räumlichen Strukturen lassen sich auf verschiedenen Skalen beobachten. Ob in kleinräumig lokalen oder großräumig regionalen, gar globalen Raumzusammenhängen untersucht, können auf allen Maßstabsebenen Territorien und deren Kohärenzen einerseits, sowie Grenzen und dadurch

erzeugte Isolationen zwischen Raumentitäten andererseits identifiziert werden.
Die Perforation des Raumes beschreibt in diesem Zusammenhang nicht bloß eine bestimmte morphologische Gestalt einer Struktur, sondern integriert implizit den Prozeß ihres Entstehens. Anders als durch das urbane Gewebe in einem generativen Prozeß umschlossene und ausgesonderte Exklaven, bedeutet die durch Perforation entstandene Fehlstelle das Verschwinden bislang vorhandener Teile eines größeren Ganzen.
Mögen die Ergebnisse beider hier beschriebenen Prozesse zunächst morphologisch-visuell ähnlich erscheinen, so offenbaren sich bei genauerem Hinsehen ihre Unterschiede: Während die Exklave durch den Vorgang der räumlichen Grenzbildung entsteht, bedeutet die Perforation vielmehr das Durchbohren bestehender Raumkohärenzen. Rand und Lage der Fehlstelle im Gesamtkontext bleiben dabei aus Sicht der Planung zufällig, durch externe Faktoren bestimmt und kaum mit dem Instrumentarium der Planung beeinflußbar. Und so wie Position und Ausdehnung der Perforation sich einer tradierten planerischen Konzeption des urbanen Raumes entziehen, so bleiben auch Zustand, Nutzung und zunächst die zukünftige Verwendung des obsolet gewordenen Raumes im Unklaren. Daraus entsteht zumindest temporär ein Zustand der Rechts- und Planungsunsicherheit, gegebenenfalls auch für benachbarte Raumeinheiten.
Und dennoch bieten die Perforationen auch Chancen für die zukünftige Stadtentwicklung, indem sie als nicht-harmonische Situationen gerade die notwendige Reibung erzeugen, um neue urbane Projekte anzustoßen. Im besten Fall werden sie damit als urbane Brachen zu fruchtbaren Arealen für den Umbau einer Stadt, welche ihre Ansprüche an den Raum ständig neu formuliert und so die Lebensqualität auch in Zeiten des Rückbaus aufrecht erhält oder sogar verbessert. Perforation kann in diesem Sinne als Inkubator für produktive urbane Umbauprozesse fungieren.
Im schlechtesten Fall kann jedoch Perforation, falls es nicht gelingt, damit neue strukturelle Ordnungen des Raumes zu entwerfen, die Krise des Gesamtgefüges einer Stadt beschleunigen und die Qualität des Raumes nachhaltig beeinträchtigen.
Entwerferische Konzepte für die perforierte Stadt zu entwickeln bedeutet folglich, die Chancen bestehender städtischer Strukturen – physischer, sozialer, ökonomischer etc. – gegenüber den nicht mehr zu unterhaltenden Elementen des urbanen Raumes zu untersuchen und identifizierte Potentiale konsequent mit den zur Verfügung stehenden Ressourcen umzuset-

zen, sei es in der Rekonstruktion bislang existierender räumlicher Anordnungen oder in völlig neuen Raumkonzeptionen. Als Erschwernis muß dabei in vielen Städten die Gleichzeitigkeit des anhaltenden Schrumpfungsprozesses und der damit beschleunigte Ausfall von operativen Ressourcen beachtet werden. Aus diesem Grund kann der Entwurf von Strukturkonzepten für die perforierte Stadt nicht allein darin liegen, für akute Probleme städtebaulich-gestalterische Lösungen zu finden. Die Fragestellung birgt zugleich die Aufgabe, unser Verständnis räumlicher Planung zu erweitern, zu überdenken und neue Mittel und Methoden für den Entwurf zu erfinden.

1.3 Neue Ressourcen und Verantwortlichkeiten der Planung?

Stadtplanung, wie wir sie heute verstehen, basiert auf der Annahme eines stetigen wirtschaftlichen und demografischen Wachstums. Ihr Selbstverständnis fußt auf der Erfahrung der beschleunigten Verstädterung, die von der Industrialisierung ausgelöst wurde und dauernd nach adäquaten städtebaulichen Lösungen verlangte. Alle Theorien und Praktiken der Stadtplanung sowie ihre politischen und rechtlichen Grundlagen legitimieren sich einzig dadurch, den ständig wachsenden Bedarf an städtischem Raum zu steuern und zu gestalten.

Aus dieser Verantwortung gegenüber der wachsenden Stadt entwickelte die Stadtplanung den bis heute weitgehend gültigen Anspruch, den städtischen Raum vollständig und lückenlos zu planen, zu kontrollieren und ihn funktionalen Nutzungen zu übereignen. Die Perforation als produktiver Zwischenzustand wurde im Zusammenhang mit dem Wiederaufbau nach dem Krieg zwar diskutiert, hat jedoch die generelle Konzeption des Raumes als kohärentes Gebilde nicht spürbar beeinflußt.

Das Phänomen der Perforation des städtischen Raumes, so wie es zum Beispiel im Zusammenhang mit langfristigen, vermutlich dauerhaft die Konzeption des Stadtraumes beeinflussenden Schrumpfungsprozessen in ostdeutschen Städten beobachtet werden kann, stellt dieses Selbstverständnis von Stadt, Raum und Stadtplanung nun definitiv in Frage.

Bislang kommt der Planung (Raum- wie Stadtplanung) eine Doppelfunktion zu. Beide Aspekte der Planung, die allgemeine Wohlfahrt einerseits und die mit Rechtssicherheit ausgestattete Konzessionierung von partikularer Wertschöpfung andererseits, wirken sich komplementär aus und bedingen einander. Die territoriale Rechtshoheit des Gemeinwesens wird

damit durch die öffentliche Hand produktiv erschlossen. Zwischen ihr und den Investoren entsteht ein unternehmerisches Klima korrespondierender Interessen, welches die Planung als Kontroll- und Steuerungsorgan der urbanen Entwicklung handlungsfähig erhält.
Die Abtretung von Nutzungsrechten oder Konzessionierung geschieht dabei teils zeitlich beschränkt, oder, wie bei der Bodennutzung häufig angewandt, dauerhaft. Vereinbarte Rechte und Pflichten der Parteien werden in Planwerken und Verträgen festgelegt. Für Widerruf oder Beschränkung einmal gewährter Rechte existieren wenige, streng reglementierte Werkzeuge, die nur in Ausnahmefällen zur Anwendung gelangen.
Nur in seltenen Fällen wird indessen mit der Nutzungsgewährung auch eine Nutzungsverpflichtung vereinbart. So bleibt es dem potentiellen Raumnutzer vorbehalten, auf die gewährten Nutzungsrechte gegebenenfalls nicht oder erst zu einem späteren Zeitpunkt einzutreten. Damit kann er das Grundstück nach eigenem Gutdünken brach liegen lassen, es allenfalls gar nicht einer Nutzung zuführen. Damit werden die produktiven Absichten des Planes durch die Realität zunichte gemacht. Gleichzeitig ist der Prozeß der Planung aber kaum reversibel und dadurch nur unzureichend an die neuen Bedingungen anpaßbar.
Dieser Faktor wird unter dem Vorzeichen der schrumpfenden Städte jedoch entscheidend: Die perforierte Stadt versinnbildlicht das Ende der Idee, den städtischen Raum flächendeckend planen und nutzbar machen zu können und in der Folge auch wie vorgesehen zu bewirtschaften. Genau das ist aber die vitale Bedingung für den Ausgleich zwischen den Interessen des Gemeinwesens einerseits und den Partikularinteressen der Investoren andererseits, da sowohl Handlungswerkzeuge wie auch Ressourcenbeschaffung der Planungsdisziplinen eng an diesen Mechanismus gekoppelt sind.
Zwar schafft und verwaltet die Planung weiterhin das Angebot der für die Entwicklung verfügbaren Territorien, gleichzeitig sieht sie sich aber einer abnehmenden oder nicht existierenden Nachfrage gegenüber.
Statt allen Teilräumen nun eine planmäßige Nutzung zuzuweisen, muß in der perforierten Stadt die Abwesenheit von Nutzung als möglicher, produktiv zu erschließender Raumzustand vorgesehen werden.

2 Ideengeschichte eines Raums der Planung

Der Begriff der perforierten Stadt vereinigt mehrere Fragestellungen, welche derzeit die städtebauliche Debatte in Deutschland bewegen. Einerseits versinnbildlicht er die Erosion des kohärenten städtischen Raumes aufgrund der wirtschaftlichen und demografischen Probleme insbesondere in den ostdeutschen Städten. Gleichzeitig wird er aber auch synonym für die Schwierigkeit von Politikern und Planern verwendet, Lösungen für die Planung formulieren zu können. Es scheint Einigkeit darüber zu bestehen, daß die perforierte Stadt ein an sich ungewollter Zustand ist, der entweder rückgängig gemacht, zumindest aber verbessert werden muß. Dieses normativ geprägte Problemverständnis der Planung gründet teilweise auf Zukunftsängsten – etwa der einer dauerhaften Krise der Wirtschaft und des Wohlfahrtsstaates – für die man die Perforierte Stadt als Symptom ausgemacht zu haben scheint. Dieser Diagnose liegt ein tradiertes Verständnis von Raum und räumlicher Planung zugrunde, welches sich weitgehend aus dem historischen Hintergrund der Planungsdisziplinen erschließen läßt.

2.1 Erfindung und Bau des kohärenten Raumes

Mit der Industrialisierung entwickelte sich ein normatives Verständnis von Planung, das seither praktisch alle in der Tradition der Moderne entstandenen raumrelevanten Disziplinen durchdrungen hat: die vollständige und zweckmäßige Integration, Rationalisierung und Regulierung des Raumes im Dienste der Industriegesellschaft. Der städtische Raum mußte für die Versorgung der Industrie mit Rohstoffen und Produktionsmitteln ausgebaut sowie als Absatzmarkt für die industriell gefertigten Konsumgüter erschlossen werden. Durch infrastrukturelle Adern mit diesen urbanen Knoten verbunden, komplementiert das Hinterland in dieser flächendeckenden Raumkonzeption den städtischen Raum. Industriell erzeugte Rohstoffe und Konsumgüter konnten an fast jeden erdenklichen Ort gebracht werden, wo sie nach und nach die kleinteiligen, regionaltypischen Erscheinungsformen in Form von Architektur, Kleidung, handwerklichen oder landwirtschaftlichen Erzeugnissen verdrängten.

Als Zentren stellten hierbei die Städte ungeheure Anziehungspunkte dar, in welche ein wachsendes Heer an Arbeitskräften strömte. In der Folge verdichteten sich die Programme in den urbanen Knoten in einer erzwungenen Koexistenz gänzlich verschiedener, teils gar unvereinbarer Aktivitäten. Die so aus einer Zweckmäßigkeit entstandene „Maschine" Stadt unterwarf damit im Zuge der Industrialisierung nicht nur den Raum, sondern die gesamten Lebensumstände dem Prinzip der Lückenlosigkeit und Standardisierung.

Die aus dieser Konzeption erwachsenen kompakten baulichen Strukturen der Gründerzeit mit ihren damals zum Teil unerträglichen Lebensbedingungen formen heute, unter vollkommen anderen sozio-ökonomischen Grundbedingungen das formale Repertoire einer kompakten Stadt, deren Perforation in besonderem Maße beklagt wird.

Die Integration und Rationalisierung des Raumes machte neue Mechanismen der Planung erforderlich. Planungsinstrumente wurden standardisiert und Zuständigkeiten in hierarchisch organisierten Strukturen konzentriert. Die kleinteilige, heterogene und nicht institutionalisierte Entwicklung des Raumes, wie sie in vorindustrieller Zeit einzelne Akteure und Gruppen praktizierten, wurde einer großmaßstäblichen, integrierten und normativen Planung unterstellt.

Die Aufgabe der räumlichen Planung bestand während der frühen Industrialisierung im Wesentlichen darin, durch den Entwurf und die Implementierung sowohl von juristischen wie auch ziviltechnischen Voraussetzungen neues Bau- und Agrarland zu erschließen und produktiv zu machen. Die Integration des Raumes geschah durch das Anlegen eines großen Netzes materiell-technischer und institutioneller Infrastrukturen.[4] Und bis zum heutigen Tage gilt weit verbreitet der Ausbau technischer Infrastrukturen als Schlüssel des wirtschaftlichen und gesellschaftlichen Fortschritts.

2.2 Geplante und ungeplante Perforation des Raumes

Gleichwohl wurde das planerische Projekt einer räumlichen Integration und Rationalisierung immer auch von Formen der Perforation – geplant oder ungeplant – begleitet. Teilweise wurde die Perforation vorhandener städtischer Strukturen sogar im Dienste der Rationalisierung betrieben. So wurden immer mehr städtische Areale für industrielle Produktion, Transport, Ver- und Entsorgung vorbehalten und für andere Nutzungen unzugänglich gemacht. Bis heute sind die alten verdichteten Industrieregionen Europas von dieser funktional begründeten Perforation gezeichnet.

Auch wenn diese Maßnahmen die vorhandenen städtischen Strukturen partiell zerstörten, standen solche Perforationen noch in keinem Widerspruch zur übergreifenden Entwicklung des kohärenten Raumes. Erst durch die wirtschaftlichen und politischen Krisen in der ersten Hälfte des 20. Jahrhunderts geriet das Projekt des kohärenten Raumes ins Stocken. Als Beispiel können hier die Versorgungsengpässe nach der Oktoberrevolution (1917) dienen, welche zu katastrophalen Zuständen in russischen Städten führten und vorübergehend eine Stadtflucht von zum Teil dramatischen Ausmaßen auslösten.[5] Auch die Weltwirtschaftskrise (1929) bewirkte den Niedergang städtischer Industrien und eine Verlangsamung oder sogar Schrumpfung städtischer Bevölkerung in den westlichen Industrieländern.[6] Hier stieß die Planung an ihre Grenzen: Die den Krisen nachfolgenden, zumindest temporären Niedergänge und Schrumfungsprozesse waren von der Planung auch deswegen kaum mitzugestalten, weil ihre operationellen Möglichkeiten eng mit einer prosperierenden, wachstumsorientierten Wirtschaft verquickt waren. Sowohl die Erfahrungen aus den Wirtschaftskrisen, als auch die wachsende Kritik an den widrigen Lebensumständen in den Industriemetropolen bewogen einige Planer, alternative Raumkonzepte zu entwerfen. Städtische Dekonzentration und räumliche Fragmentierung und Perforation spielten hierbei eine zentrale Rolle, etwa um das Risiko von Versorgungsengpässen mittels innerstädtischer Anbauflächen zu minimieren oder um die sozialen und ethischen Werte des städtischen Lebens zu verbessern.[7] Keines dieser Konzepte stellte jedoch das Paradigma von Wachstum und räumlicher Kohärenz in Frage. Vielmehr sollten diese Visionen durch vorhandene oder zukünftige Ressourcen und technische Mittel in einer entdichteten urbanisierten Landschaft verwirklicht werden können.

Ungleich folgenreicher noch als die Wirtschaftskrisen in der ersten Hälfte des 20. Jahrhunderts wirkten die Kriegszerstörungen insbesondere des Zweiten Weltkriegs. Die Bombardierung europäischer oder japanischer Städte hinterließen schwerste Zerstörungen in den Städten und traumatische Verlusterfahrungen bei ihren Bewohnern. Die Perforation der Städte durch Flächenbombardements beschädigte nicht nur die räumliche Kohärenz, sondern auch die ihr zugrunde liegenden technischen, ökonomischen, kulturellen und sozialen Strukturen. Die Bombenlücken und Ruinenfelder konnten in Zeiten des Wachstums zumeist beseitigt werden, oder sie blieben bestehen und wurden durch informelle oder temporäre Nutzungen allmählich in das städtische Gewebe integriert, indem sie je nach Bedarf als Grünflächen, Spielplätze, Parkplätze oder für wirtschaftliche Zwecke umgenutzt wurden.

Neben den Wiederaufbau durch Sanierung oder Rekonstruktion baulicher

Strukturen trat in der Nachkriegszeit aber auch eine konsequente Abriß-
politik, welche im Ersatz der alten baulichen Strukturen Chancen für die
großflächige Modernisierung der Städte sah.[8]
Ideologische Gründe mögen dafür ebenso angeführt werden wie Überlegungen zur weiteren infrastrukturellen Ausrüstung der Städte, welche
in den neuen, meist offenen Baustrukturen einfacher zu implementieren
schienen. Durch die flächendeckende Erschließung aller Teilräume und
durch den Abbau räumlicher Ungleichheit sollte die Grundlage für das
Wachstum einer demokratisch orientierten, kapitalistischen Marktwirt-
schaft geschaffen werden.

Der im Grundgesetz formulierte Anspruch auf die „Herstellung gleich-
wertiger Lebensbedingungen in allen Teilräumen" verpflichtete die Planung weit über die städtischen Räume hinaus im Sinne einer strukturellen
Verantwortung für den gesamten Raum der Bundesrepublik Deutschland,
der als Grundlage des demokratischen Wohlfahrtstaates jedem Bürger
gleichermaßen ein Recht auf Teilhabe an der sozioökonomischen Entwicklung des Gemeinwesens bieten sollte. Die Kohärenz des Raumes war
somit nicht nur eine wirtschaftliche Notwendigkeit, sondern zugleich ein
soziales Diktum der demokratischen Industriegesellschaft.

2.3 Struktur- und Legitimationskrise des kohärenten Raums

Obwohl das Prinzip des kohärenten Raumes bis auf weiteres als politi-
sches und planerisches Ziel verankert blieb, geriet diese Raumkonzeption
jedoch seit den 1970er Jahren zusehends in die Krise. Trotz aller politischer Interventionen zur Gewährleistung gleicher Bedingungen in allen
Teilräumen, entstanden in allen westlichen Industrieländern struktur-
schwache Gebiete, insbesondere in peripheren Gebieten und in den alten,
dicht besiedelten Industrieregionen. Dort kam es zu Werksschließungen,
Massenarbeitslosigkeit und Bevölkerungsverlusten, infolgedessen auch
zur Entstehung von innerstädtischen Industriebrachen und zur Abwertung von Wohnquartieren und Stadtzentren. Politik und Planung versuch-
ten dieser Entwicklung mit den alten, ausgleichs- und wachstumsorientierten Instrumenten zu begegnen.

Die strukturell bedingte Krise des kohärenten Raumes wuchs sich denn
auch zur Frage nach der Legitimation der bis dahin gültigen Raumkonzeption aus: Die wirtschaftliche und soziale Krise der Städte ließ Zweifel am Konzept „Fortschritt" aufkommen. Weltweite Energiekrisen und

katastrophale Störfälle in Industrieanlagen riefen einer breiteren Öffentlichkeit die Verletzlichkeiten und Abhängigkeiten des Paradigmas einer globalen Industrialisierung ins Bewußtsein. Die fortschreitende Zerstörung von Naturräumen und historischer Bausubstanz wurde nun als allgemeine Verlusterfahrung antizipiert. Es wurden Gegenbewegungen mobilisiert, um Orte von historischer oder ökologischer Bedeutung als Exklaven, beschützt durch die Institutionen des Denkmal- oder Naturschutzes, dem allgemeinen Entwicklungsdruck zu entziehen.

Obwohl sich diese Bewegung gegen die bedingungslose Rationalisierung des Raumes wandte, ist sie doch letztlich selbst Instrument innerhalb der Konzeption des kohärenten Raumes. Denn nur dieser konnte durch einen Wohlstandsüberschuß die Ressourcen aufbringen, um einen weniger produktiven oder gar defizitären Raum, wie etwa Naturschutzgebiete, unterhalten zu können. Außerdem wurde der übergeordnete Anspruch flächendeckender Planung und des Betriebs des Gesamtraums keinesfalls aufgegeben, sondern einzig die Ausscheidung von Refugien als zusätzliche Nutzungskategorie in ein System des planerischen Flächenmanagements integriert. Dennoch wurde mit der Opposition gegen die völlige Rationalisierung des Raumes der Anspruch auf gleiche Lebensbedingungen keineswegs in Frage gestellt. Vielmehr wurde hiermit eingefordert, daß der Raum nicht nur Zugang zu wirtschaftlichen und institutionellen, sondern ebenso zu ökologischen und kulturellen Ressourcen bieten muß.

Dennoch konnte der Anspruch gleicher Lebensbedingungen, der sich bis anhin an nationalen Standards messen mußte, vor dem Hintergrund sich verändernder Zwänge durch Politik und Wirtschaft immer weniger gewährleistet werden. Die Wirtschaft – die bisher maßgeblich das Projekt des kohärenten nationalen Raumes vorangetrieben hatte – richtete sich zunehmend auf die Konkurrenz des Weltmarktes aus. Und die nationalen politischen Institutionen traten Kompetenzen sowohl an regionale als auch an supranationale Instanzen ab.[9] So hat sich neben dem Prinzip gleicher Lebensbedingungen in allen Teilräumen neu das Prinzip konkurrenzierender Teilräume etabliert.

2.4 Perforation durch demographische und wirtschaftliche Schrumpfung

Die plötzlich und unerwartet auftretenden Bevölkerungsverluste ostdeutscher Städte nach der Wiedervereinigung haben das Projekt des kohärenten Raumes endgültig in Frage gestellt. Wie erwähnt, gab es im Westen

Deutschlands seit langem schrumpfende Städte in den alten Industrieregionen. Doch erst der massenhafte Wohnungsleerstand, verwaiste Straßenzüge und sterbende Quartiere in den neuen Bundesländern haben einen Problemdruck aufgebaut, welcher die Perforation des Raumes unübersehbar machte und nach zeitnahen und konkreten Lösungsvorschlägen verlangte.

Freilich ist die Situation in Ostdeutschland in erster Linie durch die besondere historische Situation vor und nach 1989 zu erklären. Aber erstmals wird die Perforation des Raumes nicht mehr im Kontext eines geografisch und historisch verläßlichen Wachstums verortet. Längst hat sich die Erkenntnis breit gemacht, daß es sich bei der Schrumpfung ostdeutscher Städte nicht nur um einen regional begrenzten Zwischenfall handelt, sondern um eine langfristige Entwicklung.

Damit unterscheidet sich die neu eingetretene Situation von den Beispielen aus der Geschichte: Die perforierte Stadt im heutigen Verständnis des Wortes ist kein geplantes und progressives städtebauliches Projekt, vergleichbar den reformerischen Stadtkonzepten der Vorkriegszeit, welches der Industriegesellschaft einen Mehrwert in Form höherer Lebensstandards versprach. Die perforierte Stadt ist auch nicht die Folge gewaltsamer Zerstörung, die später Anlaß zu Wiederaufbau und Modernisierung der Städte bot.

Studien und Prognosen über ökonomische und demografische Entwicklungen legen nahe, daß die Zahl der schrumpfenden Städte weiter steigen wird und daß sich die Unterschiede zwischen wachsenden und schrumpfenden Regionen verstärken werden.[10] Aus dem homogenen Raum der demokratischen Industriegesellschaft des 20. Jahrhundert kristallisiert sich vor dem Hintergrund von Verlagerungen und Konzentrationen einerseits und ursächlich damit verbundener Dekonzentration und Abwanderung auf der anderen Seite zusehends ein Archipel, bestehend aus Feldern des Wachstums und Feldern der Schrumpfung. Das Konzept der vollständigen Planung und Nutzung des Raumes scheint damit obsolet geworden und eine Episode der Geschichte gewesen zu sein.

Aber auch die genannte Verinselung und daraus entstehende Differenzen und Ungleichheiten müssen entworfen werden. Hier sollte die räumliche Entwicklung keineswegs dem Zufall überlassen werden. Die zentralen Aufgaben der Planungsdisziplinen, welche in der produktiven und nachhaltigen Erschließung des Raumes und im Schutz des Gemeinwesens vor bedrohlichen Entwicklungen bestehen, müssen eher noch stärker wahrgenommen werden als bisher.

Doch taugen dazu weder die tradierten angewandten Strategien der Ressourcenbewirtschaftung, noch die bislang der Planung zu Grunde gelegten Raumkonzeptionen. Wie die historischen Beispiele illustrieren, besteht der Grund des mangelnden Umgangs mit der Perforation keineswegs in der fehlenden Existenz dieses Phänomens. Vielmehr hat die Planung auf der Basis tradierter und normativer Wertvorstellungen die Beschäftigung mit dem Phänomen stets abgelehnt.

Das mag einerseits daran liegen, daß der Prozeß der städtischen Formwerdung verglichen mit dem projektierten Zielzustand bislang kaum als Gegenstand des Entwurfes begriffen wird, somit also weite Bereiche brisanter zeitgenössischer und raumwirksamer Fragestellungen für die Planung inhaltlich und durch Planungsinstrumente nur unzureichend erschlossen sind.

Andererseits ist aber nicht allein dieser Mangel an Werkzeugen zu konstatieren. Es sollte nicht vergessen werden, wie groß der Einfluß normativer, auf kulturell verankerten Wertvorstellungen basierender Größen einzuschätzen ist. So können tradierte Techniken und eingeführte Lesarten und Dekodierungen bei der Wahrnehmung von Zeichen die Sicht auf die Andersartigkeit der beobachteten Phänomene beeinträchtigen oder geradezu versperren. Dadurch können Wege zu geeigneten und anwendbaren Instrumenten zur Überwindung identifizierter Defizite, zum Beispiel im urbanen Raum, in weite Ferne rücken.

Dringend notwendig ist die Entwicklung und Etablierung einer Position, welche mit dem Begriff „perforierte Stadt" weniger eine städtebauliche oder gar formale Konzeption beschreibt, sondern sich unvoreingenommen des Phänomens annimmt, indem sie die Veränderungen im Stadtraum jenseits normativer Vorstellungen der Planung analysiert und zunächst empfiehlt, die perforierte Stadt nüchtern zu akzeptieren und sich damit einem neuen Stadtbild und einem Stadtverständnis in Veränderung zu öffnen. Das Konzept der perforierten Stadt ist damit weder Ausdruck städtebaulicher Gestaltungsfähigkeit noch ihrer Gestalt selbst, sondern viel mehr Ausdruck vielschichtiger sozioökonomischer Veränderungen, welche in komplexer Art auf den Raum einwirken.

3 Entwerferische und Strategische Ansätze für den Städtebau im Kontext der Perforation

Als Arbeitshypothese für den Umgang mit der perforierten Stadt sollte akzeptiert werden, daß die Möglichkeiten der Planung und im Besonderen des Städtebaus äußerst limitiert sind, wenn es darum geht, die Trends von Schrumpfung und Perforation wirksam einzubeziehen. Ein proaktiver Entwurf setzt deswegen eher dort an, wo es darum geht, Konzeptionen und Strukturen des Raumes zu entwickeln, welche in der Lage sind, auch diese unerwünschten Trends zu integrieren, ohne damit die Stadt in ihrer Qualität zu beeinträchtigen oder gar in ihrer Existenz zu gefährden. Denn darin besteht letztlich die Problematik des optimierten und kohärenten Raumes: Der Ausfall einzelner Systemteile bedroht wiederum die Funktionalität und den Fortbestand anderer Teile oder, im schlimmsten Fall, der Gesamtstruktur.

Proaktive Strategien müssen deswegen im Sinne eines Risikomanagements neben der Evaluation von Potentialen einer räumlichen Entwicklung auch eine Abschätzung der diese bedrohenden möglichen Hindernisse sowie die direkte oder mittelbare Gefährdung des städtischen Kontextes integrieren. Aus dieser strategischen Überlegung entwickelte, städtebauliche Entwürfe werden sich in Struktur und Typologie von klassischen Projekten unterscheiden. In Ordnungsmustern, Bauweise und Materialwahl, rechtlichen Festlegungen für Nutzungszyklen und Rückbauverpflichtungen werden Risiken umgeschichtet. Neue Akteure werden in die Raumproduktion integriert und zusätzliche Kategorien operativer Ressourcen erschlossen.

Mit proaktiven Entwürfen und Strategien, neuen Konzeptionen und Prozeduren gilt es, sich der veränderten Problemlage in unseren Städten zu stellen.

3.1 Handlungsfelder des städtebaulichen Entwurfes

Für den Städtebau eröffnen sich erweiterte Handlungsfelder. Es stellen sich neue Fragen von wachsender Dringlichkeit ein: Wo werfen die perforierten Städte tatsächlich Probleme auf, und wo bergen sie Potentiale für eine zukünftige Entwicklung? Die Disziplin ist herausgefordert, ihre veränderten Handlungsspielräume angesichts des perforierten Raumes zu entdecken. Die Handlungsfelder des Städtebaus sind im Kontext schrumpfender Städte vor allem durch zwei Aspekte begrenzt: Zum einen sind die wirtschaftlichen Möglichkeiten eingeschränkt, weil schrumpfende Städte nicht genügend Mehrwert generieren, welcher in größere städtebauliche Vorhaben investiert werden könnte. Zum anderen sind auch die Möglichkeiten des städtebaulichen Entwerfens im teils obsoleten Bestand, in dem er operieren muß, limitiert.

Würde man innerhalb dieses Kontextes mit den üblichen, übergeordneten Planungsmethoden vorgehen, wäre ein effizienter und nachhaltiger Städtebau kaum möglich: Zur Wiederherstellung städtischer Strukturen und zur Vitalisierung städtischer Ökonomien, zur Anpassung von Infrastrukturen durch Um- und Rückbau wären große Investitionen erforderlich, wofür derzeit weder die Ressourcen zur Verfügung stehen, noch ein Bedarf identifiziert werden kann. Dabei wäre abzuwägen, ob solche großmaßstäblichen Eingriffe tatsächlich im Sinne der Allgemeinheit wären, oder ob die Nachteile nicht überwiegen, welche am Lebensumfeld oder am Eigentum Einzelner dadurch entstünden.

So bestimmen letztlich vorhandene Bausubstanz, Ver- und Entsorgungsinfrastrukturen, Eigentumsverhältnisse sowie soziale und ökonomische Strukturen, in welcher Weise eine nachhaltige Transformation der städtischen Strukturen möglich ist und wie groß hierbei der Spielraum für städtebauliche Eingriffe ist. Zusätzlich zu diesen „harten" Faktoren muß sich ein städtebaulicher Entwurf im perforierten Raum noch etlichen „weichen", teilweise unkalkulierbaren Faktoren stellen: Denn wie sich die Prozesse der Schrumpfung selbst räumlich und zeitlich vollziehen, ist durch die Planung nur geringfügig zu beeinflussen.

Beispiele für städtebauliche Entwürfe und Strategien, welche sich auf die spezifischen Gegebenheiten des perforierten Raumes einlassen, sind nur vereinzelt zu finden. Meist wurden sie bislang von Akteuren und Institutionen, wie zum Beispiel Kulturschaffenden oder Grass-Root-Initiativen, initiiert, welche außerhalb der gängigen Planungspraxis der Disziplin Städtebau aktiv sind.

3.2 Dynamische Regeln im Städtebau

Ein städtebaulicher Entwurf im Kontext schrumpfender Städte muß robust genug sein, um die unvorhersehbaren Entwicklungen auffangen zu können. Die gewohnte Vorgehensweise, räumliche und zeitliche Aspekte der Stadtentwicklung in Gestalt von Masterplänen zu determinieren, bietet hierfür nicht das erforderliche Maß an Fehlerfreundlichkeit und droht an Unwägbarkeiten zu scheitern. Fehlerfreundlichkeit eines Plans bedeutet dessen Fähigkeit, auftretende Fehler (zum Beispiel durch Verschiebung von ökonomischen Rahmenbedingungen) aufzufangen und nicht zur weit reichenden Beeinträchtigung der Leistungsfähigkeit oder gar zur totalen Unbrauchbarkeit der Planungsgrundlage führen zu lassen.

Die Gestaltungsmöglichkeiten eines dynamischen, regulativen Städtebaus liegen nicht in der übergeordneten, integrierenden und linearen Planung, sondern in überblickbaren, zeitlich und räumlich unabhängigen, sich dennoch komplementierenden Eingriffen. Ungeachtet ihrer Unabhängigkeit können diese Eingriffe in der Summe ebenfalls übergeordnete Strukturen hervorbringen, vorausgesetzt jeder einzelne Eingriff trägt die städtebaulichen Ziele und angestrebten Qualitäten gleich einer „DNA" in sich. Diese „DNA" wird nicht in Gestalt eines Masterplans entworfen, sondern in Form von Regeln, Mustern und Empfehlungen, welche zur Erzeugung der gewünschten städtebaulichen Ziele erforderlich sind. Alle städtebaulichen Einheiten – etwa die Parzellen eines zu planenden Gebietes, Grenzlinien, Netzelemente der Infrastruktur usw. – werden mit diesen regulativen Informationen ausgestattet. Diese Informationen umfassen z. B. gestalterische Gesichtspunkte, topologische, typologische oder siedlungsstrukturelle Aspekte, Nutzung und Programm, Freiraumgestaltung, Erschließung oder Nutzungsrechte. Daneben müssen jedoch gegebenenfalls auch neue Informationskategorien erschlossen werden, wie zum Beispiel Nutzungsverpflichtungen und -dauern in Form zeitlich begrenzter Konzessionierungen, Kompensationsleistungen oder Rückbaukonzeptionen.[11] Entsprechend dieser Informationen und in Abhängigkeit der äußeren Bedingungen können sich die städtebaulichen Einheiten unabhängig voneinander entwickeln.

Im Unterschied zu den heute üblichen städtebaulichen Regeln, wie sie beispielsweise in Gestaltungssatzungen enthalten sind, stellt der Städtebau in Zukunft anstelle von anzustrebenden städtebaulichen Zuständen die Prozesse der Stadtentwicklung in den Vordergrund. Folglich läßt sich ein solcher Entwurf nicht durch einen herkömmlichen alleingültigen Masterplan darstellen oder in dieser statischen Form politisch festschreiben. Er kann nur durch viele exemplarische Szenarien adäquat repräsentiert werden, welche insgesamt den Spielraum der städtebaulichen Entwicklung abstecken. So wird sich diese regulative Planung auch kaum für den Entwurf formalästhetischer Großstrukturen eignen, wie es in einem zentralisierten oder gar autoritären Planungsregime möglich

ist. Vielmehr neigt diese Art der Planung zu Kleinteiligkeit und formaler Komplexität.
Ansätze einer so gearteten regulativen Planung wurden bereits in unterschiedlichsten urbanen Situationen getestet.[12] Um das Potential dieser Planungsweise zu erweitern und zu differenzieren, kommen inzwischen auch spezielle Computerprogramme zum Einsatz.[13] Im Bezug auf den perforierten Raum und seine spezifischen planerischen Anforderungen scheinen die Möglichkeiten des regulativen Städtebaus allerdings bislang noch weitgehend unerschlossen zu sein.

3.3 Rückzug gestalten

Städtebauliche und baurechtliche Instrumente, die üblicherweise nur auf bauliche Aktivitäten der Erstellung und des Umbaus angewendet werden, sollten im Kontext schrumpfender Städte auch im Rückbauprozeß zur Anwendung kommen. Wegzüge, Stillegungen und Abrisse dürfen nicht mehr länger einzig als unvermeidbares Übel betrachtet werden, welches früher oder später durch neue Zuzüge und Investitionen wieder zu korrigieren ist. Sie müssen als dauerhaftes Charakteristikum schrumpfender Städte und darum auch als städtebauliche Aufgabe akzeptiert werden.
Zum Beispiel ließen sich durch neue baurechtliche Bestimmungen Anreize schaffen, um Wohnungen, Immobilien und Grundstücke an die Gegebenheiten schrumpfender Städte anzupassen. Auf diese Weise könnten beispielsweise Erschließungen angepaßt werden, Umnutzungen und Zwischennutzungen ermöglicht werden oder exponierte Brandwände baulich oder gestalterisch verbessert werden.
Nicht zuletzt ist auch zu überprüfen, ob die bestehenden Eigentumsrechte an die Umstände schrumpfender Städte anzupassen sind. Denn viele sanierungsbedürftige Objekte in schrumpfenden Städten bleiben über Jahre unangetastet stehen, weil die Eigentumsverhältnisse ungeklärt sind, oder weil die Eigentümer in der Erwartung steigender Mietpreise ihre ruinösen Immobilien erhalten, anstatt sie zu tiefen Preisen zu veräußern. Durch eine Flexibilisierung gewährter Eigentumsrechte könnte ein Minimum an ästhetischen Qualitäten und städtischen Nutzungen ermöglicht werden. Es könnten ungenutzte Grundstücke und leer stehende Gebäude gemäß niederländischem Vorbild unter Marktwert, z. B. in Form von Selbstnutzerhäusern, an temporäre Mieter vergeben werden. Als Gegenleistung bewahren die Mieter das Gebäude vor Zerfall und vor illegaler Besetzung.

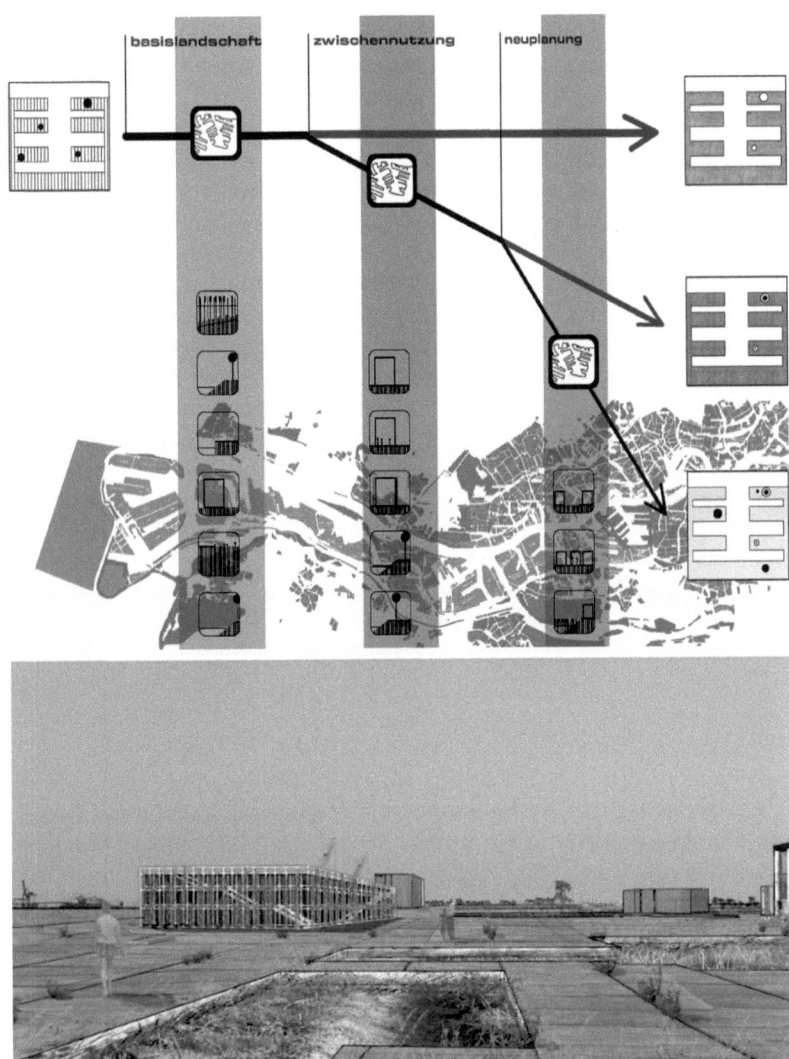

Waalhaven, Rotterdam. Dynamische Entwurfsstrategie für Rückbau, Zwischennutzung und Neuplanung eines brach fallenden Hafenareals.
Quelle: ETH Zürich, Waalhaven Studio (Studentenprojekt), 2004

Es wären Modelle denkbar, in denen Besitz- und Nutzungsrechte zeitlich konzessioniert werden, um Eigentumsverhältnisse schneller an die Bedingungen einer schrumpfenden Stadt anpassen zu können. Die entstehenden Brachflächen, die sich in ehemaligen Industrie- oder Gewerbegebieten oder auf vormals öffentlich genutzten Flächen ausbreiten, könnten mit geringem Aufwand derart gestaltet werden, daß sie zu einem nutzbaren und erkennbaren städtebaulichen Element werden. Mit wenigen Mitteln, wie zum Beispiel Bewuchs, Beleuchtung oder Stadtmöblierung, ließen sich auf diese Weise auch übergeordnete gestalterische Konzepte realisieren. Dazu könnten bereits vorhandene räumliche Elemente, wie Straßenbeläge, Brandwände, Kellerräume, herumliegende Bauteile oder sogar Bauschutt kostensparend eingesetzt werden. Damit geriete der Prozeß der Perforation zum ästhetischen Konzept.[14] Außerdem kann die Zugänglichkeit und Durchwegung der urbanen Brachen so ausgelegt werden, daß die Brachflächen öffentlich zugänglich bleiben oder sogar zu grünen Korridoren in der Stadt zusammenwachsen können, wie es in einem Konzept der Architektengruppe L21 für den Leipziger Osten vorgeschlagen wurde.[15] Die informelle Nutzung von Brachflächen, wie man sie in vielen Städten beobachten kann, könnte durch solche Maßnahmen konsolidiert, mit produktiven Zwischennutzungen oder sogar permanenten städtischen Programmen intensiviert werden.

3.4 Proaktiver Städtebau

Üblicherweise werden Architekten und Städtebauer erst dann mit perforierten Städten konfrontiert, wenn der Prozeß der Schrumpfung und Perforation bereits in vollem Gange ist. In diesem Stadium bleibt ihnen nur die Möglichkeit, auf die gegebenen Umstände zu reagieren, was angesichts überstrapazierter Haushalte und der oben beschriebenen Auseinandersetzung mit bestehenden Strukturen nur eingeschränkt durchzusetzen ist. Genauso, wie Städte bisher unter den Vorzeichen fortdauernden Wachstums geplant und gestaltet wurden, sollte eine vorhersehbare Schrumpfung von Städten ebenso Gegenstand des städtebaulichen Entwurfes werden. Nur durch eine vorausschauende Planung, die sowohl Wachstum wie auch Schrumpfung mit einbezieht, können Städte effizient und nachhaltig gestaltet werden.

Eine in diesem Sinne etablierte proaktive Planung umfaßt demnach zwei Ebenen: Erstens müssen die öffentlichen Entscheidungsträger entgegen

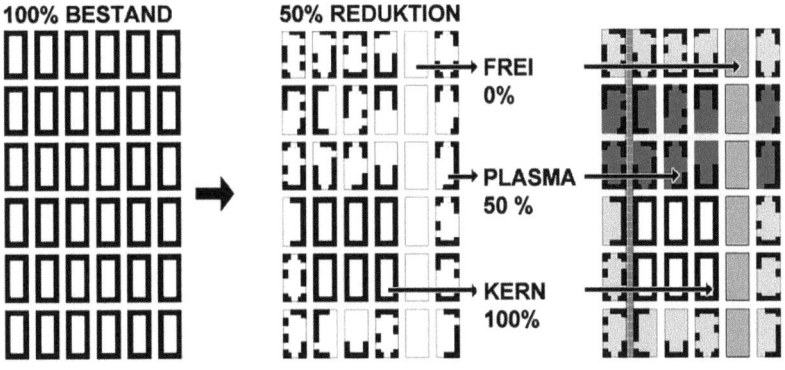

Reduktion der Besiedelung um 50 Prozent: zu bewahrende „Kerne", abzureißende Areale sowie das „Plasma", das die Schrumpfungs- und Wachstumsschwankungen der Stadt aufnimmt.
Quelle: L21 (KARO, kombinat4, hobusch+kuppardt, m.f.s.architekten), 2001

ihrer bisher üblichen, wachstumsorientierten Planungspraxis, neuartige Strukturen und Handlungsweisen für die Planung schrumpfender Städte etablieren. Das Bewußtsein für entsprechende Anpassungen ist jedoch in vielen Gemeinden noch wenig ausgeprägt.[16] Insbesondere in den westdeutschen Städten gibt es bisher nur einige zaghafte Initiativen wie etwa in Duisburg,[17] um sich auf die dort prognostizierten Schrumpfungen vorzubereiten.

Ein solches Planungsverständnis ist allerdings mit den vorhandenen Bedingungen politischer und wirtschaftlicher Entscheidungsprozesse nur schwer vereinbar, solange ein Abrücken vom Primat des Wachstums ausbleibt.

Zweitens müßte sich die Disziplin Städtebau neue Methoden aneignen, mit deren Hilfe eine geplante langfristige Umstrukturierung schrumpfender Städte bewerkstelligt werden kann. Diese neuen Instrumente zu erfinden und zu erproben, wird mit etablierten Wertvorstellungen und Vorgehensweisen brechen müssen: Anstelle dauerhafter architektonischer und städtebaulicher Strukturen werden nun Anpassungsfähigkeit oder gar Rückbaubarkeit zu entscheidenden Kriterien des nachhaltigen Entwerfens. Das betrifft sowohl die Wahl von Baustoffen und Konstruktionsweisen, als auch die räumliche Konzeption von Gebäuden oder ganzen Quartieren. Die Planung wird sich daran gewöhnen müssen, neben der Neuausweisung von Bauland auch die auf Bedarf und Nachfrage reagierende Anpassung und Aufgabe bereits entwickelter Flächen vorzusehen. Solche Gebiete müssen in Zukunft mit größter Umsicht geplant werden, um der unkontrollierten Verwahrlosung vorbeugen zu können.

3.5 Stadtplaner als Vermittler und Vorbild

Städtebauliche Entwürfe im perforierten Raum verlangen eine große Bereitschaft aller Beteiligten, die Chancen und Zumutungen solcher Städte auf sich zu nehmen. Den neuen Herausforderungen stehen die sinkenden Budgets der öffentlichen Hand gegenüber, so daß wohlfahrtsstaatliche Aufgaben vermehrt in die Verantwortung des Einzelnen übertragen werden. Dieser verfügt aber meistens weder über die notwendigen Ressourcen, noch über die entsprechenden Kompetenzen. Auf der anderen Seite führen die begrenzten Gestaltungsmöglichkeiten dazu, daß im städtischen Raum Nischen und Freiräume entstehen, welche das Potential für individuelle kulturelle oder kommerzielle Aneignungen bieten und dadurch die

Projekt Neuland. Aufmerksamkeit wecken für die individuelle Nutzung ehemaliger Schul- und Kindergartengrundstücke in Berlin Marzahn-Hellersdorf, 2006. Foto: Nikolaus Brade

Potentiale der Perforation erschließen. Solche Nischen ermöglichen z. B. individuelle Formen der Freizeitgestaltung oder kulturelle Aktivitäten, Kleingewerbe oder kommerzielle Nutzungen. Städtebau bedeutet in diesem Zusammenhang, die aktive Teilnahme des Einzelnen an städtebaulichen Prozessen zu stimulieren und zu begleiten. So wird zum Beispiel in den Projekten „Neuland"[18] in Berlin Marzahn oder „selbstnutzer.de"[19] in Leipzig professionelle Kommunikation und Beratung eingesetzt, um Bürger bei der Entwicklung ungenutzter Freiflächen bzw. Immobilien zu unterstützen.

Gerade jüngere Architekten, die selbst von der wirtschaftlichen Misere ostdeutscher Städte betroffen sind, haben diese Aufgabe bereits für sich erschlossen. Sie nutzen die entstandenen Nischen und Freiräume und entwickeln alternative Formen des Wohnens, Arbeitens oder der kulturellen Produktion.[20] Solche Aktivitäten müssen durch die Planung ermutigt und gefördert werden, denn letztlich begreifen sich diese Akteure als Teil eines produktiven Gemeinwesens, welches jene Böden bestellt und bestellen will, aus denen eine neue Form städtischer Kultur und Urbanität entstehen kann.

Anmerkungen

1 Zur Raumkonzeption und Nomenklatur vgl. Oswald, Franz; Baccini, Peter, Netzstadt – Einführung in das Stadtentwerfen, Basel/Boston/Berlin (Birkhäuser) 2003
2 Vgl. Michaeli, Mark, The Urban Archipelago, in: KCAP Kees Christiaanse u. a., Situations – KCAP, Rotterdam (NAI Publishers) 2005
3 Vgl. Christiaanse, Kees u. a., de.planning, Projekt und Beitrag zur Ausstellung Schrumpfende Städte – Interventionen, Galerie für zeitgenössische Kunst, Leipzig 2005
4 Vgl. Graham, Stephen; Simon, Marvin, Splintering Urbanism, London (Routledge) 2001
5 Moskau verlor vorübergehend über 30 Prozent und Sankt Petersburg (Leningrad) über 60 Prozent seiner Einwohner. Die Gründe waren Epidemien und Hungersnöte aufgrund der schlechten Versorgungslage und die Flucht von Bewohnern aufs Land zum Zweck der Selbstversorgung. Vgl. Oswald, Philipp; Rieniets, Tim, Atlas der Schrumpfenden Städte, Ostfildern Ruit (Hatje Cantz Verlag) 2006
6 Kilian, Marcus, The World Economic Crisis, Subsistence Economics and Modern Urban Planning, in: Shrinking Cities, Volume 2: Interventions, Ostfildern Ruit (Hatje Cantz Verlag) 2006
7 Die Urheber der Gartenstadtbewegung versprachen ein menschenwürdigeres Leben durch die unmittelbare Naturverbundenheit ihrer Bewohner. Die Verwirklichung von Gartenstädten für Arbeiter war aber nicht zuletzt mit der Absicht verbunden, die gesundheitlichen und sozialen Bedingungen der Arbeitnehmer zu verbessern.

8 Siehe z. B. H. J. Zechlin in „Neue Bauwelt" von 1946: „Gehört zur Fülle der Verluste auch die Menge des Verfehlten und Häßlichen, so daß der Städtebauer manches Ruinenfeld mit wehmutigem Lächeln begrüßt", zitiert nach: Harald Bodenschatz, in: Berliner Wohnquartiere, Berlin (Dietrich Reimer Verlag) 1994
9 Vgl. Brenner, Neil, New State Spaces – Urban Governance and the Rescaling of Statehood, Oxford (Oxford University Press) 2004
10 Laut der Studie „Deutschland 2020 – die demographische Zukunft der Nation" des Berlin-Instituts für Bevölkerung und Entwicklung haben 1990 bereits ein Drittel aller deutschen Landkreise Einwohner verloren. Bis 2020 wird sich diese Zahl fast verdoppeln. Gewinne sind dann in 428 von 440 Landkreisen nur noch durch innerdeutsche Umverteilungen und den Wettbewerb um Migranten zu erzielen.
11 Siehe städtebauliches Rückbaukonzept KCAP für Delfzijl, Niederlande, 2001
12 KCAP Wjinhaven, Rotterdam, seit 1992; KCAP Stadtraum HB, Zürich, seit 2004
13 Siehe z. B. Kaisersrot, www.kaisersrot.com
14 Vgl. Studien zur Stadt Dessau von Martin Stein und Barbara Willecke
15 Vgl. L21, Kern und Plasma, in: Oswalt, Philipp (Hg.), Schrumpfende Städte – Handlungskonzepte, Ostfildern Ruit (Hatje Cantz Verlag) 2005, S. 220/221
16 Vgl. Bundesamt für Bauwesen und Raumordnung (Hg.), Kommunale Planungspraxis quo vadis? Gutachten im Rahmen des ExWoSt-Forschungsfeldes „Stadtquartiere im Umbruch", BBR Online-Publikation, November 2005
17 Im Auftrag der Stadt Duisburg untersucht die Planungsgemeinschaft Ingenieurbüro Vössing/Albert Speer + Partner, wie vor dem Hintergrund zu erwartender Einwohnerverluste ein attraktives und finanzierbares Angebot an infrastrukturellen Einrichtungen gewährleistet werden kann.
18 Das Projekt wurde initiiert und begleitet vom Stadtplanungsamt Berlin Marzahn-Hellersdorf und Studio UC/Klaus Overmeyer. Es regt zur Nutzung städtischer Brachen an. www.neuland-berlin.org
19 Das Programm der Stadt Leipzig bietet Kommunikation, Öffentlichkeitsarbeit und Beratung, um bestmögliche Rahmenbedingungen bei der individuellen Schaffung von Wohneigentum im innerstädtischen Baubestand zu schaffen. www.selbstnutzer.de
20 Eine große Anzahl beispielhafter städtebaulicher, künstlerischer oder sozialer Initiativen wurden vom Projekt Schrumpfende Städte Berlin recherchiert. Vgl. Oswalt, Philipp (Hg.), Shrinking Cities – Complete Works 2, Aachen (Arch+ Verlag) 2006

Literatur

Brenner, Neil, New State Spaces – Urban Governance and the Rescaling of Statehood, Oxford (Oxford University Press) 2004
Bundesamt für Bauwesen und Raumordnung (Hg.), Raumordnungsbericht 2005. Berichte, Band 21, Bonn 2005
Bundesamt für Bauwesen und Raumordnung (Hg.), Kommunale Planungspraxis quo vadis? Gutachten im Rahmen des ExWoSt-Forschungsfeldes „Stadtquartiere im Umbruch", BBR Online-Publikation, November 2005
Bodenschatz, Harald, Vorwort, in: Berning, Maria u. a., Berliner Wohnquartiere. Berlin (Dietrich Reimer Verlag) 1994
Christiaanse, Kees u. a. (Hg.), Situation/KCAP. Rotterdam (NAI Publishers) 2005

Christiaanse, Kees u. a., de.planning, in: Oswalt, Philipp (Hg.), Shrinking Cities: Complete Works 2. Interventionen/Interventions, Aachen (Arch+ Verlag) 2005

Hauser, Susanne; Kamleithner, Christa, Ästhetik der Agglomeration, Reihe „Zwischenstadt", Band 8, Wuppertal (Müller und Busmann) 2006

IBA Büro (Hg.), Die anderen Städte. IBA Stadtumbau 2010, Berlin (Jovis, Edition Bauhaus) 2005

Kröhnert, Steffen; van Olst, Nienke; Klingholz, Reiner, Deutschland 2020 – Die demographische Zukunft der Nation. Berlin-Institut für Bevölkerung und Entwicklung, o.J. (2004)

Michaeli, Mark, The Urban Archipelago, in: Christiaanse, Kees u. a. (Hg.), Situation/KCAP, Rotterdam (NAI Publishers) 2005

OECD, Regions at a Glance, OECD 2005

Oswald, Franz; Baccini, Peter, Netzstadt – Einführung in das Stadtentwerfen, Basel/Boston/Berlin (Birkhäuser) 2003

Oswalt, Philipp (Hg.), Schrumpfende Städte, Band 1: Internationale Untersuchung, Ostfildern Ruit (Hatje Cantz Verlag) 2005

Oswalt, Philipp (Hg.), Schrumpfende Städte, Band 2: Interventionen, Ostfildern Ruit (Hatje Cantz Verlag) 2006

Oswalt, Philipp; Rieniets, Tim (Hg.), Atlas der schrumpfenden Städte, Ostfildern Ruit (Hatje Cantz Verlag) 2006

Oswalt, Philipp (Hg.), Schrumpfende Städte, Complete Works 2, Aachen (Arch+ Verlag) 2006

United Nations, Population Division, Department of Economic and Social Affairs, World Population Prospects. The Revision 2001, United Nations 2002

Undine Giseke
Und auf einmal ist Platz.
Freie Räume und beiläufige Landschaften in der gelichteten Stadt

Wir müssen uns mit der Brüchig-Werden von Stadtstrukturen in den alten Industriestaaten Europas zunehmend auseinandersetzen. Transformation, demografischer Wandel, Schrumpfung, Perforierung sind die Schlagworte, die die Diskussionen um die Zukunft der Städte prägen. Wenn die bauliche Nutzung sich auslichtet, wächst der Freiraum: im doppelten Sinne des Wortes. Doch unsere Vorstellungen von städtischen Freiräumen sind immer noch Ideen, die auf dem Ansatz der Kompensation beruhen.[1] In einer sich kontinuierlich ausdehnenden Stadt hatte Freiraum die Funktion des Widerstandes und der heilenden Gegenwelt. Heute verändern sich nicht nur die baulichen Strukturen der Stadt, sondern auch die Anforderungen der Gesellschaft an den Stadtraum.
Der Beitrag beschäftigt sich mit der Frage, welche Rolle den Freiräumen in den sich perforierenden Stadtstrukturen zukommen wird und welche neuen Formen von Freiräumen möglich, aber auch erforderlich werden.

1 Ausgangssituation – Welche Bedeutung kam Freiräumen in der Stadt bisher zu?

Es war Mitte des 19. Jahrhunderts, als das erstarkte Bürgertum in Europa sich reif genug fühlte, um den Fürsten und der Krone die Sorge um die Verschönerung und die Hygiene der Städte abzunehmen. Dies ist die Zeit, in der die ersten städtischen Parkanlagen entstanden. Vorreiter in Deutschland war Magdeburg, das bereits 1824 dem Gartenarchitekten Peter Joseph Lenné mit Anlage eines öffentlichen Parks beauftragte. 1840 begannen in Berlin ebenfalls die Planungen für die Anlage eines öffentlichen Volksparks, des Friedrichshains, 1854 legte Olmstead den 340 ha großen Central-Park für die Stadt New York an. Auch die Europäischen Metropolen, allen voran Paris und London, bemühten sich darum, Parks

im gesamten Stadtgebiet zu errichten. Im Vordergrund der Bemühungen stand zu diesem Zeitpunkt noch das Bestreben nach Verschönerung der Städte, mit dem gewaltigen Wachstum der Städte ab der Mitte des 19. Jahrhunderts sahen sich diese aber auch zunehmend vor die Aufgabe gestellt, den Bewohnern durch öffentlichen Freiraum mehr Platz und Luft zu verschaffen. In jener Zeit kommt es zu einer extensiven Entfaltung des Volksparkgedankens. Zeitgleich entstehen in den europäischen Städten mit den Gartenbauämtern die ersten kommunalen Institutionen, die sich um die Entwicklung und Pflege des städtischen Grüns bemühen.
Gegen Ende des 19. und zu Beginn des 20. Jahrhunderts gibt es weitergehende konzeptionelle Überlegungen. Die Entwicklung des Gartenstadtgedankens ist eine Reaktion, um dem beständigen Wachsen der Städte durch die rationelle Anlage von kleinen Städten, in die Grün- und Freiflächen von vorn herein integriert sind, entgegenzutreten. Andere Ansätze widmen sich der Qualifizierung des Stadtwachstums durch großräumige grünplanerische Konzepte: Zuerst Wien, dann auch Berlin denken über die Anlage und Sicherung ausgedehnter Wald- und Wiesengürtel nach, um die beständig wachsenden Städte durch Grün zu gliedern. Wegbereiter in Deutschland ist Gräfin Dohna-Poninski, die unter dem Pseudonym Arminius erste Gedanken für eine Gliederung des Stadtkörpers durch Grün und eine systematische Erreichbarkeit von öffentlichem Grün für die Arbeiterschaft als sozialem Gedanken ausführt. Martin Wagner, später Berliner Stadtbaurat, systematisiert diese Überlegungen zu Beginn des 20. Jahrhunderts durch die Entwicklung von ersten Orientierungswerten für die Grünversorgung der Städte weiter.[2] Mit dem Schritt hin zu standardisierter Werten wird er zum Wegbereiter eines späteren Planungsfordismus, in dem Normierung und Standardisierung von Grünflächenplanungen gegenüber räumlichen Konzeptionen ein Übergewicht erhalten. In der städtebaulichen Auseinandersetzung erfährt das Stadtgrün eine großmaßstäbliche Funktionalisierung im Konzept der Stadtlandschaft und der damit einhergehenden Vorstellung der Funktionsgliederung der Städte.[3] Auch dies ist eine Antwort auf das hoch komprimierte Wachstum der Städte des 19. Jahrhunderts.
Beide Richtungen beeinflussen die städtische Freiraumplanung bis in die 1970er Jahre des 20. Jahrhunderts. Gliedernde und fließende Grünräume als Element der modernen Stadtlandschaft finden jedoch in den Nachkriegsjahrzehnten nur in Ausnahmefällen eine stringente Umsetzung in einzelnen Siedlungsprojekten. Es entstehen häufig nur Fragmente, die den räumlich-kompositorischen Gehalt, der den Stadtlandschaftskonzepten

der Moderne zugrunde lag, nur sehr eingeschränkt erfahrbar machen. Vielfach degradieren diese Freiräume zum Abstandsgrün und bestenfalls zum pragmatisch-funktionalen grünen Wohnumfeld in den neuen Wohnsiedlungen der Nachkriegsmoderne. Auch die finiten Raumfiguren der grünen Gürtel und Ringe, die einzelne Städte im 20. Jahrhundert zur Grundlage ihrer Stadterweiterungsvorstellungen machten, blieben in vielen Fällen fragmentarisch bzw. unterlagen durch weitere Siedlungsentwicklungen und Suburbanisierungsprozesse räumlichen Zersetzungen.

Mit der seit den 1970er Jahren einsetzenden Rückorientierung auf die Qualitäten der traditionellen Stadt treten stadtlandschaftliche Konzepte des modernen Städtebaus in den Hintergrund. Um die kompakte Stadt für die gewandelten Nutzungsanforderungen zu qualifizieren, richtet sich das Augenmerk auf eine nachbessernde Freiraumversorgung der bestehenden kompakten Stadtquartiere. Ziele und Programme orientieren sich dabei nach wie vor häufig an einer quantitativen, fordistisch ausgeprägten Freiraumversorgung. Die Nachbesserung reicht von der systematischen Planung von Spielplätzen, die in die Quartiere integriert werden, über die Begrünung von innerstädtischen Wohnhöfen und Blockinnenbereichen bis hin zu einer neuen Generation von Parks auf frühen Brachen. Ein Prozeß, der mit der Schaffung neuer Parks auf städtischen Transformationsräumen bis heute andauert. Die Ziele der (inner-)städtischen Freiraumplanung waren in dieser Phase nach wie vor von funktionalen Aspekten und vom Kampf um die Fläche geprägt, um nachträglich eine wie auch immer definierte „ausreichende" Versorgung sicherzustellen.

In diesen Wachstumsphasen erfolgte ein immer systematischerer Ausbau von selbstständigen freiraumplanerischen und später landschaftsplanerischen Instrumenten, um den Preis einer zunehmenden Entkopplung von Städtebau und Freiraumplanung.

Der dominante quantitative Ansatz der Flächensicherung versperrte lange Zeit den Blick auf städtebauliche und raumkompositorische Fragen des Verhältnissen von bebautem Raum und Freiraum, der den Freiraumkonzepten zu Beginn des 20. Jahrhunderts mit ihren klaren, räumlich-konzeptionelle Grün-Geometrien, die das Wachstum der Stadt lenken und diese gliedern sollten, als Zielvorstellung häufig zugrundegelegen hatte.

Mit der ökologischen Debatte seit den 1980ern kristallisierte sich eine neue, stark am Verbund- und Netzgedanken orientierte Stadtgrünsicht heraus, die den Wert des jeweiligen Bestandes unabhängig von der baulich-räumlichen Struktur heiligte. Unter der Leitidee des „Biotopverbundes" wurde

das Stadtgrün als selbstreferentielles System unter starker Vernachlässigung seines urbanen Kontextes interpretiert. Auch dieser Ansatz war nach wie vor vom Geist der Kompensation getragen, diente doch auch er dazu, Mißstände der städtischen Entwicklung auszugleichen.
Auf der gesamtstädtischen bzw. stadtregionalen Ebene stellte sich mit fortschreitender Siedlungsflächenausdehnung gegen Ende des 20. Jahrhunderts die Frage nach großmaßstäblichen Landschaftskonzepten mit wachsender Dringlichkeit. Die Antwort auf der raumplanerischer Ebene ist auch hier zunächst der Park, wenn auch in einer anderen Maßstäblichkeit und Figuralität: Der Park wird auf die Region übertragen, es entstehen erste Regionalparkkonzepte. Analog zur wachsenden Ausdehnung der verstädterten Strukturen erfährt das Parkverständnis damit eine konzeptionelle räumliche Aufblähung. Im Gegensatz zu den Grüngürtelkonzepten zu Beginn des 20. Jahrhunderts deutet sich aber in den Regionalparkkonzepten aus den 1990er Jahren ein Wandel im Verständnis von Trägerschaft und Zuständigkeit an: waren die frühen Wald- und Wiesengürtel noch darauf ausgelegt, daß die Stadt oder ein Zweckverband den Erweb der Flächen anstrebte – eben als Stadtwälder oder Stadtgüter – so ist die konzeptionelle Orientierung der Regionalparks auf das Management heterogener Eigentümerschaften und divergierender Entwicklungsvorstellungen ausgerichtet, getragen von einem – zumeist mühsamen und nicht widerspruchsfreien – Verhandeln von gemeinsamen Vorstellungen für eine qualifizierte Raumentwicklung, die der Sicherung und Qualifizierung von Landschaft ein besonderes Gewicht zukommen läßt: verhandelte Landschaft eben.
Der Freiraum in der Stadtregion wird hier als das Produkt vieler im Raum Tätiger angesehen. Er umfaßt auch produktive Freiflächen wie Land- und Forstwirtschaft und resultiert nicht allein aus der Versorgung der öffentlichen Hand mit verschiedenen Freiraumkategorien. Er wird als eine sozial und ökonomisch strukturierte Kulturlandschaft verstanden, der traditionelle Kulturlandschaftsbegriff erfährt eine Modifikation im urbanen Kontext.
Die Freiraumstruktur der heutigen Städte zeigt sich entsprechend heterogen, als Konglomerat verschiedener Freiräume mit unterschiedlichen Entstehungshintergründen. Sie setzt sich zusammen aus einzelnen Freiraumelementen und -typen, die einerseits auf den spezifischen naturräumlichen Vorprägungen basieren und sich zugleich als Produkt der verschiedenen Urbanisierungsphasen und mit ihren unterschiedlichen städtebaulichen, freiraumplanerischen und ökologischen Leitbildern dar-

stellen. Hinzu kommt eine Vielzahl von beiläufig, mehr oder weniger absichtslos entstandenem Grünstrukturen z. B. entlang von Verkehrstrassen oder auf Brachen.
Die fortschreitende stadtregionale Verflechtung von Stadt und Landschaft wie auch durch das mit den nachindustriellen Transformationsprozessen und dem demografischen Wandel einhergehende Auslichten der bestehenden Stadt stellt den Freiraum mehr und mehr in das Rampenlicht einer zukünftigen Stadtentwicklung: es erschallt der Ruf nicht nur nach Kompensation sondern nach veränderten Korrespondenzen und Synergien zwischen Stadt und Freiraum, zwischen unbebauten und bebauten Flächen als Qualitätsmerkmal einer nachindustriellen Stadtentwicklung.

2 Strukturell veränderte Rahmenbedingungen und neue Anforderungen

Auf einmal ist Platz da: mit der wachsenden Zahl an Konversionsflächen, der Aufgabe von Altindustrie- und Infrastrukturflächen und einer sich jüngst abzeichnenden Perforierung auch von Wohngebieten verfügen die Städte auch im ehemals weitgehend kohärent bebauten inneren Stadtbereich über erhebliche Umstrukturierungspotentiale. Dabei gibt es einen hohen – und perspektivisch mit Blick auf die demographische Entwicklung noch steigenden – Anteil von Flächen, der nicht oder in absehbarer Zeit nicht für bauliche Zwecke in Anspruch genommen wird und damit einer potentiellen Freiraumentwicklung obliegt.
Lage und Kontext dieser Flächen erwachsen keiner planerisch-strukturellen Vorstellung, sie folgen städtischen Verwertungslogiken. Die Löcher, die durch diese Perforierungsprozesse entstehen, sind entsprechend keine klar formulierten Räume, sondern amorphe Raumgefüge, die vor allem dort auftreten, wo Stadt in ihrem Bestreben kohärente Stadträume auszubilden scheitert und sich Stadt und Freiraum bzw. Stadt und Landschaft – je nach der Körnigkeit des Auslichtungsprozesses – in unterschiedlichen räumlichen Mustern neu miteinander verweben.
Jahrzehntelang hat der Kampf um die Fläche die Freiraumplanung geprägt. Jetzt bringen die Umstrukturierungsprozesse der bestehenden Stadt gewaltige Spielräume für neue Freiflächen hervor, doch programmatisch erweisen sie sich für das klassische planerische Denken zunehmend als Leeräume: Das Flächenangebot übersteigt die Nachfrage in bezug auf gewohnte Freiraumkategorien und die finanziellen Möglichkeiten der

Kommunen. Die Potentiale sind mit den altvertrauten Kategorien von Platz, Park oder Grünzug allein weder zu erfassen noch konzeptionell zu bewältigen.
Wie umgehen mit diesen freien Räumen, die keine ausgesparten und umkämpften Behälterräume für klar definierte Nutzungsprofile wie Spiel- oder Sportplatz in der kohärenten Stadt sind, sondern zunächst nutzungsoffene, diffuse Teile des städtischen Gewebes?
Anders als in den vergangenen wachstumsgeprägten Phasen der Stadtentwicklung besteht auf einmal weniger die Aufgabe, Flächen für planerisch definierte Programme oder Bedarfe zu suchen, sondern − im Gegenteil − vielmehr Programme für Flächen zu (er-)finden, deren Entstehen nicht der Systematik von Freiflächenkonzepten folgt, sondern deren Lage und Verfügbarkeit Abfallprodukt der Stadtentwicklung und sich wandelnder Bodenverwertungsmechanismen sind. Es gilt nach Ansätzen zu suchen, wie diese Freiräume zu Bausteinen einer qualitativen Stadtentwicklung werden können.
Die Perforierung der Stadt wirft bezüglich der entstehenden freien Räume Fragen auf:
− Worin liegt das Potential dieser freien Räume? Sind sie begabt für eine Entwicklung als Freiraum oder Landschaft und wenn ja, welche neuen Freiräume braucht die Stadt, welcher Entwicklung können sie zugeführt werden?
− Wie binden sich diese freiräumlichen Zufallsprodukte in Struktur und Kontext der Stadt ein bzw. wie wirken sie sich auf die Morphologie aus? Bringen sie im Zusammenwirken mit dem baulichen Kontext neue Strukturbilder und Raummuster hervor?
− Welche neuen Natur- und Gestaltbilder werden durch sie in die Stadt eintragen?
− Und nicht zuletzt: Wer will diese Flächen? Wer bespielt und bewirtschaftet sie? Welcher Zuständigkeit und Trägerschaft können sie zugeführt werden, wenn es ihrer im Sinne des bisherigen Auftrages der öffentlichen Hand zur Sicherstellung einer − wie auch immer definierten − „ausreichenden Grünversorgung" nicht bedarf?
Erste Phänomene, die hierauf Antworten geben können, sind mit dem Fortschreiten des sozio-ökonomischen Strukturwandels und dem Spürbarwerden der demografischen Entwicklung in den Städten beobachtbar. Besonders deutlich zeigen sie sich in den neuen Bundesländern.

3 Stadtkultur und neue Freiräume – für wen und durch wen entstehen sie?

Gegenwärtig ist man mit einem Paradoxon konfrontiert: parallel zu den Verweisen auf eine alternde und abnehmende Bevölkerung und den sozioökonomischen Transformationsprozeß mit seinen Folgen für die althergebrachten sozialen Netzwerke in Vereinen und Organisationen vermehren sich die Rufe nach akteursbasierte Freiräumen. Hoffnungsträger vieler sind aktive Bürger und Raumpioniere, die sich die neuen städtischen Verfügungsräume aneignen und sie selbst nutzen und gestalten. Wir werden weniger und älter und die Wenigen und Alten sollen die Aufgaben schultern, die zirkulierendes Kapital und klamme Kommunen nicht mehr bewerkstelligen?

Was sind die Hintergründe?

Seit der Etablierung der Freiraumplanung Ende des 19. Jahrhunderts kann die Entwicklung städtischer Freiräume als ein Akt der Versorgung der Bevölkerung mit verschiedenen Kategorien von Grün- und Freiflächen durch die öffentliche Hand beschrieben werden. Der Wohlfahrtsstaat kompensierte damit Defizite, die eine an Wachstum und Marktdynamiken orientierte Stadtentwicklung mit sich brachte. Das Versorgen mit bestimmten Funktionen trat für die Freiraumplanung gegenüber der Entwicklung integrierter baulich-räumlicher Überlegungen vielfach in den Vordergrund. Im Gegenzug wurde auch der Nutzer zu einer immer abstrakteren Planungsgröße. Egal wer und wo: Jeder Bewohner sollte mit dem gleichen Quantum und den gleichen Kategorien an Freiräumen beglückt werden. Heute wird der Bewohner nicht als zu versorgender Normbürger gesehen. Aus Nutzern werden mehr und mehr Akteure: aktive Bewohner und bürgerschaftlich Engagierte, die in der Artikulation und Wahrnehmung ihrer Interessen gestützt werden. In Zeiten des strukturellen Wandels und schwindender Bevölkerungszahlen herrscht eine hohe Sensibilisierung für die Bewohner als „human capital" einer nachhaltigen und identitätsstiftenden Stadtentwicklung. Ziel solcher stärker akteursgestützten Entwicklungsvorstellungen ist jedoch nicht allein eine – vielfach überbewertete – Aufgabenverlagerung in den zivilgesellschaftlichen Raum, sondern vor allem auch eine erhoffte Erhöhung der Identifikation mit dem Quartier und Lebensumfeld und damit der Wohnzufriedenheit.

Von der Baulücke zum Skihang – Kinderskiclub marie31alpin: Sponsoren aus dem Tourismusbereich ermöglichten einen Winter lang die sportliche Nutzung einer Baulücke. Foto Hans Hellfried Wedenig

Mehr noch: in den schrumpfenden Städten werden vermehrt Menschen mit Bereitschaft zu Pionierleistungen umworben, die sich um die Kultivierung von Flächen bemühen, die aus dem städtischen Kultivierungszusammenhang herauszufallen drohen[4]. Künstlerische Brachen-Inszenierungen und interkulturelle Gärten stehen beispielhaft für diesen Prozeß. Der aktive Städter wird so zum Hoffnungsträger der städtischen Transformation, ja sogar der Stimulation städtischen Wachstums. Damit wird eine neue Figur in die Stadtentwicklung eingeführt und dem einfachen Nutzer gegenübergestellt: der städtische Aktivist, der Raumpionier, der die leerstehenden Räume kolonisiert, neue Nutzungen initiiert und die Stadt aktiv mitgestaltet.[5] Die Figur des Pioniers korrespondiert mit den aufgerufenen Bildern der neuen zu kolonisierenden Landschaften wie Wildnis und Prärie, die Einzug in die Stadtentwicklungsdiskussion halten: unberührte städtische Landstriche, die ihrer Eroberung durch wagemutige Charaktere harren. Diese Nutzer praktizieren einen Freiflächengebrauch in Eigenregie und agieren bisweilen auch an den Schnittstellen zu neuen Ökonomien. Untersuchungen in Berlin verweisen auf städtische Akteure, die als eigenverantwortliche Start-Up-Unternehmen lokaler Kulturindustrien fungieren und im Zuge der postindustriellen städtischen Reurbanisierungsprozesse vermehrt auftauchen. Sie sind „räumliche Resteverwerter", die insbesondere an den perforierten Stellen der Stadt ansetzen, die aus dem Zyklus der ökonomischen Verwertung herausgefallen sind.[6] Dabei geht es nicht primär um Freiraumproduktion, aber auch. Bestandteil der Nutzungskonzepte vieler Projekte sind neue halböffentliche Räume in Verbindung mit Kultur-, Gastronomie-, Sport- und Dienstleistungsangeboten sowie Formen kreativer Arbeit auf Arealen, die zuvor einer Zugänglichkeit entzogen waren. Es entsteht an diesen Standorten vielfach eine neue Verbindung zwischen umgenutzter Bausubstanz und Freiräumen. Der Frei-Raum ist somit Trägersubstanz von Standorten an denen Wohnen, Arbeiten, Kultur und Konsum zu neuen Mischungen und neuen urbanen Lebensräumen verschmelzen. Es sind selbsttragende Räume, teils temporär und in der Stadt vagabundierend. Diese Form der Aneignung von Brachen, in der die Strukturen der überkommenen Stadt für einen unvorhergesehenen Gebrauch aktiviert werden, kann an derartigen Standorten durchaus zum Motor für kreative Stadtentwicklung werden.
Der Prozeß basiert jedoch nicht nur auf einer veränderten Verfügbarkeit aneignenbarer Flächen. Vielmehr kommen darin veränderte Mechanismen und Praktiken der Raumproduktion und der Aneignung städtischer Räum zum Ausdruck, jenseits des etablierten Verwaltungshandelns.

Die Formen einer veränderten städtischen Raumproduktion korrespondieren mit einer neuen Konzeptionierung des Raumbegriffes, die ursprünglich in den Kultur- und Sozialwissenschaften beheimatet war. Raum wird darin nicht als abgegrenztes Territorium oder als Behälterraum verstanden, sondern der Fokus ist gerichtet auf „die soziale Produktion von Raum, als einem vielschichtigen und oft widersprüchlichen gesellschaftlichen Prozeß, eine spezifische Verortung kultureller Praktiken, eine Dynamik sozialer Beziehungen, die auf die Veränderbarkeit von Raum hindeuten. Besonders die Veränderung der Städte und Landschaften im Zuge der weltweit ungleichen Entwicklungen auf der Grundlage räumlicher Arbeitsteilung hat diese Einsicht in die Gestaltbarkeit des Raumes durch Kapital, Arbeit, ökonomische Restrukturierung sowie durch soziale Beziehungen und Konflikte bestärkt."[7]

In der Konsequenz ergeben sich aus dieser Betrachtung Perspektiven für eine veränderte Raumproduktion in der ausgelichteten Stadt. Wer sind mögliche Raumproduzenten, wer ist der Reaktivierer und Nachnutzer städtischer Brachen und Leerräume, wenn die „klassischen" – die Wirtschaft und die öffentliche Hand – zunehmend ausfallen? Erfassen diese Formen auch die Produktion von städtischem Freiraum unter den veränderten Verwertungsbedingungen der nachindustriellen Stadt? Wo greifen sie, wo nicht? Wie tragfähig sind die akteursgestützten Entwicklungsdynamiken?

Diese Fragen stellen sich, können aber aus der gegenwärtigen Umbruchsituation heraus noch nicht befriedigend beantwortet werden. Sicherlich ist ein Merkmal der Stadtkultur, auch der Freiraumkultur der nachindustriellen Städte, daß sich die Distanz zwischen der öffentlichen Hand und der Bewohnerschaft verkürzen und damit dem Lokalen und Situativen, dem Potential der realen Situation mehr Gewicht vor dem Standardisiertem und Generellem einzuräumen ist. Von den klassischen Kulturlandschaften kann man lernen, daß sie sozial strukturierte Räume sind, die aus den Aktivitäten vieler im Raum tätiger hervorgehen. Vielleicht wird man sich das Netz städtischer Freiräume in der Stadt zukünftig ähnlich vorstellen können. Es wird vermutlich eine viel größere Zahl unterschiedlicher, auch unterschiedlich dauerhafter und teils vagabundierender Freiräume geben, getragen von einer vergrößerten Bandbreite an Akteuren. So bildet sich durch die Perforierung möglicherweise eine neue Schicht virulenter zeitgenössischer Freiräume in der Stadt heraus, mit neuen Nutzungskonzepten und – in der Konsequenz – auch neuen Eigentümerschaften. So breit und anregend die experimentelle Palette eines neuen sozialen und kulturellen Gebrauchs von Flächen auch ist und wie bedeutend als Phänomen zeitgenössischer städtischer Raumproduktion – bezogen auf das Flächenangebot ist es ein Tropfen auf den heißen Stein. Transformation und demographischer Wandel bedeutet auch: viele Flächen und weniger Nutzer. Es wird immer mehr Flächen geben, die keiner haben will.

4 Neue Sichten auf die Stadt – veränderte Nutzungen und Bilder

Der Funktionswechsel einer Fläche vollzog sich in der Vergangenheit häufig geräuschlos, da Erwartungen erfüllend: aus einer gering bebauten Fläche wurde eine Fläche mit höherer Dichte, aus Wohnen Dienstleistung, aus Acker Siedlungsfläche – Bilder des Wachstums und des Fortschritts. Heute fordert der Funktionswandel bisweilen auch einen Wandel der Werte und der Sicht auf die Stadt. Aus Siedlungsfläche wird Brache und möglicherweise Landschaft und dieses Landschaftswachstum wird – trotz aller Natursehnsucht und ökologischen Diskussionen – als Verlust empfunden. Ein derartiger Transformationsprozeß erzwingt daher nicht nur veränderte funktionale und ökonomische, sondern auch (natur-)ästhetische Betrachtungen.

Die Brache als Brache, also das Liegenlassen einer Fläche als quasi natürliche Regulierung, weil ihre Nutzung obsolet und unrentabel geworden ist, ist die eine grundsätzlich Option im Umgang mit leerfallenden Flächen. Doch Brachen werden zunehmend als physische Ausdrucksräume der gesellschaftlichen Transformation codiert: wenn die Gesellschaft nicht wächst, so wandelt sie sich und mit ihr die Brache. Schaut man auf Projekte im Umgang mit perforierter Stadt, kann man feststellen, daß experimentiert wird: mit Konzepten, Nutzungen, Bildern, Programmen und Atmosphären. Einige Beispiele werden nachfolgend ausgeführt.

Brache als freier Raum: Mit dem Unbekannten experimentieren

Städtische Brachen fungieren inzwischen als Versuchsfelder neuer urbaner Praktiken: Nach einer ersten Phase der Einfachbegrünung und Anlage von Parkplätzen läßt sich in schrumpfenden Städten eine wachsende Bandbreite der Aneignungsformen von Perforationsflächen beobachten.[8] Sie reicht vom kurzfristigen künstlerischen Bespielen einer Baulücke über

Quartiersgärten bis zum (semi)-professionellen Offerieren von Trendsport und Gastronomieangeboten.
Die Aktivitäten konzentrieren insbesondere sich in den Baulücken von Altbauquartieren sowie auf Brachen an deren Rändern. Mehr und mehr ziehen diese Flächen – vor allem in attraktiven Lagen – die Aufmerksamkeit von Akteuren auf sich. Der Prozeß der Umdeutung dieser Areale wird dabei häufig in Gang gesetzt, ohne daß ein dauerhaftes Nutzungsziel von vornherein planerisch klar definiert war. Viele dieser Aktivitäten starten temporär, einige bleiben es, andere gelangen in einen Prozeß des Wachstums und der Verstetigung. Die Akzeptanz von Unbeständigkeit und eine gewisse Zieloffenheit ist Merkmal vieler dieser Aktivitäten. Initiatoren derartiger Prozesse finden sich sowohl bei den Bewohner wie im institutionellen Rahmen von Kommunen und ihren Quartiersmanagern und Sanierungsplanern, im kulturellen und sozialen Bereich und bei jungen Planern und Architekten, die durch die Umwandlung von Ideen in konkrete Projekte unmittelbare Impulse für eine kreative Stadtentwicklung setzen.
Eine wichtige, aber nicht die einzig mögliche rechtliche Plattform für diese Projekte ist die Zwischennutzung, zumeist geregelt über das Instrument der Gestattungsvereinbarung, das es ermöglicht, leergefallene Areale bei Aufrechterhaltung ihrer Widmung als Baufläche vorübergehend anderen Nutzungen zuzuführen.

Brache als Wildnis: das Unbekannte als Unbekanntes belassen

In der ausgelichteten Stadt ist Platz für Natur, auch für Wildnis. Im städtischen Kontext wird Wildnis zumeist als Synonym für Flächen benutzt, auf denen die einsetzende Vegetationsentwicklung weitgehend sich selbst überlassen wird. Dies bringt zunächst einmal den Vorteil einer kostengünstigen Begrünung mit sich. Darüber hinaus stehen diese Konzepte für das grundsätzliche und nur vermeintlich neue Plädoyer zu akzeptieren, daß Städte weniger durch Konstanz als durch Dynamik geprägt sind. Übertragen auf den Freiraum meint dies, Freiraumentwicklungen zuzulassen, die weniger auf einen bestimmten, gestalterisch definierten Zustand als an dynamischen Entwicklungsprinzipien der Natur ausgerichtet sind.[9] Die bisherigen städtischen Wildnis-Projekte sind vielfach an die kulturelle Inszenierung überkommener Areale der Industriegesellschaft gekoppelt wie bei dem Industriewald-Projekt im Ruhrgebiet oder dem Naturpark Südgelände in Berlin.

Wildnisareale auf städtischen Brachen können so zum Sinnbild des offen Prozeßhaften und des Loslassens von überkommenen Vorstellungen werden. Doch sie sind Wildnisse zweiten Grades: dort wo sie zugelassen werden, sind sie kulturell gewünscht: Natur-Ort und Kultur-Ort in einem. Nicht für alle sind sie Sinnbild für ein positives, nachindustrielles Naturverständnis. Wildnis ist ein kulturelles Konstrukt, dem in der gesellschaftlichen Wahrnehmung stets eine doppelte Codierung innewohnte: sie kann utopischen, zivilisationskritischen, aber ebenso bedrohlichen Charakter haben. Diese unterschiedliche Lesart kann Akzeptanzprobleme mit sich bringen. Werden Wildnis-Konzepte in von starker Perforierung betroffenen Wohngebieten von den Bewohnern wertgeschätzt und akzeptiert? Untersuchungen des Umweltforschungszentrums Leipzig-Halle belegen, daß gerade in von Perforierungsprozessen stark betroffenen Gebieten derartige Flächen nicht als höhere Attraktivität wahrgenommen werden.[10]

Der ästhetische Reiz städtischer Wildnisse kann als um so größer angesehen werden, je länger sie sich entwickeln und schon waldartige Stadien erreichen konnten. Zum Teil werden sie auch in romantischer Überhöhung dort besonders reizvoll wahrgenommen und als Form des Stadtgrüns akzeptiert, wo neue Vegetationsstrukturen von Spuren – seien es technische Relikte oder Baulichkeiten – durchsetzt sind. Hier haben die Flächen einen narrativen Charakter, der auch Botschaften über die Geschichte der Fläche vermittelt. Eine solche Wahrnehmung regt zu neuen Gestaltkonzepten an wie zum Beispiel dem New-Yorker High-Line-Projekt, in dem die Ästhetik ruderaler Vegetationsstrukturen an einem Transformationsstandort, einer ehemaligen Hochbahntrasse, aufgenommen und gestalterisch überhöht wird, hier jedoch als eine Inszenierung des Überkommenen in einem sonst sehr virulenten Stadtraum.[11] Flächen, die nackt und frisch beräumt sind, verfügen nicht über derartige Doppelcodierung. Sie der Sukzession zu überlassen, kann auch heißen, daß sie mit ihren zunächst gehölzlosen Rasen- und Staudenfluren von den Bewohner als Orte der Vernachlässigung wahrgenommen werden, was gerade in Wohnquartieren, die einer langen Umbruchprozeß unterliegen, in dem es zu Leerstand und Abriß kommt, problematisch sein kann. Welche Botschaft Wildnis-Flächen innewohnt und ob sie tragfähig ist, hängt daher stark von der Lage und dem Charakter der Fläche ab, aber auch, ob es gelingt, einen neuen Blick auf diese Form der Stadtnatur zu vermitteln. So ist zugleich zu beobachten, daß die Wildnis-Diskussion die Suche nach ästhetisch leichter lesbaren, extensiven Gestaltungsformen anregt.

Brache als Prärie: das Unbekannte domestizieren

Die Prärie – Flächen auf denen ungewohnte Vegetationsbilder aus blütenreichen Steppen-, Pionier- und Wildstaudengesellschaften initiiert werden – ist eine solche gemäßigte Alternative. Ihre Botschaft ist die einer ästhetisch sehr ansprechenden Wildnis. Ebenso wie der Wildnisbegriff ist auch die Prärie eine besetzte Metapher. Mit ihr assoziiert man eine weite Landschaft, die es zu erobern gilt. In ihrer kultivierten Form, wie sie in Konzepten für die perforierte Stadt in Diskussion ist, ist sie als eine Art Hybrid-Landschaft zu verstehen. Sie stellt eine Zwischenform zwischen Wildnis (=ungenutzt) und Kulturlandschaft (=extensiv durch Mahd oder Beweidung bewirtschaftet) dar. Als solche findet sie zunehmend Eingang in Entwicklungsvorschläge vor allem für die weitläufigen neuen Freiräume in den rückgebauten Großwohnsiedlungen. Ein erstes realisiertes Beispiel findet sich in Berlin Marzahn.[12]
Wildnis und Prärie suggerieren Niemandsland, real beschreiben sie jedoch lediglich neue Gestaltbilder einer Fläche. Ob es sich um „wild" zwischengenutzte Bauflächen, Forstflächen oder um kommunales Stadtgrün handelt, darüber geben sie keine Auskunft.

Brache als Urbane Land- und Forstwirtschaft:
Das Unbekannte auf das (anscheinend) Bekannte rückführen

Im Gegensatz zu den Wildnis-Konzepten knüpfen Konzepte einer Urbanen Land- und Forstwirtschaft, die im Zuge der Stadtperforierung diskutiert werden, an vertrautere Bilder an und scheinen die Flächen in bekannte anthropogene Ordnungsprinzipen zu überführen, wenngleich an ungewohnten Orten.
Die ersten Beispiele Urbaner Land- und Forstwirtschaft, ob sie als Platzhalter in Planungskonzepten für innerstädtische Entwicklungsareale oder in realiter auf ehemaligen Industriebrachen – wie das sogenannte „Jahrtausendfeld" in Leipzig-Plagwitz[13] – auftauchten, hatten provokativen Charakter. Sie sollten durch das Einfügen ungewohnter Nutzungen ins städtische Gefüge auf die ins Trudeln gekommenen Verwertungsmechanismen aufmerksam machen. Unter dem Aspekt der erheblichen Zunahme neuer Freiräume in der sich auslichtenden Stadt werden Urbane Land- und Forstwirtschaft als mögliche Nutzungsalternativen und als Instrument für eine kostengünstige Bewirtschaftung größerer Flächen inzwischen immer

interessanter. In beiden Kategorien – Land- wie Forstwirtschaft – schwingt zudem der Charakter einer produktiven Landnutzung mit. Diese Landschaften sind anders als die Wildnis nicht zweckfrei, sondern versprechen einen Ertrag und erlösen die Brache mithin von ihrem Makel.
Die konkreten Projekte zeigen, daß ein Hauptmotiv in der Etablierung dieser Nutzungen auch die Suche nach anderen Formen der Trägerschaft jenseits der städtischen Grünflächenämter liegt.
Das Spektrum dessen, was gegenwärtig als „Urbane Landwirtschaft" bezeichnet wird, ist groß, die Grenzen zu den angesprochenen experimentellen (Zwischen)-Nutzungen und Wildniskonzepten sind fließend. Die Formen reichen vom sogenannten Urban Gardening, neuen, die fest organisierten Strukturen des Kleingartenwesens überwindenden Formen des städtischen Gärtners, über die Platzhalterfunktion von landwirtschaftlichen Nutzungen in Entwicklungskonzeptionen bis hin zur Re-Agrarisierung von ehemaliger Siedlungsfläche vor allem bei randstädtischeren Perforierungsprozessen. Weitläufige beweidete Wiesenflächen oder Energielandschaften werden in Stadtumbaukonzeptionen als mögliche Wohnfolgelandschaften diskutiert. Diese Landschaften sind Hybride, keine gewidmeten Landwirtschaftsflächen, sondern eher eine Form extensiv genutztes Wohnumfeld, eine Art Urbane Allmende unter arkadischer Bewirtschaftung.
Neben der Landwirtschaft hat vor allem Wald ein hohes Potential die Löcher der perforierten Stadt zu füllen. Funktional, gestalterisch wie rechtlich ist diese Nutzungskategorie facettenreich. Dies macht sie in besonderer Weise begabt auf unsichere Verhältnisse zu reagieren. Nach der Gesetzeslage ist jede dauerhaft mit Waldpflanzen bestockte Fläche eine Waldfläche – unabhängig von der tatsächlichen Flächenwidmung und den Eigentumsverhältnissen. Bezogen auf den Prozeß der Perforierung von Siedlungsflächen kann also eine Waldentwicklung unabhängig von Planungs- und Eigentumsänderung vollzogen werden, eine Bodenneuordnung ist nicht zwingend erforderlich.
Wald läßt eine große – und bei weitem noch nicht ausgeschöpfte – Bandbreite an Gestalt- und Nutzungsausprägungen zu und verfügt somit über ein hohes Reaktionsvermögen auf lokale Gegebenheiten. Eine Wald kann groß oder klein sein, spontan entwickelt oder gezielt gepflanzt, er kann als Nutzwald, Erholungswald oder naturnaher Waldbestand entwickelt werden (und in diesem Sinne auch die Wildnismetapher bedienen[14]) und Wald schafft räumlich wirksame Strukturen.

Wald ist öffentlich zugänglich. Er kann sowohl im Besitz der öffentlichen Hand als auch in den Händen von (mehreren) Privatbesitzern sein, fungiert aber zugleich als öffentlicher Raum jedoch mit geringeren Anforderungen an die Verkehrsicherungspflicht als zum Beispiel öffentliche Grünanlagen. Auch in der Pflege und Unterhaltung ist er wesentlich günstiger als diese. Aktuelle Berliner Zahlen gehen von ca. einem Zehntel der Kosten für die Pflege und Unterhaltung stadtnaher Erholungswälder aus. Im Rahmen des „Stadtumbaus Ost" sind erste Umwidmungen von Siedlungsflächen in Waldflächen erfolgt.[15]

Zusammenfassung

Die aufgeführten Kategorien sind Beispiele einer Suchbewegung nach postindustriellen Freiraum- und Stadtnaturkonzepten, die auf die veränderten Rahmenbedingungen wie den wachsenden Überschuß an Flächen, die zugleich begrenzten finanziellen Spielräume der öffentlichen Hand und die Suche nach Aufweitung von Trägerschaften und Organisationsformen in noch experimenteller Weise reagieren. Sie beginnen das Spektrum urbaner Freiräume bis hin zu neuen Formen der Verschleifung baulicher und freiräumlicher Nutzungen zu erweitern.

5 Perforierung von Stadträumen und neue freiraumstrukturelle Muster

Wo entstehen sie nun eigentlich, die Löcher in der Stadt? Welche räumlichen Muster bringen sie hervor? Die Phänomene der Auslichtung sind so vielfältig wie die Stadt selber, doch kristallisieren sich gegenwärtig drei Stadtraumkategorien heraus, in denen sich Transformation und Perforierung des städtischen Gewebes deutlich anzeigen. Diese bilden die Komplexität von Stadt nicht ab, können aber Hinweise zu räumlich-strukturellen Folgen der Stadtauslichtung geben.
Die drei Stadtraumkategorien sind:
– städtische Zwischenfelder,
– kompakte Altbauquartiere und
– aufgelockerte und durchgrünte Großwohnsiedlungen.

Stadtperforation und städtische Zwischenfelder

Als Zwischenfelder[16] werden hier zwischen kohärent bebauten Stadtbereichen gelegene Räume verstanden, die über eine deutlich abweichende Nutzungs-, Bau- und Erschließungsstruktur gegenüber ihrem Umfeld verfügen. Gewerbe- und Industriegebiete, Hafen- und Bahnanlagen zählen ebenso dazu wie großflächige Ver- und Entsorgungseinrichtungen. Viele dieser Zwischenfelder fungierten als die Schaltzentralen der Industriegesellschaft und unterliegen mit deren Wandel einem Transformationsprozeß. Mit ihrem Brachfallen bildete sich seit mehreren Jahrzehnten eine erste Generation von Leerräumen in der Stadtstruktur heraus. In der Vergangenheit konnten bei parallel zum Strukturwandel noch fortbestehendem Siedlungs- und auch Bevölkerungswachstum diese Löcher – vor allem auf innenstadtnahen Zwischenfeldern im Sinn einer „doppelten Innenentwicklung"[17] noch gestopft werden, mehr noch, sie bildeten lang ersehnte neue innerstädtische Verfügungsflächen. Auf den Brachen entstanden neue Stadtquartiere und zentrale städtische Parkanlagen, die zu einer Nachbesserung der Freiraumausstattung der Stadterweiterungsgürtel des 19. und frühen 20. Jahrhunderts beitrugen. Der Parc de Citroën auf einem ehemaligen Werksgelände in Paris oder der im Entstehen befindliche Park auf dem Gleisdreieck in Berlin südlich des Potsdamer Platzes sind prominente Beispiele für diese Entwicklungen in innerstädtischen Lagen.

Die demografische Entwicklung und die anhaltende Verlagerung von Produktion und Investments im Zuge der Globalisierung erschweren jedoch zunehmend die immobilienwirtschaftliche Verwertung selbst zentraler Standorte wie die des Europaviertels in Frankfurt und der zentralen Bahnflächen in München oder Leipzig. Für einzelne Standorte mag sich hier lediglich die Frage des „langen Atems" stellen bis eine bauliche Entwicklung eintritt. Mit deren Verzögerung kommt jedoch bisweilen auch der Motor der Refinanzierung der öffentlichen Infrastruktur einschließlich der Grünflächen durch Planungsgewinne zum Erliegen. Zudem suchen die Städte zunehmend nach Konzepten für die Überbrückung von Zwischenzuständen für derartige Standorte. Das Jahrtausendfeld in Leipzig-Plagwitz mag hier als spektakuläres Beispiel für eine überbrückende und aktivierende Zwischenbespielung stehen, das jedoch nicht beliebig reproduzierbar ist. Was also, wenn Standorte dieser Art weder in absehbarer Zeit baulich genutzt noch von den Kommunen aufgrund knapper finanzieller Ressourcen zur nachbessernden Freiraumausstattung verwendet werden können?

Derartige Zwischenfelder werden zukünftig die größten Perforierungen in den Städten bilden. Nach wie vor werden diese Standorte noch im Sinne von Wachstumsstrategien planerisch gedacht und entwickelt, in der Regel ist eine vollständig neue Definition städtischer Nutzungen, zumeist in einer Mischung aus Wohnen, Dienstleitung und oftmals Kultur in Verbindung mit urbanen Freiräumen in den bekannten Kategorien von Park und Platz, die Zielsetzung. Denkt man den Prozeß einer Nicht-Inanspruchnahme aufgrund des demografischen und sozioökonomischen Wandels konsequent weiter, so stellt sich die Frage nach alternativen Entwicklungsstrategien, um die Potentiale dieser Flächen für eine Stadtentwicklung unter veränderten Rahmenbedingungen zu nutzen. Strukturell verfügen diese Räume aufgrund ihres Aussparungscharakters gegenüber der kohärenten Stadt über eine hohe Begabung zu innenliegenden urbanen Landschaften zu werden, die mit der Stadt punktuell – beispielsweise durch bauliche Ergänzungen an den Rändern oder durch bauliche Einlagerungen im Innern – in Korrespondenz stehen und damit neue innerstädtische Standortqualitäten aufweisen.
Im konsequentesten Fall könnten die brachfallenden Zwischenfelder zu aktiven „Vergessensräumen" werden und zunächst weiße Flecken in der Stadt bleiben, so wie sie es aufgrund ihrer Nutzungsgeschichte für die Bewohner häufig gewesen sind. Würde keine Reaktivierungs- und Öffnungsstrategie auf sie angewandt, könnten sie sich zu Stadtnatur-Refugien entwickeln, denen dann möglicherweise eine „Rückeroberung" mit neuen nachindustriellen Standortqualitäten bevorstehen würde wie es mit der ersten Generation der Industriebrachen und ihren waldartigen Beständen im Ruhrgebiet erfolgte.[18]
Im Sinne der Entwicklung neuer Stadtraumqualitäten könnte dies eine vielversprechende, im Sinne der nachindustriellen immobilienwirtschaftlichen Verwertung der Flächen jedoch eine verheerend langatmige Strategie sein, die nur im Einzelfall zum Tragen kommt.
Wie könnten ökonomisch machbare und nutzungsstrukturell tragfähige Strategien für eine gemäßigte Entwicklung von großen Transformationsflächen aussehen? Antworten hierauf stehen noch aus.

Stadtperforation und kompakte Altbauquartiere

Die Perforierung kohärent bebauter Altbauquartiere, wie sie in einzelnen ostdeutschen Städten beobachtet werden kann, bringt andere räumliche

Strukturmuster hervor als die großmaßstäbliche Auslichtung der Stadt durch Zwischenfelder. Hier entstehen kleinteilige, häufig auf eine Parzelle beschränkte, teils mehrere Parzellen umfassende freie Räume in den Baublöcken. Innerhalb der Blöcke folgen sie zufälligen Verteilungsmustern und fügen sich nur selten zu größeren Grünarealen im Sinne von Block-Parks oder blockquerenden Grünverbindungen zusammen. Eine besondere räumliche Ausprägung zeigt sich durch das zunehmende Leerfallen von Wohnungsbeständen entlang von Hauptverkehrsstraßen und – in der Folge – womöglich einer linearen Perforation von stadträumlich bedeutsamen Blockrändern.

Das Auslichten auf Blockebene vollzieht sich also kleinteilig, gebunden an die Parzellierungsstruktur. Es betrifft viele Eigentümer und verläuft als weitgehend ungesteuerter, inhomogener Prozeß. Teils werden die freifallenden Parzellen durch die Stadtverwaltungen im Sinne der Ergänzung der Freiraumausstattung für das Quartier als öffentliche Grünflächen und Spielplätze aktiviert, teils erfolgt in der bisherigen kommunalen Praxis nur die Einfachherrichtung als Rasenfläche. Diese Praktiken sind dem Umgang mit Baulücken, die in Folge der Kriegszerstörungen entstanden, vergleichbar, die z. T. für die nachträgliche Ausstattung der dicht bebauten Quartiere mit wohnungsnahem Grün- und Spielangeboten genutzt wurden. Doch ein solcher Ansatz schreibt die Denklinien des versorgenden Staates und einer kompensierenden Freiraumausstattung für „zu dicht" bebaute Quartiere fort. Unter heutigen Bedingungen ergeht daher vermehrt ein Appell an die Bevölkerung, Verantwortung für die freien Räume in der perforierten Stadt selber zu übernehmen. So werden Praktiken einer aktiven Raumaneignung durch verschiedene Bevölkerungsgruppen besonders gestützt. Dies gilt insbesondere für die freien Räume in den Vorstädten des 19. Jahrhunderts. Hier treffen eine in Eigeninitiative durchaus bespielbare Flächengröße und eine an Eigenaktivitäten interessierte Bewohnerschaft noch am ehesten aufeinander. So zeigt dieser Typus der Perforierung bisher die größte Bandbreite an Umnutzungsformen und den höchsten Grad an experimentellen Charakter.

Einen wahrnehmbaren, strukturellen Niederschlag findet diese Entwicklung bislang vor allem in den gründerzeitlichen Vorstädten der ostdeutschen Großstädte wie Leipzig oder Dresden. Freiflächen unterschiedlicher Größe sind in die Blockbebauung eingestanzt. Da sie momentan fast ausschließlich als Zwischennutzungen unter Beibehaltung des Baurechtes angelegt werden, sind sie wie „Grüne Polster", die sich die Stadt für einen Winterschlaf zulegt, in der Erwartung, daß dieser Vorrat eines Tages auf-

Lücken in einem ehemals kohärent bebauten Altbauquartier werden zu ‚grünen Poltern'.
Grafik: bgmr Landschaftsarchitekten, Berlin

gezehrt wird. Untersuchungen, wie nachhaltig die einzelnen Nutzungsinitiativen sind, ob sie Nachfolger finden oder eine vorübergehende Erscheinung darstellen, liegen nicht vor. Sicherlich zeigen sich darin veränderte und für eine nachindustrielle Stadtkultur richtungsweisende Praktiken der Raumproduktion, doch kann man von einer deutlichen Diskrepanz zwischen dem kommunalen und planerischem Wunschdenken nach einer breiten aktiven, kreativen und verantwortungsvollen Bevölkerung zur Bespielung des wachsenden Flächenpotentials und ihrem tatsächlichen Vorhandensein ausgehen. Die Frage, wer nutzt diese Flächen wie und in wessen Eigentum werden sie sein, wird sich daher für einen großen Teil der Flächen in der Zukunft weiter stellen.

Stadtperforation und aufgelockerte und durchgrünte Großwohnsiedlungen

Der städtische Strukturwandel schlägt sich gegenwärtig noch in einem weiteren Stadtraumtyp signifikant nieder: dem Rück- und Umbau von Großsiedlungen. Der Ersatz überkommener industrieller Großsiedlungsstrukturen durch andere Wohnformen ist seit längerem auch im benachbarten Ausland, zum Beispiel in den Niederlanden, ein Thema. Neu ist jedoch der ebenfalls in den ostdeutschen Bundesländern beobachtbare umfassende Abriß von Gebäuden, ohne daß es zu baulichen Ergänzungen kommt. Offene Baublöcke, Zeilen, Punkthäuser und solitäre Großformen prägen diesen Städtebau. Der Freiraum ist als gemeinschaftlicher „fließender" Raum konzipiert. Was passiert auf der strukturellen Ebene bei einer Reduzierung der Gebäudesubstanz?
Der Auslichtungsprozeß in den Großwohnsiedlungen vollzieht sich aufgrund einheitlicherer und großparzelliger Eigentumsverhältnisse zunächst einmal wesentlich grobkörniger als in den Altbauquartieren. Die offene Raumstruktur ermöglicht die Absorption der zusätzlich freiwerdenden Flächen. Die bisherigen Beispiele der Umstrukturierung von Großwohnsiedlungen in Cottbus, Schwedt, Halle, Leipzig oder Berlin machen deutlich, daß es sowohl Prozesse der Ausdünnung im Inneren als auch Formen des Rückbaus von außen nach innen gibt.
Auf der freiraumstrukturellen Ebene zeichnen sich zwei grundsätzliche Optionen ab: zum einen erfolgt eine einfache Vergrößerung des zusammenhängenden, gemeinschaftlich genutzten Freiraumes, des Wohnumfeldes. Das heißt Absorbieren der frei werdenden Flächen durch Ausdehnung

der Stadtlandschaft und Schaffung von mehr „fließendem Grünraum". Zum Teil wird der vergrößerte Freiraum auch konsequent zur Diversifizierung des Freiraumangebotes durch die Anlage von thematischen Parks wie beispielsweise in der Stadt Leinefelde, oder dem Schaffen unterschiedlicher Gartentypen wie Miet- oder Migrantengärten genutzt.
Zum anderen kommt es, wie einzelne Beispiele in Eisenhüttenstadt, Weißwasser oder Halle zeigen, vor allem bei randstädtischen Lagen zu einer Überführung in produktive Landschaften wie Forst- oder Landwirtschaft. Es erfolgt also eine Aufgabe der bisherigen baulich geprägten Struktur und eine Umwandlung in Landschaft im Sinne einer dauerhaften Renaturierung. Räumlich strukturell entstehen damit zwei unterschiedliche Formen: eine Wohnsiedlung mit ausgelichteter Bausubstanz durchzogen von sehr weitläufigem Wohngrün oder kompaktere Wohninseln, ebenfalls eingebettet in ein grünes Wohnumfeld, jedoch zugleich mit Übergängen in angrenzende Landschaftsräume. Während die erste Form die Option auf eine bauliche Ergänzung und Wiederinanspruchnahme offen hält, liegt der konsequenten Umwandlung in Landschaft der Ansatz einer dauerhaften Reduzierung der Siedlungsfläche zugrunde. In der Diskussion zeigen sich auch vielfältige Mischformen. So wurde in einer Planungswerkstatt für Magdeburg-Olvenstedt der dortigen Wohnungswirtschaft die Anlage einer Weidelandschaft auf ihren Flächen zur Reduzierung des Pflegeaufwandes für ein stetig wachsendes Wohnumfeld und zur Erschaffung einer neuen Weitläufigkeit als Qualität der Siedlung vorgeschlagen.
Anhand der drei stadträumlichen Kategorien wird deutlich, wie sich mögliche räumlich-strukturelle Ausprägungen der Perforierungsprozesse in unterschiedlicher Maßstäblichkeit und Körnigkeiten sowie veränderten Zuordnungen von bebauter und unbebauter Fläche niederschlagen.

6 Stadtperforation und freiraumstrukturelle Konzepte – Erprobungen

Je nach Stadt und Standort werden mit dem Auslichten in unterschiedlichem Maß und in unterschiedlicher Körnigkeit neue Freiraumelemente entstehen, die die bestehende Morphologie der Stadt auf unterschiedlichen Maßstabsebenen verändern werden. Jedoch wird die Perforierung nur in Ausnahmen konsequenten übergeordneten Mustern wie dem des Schrumpfens von Außen noch Innen oder des Ausbildens von kompakten Kernen eingebettet in ausgedünnte Stadtlandschaften folgen, selbst wenn dies vielfach planerischer Wunschtraum ist. Vielmehr wird sich die Entwicklung besser als komplexe räumliche Heterogenität beschreiben lassen: Freiräume unterschiedlicher Größe und mit unterschiedlichen Entstehungshintergründen werden sich eher beiläufig über das Stadtgebiet verteilen.

Wie kann es gelingen, diese beiläufigen Landschaften zu neuen stadträumlichen Qualitäten, die für die Stadtbewohner erfahrbar sind, werden zu lassen? Nachfolgend werden drei Beispiele für Konzepte vorgestellt, die die Einbindung dieser durch Heterogenität und offene Entwicklungen geprägten Flächenpotentiale in den stadtstrukturellen Kontext erproben.

Waldstadt Halle-Silberhöhe: Wald folgt auf Stadt

Der Stadtteil Halle-Silberhöhe, eine Plattenbausiedlung ursprünglich konzipiert mit 15 000 Wohnungen, liegt wenige Kilometer südlich des Stadtzentrums und grenzt an den Landschaftsraum der Saale-Elster-Auen. Zwischen 1989 und 2000 halbierte sich die Einwohnerzahl nahezu von mehr als 37 000 auf ca. 22 000 Einwohner. Die Planungen sehen eine drastische Reduzierung des Wohnbaubestandes um ca. ein Drittel vor. Die Großwohnsiedlung soll sich in eine „Waldstadt" wandeln.[19] Durch Freiflächen unterschiedlicher Art sollen die Wohnbaukomplexe aufgelockert werden und Wohninseln umgeben von Wald entstehen. Neben der konsequenten Umwandlung von Siedlungsteilen in Wald ist eine gezielte Qualitätssteigerung der verbleibenden Wohninseln im Spektrum klassischer „Sozialer Stadt"-Programme vorgesehen. Aufforstungsflächen auch im Inneren der Siedlung arrondieren ein vorhandener Grünzug, der als grünes Rückgrat der Siedlung weiterhin fungiert, am südlichen Rand der Siedlung verbinden sich jedoch aufgeforstete Flächen zukünftig mit dem landschaftlich geprägtem Saaleraum. Es erfolgt im äußeren Siedlungsbereich eine großflächige Umwidmung von Bauflächen in Forstflächen, die Übergabe der Flächen an das Forstamt zur Betreibung und Pflege der Flächen ist vorgesehen.

RietzschkeBand im Leipziger Osten:
eine Sequenz bildstarker Freiräume im Stadtteil

Für den Leipziger Osten, einen vorwiegend gründerzeitlichen Stadtteil mit ca. 30 000 Einwohnern und hohem Wohnungsleerstand, wurde 2001 ein Konzeptioneller Stadtteilplan erarbeitet, der ausgerichtet auf einen Zeithorizont von ca. 20 Jahren ein visionäres Entwicklungsleitbild für den Stadtumbau im Leipziger Osten zeigt. Ein Kernstück des Stadtumbaus ist die Entwicklung des sogenannten RietzschkeBandes: die Umgestaltung einer mittig den Stadtteil von Ost nach West durchziehende Zone mittels bildstarker Umbauprojekte.[20] Die Bezeichnung dieser mittigen Transformationszone als RietzschkeBand nimmt Bezug auf den ehemaligen Verlauf der Rietzschke. Doch nicht der Verlauf dieses kleinen verrohrten Flüßchens war ausschlaggebend für die Konzeptfindung, sondern die Erkenntnis, daß sich hier als brüchig identifizierte Strukturen wie Brachen und unsanierte Bestände stärker als in den umliegenden Quartieren konzentrieren. Während für die an diese Zone angrenzenden Stadtquartiere im Sinne einer räumlich differenzierten Umbaustrategie die Konsolidierung oder die geduldige Aufwertung im Vordergrund standen, steht das Konzept des RietzschkeBandes für einen durchgreifenden strukturellen Wandel. Hier soll neben punktuellen baulichen Maßnahmen vor allem die Entwicklung neuer Freiraumelemente zum Tragen kommen. Die Umgestaltung dieser Flächen basiert auf sehr unterschiedlicher Maßnahmen, die von der – planungsrechtlich gesicherten – Erweiterung des Stadtteilsparks über die Implantation neuer bildhafter Landschaftselemente wie „Lichter Hain" und „Dunkler Wald" bis hin zu Aktivierung von vielfältigen Baulückennutzungen – gärtnerischen, kulturellen oder künstlerischen – in stark perforierten Quartieren innerhalb dieser Zone reichen.

Essens neue Wege zum Wasser:
Strahlen als Leitthema für eine gesamtstädtische Freiraumvernetzung

Unter dem Motto „Freiraum schafft Stadtraum"[21] entwickelt und erprobt die Stadt Essen ein gesamtstädtisches Konzept, um Freiflächen mit einer neuartigen Strategie zu entwickeln und zu vernetzen. Die innerstädtischen Fließgewässer bilden die ideellen Leitlinien, entlang derer sich neue Freiraumstruktur in Sinne von „Strahlen" Schritt für Schritt herausbilden. Das Konzept der Strahlen zielt darauf ab, das besondere Potential von im

Neue Freiräume in der perforierten Stadt: Das RietzschkeBand im Leipziger Osten.
Grafik: bgmr Landschaftsarchitekten, Berlin

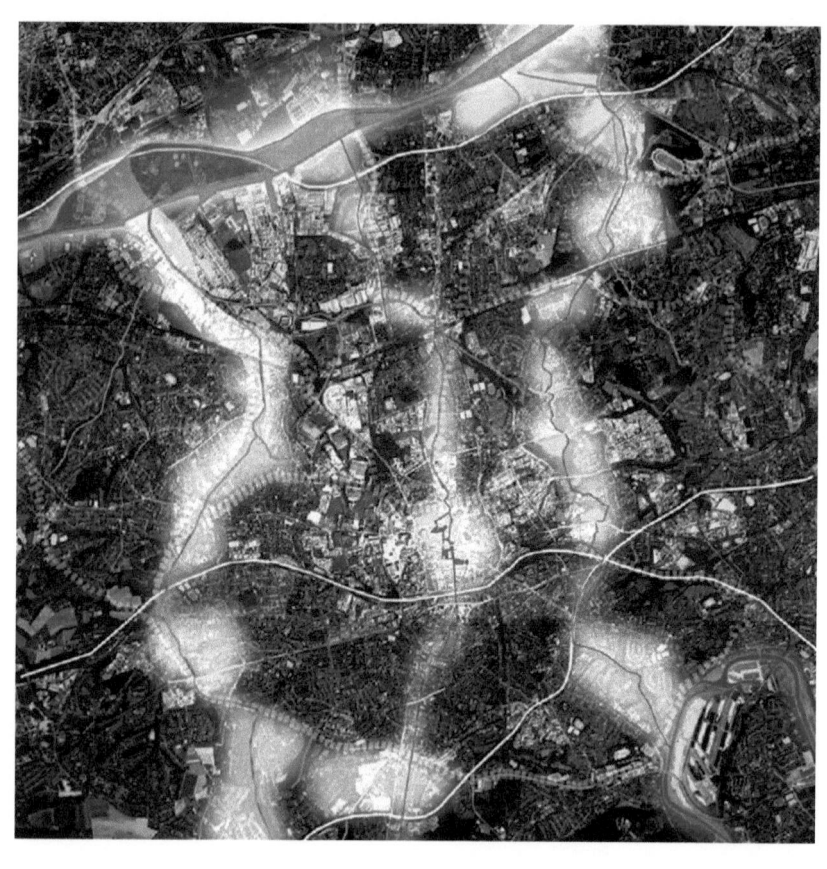

Freiraum schafft Stadtraum – das Strahlenkonzept der Stadt Essen.
Grafik KLA – Kiparlandschaftsarchitekten

Ansatz vorhandener Freiraumstrukturen im Stadtgebiet herauszukristallisieren und die Nutzung von Flächen zu aktivieren, die gegenwärtig zum Teil brach liegen oder eine Art „Hinterhofdasein" führen. Es ist angestrebt, daß Strahlenkonzept in drei Kernschritten, die mit „Belichten", „Inszenieren" und „Projektieren" bezeichnet werden, umzusetzen. Der erste Schritt, das „Belichten", umfaßt – zügig und mit einfachen Mitteln – das Freilegen von im Prinzip vorhandenen Trassen entlang von Wasserläufen. So wird auf vorhandene Freiräume einerseits eine neue Aufmerksamkeit gerichtet, parallel entstehen durch erste durchgängige Verbindungen neue Qualitäten für die Bewohner. Mit dem zweiten Schritt „Inszenierungen" werden in einem öffentlichkeitswirksamen und die aktive öffentliche Beteiligung suchenden Prozeß große und kleine, dauerhafte und temporäre Projekte in diesem Raum initiiert, die von künstlerischen Installationen über Märkte und Angebote für neue Freizeitaktivitäten bis hin „landfor-free-Projekten" ohne vorgegebene Nutzungen reichen.

Schritt drei „Projektieren" ist darauf ausgerichtet, an einzelnen besonders wichtigen Punkten durch Initialprojekte eine dauerhafte Qualifizierung vorzunehmen und diese Orte im Stadtraum zu verankern. Hierzu zählt die unmittelbare räumliche Verknüpfung von alten, aber auch neuen Wohnprojekten mit den Strahlen ebenso wie die Anlage von großflächigen Stillgewässern wie z. B. der 1,5 ha große Kuhlhoffsee im Essener Norden sowie die Öffnung und Umgestaltung von angrenzenden Brachflächen.

Was auf den ersten Blick wie ein klassisches übergeordnetes Freiflächenkonzept zur Gliederung der Stadt erscheinen mag, stellt sich bei genauerem Hinsehen als ein neuartiger Ansatz dar, über Freiflächen als Infrastruktur den Stadtentwicklungsprozeß gezielt zu aktivieren. Das Konzept des Anstoßens zielt dabei auf mehrere Ebenen und es spricht unterschiedliche Akteure an: es intendiert sowohl im klassischen immobilienwirtschaftlichen Sinne die Aufwertung von Standorten wie es darauf ausgerichtet ist, Freiraum- und Kulturpolitik stärker zu verknüpfen und ein neues Bewohnerinteresse an „ihrer" Stadt zu motivieren. Da die finanziellen Mittel der Stadt für ein derart umfassendes Konzept zu begrenzt sind, soll es als Public-Private-Partnership-Projekt mit eigenem Projektbüro realisiert werden.

Alle diese Konzepte sind wachsende und lernende Konzepte, selbst wenn sie (auch) in die Form von konzeptionellen Stadtteilplänen oder Masterplänen gegossen worden sind. Die einzelnen Konzeptbausteine sind zu einem großen Teil auf Erweiterbarkeit und Nachsteuerbarkeit angelegt.

Selbst wenn die Plandarstellungen Flächengerüste in ihrem Kern und zu gestaltende Orte klar definieren, lassen sie auch unbestimmte Räume und Entwicklungen zu. Sie geben damit eindeutige Entwicklungsorientierungen und benennen Schlüsselmaßnahmen, enthalten aber zugleich auch bewußte Unschärfen und Zieloffenheiten.

7 Leben in komplexer Heterogenität – ein Ausblick

Die Auslichtung der Stadt wird beides hervorbringen: freie Räume für neue urbane Praktiken als konzentrierte Akteursinseln und extensive Landschaften. Je nach Ort und Ausmaß der Auslichtung werden die neuen Freiräume kleinteilig und verinselt bleiben, oder sie bilden Potentiale für die Entwicklung größerer und zusammenhängender Freiräume: eine neue Generation von Stadtlandschaften.
Welches Bild kann man von diesen städtischen Landschaften aus heutiger Sicht zeichnen? Es werden sich – anders als die fließenden und gliedernden Stadtlandschaften des Städtebaus der Moderne – aus der „gebrauchten" Stadt sehr heterogene Stadtlandschaften herausbilden: alte, umgenutzte und punktuell neue bauliche Bestände gehen mit überkommenen traditionellen Freiräumen wie Parks oder Sportflächen, Brachen, neuen extensiven Landschaftselementen und einzelnen intensiv genutzt oder gestalteten Aktivitätsinseln einen vielgestaltigen und abwechslungsreichen räumlichen Verbund ein. Die Areale werden in den Städten unterschiedlich ausgedehnt und unterschiedlich gut vernetzt sein. Sie wird jedoch charakterisieren, daß Spuren überkommener Nutzungen und Eigentumsverhältnisse materiell und auch ideell noch für einen längeren Zeitraum in sie eingeschrieben sein werden und sich parallel Formen eines aktuellen Gebrauchs und einer neuen Gestaltung in ihnen herausbilden.
Diese Raumstrukturen bergen in ihrer Verschränkung von Überkommenem und Neuem, Extensivem und Intensiven, baulichen und freiräumlichen Elementen ein hohes Potential für eine zeitgemäße Stadtkultur. Der Erlebniswert besteht nicht in dem klaren Kontrast von Stadt und Landschaft, sondern in einem subtilen Verschleifen und dem spielerischen Umgang mit Räumen unterschiedlicher Atmosphären und Nutzungen. Dies schließt auch Formen experimenteller Nutzungen ein. Ihre Attraktivität, als neuer Stadtraum entdeckt und aktiviert zu werden, wird mit der Qualität ihrer Lage im Stadtraum und bei verstärkten Synergieeffekten für Nachbarräume steigen.

Das Wesen dieser Räume ist, daß sie nicht einer gewohnten klaren räumlichen Ordnung folgen, in Ausdehnung und Nutzung nicht abschließend definiert sind, vielleicht über Bestandteile informeller, nicht institutioneller Freiräume und vagabundierender Nutzungen verfügen werden und für den Besucher somit das Erleben von kontrastreicher Vielfalt in enger räumlicher Abfolge ermöglichen: ein spezifisch urbanes Landschaftserleben.

Setzt man sich mit den Raumpotentialen der ausgelichteten Stadt im Sinne dieser These auseinander, so heißt das auch nach Wegen ihrer Entwicklung und Gestaltung zu suchen. Ihre Re-Aktivierung als Stadtraum ist unter den gegenwärtigen Bedingungen des wirtschaftlichen und soziokulturellen Wandels ein komplexer Prozeß, der Zeit, neue Herangehensweisen und auch Instrumente erfordert. Das schließt in Planung und Gestaltung das Experiment mit ein, und hier ist die alltägliche Praxis der Raumaneignung den theoretischen Überlegungen in vielen Punkten voraus.

Wer erzeugt die neuen Strukturen dieser Stadtlandschaften, wo sind die Entwicklungsspielräume und welcher zeitlichen Dynamik unterliegen sie? Die vielleicht wichtigste Eigenschaft, die diese „heterogenen Stadtlandschaften" im Unterschied zu klassischen Freiraumkategorien charakterisiert, ist, daß sie keine monofunktionalen Räume sind und damit ihre Entwicklung und Qualifizierung auch nicht in einer Hand liegt. Es sind Räume, in denen viele Akteure wirken. Sie sind nicht wie Parks aus einer Hand entworfen und durch eine kommunale Institution betrieben, sondern entstehen durch paralleles Handeln im Raum. Ihre Ausprägungen werden in der Summe durch vielfältige Mechanismen und Akteure mit spezifischen Interessen ausgebildet werden. Deren Identifizierung ist ein planerischer Baustein in diesem Prozeß.

Die Zusammensetzung und Bandbreite der Akteure wird in Abhängigkeit vom jeweiligen Ort extrem unterschiedlich sein und kann verschiedene gesellschaftliche Gruppen berühren: Einzelne Bürger, Förster, Stiftungen, Wohnungsbaugesellschaften, Sportler, Interessensgruppen, Investoren, Landwirte, Kulturschaffende, Quartiersmanager, Banken, Naturschützer, Vereine, Behördenvertreter können in diesem Prozeß je nach Konstellation zu gemeinsam Handelnden werden.

Nicht alle freien Räume und beiläufigen Landschaften in einer ausgelichteten Stadt werden sich zu neuen topographischen Einheiten im Sinne heterogener Stadtlandschaften verdichten, doch ob sie punktuell eingestreut bleiben oder eigene Raumsysteme bilden, sie werden die Vielfalt städtischer Strukturen und urbaner Freiräume erhöhen und damit Abbild einer kleineren und zugleich vielschichtigeren Gesellschaft sein.

Anmerkungen

1 Vgl. zur Kompensationsfunktion Hauser, Susanne, Metamorphosen des Abfalls. Konzepte für alte Industrieareale, Frankfurt am Main 2001
2 Wagner, Martin, Das sanitäre Grün der Städte. Ein Beitrag zur Freiflächentheorie, Berlin 1915
3 Vgl. Durth, Werner, Zum Begriff der Stadtlandschaft, in: Beiträge zur räumlichen Planung, Heft 50, Hannover 1999
4 Vgl. Schröder, Thies, Freiräume in der Stadtentwicklung, in: DAB, Heft 7/2006 S. 14–17
5 Vgl. Obermeyer, Klaus; Oswalt, Philipp; Prigge, Walter, Schrumpfung als Experiment, in: Garten+Landschaft, Heft 3/2002
6 Vgl. Lange, Bastian, Culturepreneurs in der kreativen Wissensökonomie Berlins: Raumaneignungen und Vergemeinschaftungsformen, in: Umweltpsychologie, Heft 10/2006, S. 55–68
7 Vgl. Bachmann-Medick, Doris, Cultural Turns. Neuorientierungen in den Kulturwissenschaften, Hamburg 2006, S. 289ff
8 Vgl. Bundesministerium für Verkehr, Bau- und Wohnungswesen; Bundesamt für Bauwesen und Raumordnung, Zwischennutzung und neue Freiflächen – Städtische Lebensräume der Zukunft. Berlin 2004
9 Vgl. Dettmar, Jörg: Naturbestimmte Stadtentwicklung?, in: Oswalt, Philipp (Hg.), Schrumpfende Städte. Band 2: Handlungskonzepte, Ostfildern 2005, S. 144–150
10 Vgl. Rink, Dieter: Ist Wildnis schön? In: Garten+Landschaft. 2/2004. S. 16–18
11 Vgl. Switkin, Lisa, Slowness, Distraction and the Otherwordly – the High-Line, New York, in: Franzen, Brigitte; Krebs, Stephanie, Mikrolandschaften. Bönen 2006
12 Vgl. Pütz, Gabriele, Nach Abriss: Wildstauden – Konzepte für Berlin Marzahn, in: Garten+Landschaft, Heft 2/2004, S. 19–21
13 Vgl. Schulze, Thomas; Oegel, Antje; Reinhardt, Réné, Das Jahrtausendfeld. Eine realisierte Utopie, Altenburg 2001
14 Vgl. Hartz, Andrea; Rösler, Markus, Machbarkeitsstudie Urwald vor den Toren der Stadt. Saarbrücken 2003
15 Vgl. Bundesministerium für Verkehr, Bau- und Wohnungswesen; Bundesamt für Bauwesen und Raumordnung, Zwischennutzung und neue Freiflächen – Städtische Lebensräume der Zukunft. Berlin 2004
16 Der Begriff der Zwischenfelder, wie er hier verwendet wird, wurde im Rahmen des Stadtentwicklungsplanes „Öffentlicher Raum", herausgegeben von der Senatsverwaltung für Stadtentwicklung und Umweltschutz Berlin 1995, durch die Projektgemeinschaft Stadtentwicklungsplan Öffentlicher Raum von Undine Giseke u. a. erarbeitet. Vgl. hierzu auch: Giseke, Undine; Wolf, Peter, Von der Fläche zum Raum, in: Garten+Landschaft 7/1997, S. 18–20
17 Vgl. Selle, Klaus (Hg.), Vom sparsamen Umgang zur nachhaltigen Entwicklung. Programme, Positionen und Projekte zur Freiraum- und Siedlungsentwicklung, Dortmund 1999
18 Vgl. Dettmar, Jörg, Forests for Shrinking Cities? The Project "Industrial Forests of the Ruhr", in: Kowarik, Ingo; Körner, Stefan, Wild Urban Woodlands. New Perspectives for Urban Forestry, Berlin/Heidelberg 2005

19 Vgl. Geiss, Stefan; Kemper, Julia u. a. (Hg), Programmbegleitung des Bund-Länder-Programms „Soziale Stadt" – Modellgebiet „Halle-Silberhöhe",Berlin 2002
20 Vgl. Preisler-Holl, Luise, Aktuelle Konzepte und Maßnahmen der städtischen Freiraumentwicklung. Berlin 2006
21 Amberg, Norbert E., Das Essener Strahlenmodell, in: Garten+Landschaft, Heft 1/2007

Literatur

Bachmann-Medick, Doris, Cultural Turns. Neuorientierungen in den Kulturwissenschaften, Hamburg 2006
Bundesministerium für Verkehr, Bau- und Wohnungswesen, Bundesamt für Bauwesen und Raumordnung, Zwischennutzung und neue Freiflächen – Städtische Lebensräume der Zukunft, Berlin 2004
Giseke, Undine, Die zentrale Stellung der Freiraumplanung bei der sozialen und kulturellen Ausgestaltung der postindustriellen Stadt, in: Informationen zur Raumentwicklung, Heft 11–12/2004
Kowarik, Ingo, Körner, Stefan (Hg.), Wild Urban Woodlands. New Perspectives for Urban Forestry, Berlin/Heidelberg 2005
Lange, Bastian, Culturepreneurs in der kreativen Wissensökonomie Berlins: Raumaneignungen und Vergemeinschaftungsformen, in: Umweltpsychologie, Heft 10/2006, S. 55–68
Lefèbvre, Henri, Die Revolution der Städte. Reprise der deutschen Ausgabe München 1972, Frankfurt am Main 1976
Obermeyer, Klaus, Brache als Brutkasten? Zwischennutzungen in schrumpfenden Städten, in: Oswalt, Philipp (Hg.), Schrumpfende Städte. Band 2: Handlungskonzepte, Ostfildern 2005, S. 340–347
Preisler-Holl, Luise, Aktuelle Konzepte und Maßnahmen der städtischen Freiraumentwicklung. Berlin 2006
Selle, Klaus (Hg.), Vom sparsamen Umgang zur nachhaltigen Entwicklung. Programme, Positionen und Projekte zur Freiraum- und Siedlungsentwicklung, Dortmund 1999
Senatsverwaltung für Stadtentwicklung und Umweltschutz Berlin, Stadtentwicklungsplan öffentlicher Raum. Berlin 1995

Günter Nagel
Stadt ist Landschaft – Landschaft als konstitutives Strukturelement für stadträumliche Konzepte

Wachstum und Schrumpfung

In der städtebaulichen Diskussion wird unter dem Eindruck des Bevölkerungsrückgangs und der dadurch ausgelösten Schrumpfungsvorgänge auch von Perforation und in diesem Zusammenhang von Löchern im städtischen Gewebe gesprochen. In der Quantenmechanik werden Löcher als „unbesetzter Zustand" beschrieben. In einem bebauten Gebiet entstehen durch Abriß von Gebäuden „unbesetzte Zustände" – Freiflächen im ursprünglichen Sinne dieses stadtplanerischen Begriffs: Flächen – frei von Bebauung. Um diese unbesetzten Zustände für die Stadtbewohner brauchbar zu machen, sie wieder zu besetzen, müssen sie von Freiflächen zu benutzbaren Räumen entwickelt werden, zu Außenräumen, die, wie die schon „besetzten" Räume auch, nur durch gesellschaftliche Kräfte, also die Stadtbewohner selbst, produziert werden können.
Perforation war das ursprüngliche Siedlungsprinzip in Mitteleuropa. In die weitgehende Waldbedeckung wurden Löcher gerodet und in diesen Siedlungen begründet. Ortsnamen mit der Endung „rode" weisen auf diese Entstehung hin. In den Siedlungen selbst – und in den daraus entstandenen Städten – gab es auch trotz des begrenzten Raumes insbesondere in den umfestigten mittelalterlichen Städten durchaus noch unbebaute Flächen. Die Städte oszillierten zwischen Verdichtungen und Verdünnungen, z. B. nach Seuchen oder Kriegen, die mit einem Bevölkerungsrückgang verbunden waren. Die in der Stadt lebensnotwendigen Gärten und Höfe dehnten sich bei Schrumpfung aus oder wurden bei Wachstum durch Bebauung reduziert. Dieses dynamische Stadtentwicklungsprinzip ist bis ins 18. Jahrhundert wirksam gewesen. Erst mit dem rasanten Wachstum vieler Städte im 19. Jahrhundert im Zuge der Industrialisierung und der allmählichen Herausbildung von Ballungsräumen bei gleichzeitiger Entleerung

der ländlichen Räume entstanden die hoch verdichteten Stadtquartiere der Gründerzeit. Dies hatte die weitestgehende Trennung von offenen Räumen und Gärten von der Bebauung zur Folge, die als Ersatzformen, z. B. in Form von Kleingärten, an die Ränder verdrängt wurden.
Daß damit ein Verlust an Wohn- und Lebensqualität einherging, ist seit Hegemann[1] insbesondere in der sozialkritischen Literatur ausführlich abgehandelt worden. Wenn also heute durch Bevölkerungsrückgang Raum frei wird in den Städten, so ist dies historisch betrachtet kein neuartiger Vorgang und auch eine Chance, Wohn- und Lebensqualität zu verbessern. Man muß vor Löchern in der Stadt also keine Angst haben, aber man muß aufpassen, daß das „Gewebe" nicht zerreißt, sei es, daß der baulich-räumliche, sei es daß der funktionale Zusammenhang zwischen den Stadt-Teilen verloren geht.
Die brutalsten Breschen hat der Bombenkrieg in unsere Städte geschlagen. Dabei ist oft das Stadtgewebe großflächig zerstört worden. In der Folge sind mit der so genannten „Trümmerbegrünung" – zumeist temporäre – Grünflächen entstanden, oft als Arbeitsbeschaffungsmaßnahmen. In einzelnen Baulücken sind aber auch gut nutzbare Spiel- und Aufenthaltsräume sowie Gärten entstanden, die jedoch mit der zunehmenden baulichen und funktionalen Verdichtung, die nicht zuletzt dem Verwertungsdruck des Immobilenmarktes folgte, wieder verschwanden. Später kam die zunehmende Orientierung an gründerzeitlichen Stadtbildern mit ihren geschlossenen Blöcken und Straßenfronten hinzu, die erst allmählich und vor allem dort, wo bereits Leerstände und Lücken zu erkennen oder zumindest zu erwarten sind, wieder in Frage gestellt werden. Stadtentwicklung vor allem in größeren Städten verläuft also nicht nur in einer Richtung: Schrumpfung und Wachstum finden gleichzeitig an unterschiedlichen Stellen der Stadt statt.
Für die Entwicklung von Strukturkonzepten und stadtplanerischen Strategien müssen daher beide Prozesse integriert werden. Dies bedeutet auch, daß es kein einheitliches oder übergeordnetes Leitbild für alle Städte geben kann, sondern daß jede Stadt und jedes Quartier auf seine spezifischen Bedingungen hin untersucht und planerisch entwickelt werden muß. Inwieweit es dafür geeignete und vergleichbare „Bausteine" gibt, ist Gegenstand dieser Überlegungen.

Stadt und Landschaft

Ebenso wie die Stadt ist Landschaft nicht befriedigend zu definieren. Einzelne Geofaktoren können abgegrenzt werden, die Landschaft als Ganzes nicht. Aus diesem Dilemma hilft Neefs[2] „Landschaftliches Axiom", das Landschaft nicht definiert – durch Grenzen erfaßt –, sondern als Wirkungszusammenhang von gesellschaftlichen Kräften und geographischer Substanz formuliert. Vor diesem Hintergrund erweist sich auch die Debatte über die Grenzen zwischen Stadt und Landschaft als Scheindebatte. Die Wirkungszusammenhänge zwischen Landschaft und Stadt enden an keiner Stadtmauer – sie taten es auch im Mittelalter nicht. Die Wechselwirkungen mit der Landschaft tragen die Stadt, verändern Stadt und Landschaft aber auch.

Das Verhältnis von Stadt und Landschaft war immer komplex und kompliziert. Je nach Betonung des Städtischen oder des Landschaftlichen wurden Planungsideologien begründet. Dabei ist die unkritische Beschwörung des „Urbanen" wahrscheinlich genauso irrational wie die einseitige Betonung des „Landschaftlichen". Nur räumlich gab es, durch Verteidigungsnotwendigkeiten bedingt, Phasen der Stadtentwicklung, die scheinbar eine klare Trennung von Stadt und Landschaft ermöglichten: Die mittelalterliche Stadt mit ihrer umfassenden Mauer hat bis heute das polare Bild von der Stadt innen und der Landschaft außen geprägt. Die folgenden Epochen der Stadtentwicklung in der Renaissance und im Barock mit ihren bastionären Strukturen führen diese räumliche Zäsur – in Kriegszeiten – fort, andererseits bilden diese Anlagen selbst topographisch landschaftsbauliche Großbauwerke, die in Friedenszeiten bereits Funktionen, die wir heute mit Erholung bezeichnen würden, aufnahmen. Kennzeichen der modernen Stadt ist hingegen die Durchdringung von städtischen und landschaftlichen Strukturen.

Alte Stadtlandschaften

Lange bevor der umstrittene Begriff der Stadtlandschaft in die städtebauliche Diskussion geriet – er wurde erst um 1920 als Kategorie der Sozialgeographie formuliert –, gab es in den großen Städten stadtlandschaftliche Entwicklungen. Nicht nur die modernen Transport- und Infrastrukturanlagen erzwangen seit dem 19. Jahrhundert Öffnungen und Durchdringungen der kompakten Stadträume, das Stadtwachstum selbst führte zu

Stadterweiterungen, die landschaftliche Strukturen mit einbezogen. Wie Bauer[3] nachgewiesen hat, sind alle bedeutenden Stadterweiterungen seit ca. 1850 über die Konzipierung von Freiflächensystemen und Schnellbahnsystemen verlaufen. Wenn auch die Chance einer Vernetzung, wie sie idealtypisch für Berlin im Jansen-Plan von 1909 als Grundgerüst der Großstadtwerdung Berlins skizziert worden ist, nur zum Teil realisiert wurde, bilden noch immer naturräumlich und historisch bedingte offene Räume tragfähige Strukturen der Stadtentwicklung.

Mit den Arbeiten Lennés (1789–1866) für Berlin und von Sckells (1750–1823) für München begann die Öffnung auch der historischen Stadträume für eine großräumige Durchdringung mit Grünelementen mit hohem gestalterischen Anspruch. Durch Parks, Stadtplätze und Gärten wie den Englischen Garten und die großzügig geschnittenen „naturnahen" Gärten der Maxvorstadt in München, aber auch durch Lennés „Schmuck- und Grenzzüge", etwa gärtnerisch gestaltete Wasserwege wie dem Luisenstädtischen Kanal und dem Landwehrkanal in Berlin, werden die neuen Vorstadtgebiete insgesamt als Teil eines „bau- und gartenkünstlerischen Generalplans" aufgefaßt.[4] Um einiges später wurde dann mit der „gegliederten und aufgelockerten Stadt" ein Leitbild formuliert, das Grünstrukturen sehr dominant werden ließ und dessen Mangel an Urbanität beklagt wird. Gleichwohl hat einer der Verfasser des gleichnamigen Buches, Roland Rainer[5], bereits 1972 mit seinem Buch „Lebensgerechte Außenräume" darauf aufmerksam gemacht, daß der Benutzungsqualität der offenen Räume höchste Bedeutung für das Leben in der Stadt zukommt. Hier liegt wahrscheinlich auch ein Schlüssel für den Umgang mit den neuen Löchern in der Stadt: sie zu benutzbaren Räumen zu entwickeln.

Auf die widersprüchliche Begriffsdiskussion zur vielfach diskreditierten „Stadtlandschaft" soll hier nicht weiter eingegangen werden. In einer wissenschaftlichen Arbeitstagung am Institut für Grünplanung und Gartenarchitektur der Universität Hannover 1999 wurden hierzu ausführliche Beiträge erarbeitet. Durth[6] hat den Begriff Stadtlandschaft historisch abgeleitet, analysiert und in Bezug zu den zwei dominanten Denkmodellen, die den Städtebau der Gegenwart prägen, gesetzt: dem Modell eines „vormodernen" Städtebaus, der – bei scharfer Trennung zwischen kompakter Stadt und umgebender Landschaft – jedes denkbare Verdichtungspotential innerhalb der Stadt aufzuspüren und auszunutzen strebt, und dem Modell der „Zwischenstadt", das eine weiträumige Dispersion der Nutzungen, eine Auflösung der traditionellen Hierarchie der Zentren zugunsten eines Netzwerks unterschiedlicher Gebäude- und Siedlungstypen vorsieht. Sein Schluß ist, daß nur durch die Herausarbeitung der jeweiligen Besonderheiten ein Prozeß des „dialogischen Stadtumbaus" in Gang gesetzt werden kann und die Wiederentdeckung der Landschaft in Stadt und Architektur – an deren Notwendigkeit er nicht zweifelt – ein Balanceakt zwischen konfligierenden Ansprüchen an Stadt und Natur ist.

Neue Stadtlandschaften

Die Abhängigkeit der Stadt von den Wirkungszusammenhängen mit der Landschaft ist heute elementarer: Ohne den Wasserhaushalt des Umlandes kann eine Stadt ihr Trinkwasser nicht generieren. Ihre Abfälle – flüssig, fest, gasförmig – kann sie innerhalb des Stadtgebietes umweltverträglich nicht entsorgen. Einigermaßen erträgliche Luftverhältnisse bedingen Frischluftzufuhr aus dem Umland. Ohne Vegetation und den Erhalt eines Mindestmaßes an fruchtbarem Boden wäre die Stadt eine einzige „Altlast".
Dies ist jedoch nicht die ganze Wahrheit. Die Städte sind gleichzeitig durch große biologische Vielfalt gekennzeichnet. In den gartendurchsetzten Wohnquartieren, in den differenzierten Grünräumen leben mehr Pflanzen und Tiere als in den oft ausgeräumten Agrargebieten des Umlandes. So findet die Vogelwelt in den Städten Lebensräume, die vielgestaltiger sind als auf den Äckern der Umgebung. Hier leben mehr Arten und mehr Tiere je Flächeneinheit aufgrund der besseren Nahrungsbasis. Dieses Potential wird durch den systematisch strukturellen Aufbau von Grünräumen gefördert und macht den Lebensraum Stadt auch in Zukunft lebenswert. Stadtlandschaft bedeutet so: Stadt als Gipfel von Landschaft zu sehen und sie auf struktureller wie auf bildhafter Ebene an ihrem spezifischen Standort unter Nutzung der Besonderheiten des Ortes weiterzubauen.
Potentiale für neue Stadtlandschaften unter Einbeziehung der Lücken und Löcher als „unbesetzte Zustände" sind auf drei Maßstabsebenen zu suchen:
– auf der Mikroebene, d.h. in kleinteiligen, den Wohnungen zugeordneten Außenräumen, die entscheidend die Wohnqualität eines Quartiers bestimmen. Auch für junge Familien, die sonst ins Umland abwandern würden, ist die unmittelbare Verbindung mit den Baustrukturen wesentlich. Für die Verknüpfung von Innen- und Außenraum gibt es viele gute Beispiele: Gärten an den Erdgeschoßwohnungen, Gartenterrassen auf den Geschoßebenen und Dachgärten bieten vielgestaltige Möglichkeiten, den Wohnungen privat nutzbare Außenräume zuzuordnen. Bei der Verbin-

dung neu zu schaffender Außenräume in Altbaustrukturen ist eine direkte Verbindung von Innen- und Außenraum jedoch schwieriger herzustellen. Sie kann aber durch intelligente Binnenerschließungen verbessert werden, etwa durch hofseitige Öffnungen der Treppenhäuser und Erdgeschoßwohnungen, die auch die Zugänglichkeit verbessern.

– auf der Stadtteilebene, wo öffentliche Räume z. B. in der Dimension von Stadtteilparks – vergleichbar den Volksparks der 1920er Jahre – von Bedeutung für die alltägliche Erholung in Wohnungsnähe sind. Hier bestehen innerhalb älterer Stadtstrukturen in der Regel erhebliche Defizite, oft übernehmen Stadtplätze diese Funktionen. Integrierte Spiel- und Sportanlagen tragen dabei wesentlich zur Qualifizierung bei.

– auf der Makroebene, wo die großen Stadtparks, Stadtwälder, historischen Gärten, Flußauen und Seeufer eine für den Stadtgrundriß typische und identifikationsbildende Struktur bilden, die auch vielfältige Aneignungsmöglichkeiten für die Stadtbewohner bietet. Daneben existieren offene grüne Räume, die weder Parks noch Wildnis sind, am besten charakterisiert z. B. durch „Hampstead Heath" im Norden von London: offenes Gras- und Heideland, mit Gehölz- und Baumgruppen durchsetzt, das – meist durch Schafbeweidung – extensiv gepflegt und vielseitig genutzt wird. Eingelagerte Sportanlagen und Wasserflächen, aber auch die Weitläufigkeit an sich, eröffnen für einzelne wie für Gruppen zusätzliche Bewegungs- und Betätigungsmöglichkeiten, etwa Drachen steigen und Modellflugzeuge fliegen lassen. Auch Nutzungskonflikte, ob zwischen Reitern, Hundeführern, Radfahrern, Sportlern oder Fußgängern werden dadurch weitgehend vermieden. Derartige Räume können somit als Modell für die Nutzung großflächiger Lücken in der Stadt dienen.

In der Kombination und Verknüpfung dieser Maßstabsebenen und ihrer Anpassung an die Bewegungsamplitude der Bewohner unterschiedlichen Alters und unterschiedlicher Bedürfnisse liegt ein wesentliches Qualitätsmerkmal eines Stadtgrundrisses.

Stadtlandschaft kann also nicht heißen, die Stadt beliebig mit sogenannter „Landschaft" zu zergliedern oder aufzufüllen. Stattdessen kann auf den verschiedenen Ebenen an den durch die künftige Ausdünnung der bisherigen Nutzungen gegebenen Potentialen angesetzt werden, wobei diese durch landschaftsbezogene Um- oder Zwischennutzungen so qualifiziert werden können, daß sie auch eindeutig in ihrer neuen stadträumlichen Funktion und Gestalt erkennbar sind. Die ökologischen Wirkungen werden dadurch mit getragen. Wenn diese neuen Potentiale genutzt werden sollen, können sie also nicht im Sinne von Restflächen behandelt werden,

Extensives Grün – intensiv genutzt: die weitläufigen Wiesenbereiche von Hampstead Heath, London. Foto: Nagel

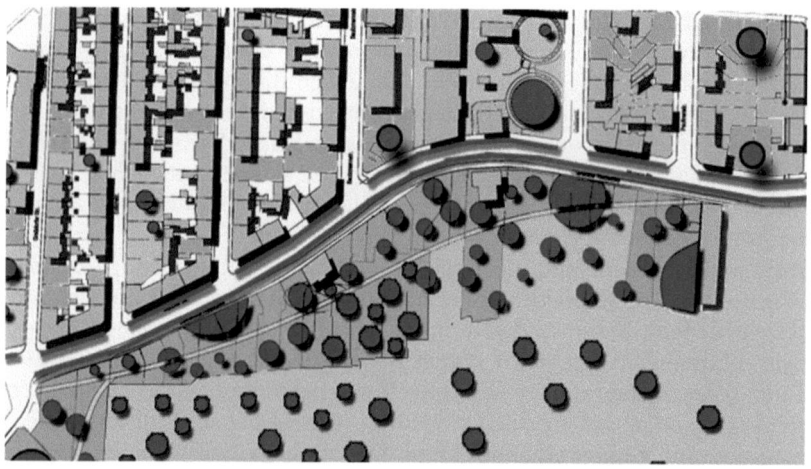

Mit der Auslichtung der Stadt entstehen neue Freiräume auf der Quartiersebene.
Grafik: bgmr Landschaftsarchitekten, Berlin

sondern müssen im Rahmen eines strukturellen Konzepts entwickelt, planungsrechtlich gesichert und kommunal-politisch offensiv vertreten werden. Diese Erkenntnis ist zwar nicht neu, in den meisten Städten gibt es aber erhebliche Vollzugsdefizite. Fehlende Perspektiven, unklare Zuständigkeiten, bereits eingetretene Verwahrlosung hindern oft potentielle Akteure an konstruktivem Handeln. In Zeiten der Schrumpfung kommen vermehrt finanzielle Engpässe, aber auch die Unsicherheit über künftige Entwicklungen und Vorstellungen hinzu. Gefragt sind „lernende Konzepte".

Bausteine für eine neue Stadtlandschaft

Neue Nutzungen von „Löchern" lassen sich prinzipiell diesen drei Maßstabsebenen zuordnen und können entsprechende Funktionen übernehmen. Die räumliche Lage im städtischen Gewebe gibt erste Hinweise auf mögliche Nutzungen:
– Isolierte Löcher in einer dichten Blockstruktur sind prädestiniert, den Anwohnern als individuell oder gemeinschaftlich zu nutzende Gärten in Form von Kleingärten oder Mietergärten, Aufenthaltsplätzen und Kinderspielanlagen zur Verfügung zu stehen. Ihre Pflege und Betreuung kann dabei weitgehend den Bewohnern übertragen werden. Organisationsmodelle kann man z. B. aus den Erfahrungen in Sanierungsgebieten oder bei Wohnumfeldverbesserungen gewinnen. So wurde in Wien schon in den 1970er Jahren für die im Rahmen der Sanierung geschaffenen Gartenhöfe Mietervereine gebildet, denen Pflege, Instandhaltung und soziale Kontrolle oblag und die auch Mitglieder von außerhalb aufnahmen. Die erforderliche Infrastruktur, etwa Wasser- und Elektroanschlüsse, Müllentsorgung, Brandschutzeinrichtungen u. a. kann im Wesentlichen aus der umgebenden Bausubstanz gewonnen werden.
– Liegen mehrere Löcher in nahem räumlichem Zusammenhang, kann versucht werden, Verbindungen zu schaffen und so größere offene Räume zu gewinnen, die auch Nutzungen mit einer größeren Bewegungsamplitude erlauben. Instandhaltung, Pflege und Infrastruktur sollten nach Möglichkeit in blockübergreifender Kooperation organisiert werden. Ein Quartiersmanagement, aber auch Wohnungsbaugesellschaften, Genossenschaften oder Bürgervereine könnten hierbei die Federführung übernehmen. In jedem Falle müßten aber auch die kommunalen Fachämter Hilfestellung leisten.

– Liegen Löcher in unmittelbarem Kontakt zu öffentlichen Grünräumen oder Stadtplätzen, so kommt eine Vergrößerung oder Ergänzung dieser Anlagen in Betracht. Damit wird jedoch zugleich eine Entscheidung zur öffentlichen Instandhaltung und Pflege sowie zur Sicherung der Infrastruktur getroffen. Wo ein Erwerb der benötigten Flächen durch die Kommune jedoch aus finanziellen oder rechtlichen Gründen (noch) nicht möglich ist, können, wie dies in Leipzig geschehen ist, temporäre „Gestattungsvereinbarungen" eine praktikable Zwischenlösung darstellen.
– Reihen sich Löcher zwischen vorhandene öffentliche Grünräume, können diese zur Schaffung von verkehrsfreien Trassen innerhalb der Quartiere dienen und z. B. von Kindern und Jugendlichen als „Bahnen" für Skaten und Radfahren genutzt werden.
– Haben die Löcher Kontakt zu Stadtteilparks oder größeren Grünräumen, lassen sich entsprechende Anschlüsse herstellen, die einerseits das Quartier zum Park öffnen, andererseits Spiel- und Erholungsfunktionen näher an die Bewohner heranführen können. Instandhaltung, Pflege und Infrastruktur bedürfen gemeinsamer Anstrengungen von Kommune und Anliegern. Auf Seiten der Kommune ist hierfür jedoch eine verstärkte Kooperation zwischen den Grünflächen-, Planungs- und Bauämtern erforderlich, ebenso ein Zusammenwirken mit dem Stadtteil- oder Quartiersmanagement, das seinerseits aber auch die Bündelung der Interessen und Initiativen der Anlieger zu übernehmen hätte.
Trotz dieser Differenzierungsmöglichkeiten sollte jedoch keine Typisierung erfolgen, um den experimentellen Charakter und die Kreativität der beteiligten Bewohner nicht einzuengen.
Nicht in dieses Schema paßt eine spezielle Form linearer Verödung an städtischen Hauptverkehrsstraßen, City-Ringen und Durchgangsstraßen. Die begleitende Bebauung dieser Straßen ist zum Wohnen nicht mehr geeignet, und auch Geschäfte meiden verstärkt diese Standorte. Zunehmender Leerstand legt allerorts davon Zeugnis ab. Hier ist mit landschaftsarchitektonischen Mitteln wenig zu erreichen. Die Bebauung selbst kann allenfalls bei – wenig wahrscheinlichen – Neubauten mit einigem technischen Aufwand Lärmschutz und die Abwendung von den Verkehrsbelastungen bieten. Insofern können solche Straßenzüge nur durch Reduzierung des Verkehrs, Verringerung der Trassenbreiten, mehrreihige Baumpflanzungen wieder auf Stadtstraßenniveau gebracht und im besten Falle als Boulevards ins Stadtgefüge reintegriert werden.
Auf allen anderen Ebenen ergibt die Überlagerung der Standortbezüge mit der Charakteristik der jeweiligen Quartiere eine Vielzahl von Kombinatio-

nen und Variationsmöglichkeiten und damit eine große Bandbreite außenräumlicher Strukturierungen. Dies kommt z. B. in den unterschiedlichen Zieldefinitionen des Teilplans Stadterneuerung Leipzig[7] zum Ausdruck. Während dort, jeweils auf die Blockebene und die Wohnnutzung bezogen, für „konsolidierte Gebiete" eine „tragfähige Bebauungs- und Freiraumstruktur" vorausgesetzt und für „Erhaltungsgebiete" darüber hinaus eine „Anlage und Aufwertung von Freiflächen im Blockinnenbereich" gefordert wird, wird in „Bestandsanpassungsgebieten" ein „Verbesserungspotenzial für den Freiraum in Baulücken oder durch Gebäuderückbau" gesehen. Dies bedeutet Förderung für „Wohnumfeldmaßnahmen auf Blockebene" und den Abbruch von Gebäuden, „soweit die Nachnutzung als Freifläche einen Qualitätsgewinn für die verbleibende Wohnnutzung ermöglicht". „Umstrukturierungsgebiete" bedürfen einer „stadträumlichen Einordnung" und brauchen „gutes Potenzial und Bedarf zur Entwicklung eines übergeordneten Freiraums".

Eine Vielzahl von Kombinationen ergibt sich aber auch aus der unterschiedlichen Zusammensetzung der Quartiersbevölkerung. Wenn, zum Beispiel, die im Beitrag zum Thema Wohnen in diesem Band als „außerordentlich heterogen" bezeichnete Gruppe der 20- bis 30-jährigen eine „Präferenz für innerstädtische Standorte" hat und gleichzeitig eine „gewisse Freizeit- und Erlebnisorientierung" aufweist, so trifft diese Orientierung gerade in Innenstädten auf zumindest räumlich eher restriktive Freizeit- und Erholungssituationen. Und gerade wenn diese Gruppe im Wesentlichen im Bestand unterkommt – und damit zu seiner Auslastung beiträgt –, ist eine Qualifizierung der knapp bemessenen Außenräume auch für Sport und Spiel dringend geboten.

Für innerstädtisches Familienwohnen im weitesten Sinne, für das vor allem die Gruppe der 30- bis 45-jährigen in Frage kommt, ist aber erst recht ein qualifiziertes Angebot an Grünräumen für private, gemeinschaftliche und öffentliche Nutzung eine Voraussetzung für die Attraktivität innerstädtischer oder innenstadtnaher Standorte, dies vor allem in Konkurrenz zu alternativen Lagen am Stadtrand oder außerhalb der Stadt.

Für die wachsende Zahl der älteren, oft Alleinstehenden, die sich mit einem Umzug eine altersgerechte Wohnung, aber auch eine altersgerechte Wohnsituation sichern wollen und die weniger mobil sind, ist die Quartiersqualität insgesamt von noch größerer Bedeutung. Stadtteilparks und Stadtplätze mit ruhigen Grünräumen, alte Baumbestände und die Teilhabe an den Aktivitäten der anderen Gruppen sind Voraussetzungen für eine hohe Wohnzufriedenheit.

Sollte aber auch die Gruppe der Neuzuwanderer so zunehmen, wie dies für eine Reduzierung gerade der städtischen Bevölkerungsverluste erforderlich wäre, so sollten ihre kulturspezifischen Gewohnheiten und Bedürfnisse – aber auch die Notwendigkeit eines Ausgleichs für die meist beengten Wohnverhältnisse – besondere Berücksichtigung finden. Gerade in dieser Beziehung ergeben sich aus einer Vergrößerung der nutzbaren Außenräume Gestaltungsmöglichkeiten, die den unterschiedlichen Gruppen auch eine gewisse „Privatheit" gewähren.

Die mit der Qualifizierung der Mikroebene der Wohnungen und ihrer Außenräume, die hier vor allem angesprochen ist, häufig verbundene Frage einer verminderten Dichte und damit zunehmender Möglichkeiten von mehr „Grün" verweist auf die entscheidende quantitative Korrelation, bedarf aber eines Qualitätsmaßstabs, der nur ortsspezifisch aus den dargestellten Kriterien entwickelt werden kann.

Weitere Faktoren modifizieren die neuen Räume in der „gelichteten Stadt": Die Größe der verfügbaren Flächen begrenzt die Nutzungsmöglichkeiten und Bewegungsamplituden. Mögliche Störpotentiale zu anliegenden Nutzungen, wie sie heute noch zu typischen Konflikten, z. B. zwischen Kinderspiel, Skatern, Jugendtreffs und dem Ruhebedürfnis älterer Bewohner führen, dürften sich zwar bei einer Vergrößerung der nutzbaren Außenräume reduzieren, sollten aber weiter sorgfältig registriert werden. Je knapper die finanziellen und personellen Ressourcen der Städte, aber auch anderer Grundstückseigentümer sind, desto mehr ist auch hier die Einsatzbereitschaft zufriedener Bewohner gefragt. Noch wenig erprobt ist, ob und in welcher Form nicht auch durch Arbeitskräfte und Kunden im Quartier verankerte Betriebe für Hilfeleistungen gewonnen werden könnten. Auch sie würden von einer Aufwertung ihres betrieblichen Umfeldes profitieren. Hier könnten sich auch die vielerorts vorhandenen Verbände von Gewerbetreibenden und Geschäftsleuten engagieren.

Generell muß jedoch davon ausgegangen werden, daß für bauliche Investitionen in den zu gestaltenden „Löchern" nur äußerst begrenzte Mittel verfügbar sind. Für eine öffentliche oder gemeinschaftliche Nutzung ist aber Voraussetzung, daß eine infrastrukturelle Mindestausstattung geschaffen wird. Dies könnten „Container" sein, die Wasser- und Elektrizitätsanschluß/Beleuchtung haben und ebenso als Schutzdach wie als Gerätebox dienen, bei wohnungsferneren Standorten evtl. auch Toiletten enthalten können. Diese Container könnten neue örtliche Bezugspunkte bilden, die, bei unterschiedlicher Gestaltung, zu einer eigenen Identität der neuen Räume beitragen.

Wichtig für eine nachhaltige Nutzung und die Sicherheit ist eine Mindestpflege und eine stetige soziale Kontrolle. Auch in dieser Beziehung wäre jedoch zunächst zu prüfen, inwieweit die kommunalen Fachbehörden eine Basispflege leisten können und inwieweit Bürger sich bei laufenden Pflegeaufgaben engagieren würden. Statt spezialisierter Pflegekolonnen müßte ein neuer Typus vor Ort agieren, der als „Ranger" beschrieben werden kann. Er sorgt durch seine Präsenz für Sicherheit, leistet Erste Hilfe, er hat handwerkliche Fertigkeiten und kann kleine Reparaturen selbst ausführen, er ist Supervisor für laufende Pflegearbeiten, er berät die Bewohner und fordert bei Bedarf die Hilfe der Fachbehörden an. Er müßte entsprechend geschult werden. Hier könnten sich Möglichkeiten für Anwohner eröffnen, die am lokalen Arbeitsmarkt bisher keine Chancen haben. Insgesamt müßte bei den kommunalen Grünflächenämtern auch in dieser Beziehung ein Beratungsservice aufgebaut werden.

In Diskussionen über die schrumpfende Stadt tauchen auch Vorstellungen darüber auf, die frei werdenden Flächen sich selbst zu überlassen und Sukzessionen der sich ansiedelnden Vegetation als Beitrag zu einer ökologischen Aufwertung der Stadt zu sehen. Abgesehen von der Gefahr einer allmählichen Verwahrlosung und des Vandalismus ist auch der ökologische Gewinn eher begrenzt. Dahinter steht wohl eher eine ästhetische Vorstellung von „Wilderness", wie sie z. B. in amerikanischen Konzepten auftaucht. Demgegenüber bedeutet eine klare räumliche Figuration und Zuordnung zu den jeweiligen Stadtquartieren Identitätsgewinn und weist die neuen Räume als integrale Bestandteile der Stadt aus. Durch Gestaltung der Räume, Fugen und Ränder und die Wahl signifikanter Gehölzarten für Baumkulissen – Baumgruppen und Einzelbäume – kann die räumliche Dimension und die Kenntlichkeit und Nutzbarkeit der Löcher wirksam unterstützt werden. Dies gilt natürlich auch für weitere landschaftsbauliche Mittel wie Reliefbildung, Erschließung und vegetative Ausstattung.

**Umsetzung, Methoden, Akteure –
der Beitrag der Landschaftsarchitektur**

Was kann die Landschaftsarchitektur zu den skizzierten Aufgaben beitragen? Zunächst kann sie Konzepte entwickeln, die Alternativen aufzeigen und nicht in statische Pläne münden, sondern den Umsetzungsprozeß begleiten müssen. Dazu gehört in hohem Maße die Beratung der Bürger im Quartier. Dies bedeutet, daß der Landschaftsarchitekt als Ideengeber und Moderator wirken und die Beteiligten zu eigenem Erproben anregen muß.

Die Potentiale hierfür liegen in starkem Maße in der Phantasie der Bewohner, auch hierfür gibt es bereits Beispiele. Der Ort Dietzenbach[8] in der Peripherie Frankfurts hat ein Konzept 2030 entwickelt, das zunächst das Unvollendete der viel zu groß angelegten Stadtentwicklung der vergangenen Jahrzehnte akzeptiert und nun die Bürger auffordert, Teile dieser großen Löcher im Stadtraum zu besetzen. Ein Bürgerverein hat ein Konzept entwickelt, wonach jeder Bürger, der dies wünscht, eine Fläche erhalten kann und diese nach eigenem Gusto gestalten soll.

Ein ähnlicher Versuch wurde in Berlin Marzahn-Hellersdorf unter dem Slogan „Neuland"[9] gestartet. 39 Teilflächen von insgesamt mehr als 100 ha werden in Größen zwischen 500 und 25 000 qm für „kurzfristige spontane und kreative ZwischenNutzungen" angeboten. Hierbei handelt es sich um Löcher in Großsiedlungen, deren Standorte vergleichbare Lagebeziehungen, wie dargestellt, aufweisen und strukturell das System offener Räume ergänzen können. Auch hier wird mit dem Slogan „Weniger Dichte – mehr Grün" geworben.

Konzeptionell entwickelt und ausdifferenziert erscheint das Programm IBA-Stadtumbau Sachsen-Anhalt 2010.[10] 16 Städte unterschiedlicher Größe beteiligen sich hier unter thematischen Schwerpunkten wie: „Von außen nach innen; Kultivierung der Leere; kleiner, klüger, kooperativ; Aufheben der Mitte." Die Stadt Dessau formuliert als Ziel die Schaffung von „Stadtinseln", um einer „ungesteuerten kleinteiligen Perforation" zu begegnen und neben „urbanen Kernen" neue „landschaftliche Zonen" zu gewinnen. Dabei ist eine Entwicklung der städtischen Grünflächen von 80 ha im Jahr 1996 auf 160 ha im Jahr 2006 vorgesehen. In Form von Pilotprojekten wird diese Konzeption im Rahmen von Planungswerkstätten vorangetrieben. Das „Ausscheiden" von Gebäuden wird durch das „Einfügen" von Grün kompensiert unter dem Motto: „Wo Gebäude fallen, entsteht Landschaft". Der Verweis auf Friedrich Ludwig von Sckell formuliert einen hohen qualitativen Maßstab hierfür. „Das Gartenreich in die Stadt holen" appelliert zugleich an das Bewußtsein der Dessauer für den nahe gelegenen Wörlitzer Park. Für die Flächen „In-Kulturnahme" durch „Paten" wird ein Maß von „400 qm Dessau" propagiert. Auch hier ist die Koordination und Beratung durch eine Stadtteil-Arbeitsgemeinschaft, die ein Netzwerk aufbaut und Planungswerkstätten organisiert, um die „Neue Stadtlandschaft" zu bauen, Voraussetzung für das Gelingen.

Insgesamt wird es weniger auf statische Festlegungen ankommen als darauf, wie Rauterberg[11] formuliert: „Übergänge zu denken". Von der Analyse der Zwischenstadt über die Zwischenlandschaft könnten wir so zu der von Sieverts[12] formulierten „regionalen Stadtlandschaft" kommen, so daß – wenn denn auch in der Stadt selbst mehr landschaftliche Strukturelemente zur Geltung kämen – unter dem Vorzeichen von Schrumpfung die Lebensqualität in der gesamten Stadtregion wächst.

Nicht alles muß neu erfunden werden. Erfahrungen aus Konzepten der Sanierung, der Wohnumfeldverbesserung, des Quartiermanagements können gute Anregungen geben. Auch die Interessen und Ressourcen der Wohnungswirtschaft, die gerade bei abbröckelnder Nachfrage ein Interesse an der langfristigen Erhaltung und Aufwertung ihrer Standorte haben muß, können und müssen eingebunden werden. Es wird aber auch besonderer Anstrengungen bedürfen, die Bewohner zum aktiven Mittun zu mobilisieren. Dies setzt voraus, daß die beabsichtigten Maßnahmen und geplanten Vorhaben eindeutig als Verbesserung der Wohnumwelt erkannt werden. Initialprojekte und Beispielplanungen können dies veranschaulichen. Man wird die Bedürfnisse der Bewohner weniger mit konventionellen Methoden der empirischen Forschung erfassen können als vielmehr mit alternativen Modellplanungen, deren Akzeptanz getestet werden kann. Dies bedingt eine weitgehende Offenheit der Planung, die die Vorstellungen und Wünsche der Bewohner ernst nimmt und produktiv einbezieht.

Das Zusammenfügen der „Bausteine" mit der städtebaulichen und landschaftlichen Grundstruktur ergibt jeweils stadtspezifische Konzepte. Die eingangs diskutierte Dynamik von Wachstum und Schrumpfung wirft auch die Frage auf, inwieweit die neu gewonnenen Grünräume bei einem späteren Wachstum wieder für Bebauungen in Anspruch genommen werden können. Im Hinblick auf die erfolgte materielle und ideelle Investition kann es hierbei keine Beliebigkeit des Zugriffs geben, vielmehr ist eine Bewertung erforderlich, die Prioritäten fixiert. Räume, die für die Grundversorgung der Quartiere mit privaten und öffentlichen Grünräumen hochwertig sind, sollten permanent gesichert werden. Demgegenüber könnten weniger bedeutsame Räume als temporär klassifiziert werden. Diese Unterscheidung käme auch einem entsprechend abgestuften Einsatz begrenzter Ressourcen zugute.

Anmerkungen

1. Hegemann, Werner, Das steinerne Berlin. Bauwelt Fundamente 3, Berlin 1963
2. Neef, Ernst, Die theoretischen Grundlagen der Landschaftslehre, Gotha/Leipzig 1967
3. Bauer, Joachim, Entwicklung städtischer Freiflächensysteme als integraler Bestandteil des Städtebaues, 1850–1930, in: Beiträge zur räumlichen Planung, Heft 45, Schriftenreihe des Fachbereichs Landschaftsarchitektur und Umweltentwicklung der Universität Hannover, Hannover 1996
4. Nagel, Günter, Stadtlandschaft – Interventionen. Bayerische Akademie der Schönen Künste, Jahrbuch 17, München 2003
5. Rainer, Roland, Lebensgerechte Außenräume, Zürich 1972
6. Durth, Werner, Zum Begriff der Stadtlandschaft, in: Beiträge zur räumlichen Planung, Heft 50, Institut für Grünplanung und Gartenarchitektur, Universität Hannover, Tagungsbericht 1999
7. Stadt Leipzig, Dezernat Stadtentwicklung und Bau, Stadtentwicklungsplan Wohnungsbau und Stadterneuerung – Teilplan Stadterneuerung, Fortschreibung 2003
8. Wilhelm, Martin; Becker, Claudia, Definitiv unvollendet. Das Forschungsprojekt Dietzenbach 2030, in db – Deutsche Bauzeitung, Heft 7/ 2003
9. Information: http: //www.neuland-berlin.org./kontakt.htmL
10. Information: www.iba-stadtumbau.de
11. Rauterberg, Hanno, Viele schwere Fragezeichen, in: Herausgeber: Kornhardt, D.; Pütz, G.; Schröder, T., Mögliche Räume, Tagungsbericht, Hamburg 2002
12. Sieverts, Thomas, Zwischenstadt. Zwischen Ort und Welt – Raum und Zeit – Stadt und Land, Bauwelt-Fundamente 118, 3. Auflage, Basel/Boston/Berlin 2001

Heidede Becker
Städtische Transformation – Strategien und Instrumente zur Anpassung stadträumlicher Strukturen

Wie Städte und Stadtleben zukünftig funktionieren werden, ist angesichts von Bevölkerungsrückgang, Alterung und Zuwanderung, von ökonomischem Strukturumbruch sowie gesellschaftlichem Wertewandel schwer vorauszusehen. Gerade deshalb aber dürfen sich Städtebau und Stadtplanung nicht aus der Verantwortung für die Gestaltung dieser Prozesse entziehen. Vielmehr sind Strategien und Konzepte zu entwickeln sowie Entwurfs- und Planungsverfahren zu generieren, die einerseits klare Orientierungen für kurz- und mittelfristige (auch temporäre) Lösungen bieten und die andererseits für (noch) diffuse längerfristige Entwicklungsverläufe ausreichend offen bleiben. Die Anforderungen sind widersprüchlich und ambitioniert; planerische Balanceakte bestehen darin, stabile, aber parallel dazu auch flexible Lösungen zu ermöglichen, Folgen des als bedrohlich empfundenen „Schrumpfens" zu bewältigen, gleichzeitig aber auch positive Perspektiven aufzuzeigen.
Bund und Länder haben mit Ergänzungsprogrammen der Städtebauförderung für die Daueraufgabe Stadterneuerung neue Akzente gesetzt: durch das Ende 2001 aufgelegte Bund-Länder-Programm „Stadtumbau Ost" und das 2002 im Experimentellen Wohnungs- und Städtebau (ExWoSt) gestartete Forschungsfeld „Stadtumbau West" mit 16 Pilotprojekten, das Ende 2004 in das Programm „Stadtumbau West" überführt wurde, ist „Rückbau und Aufwertung" als Strategie einer Stadtentwicklung ohne Wachstum mehrheitsfähig geworden. Mit Stadtumbaumaßnahmen – so heißt es in §171a Abs. 2 des 2004 novellierten Baugesetzbuchs (BauGB) – sollen in Gebieten mit erheblichen städtebaulichen Funktionsverlusten „Anpassungen zur Herstellung nachhaltiger städtebaulicher Strukturen vorgenommen werden".
Während beim „Stadtumbau Ost" die Folgen des teilweise erheblichen Bevölkerungsrückgangs für den Wohnungsmarkt im Vordergrund stehen und bisher wohnungswirtschaftliche Korrekturen die städtebaulichen dominieren, werden beim „Stadtumbau West" auch Effekte des wirtschaft-

lichen Strukturwandels in den Blick genommen; „Stadtumbau West" zielt im Kern darauf, „‚Stadtentwicklung der unterschiedlichen Geschwindigkeit' zu gestalten, also Wachstum, Stabilisierung und Schrumpfung zugleich und im Zusammenhang zu bewältigen".[1]

1 Gewandeltes Planungsverständnis und kommunale Kernaufgaben des Stadtumbaus

In den 1990er Jahren hat sich das Planungsverständnis europaweit gewandelt. Dem klassischen planungsrechtlichen Instrumentarium wird nicht mehr die übergreifende Leitfunktion bei den aktuellen Umstrukturierungsaufgaben abverlangt. Statt dessen dienen „strategische Planung" und „strategische Pläne" dazu, eine gesellschaftliche Verständigung über Zukunftsvisionen und Verfahrenswege der Stadtentwicklung zu schaffen. Neue Konzepte mit strategischer Ausrichtung nehmen in unterschiedlichen Formen Gestalt an: als „Strategiepläne", „Leitbilder", „Leitlinien", „Planwerke", „Stadtentwicklungskonzepte", „Programmpläne". Inwieweit sie tatsächlich Steuerungskraft und programmatische Wirkung entfalten, wird sich allerdings erst in den nächsten Jahren im Zuge ihrer Umsetzung erweisen.

Das Strategische der neuen Pläne und Konzepte hat mehrere Facetten. Zum einen wird der chronologische Ablauf der traditionellen hierarchischen Planungsebenen zugunsten der Gleichzeitigkeit und Wechselwirkung von Konzeptentwicklung, Projektplanung und -umsetzung mit je unterschiedlichen Zeithorizonten aufgegeben. Konzept- und Projektentwicklung bedingen sich so wechselseitig, sind jeweils Folge oder Vorlauf. Indem Leit- und Schlüsselprojekte frühzeitig umgesetzt werden, bekommen sie strategische Funktionen für die Stadt(teil)entwicklung. Fortschreibung, Erfolgskontrolle und – wenn nötig – auch die Neujustierung von Zielen und Strategien sind zentrale Bestandteile des Gesamtprozesses. Zum zweiten bauen strategische Konzepte auf Beteiligung und gesellschaftlichen Konsens. Dazu dient der Einsatz informeller kooperativer und diskursiver Verfahren mit dennoch eindeutigen Spielregeln, beispielsweise Stadt(teil)foren, Runde Tische, Zukunftskonferenzen und Planungswerkstätten. Integrative Ansätze und interdisziplinärer sachgebietsübergreifender Diskurs gewinnen ebenso an Bedeutung wie die Kultivierung der Stadtentwicklung als öffentlicher Prozeß.

Diese Entwicklung läßt sich auch nicht mehr zurückdrehen. So besteht ein deutlicher Unterschied in der Entstehungsgeschichte der Großsiedlungen und Plattenbauten der 1960er bis 1980er Jahre gegenüber den Stadterweiterungen der 1990er Jahre darin, daß bei diesen an „eine Rückkehr zur sich selbst genügenden Fachplanung [...] nirgendwo zu denken war".[2] Erfahrungen im Rahmen des Forschungsverbunds „Stadt 2030" (Laufzeit 2000 bis 2005)[3] bekräftigen diese Tendenz: Alle aus einem Ideenwettbewerb des Bundesministeriums für Bildung und Forschung (BMBF) für die Weiterbearbeitung ausgewählten und prämierten 21 Städteprojekte hatten dialogische Verfahren der Zukunftserschließung vorgesehen.

Mit der strategischen Ausrichtung von Planung ist die Integration aller notwendigen Handlungsfelder und deren Akteure samt ihrer je spezifischen Handlungslogiken verbunden. Damit wird der Schwerpunkt auf Verhandlungen zwischen öffentlichen, privatwirtschaftlichen und zivilgesellschaftlichen Akteuren verlagert: zwischen Gemeinde, Wohnungswirtschaft, privaten Einzeleigentümern, Nutzern, Projektentwicklern, Kreditinstituten, Immobilienwirtschaft, Trägern öffentlicher Belange, Bevölkerung. Die zentrale Bedeutung dieser gesellschaftlichen Verständigungsprozesse spiegelt sich in Umfrageergebnissen zur aktuellen kommunalen Planungspraxis. Von knapp zwei Dritteln der befragten Gemeinden, die Steuerungsdefizite im Handlungsfeld Stadtumbau/Stadtrückbau beklagen, führen dies mehr als die Hälfte nicht nur auf zu hohe Kosten der Umsetzung, sondern auch auf zu große Konflikte zwischen Akteuren zurück.[4]

Der Umschlag von Wachstum zur Schrumpfung manifestiert sich heute in beträchtlichen Bevölkerungsverlusten – vorerst mit Schwergewicht in den ostdeutschen Städten und Gemeinden. War es Ende der 1990er Jahre wohnungs- und stadtpolitisch noch schwer vorstellbar, offen über Leerstand und Abriß zu reden, so hat sich dies mit dem Bericht der Expertenkommission „Wohnungswirtschaftlicher Strukturwandel in den neuen Ländern" (2000) und der Auflage des Programms „Stadtumbau Ost" (2001) deutlich gewandelt. Trotz der erhöhten Aufmerksamkeit für die Folgen des Bevölkerungsrückgangs ist allerdings nicht zu übersehen, daß den Entwicklungstrends vielfach noch mit Wahrnehmungsbarrieren begegnet wird. Akzeptanz aber ist Voraussetzung für die Auseinandersetzung und offensive Problembewältigung. Empirische Ergebnisse zeigen, daß selbst in Ostdeutschland noch Aufklärungsbedarf besteht und Enttabuisierung des Themas Schrumpfung nötig ist; gleichzeitig werden Konzepte und Strategien zur Bewältigung der Schrumpfungsfolgen um so intensiver entwickelt, je heftiger die Gemeinden mit den Effekten von Bevölkerungsverlusten konfrontiert sind.

Mit den Erfahrungen, die bei der Umsetzung der Programme Soziale Stadt und „Stadtumbau Ost" gewonnen wurden, hat sich die Erkenntnis durchgesetzt, daß zukunftsfähige Stadt(teil)entwicklung als Basis die Einbettung teilräumlicher Konzepte in gesamtstädtische ebenso braucht wie interkommunale und regionale Abstimmung. Ressourcenbündelung sowie fach- und ressortübergreifende Kooperation gehören zwar theoretisch zu den aktuellen Planungsroutinen, lassen aber in der Realität noch zu wünschen übrig. In der Regel werden räumliche und zeitliche Prioritäten für den Einsatz von materiellen (Finanzmittel, Personal, Partnerschaften) und immateriellen (Wissen, Netzwerke, Kreativität) Ressourcen verabredet, deren Beschaffung immer mehr zum Bestandteil der Konzeptentwicklung wird.

Bevölkerungsverluste haben Nachfragerückgänge zur Folge. „Stadtumbau ist in erster Linie ein marktgesteuerter Anpassungsprozeß. In bestimmten Teilbereichen ist jedoch öffentliches Handeln unerläßlich".[5] Worin bestehen angesichts der öffentlichen Finanznöte sowie der weitgehenden Privatisierung von Bautätigkeit und Städtebau die kommunalen Kernaufgaben beim Stadtumbau? Die Frage, was durch die Kommunen noch gestaltet werden kann und sollte, provoziert in der Fachdiskussion[6] kontroverse Positionen, die vom Rückzug auf die Bereitstellung von Flächen und Infrastruktur bis zur Steuerung der Raumgestaltung reichen. Wohl eher aber – so zeichnete sich als Mehrheitsmeinung in dieser Diskussion ab – bestünde das kommunale Kerngeschäft darin, Planung und Raum „neu zu denken".

Für den Stadtumbau kristallisieren sich vor allem die folgenden Hauptaufgaben kommunaler Planung heraus:
– auf breiter gesellschaftlicher Basis Leitbildprozesse in Gang zu setzen, die Strategie- und Konzeptentwicklung (auf gesamtstädtischer wie auch auf teilräumlicher Ebene) sowie deren Fortschreibung zu organisieren und die Realisierung von Schlüsselprojekten zu forcieren;
– Flächen- und Nutzungsmanagement zu intensivieren, Neu-, Um- und Zwischennutzungen zu initiieren und für die Qualifizierung der öffentlichen Räume zu sorgen;
– für die Umsetzung öffentliche und private Mittel zu akquirieren und strategische Partnerschaften zu organisieren;
– mit dem Aufbau von Monitoring- und Evaluierungssystemen die notwendige Wissensbasis zu schaffen sowie durch ein differenziertes sozialräumliches Berichtswesen Transparenz und Öffentlichkeit herzustellen.

2 Das planungsrechtliche Instrumentarium in der Diskussion

Die Entwicklungsgeschichte des Städtebaurechts war bis zur Novellierung des Baugesetzbuches mit Wirkung ab Juli 2004, für die das Europarechtsanpassungsgesetz Bau (EAG Bau) den Anlaß bot, wachstumsgeprägt; vor diesem Hintergrund wurde und wird von verschiedenen Seiten gefragt, inwieweit das planungsrechtliche Instrumentarium auch unter Schrumpfungsbedingungen adäquat und leistungsfähig ist oder ob aus der ursprünglichen Wachstumsorientierung noch Restriktionen für den Stadtumbau resultieren. Diskussionen darüber betreffen insbesondere den neuen dritten Teil des „Besonderen Städtebaurechts" im BauGB mit Vorschriften für den „Stadtumbau" und die „Soziale Stadt" sowie die Regelungen der Baunutzungsverordnung (BauNVO) als bundesrechtlichem Rahmen für die Bauleitplanung.

Im Zuge der Novellierung des Baugesetzbuches wurden Regelungen zum Stadtumbau in den §§171a-d rechtlich verankert, um den neuen Anforderungen einer „geordneten und nachhaltigen städtebaulichen Entwicklung" Rechnung zu tragen und den Rückbau für die Fälle zu regeln, bei denen aus wirtschaftlichen oder städtebaulichen Gründen Nachnutzungsmöglichkeiten nicht gegeben sind. Zumindest planungsrechtlich sind Stadtumbau und Soziale Stadt in einen engeren Zusammenhang gebracht, denn mit dem §171e wurden „Maßnahmen zur Stabilisierung und Aufwertung von durch soziale Mißstände benachteiligten Ortsteilen oder anderen Teilen des Gemeindegebietes, in denen ein besonderer Entwicklungsbedarf besteht" (Soziale Stadt) aufgenommen.

Während im Regierungsentwurf noch das „Stadtentwicklungskonzept" als handlungsleitendes Instrument enthalten war, hat man mit dem „Städtebaulichen Entwicklungskonzept" nach §171b Abs. 2 als Basis für den Beschluß eines Stadtumbaugebiets und der Konzeptumsetzung einen informellen Planungsansatz integriert, ohne dessen räumlichen Bezug zu reglementieren.[7] Der räumliche Umgriff des Konzepts – entweder bezogen auf das ganze Stadtgebiet oder auf ein Teilgebiet – bleibt ins Ermessen der Gemeinde gestellt. Dagegen werden der integrative Gehalt und die interkommunale Abstimmung der Konzepte rechtlich verlangt, denn: „Maßnahmen des Stadtumbaus erfordern integrative und interkommunal abgestimmte Entwicklungskonzepte" (§171b Abs. 2).

Vertragslösungen und damit ein „konsensuales, hoheitliche Elemente vermeidendes Vorgehen"[8] werden auch für den Stadtumbau proklamiert; mit

dem „Stadtumbauvertrag" nach §171c wird „als besondere Ausprägung der städtebaulichen Verträge" das verhandelnde Vorgehen gestärkt.
Außerdem wurden weitere zeitliche Elemente eingefügt: Beim „Baurecht auf Zeit" (§9 Abs. 2) kann im Bebauungsplan „in besonderen Fällen" festgesetzt werden, daß Nutzungen entweder „für einen bestimmten Zeitraum zulässig" oder „ bis zum Eintritt bestimmter Umstände zulässig oder unzulässig sind". Vom Baurecht auf Zeit hat man sich in Planerkreisen Unterstützung für Brachenaktivierung und Zwischennutzung versprochen. Offenbar gibt aber die Zulässigkeit nur in „besonderen Fällen" Anlaß zur Skepsis gegenüber der Handhabbarkeit dieser Regelungen; auch die Bestimmung, daß die „Folgenutzung" festgesetzt werden soll, wird als „erhebliche Anwendungsschwierigkeit" beurteilt.[9]
Nach §171a Abs. 3 Nr. 6 sollen Stadtumbaumaßnahmen unter anderem dazu beitragen, „daß freigelegte Flächen einer nachhaltigen städtebaulichen Entwicklung oder einer hiermit verträglichen Zwischennutzung zugeführt werden." Von Bundesseite wird betont, daß die neuen Regelungen des BauGB das „möglichst rasche und unkomplizierte Umgestalten und Umnutzen brachgefallener Flächen" unterstützen.[10] Zwischennutzungen können unter anderem durch städtebauliche Verträge abgesichert werden; Aussagen über die Art und Dauer der Nutzung sind in den Bestimmungen aber nicht enthalten. Auch aus juristischer Sicht wird für eine noch „viel größere Beachtung" von Zwischennutzungen in der Stadtumbaupraxis plädiert.[11] Insgesamt werden die Neuerungen der novellierten Fassung in der Fachwelt positiv kommentiert.
Vor dem Hintergrund der neuen Anforderungen wird auch diskutiert, inwieweit die Leistungsfähigkeit der BauNVO mit Steuerungserfordernissen unter Schrumpfungsbedingungen vereinbar sind.[12] Novellierungen der BauNVO gingen immer schon mit „Verbesserungen der Möglichkeit zur Nutzungsmischung" einher. In der Diskussion werden punktuelle Verbesserungsmöglichkeiten herausgearbeitet, die allerdings keinen gravierenden Veränderungs- im Sinne von Novellierungsbedarf mit all seinen Nebenwirkungen begründen würden. Ansätze zu einer Verbesserung bestünden vor allem darin, den „Gebietstypenzwang", der durch Auslegung der Vorschriften durch das Bundesverwaltungsgericht gegeben ist, zu lockern, da dadurch planerische Gestaltungsmöglichkeiten der Gemeinden flexibilisiert würden. Als zweite Verbesserung gegenüber der derzeitigen Rechtslage sollte die „Möglichkeit zur Festsetzung von Mindestkontingenten für bestimmte Nutzungen in allen Baugebieten" geschaffen wer-

den, was ebenfalls „Anpassungsprozesse an tatsächliche Entwicklungen erleichtern" würde.
Außerhalb des Regelwerks der BauNVO und des BauGB zeigen sich zwei Konfliktfelder, die als regelungsbedürftig angesehen werden: zum ersten der Interessen- und Lastenausgleich zwischen Eigentümern mit unterschiedlich rückbaubetroffenen Wohnungsbeständen und zum zweiten das Beharren auf der Realität nicht angemessener Kaufpreisvorstellungen für Grundstücke.
Im Bericht der unabhängigen Expertenkommission zur Novellierung des BauGB, deren Diskussion vor allem durch den „Stadtumbau Ost" geprägt war, wird ausgeführt, daß Rückbau „nicht nur ein Problem der Kosten, sondern auch ein solches der gerechten Verteilung von Vor- und Nachteilen" sei, da Grundstücke und Gebäude in der Regel unterschiedlichen Eigentümern gehörten.[13] In Abhängig von Verfügbarkeit und Nutzbarkeit der Bestände ergeben sich Gewinne oder Verluste, da Wohnungsunternehmen, deren Bestände nicht von Rückbaumaßnahmen betroffen sind, davon profitieren, wenn Wohnungen anderer Unternehmen abgerissen werden. Die Möglichkeit eines öffentlich-rechtlichen Lastenausgleichs wurde im Vorfeld der Novellierung verworfen. Damit bleiben nur Abstimmungen und Zusammenarbeit der Akteure oder Regelungen im Rahmen von Stadtumbauverträgen, die sich aber in der Praxis wegen der „Unfähigkeit der Wohnungsmarktakteure, sich auf Verfahren und Abläufe zu einigen"[14], als schwierig erweisen.
Abrisse von Gebäuden sowie die Entziehung oder Beschränkung von baulichen Nutzungsmöglichkeiten führen in der Regel zu reduzierten Bodenwerten. Angesichts der Zunahme von Leerständen und Brachen muß die Erwartung ständig steigender Bodenwerte korrigiert werden. Doch viele Eigentümer berufen sich auf noch gültige aber den Marktpreisen nicht mehr angemessene Bodenrichtwerte und halten an überhöhten Kaufpreisforderungen fest. Dadurch scheitern vor allem Brachflächen- und Leerstandsaktivierung; außerdem unterbleibt die Berichtigung der Buchwerte. Vor diesem Hintergrund sind mehrere Fragen zu klären: zum einen, „ob die bilanzrechtlichen Regelungen zur Angabe von Immobilienwerten geändert werden müssen", zum anderen, „ob das Wertermittlungsrecht unter den Bedingungen sinkender Bodenpreise auch praktisch tragbare Ergebnisse ermöglicht".[15]

3 „Städtebauliche Entwicklungskonzepte" – Steuerung durch räumliche und zeitliche Prioritätensetzung

Nach Veröffentlichung der aufschreckenden Wohnungsleerstandszahlen in Ostdeutschland im November 2000 durch die Expertenkommission „Wohnungswirtschaftlicher Strukturwandel in den neuen Ländern" griffen die ostdeutschen Länder deren Empfehlung auf, „einen neuen Typus der Stadtentwicklungsplanung" zu konzipieren. Als Arbeitshilfe für ihre Gemeinden entwarfen sie Richtlinien zur Erstellung von Integrierten Stadtentwicklungskonzepten.[16] Der dem Programm „Stadtumbau Ost" im Oktober 2001 vorgeschaltete gleichnamige Bundeswettbewerb diente zur konzeptionellen und finanziellen Unterstützung der Kommunen bei der Erarbeitung dieser Konzepte, in denen gemeinsam mit den Wohnungsunternehmen Strategien für den Umgang mit Leerständen entwickelt werden sollten. An dem Wettbewerb beteiligten sich rund 260 Städte und Gemeinden.

„Integrierte Stadtentwicklungskonzepte" (abgekürzt ISEK oder INSEK) wie sie im Rahmen von „Stadtumbau Ost" und „Integrierte Handlungskonzepte" im Rahmen von Soziale Stadt entwickelt wurden, gehören mittlerweile zu den Standards nachhaltiger Stadt(teil)entwicklung und zu den Pflichten für die Gemeinden, die an der öffentlichen Förderung teilhaben möchten. Es ist offensichtlich, daß ostdeutsche Städte und Gemeinden durch die frühzeitige Auseinandersetzung mit den Folgen des Bevölkerungsrückgangs und die Erarbeitung der Integrierten Stadtentwicklungskonzepte einen Erfahrungsvorsprung gegenüber dem Westen gewonnen haben. Auch wenn die Konzepte nicht direkt übertragbar sind, können sie „in ihrer integrativen Sicht von Stadtentwicklungsplanung und Wohnungspolitik [...] durchaus als Referenz für den ‚Stadtumbau West' angesehen werden."[17]

In den städtebaulichen Entwicklungskonzepten – so die vereinheitlichte Wortwahl im novellierten BauGB – werden auf Basis von Bestandsanalysen im interkommunalen Bezug Leitvorstellungen und Handlungserfordernisse für die Entwicklung der Gesamtgemeinde erarbeitet sowie Schwerpunktgebiete des Stadtumbaus begründet und ausgewiesen. Zum Verfahren enthält der Leitfaden zum „Stadtumbau West" klare und erhellende Empfehlungen, um unter anderem gemeinsame Arbeitsformen zu organisieren und die Lösung von Konflikten zu erleichtern: „Die Erarbeitung [...] erfordert ein hohes Maß an Legitimation, Verläßlichkeit und Integrationskraft. Hier ist v. a. die Verwaltungsspitze zur Steuerung des

Prozesses gefordert. Es empfiehlt sich, für die Begleitung der Konzepterstellung Beiräte, Lenkungsgremien o. ä. einzurichten, in denen alle relevanten Akteure vertreten sind."[18] Während im gesamtstädtischen Teil in der Regel auf parzellenscharfe und objektbezogene Aussagen verzichtet wird, steht ein „umsetzungsorientiertes Handlungsprogramm" im Mittelpunkt des gebietsbezogenen Teils.
Der Raumbezug des städtebaulichen Entwicklungskonzepts im BauGB ist offen gelassen (Abschnitt 2). Dagegen waren beim Bundeswettbewerb „Stadtumbau Ost" konzeptionelle und handlungsorientierte Aussagen sowohl für die Gesamtstadt als auch für Teilgebiete vorgeschrieben. Auch für den „Stadtumbau West" wird empfohlen, beide Raumebenen einzubeziehen, da sich dieses „gestaffelte Vorgehen" für die Entwicklungskonzepte bewährt habe.
Wesentliche Funktionen der städtebaulichen Entwicklungskonzepte bestehen also darin, strukturelle Festlegungen auf unterschiedlichen Raumebenen zu begründen und Vorranggebiete für den Stadtumbau – seien es Aufwertungs- oder Rückbaugebiete – zu definieren. In diesen Vorranggebieten werden dann die Ressourcen konzentriert eingesetzt; wobei als wichtig angesehen wird, sich auf die wesentlichen Handlungsfelder des Stadtumbaus zu konzentrieren.[19]
Dokumentationen zum „Stadtumbau Ost" und Evaluierungsberichte zur Programmumsetzung Soziale Stadt enthalten Hinweise auf Defizite und Schwachstellen der Entwicklungs- und Handlungskonzepte, denen gegenzusteuern besondere Beachtung verdient:
– Organisation politischer Rückendeckung durch handfeste Einbindung von Politik und Verwaltungsspitze, um die politische Beschlußfassung der Konzepte zu sichern;
– frühzeitige Einbindung der zentralen Akteure auf gesamtstädtischer und Vor-Ort-Ebene durch Beteiligungs- und Managementansätze als „Kräftemobilisierung"[20] unter Einsatz auch neuer Organisations- und Verfahrensformen, z. B. Stadtteilvereine, Blockentwicklungsgesellschaften, Stadtteilausschüsse, Suche nach unkonventionellen engagierten Akteuren, Aufbau von strategischen Partnerschaften und von Netzwerken zum Erfahrungsaustausch;
– klare räumlich und zeitlich definierte Umsetzungsstrategien, die durch realistische Kosten- und Finanzierungspläne abgesichert sind;
– Aufbau und Weiterentwicklung praktikabler und interventionsorientierter Monitoringsysteme, da die Konzepte bisher häufig auf unzureichender und nicht aktueller Datenlage entwickelt und fortgeschrieben

werden mußten[21] und eine datengestützte Erfolgskontrolle nicht möglich war.

In der Leipziger Planungs- und Stadtentwicklungspolitik spiegelt sich nicht nur die besondere Härte der Herausforderungen – „Ist Leipzig noch zu retten?" lautete die Frage in einer Fernsehdokumentation des Jahres 1989[22] –, sondern auch die konsequente Entwicklung von Planungsmethodik und Instrumentarium, von Beteiligungs- und Umsetzungsverfahren samt einer offensiven Dokumentation der Entwicklungsprozesse. Als übergreifender Orientierungsrahmen dient der im Jahr 2000 beschlossene „Stadtentwicklungsplan Wohnungsbau und Stadterneuerung" mit Bestandsuntersuchung und Zuordnung von Zielkategorien anhand verschiedener Bewertungsparameter, der 2003 fortgeschrieben wurde. In diesem Plan sind die drei Schwerpunktbereiche für Stadtumbau und Stadtteilentwicklung definiert: die Gründerzeitgebiete Leipziger Osten und Leipziger Westen sowie die Großsiedlung Leipzig Grünau. Gestützt werden Umsetzung und Fortschreibung des Stadtentwicklungsplans unter anderem durch das „Kleinräumige Monitoring des Stadtumbaus in Leipzig". Als strategische Komponente fällt auf, daß Verfahrens- und Finanzierungsinnovationen mitgedacht werden, beispielsweise das Leipziger „Pilotprojekt zur Entlastung des städtischen Vermögenshaushalts."[23]

Die übergreifenden Entwicklungsstrategien für Leipzig und Dessau stellen Strategien des gesteuerten Rückbaus dar, bei denen städtische Kernbereiche durch konsequenten Einsatz von Ressourcen gestärkt, andere Stadtbereiche in ihrer Entwicklung eher sich selbst überlassen bleiben. Der Leipziger Ansatz wird als „Perforation" etikettiert – vergleichbar dem für Dessau, der unter der Bezeichnung „Verinselung" diskutiert wird. Für die Konkretisierung derartiger Leitkonzepte wie der städtebaulichen Entwicklungskonzepte überhaupt werden detaillierte stadtstrukturelle Vorgaben gebraucht, das heißt maßnahmenscharfe handlungsorientierte Profilierungen der städtischen Teilräume.

Damit geht es beim Stadtumbau auch um die Kategorisierung von Stadtteilen in Gebiete mit Aufwertungspotentialen, zu sichernde Standorte und Standorte mit Rückbauerfordernissen. Beim Bundeswettbewerb „Stadtumbau Ost" war eine entsprechende Kategorisierung Voraussetzung für die Förderung. Bereits in einer im Vorfeld des Wettbewerbs vom BMVBW beauftragten Untersuchung zum „Stadtumbau Ost"[24] wurde 2001 eine Empfehlung zur Klassifizierung von städtischen Teilgebieten nach Entwicklungszielen unterbreitet. Unterteilt nach Intensität des Interventionsbedarfs waren dies fünf Gebietstypen: Erhaltungsgebiete, Umstrukturierungsgebiete, Umstrukturierungsgebiete mit hohem Schrumpfungsanteil, Schrumpfungsgebiete und Gebiete ohne Handlungsdruck. Die am Wettbewerb beteiligten Städte und Gemeinden haben häufig drei Gebietstypen unterschieden (konsolidierte Gebiete, Erhaltungsgebiete und Umstrukturierungsgebiete) und dabei teilweise auch eigene Bezeichnungen und Zusatzkategorien eingesetzt.

Leipzig unterscheidet für seinen Stadtumbauansatz konsolidierte Gebiete, Erhaltungsgebiete, Gebäudezeilen mit Erhaltungs-Priorität, Bestandsanpassungsgebiete sowie Umstrukturierungsgebiete mit und ohne Priorität. Als Steuerungsrahmen werden „konzeptionelle Stadtteilpläne" eingesetzt, die „bewußt als Planungshandbuch" angelegt sind, um den „Arbeits- und Konzeptcharakter" zu betonen; außerdem wurde besonderes Gewicht darauf gelegt, „aufgrund des Zustands eines Blockes oder Quartiers (Sanierungs-, Leerstands-, Bevölkerungsentwicklung, Sozialstruktur, Wohnumfeldqualität etc.) auf eine einschätzbare Entwicklung zu schließen und diese mit einer planerischen Zielrichtung zu versehen".[25] Solche Konzepte liegen inzwischen für den Leipziger Osten und den Leipziger Westen vor. Sie umgreifen einen Zeithorizont von etwa zwanzig Jahren.[26]

Als Entscheidungsgrundlage für Anträge auf Abriß und Abrißförderung wurden in Leipzig unter städtebaulichen, stadtstrukturellen, sozialen, ökonomischen und ökologischen Aspekten Kriterien entwickelt und im Teilplan Stadterneuerung des Stadtentwicklungsplans Wohnungsbau und Stadterneuerung erläutert. Besonders hilfreich und anschaulich erscheinen die in der tabellarischen Übersicht „Städtebauliche Beurteilungskriterien für Gebäuderückbau im Bestandsanpassungsgebiet" (Tabelle 4.6), zum besseren Verständnis außerdem als „Entscheidungskriterien zur Abbruchförderung" baublockbezogen zeichnerisch dargestellt sind (Abbildung 4.5).

4 Innovation durch Um- und Zwischennutzungen

Während die Bevölkerungsrückgänge in Deutschland ungleich verteilt sind und Wohnungsleerstände gegenwärtig vor allem die ostdeutschen Städte und Gemeinden betreffen, nehmen Gewerbe- und Industriebrachen im Osten wie im Westen zu. Gleiches gilt für Leerstand und Brachfallen von Einrichtungen der sozialen Infrastruktur (vor allem Schulen) und – trotz größerer Anzahl mit noch wenig öffentlicher Beachtung – von Kirchengebäuden. Der beschleunigte Nutzungswandel und das Brachfallen von immer mehr Flächen und Gebäuden verlangen nach aktiver Steuerung und intensiviertem bedarfsorientierten Management. Der Wiedernutzung städtebaulicher Brachen und leerstehender Gebäude wird höchste Priorität für eine nachhaltige Entwicklung beigemessen. Strategisches Flächen- und Nutzungsmanagement sowie eine aktive Liegenschaftspolitik zur Mobilisierung von Flächenpotentialen für die Innenentwicklung und die Qualifizierung von öffentlichen Räumen rücken ins Zentrum der kommunalen Zukunftssicherung. Kommunales Flächenmanagement wird zur „zentralen Voraussetzung für eine intelligente Siedlungspolitik".[27] Voraussetzung für ein leistungsfähiges Flächenmanagement sind aber ressortübergreifende Informationssysteme (vgl. Abschnitt 5).

Schrumpfung positiv gewendet erschließt Chancen kreativer individueller und kollektiver Raumaneignung – sowohl an Gebäuden als auch an Flächen. Um-, Wieder- und Neunutzung mit unterschiedlich intensiven Interventionen in die Substanz erweisen sich länger schon als „total normal"[28] und haben ein buntes Spektrum an vorbild- und modellhaften Beispielen erbracht. Auch im Leitfaden für den „Stadtumbau West" wird für „innovative Lösungen mit Pilotcharakter" plädiert. Die Suche nach Nutzern und Nutzungsprogrammen stellt sich immer stärker als eine „öffentliche Aufgabe gesellschaftlicher Bedeutung" heraus.[29]

Die Organisation von Neu-, Um- und vor allem Zwischennutzung schafft Perspektiven ungewohnter Art. Aus einer Verlegenheitslösung wird zunehmend ein strategisches Stadtentwicklungselement. Unter diesem Blickwinkel können Brachen und Leerstände auch als Ressourcen für neue Nutzungstypologien und Stadtbilder verstanden werden. Aber natürlich geht es auch darum zu verhindern, daß die nutzungslosen Flächen und Gebäude verwahrlosen. Neue Akteure mit Unternehmenslust und Engagement, sogenannte Raumpioniere, tauchen vielerorts auf. Insbesondere werden aber Zwischennutzungen gesucht, bei denen aus den Pionieren auch „Siedler", das heißt stadtadäquate Dauernutzer werden können. Genau betrachtet gibt es zwei Arten der Zwischennutzung: zum einen die „typische" temporäre Nutzung, bei der davon auszugehen ist, daß auf dem Grundstück zukünftig wieder eine bauliche Nutzung nachgefragt wird, zum anderen eine Zwischennutzung als Experiment unter Bewährungsprobe, um sie bei Erfolg zu einer dauerhaften werden zu lassen.

Unkonventionelle Projekte und temporäre Lösungen verlieren langsam auch im Westen den Beigeschmack von Provisorium und Subkultur. Wie stark mittlerweile die Idee der Zwischennutzungen – zumindest im

Bereich der Kulturwirtschaft – verankert ist, wird daran sichtbar, daß die Stadt Essen im Rahmen ihrer Bewerbung zur Kulturhauptstadt 2010 die „Stadt der Pioniere" als eines von mehreren Leitprojekten vorschlägt: Mit dem Projekt „Land For Free" wird die „Utopie einer neuen Stadt" im Ruhrgebiet entworfen: „entstanden aus der Verwirklichung individueller Lebensträume und ermöglicht durch die Aneignung von brach liegendem Ruhrland".[30]
Zwischennutzungen erfordern weder einen Eigentumswechsel noch eine Veränderung der Flächenwidmung; dagegen handelt es sich bei der Renaturierung um eine „endgültige Umwidmung" ehemals bebauter Grundstücke. Verschiedene Instrumente zur Realisierung von Zwischennutzungen finden inzwischen Anwendung. Vor dem Hintergrund einer Unzahl von Baulücken (mehr als 1 000) setzt Leipzig beispielsweise das Instrument der Gestattungsvereinbarungen recht offensiv ein. Mit diesen für die Dauer von fünf bis fünfzehn Jahren abgeschlossenen Vereinbarungen wird die Grundstücksnutzung zwischen Eigentümer und Zwischennutzer so geregelt, daß beide Seiten davon profitieren können. Der Eigentümer spart Grundsteuer und profitiert von der Aufwertung des brachgefallenen Grundstücks durch Nutzung, ohne daß bestehendes Baurecht beeinträchtigt wird. Bis Sommer 2005 konnten 90 Gestattungsvereinbarungen für 150 innerstädtische Grundstücke abgeschlossen werden.
Um überhaupt die für eine Brachflächenaktivierung erforderlichen Akteure ausfindig zu machen, werden verschiedene Managementorganisationen eingerichtet, z. B. die „Vermittlungsagentur Brache" in Leipzig oder die „Koordinierungsstelle Flächenmanagement" in Berlin Marzahn-Hellersdorf „Tausche Fläche gegen Nutzungsidee", ein Pilotprojekt von Senat und Bezirk mit vor allem gärtnerischer Nutzung als Pachtgrabeland. Hier wird ein weiteres Mal deutlich, daß ein leistungsfähiges Brachflächenkataster unverzichtbar ist.
Vor allem in den ostdeutschen Städten und Gemeinden entstanden im Rahmen des eher alltäglichen Stadtumbaus, aber auch abseits davon eine Vielzahl von innovativen urbanen Aktivitäten und Nutzungsformen, unter anderem als Interimsbegrünungen oder gärtnerische Nutzung, Renaturierung auf Abrißarealen, temporäre Gärten auf öffentlichen Flächen, besonders häufig aber künstlerische Aktionen und Inszenierungen unter dem Motto „Sichtbar machen". Die Projektdokumentation des BBR „Zwischennutzung und neue Freiflächen. Städtische Lebensräume der Zukunft" bietet dazu eine informative Übersicht. Bei den Modellvorhaben im „Stadtumbau West" spielen offenbar Zwischennutzungen gegen-

über Wieder-, Neu- und Umnutzung eine eher untergeordnete Rolle; nur in drei der 16 Modellvorhaben (Bremen, Hamburg Wilhelmsburg und Selb) finden entsprechende Impulsprojekte statt.
Dabei scheint aber besonders bedenkenswert, was Wolfgang Kil in einem Kommentar zum internationalen Ideenwettbewerb der Zeitschrift archplus „Schrumpfende Städte – Die Stadt neu denken" wunderbar auf den Punkt gebracht hat: „Provokanten Gesten" und „symbolischen Interventionen" drohe nämlich die Folgenlosigkeit; traditionelles Planerdenken werde „ebenso kläglich versagen wie avanciertestes Künstlertum", wenn nicht die Bereitschaft da ist, „ganz direkt und persönlich Teilnehmer eines langen und mühseligen Prozesses zu werden. Die Aufgabe heißt nicht *Beglücken*, sondern *Begleiten*".[31]
Im breiten Spektrum der bisher schon praktizierten Zwischennutzungen nehmen die „Interkulturellen Gärten" eine vielversprechende Sonderrolle ein. Seit längerem werden sie auf städtischen Brachen üblicherweise auf der Basis von Pachtverträgen eingerichtet. Dabei handelt es sich um Integrationsprojekte, bei denen Migrantinnen und Migranten – vielfach Asylanten und Flüchtlinge – gemeinsam mit Deutschen ehemals brachliegende Grundstücke gärtnerisch bewirtschaften. Das Gärtnern ist häufig gekoppelt mit Integrationshilfen wie Sprachförderung, berufliche Qualifizierung und Kleingewerbe. Diese Gärten leisten wichtige Beiträge zum einen zur Integration und Förderung interkultureller Verständigung, zum anderen zur Brachflächennutzung im Stadtumbau. Im Frühjahr 2007 bestanden bundesweit bereits 49 Gärten, weitere 50 befanden sich im Aufbau.
Als erste Bilanz zu den Erfahrungen mit Zwischennutzung bleiben einerseits viele Erfolgsgeschichten, andererseits aber auch noch ungelöste Fragen und Fallstricke. Dazu gehören vor allem die Restriktionen, die sich aus den Grenzen ehrenamtlicher Tätigkeit und der Notwendigkeit öffentlicher Unterstützung – zumindest durch Koordination und Management – ergeben, die Schwierigkeit, Bewirtschaftungs- und Pflegekosten der neuen öffentlich genutzten Flächen längerfristig zu sichern, aber auch die Suche nach Nutzungen und Nutzern bei einem sich ständig vergrößernden Volumen an freien Flächen und Gebäuden.

5 Aufbau leistungsfähiger Informations- und Beobachtungssysteme

Mehr denn je sind Planung und Steuerung für die siedlungsstrukturelle Anpassung in Städten und Gemeinden auf Wissen angewiesen. Von allen

Seiten wird deshalb die große Bedeutung von leistungsfähigen Informationssystemen und handlungspraktischem Berichtswesen für den Stadtumbau betont. Dies gilt für Baulücken- und Brachflächenkataster als Basis für strategisches Flächen- und Nutzungsmanagement ebenso wie für die Erarbeitung, Fortschreibung und Evaluierung von städtebaulichen Entwicklungskonzepten.

Kontinuierlich fortgeschriebene Raumbeobachtungs- und Monitoringsysteme sind als Wissensbasis ein unverzichtbares Instrument und damit eine Investition in die zukünftige Entwicklung, die sich auszahlt. Die Systeme erfüllen verschiedene Funktionen: z. B. Basis für die Ableitung von planerischem Handlungsbedarf, Grundlage für Entscheidungen und Steuerungsansätze, Frühwarnsystem zur Identifizierung problematischer Entwicklungstendenzen, Überprüfung der Wirksamkeit und Effizienz von Programmen und Maßnahmen, Beratungsgrundlage für lokale Akteure und Investoren, Information der Öffentlichkeit und Sicherstellung von Transparenz.

Bund, Länder und Gemeinden messen Monitoringsystemen und Erfolgskontrolle große Bedeutung bei der Umsetzung aller ergänzenden Programme zur Städtebauförderung bei. Der Aufbau von Monitoringsystemen wird als wichtiges Element zur Vorbereitung, Durchführung und Evaluierung im Stadtumbau angesehen. Untersuchungen wie die Auswertung der Integrierten Stadtentwicklungskonzepte in Mecklenburg-Vorpommern zeigen aber, daß hier noch Nachholbedarf besteht: Die verfügbare Datenbasis erweist sich in vielen Städten als noch unzureichend, auch wenn in mehreren Städten Informationssysteme für leistungsfähiges Flächenmanagement und Steuerung des Stadtumbaus bereits geschaffen wurden oder sich im Aufbau befinden, wobei sehr unterschiedliche Zielsetzungen verfolgt werden. Dazu gehören beispielsweise

– das „Flächenmonitoring für den Zeitraum 1990–2000" in Berlin, in dem die Inanspruchnahme von Freiraum, der Nutzungswandel im Siedlungsraum und die künftigen Planungen zur räumlichen Stadtentwicklung dokumentiert werden, sowie das „Monitoring Soziale Stadtentwicklung", das als kontinuierliches Stadtbeobachtungssystem auf Gebietsebene seit 1998 zweijährig fortgeschrieben wird und dazu dient, „Gebiete ähnlicher Entwicklungstendenz" zu ermitteln, „für die stadtentwicklungspolitische Handlungsempfehlungen zum Einsatz von Instrumenten und Maßnahmen der Intervention und Prävention formuliert werden"; dabei wird die quantitative Analyse um eine „vertiefende (qualitative) Untersuchung für auffällige Gebietskulissen" ergänzt;

- das „Kleinräumige Monitoring des Stadtumbaus in Leipzig" mit Einzelberichten zum Wohnungsmarkt, zu Einzelhandel und Gewerbeflächen, das in einem dreijährigen Rhythmus fortgeschrieben werden soll. Ergänzendes Instrument ist das „Wohnungsmarktbarometer" mit Befragungsergebnissen von Akteuren des Wohnungsmarkts und der Stadtentwicklung einschließlich der Berichterstattung zum Fördermitteleinsatz und zum Umsetzungsprozeß.
- das „Nachhaltige Bauflächenmanagement in Stuttgart" (NBS), ein Projekt im Rahmen des baden-württembergischen Forschungsprogramms BW-Plus „Konzept zur Stärkung einer nachhaltigen Innenentwicklung auf der Grundlage des FNP 2010" mit den drei Bausteinen: Übersicht Bauflächenpotentiale, fortschreibungsfähige Datenbank und Studien zu Teststandorten;
- Impulsprojekte vor allem zum Aufbau von Informationssystemen wurden als erster Schritt in drei der vier Modellstädte für das ExWoSt-Forschungsfeld „Stadt der Zukunft" im Rahmen des Handlungsfelds „haushälterisches Bodenmanagement" initiiert, in Heidelberg (Brachflächenkataster), Güstrow (Realnutzungs- und Brachflächenkataster) und Dessau (Liegenschaftskataster) gab es solche Aktivitäten.[32]

Resümierend kann festgehalten werden, daß die systematische Beobachtung von stadträumlichen Entwicklungen um so mehr Bedeutung erlangt, je stärker Maßnahmen und Programme der Stadt(teil)entwicklung aufgrund neuer Herausforderungen und verschärfter Rahmenbedingungen experimentellen Charakter haben (müssen) und deshalb als lernende Systeme gesteuert werden.

Zukunftsvorstellungen sind durch Fakten und Werturteile der Gegenwart geprägt. Heute verlassen sich Planung und Politik auf Prognosen, die etwa bis 2050 reichen und stellen sich den Herausforderungen von Schrumpfung mehr oder weniger offensiv. Die Visionen von Stadt oszillieren zwischen den Modellen der kompakten Stadt und der Netzstadt. Gegenüber Gewißheiten sind aber immer auch Skepsis, Zweifel und Neugier angebracht, vor allem dann, wenn sie sich auf Zeithorizonte in der weiteren Zukunft beziehen. Möglicherweise wandeln sich in einer längerfristigen Perspektive nicht nur demographische Eckwerte wie Zuwanderung, Lebensalter und Gebärverhalten, sondern auch biographische Modelle sowie die von lokalen und globalen Ökonomien. Auch eine solche Überlegung bekräftigt die Dringlichkeit und Nützlichkeit von kontinuierlicher Sozialraumbeobachtung und vorurteilsfreier Analyse für die Anpassung stadträumlicher Strukturen an die jeweilige gesellschaftliche Lebenswirklichkeit.

Anmerkungen

1 Hatzfeld, Ulrich, Stadtumbau West: Schrumpfen nach Plan? Stadtentwicklung zwischen Wachstum und Schrumpfung in Nordrhein-Westfalen, in: Ministerium für Städtebau und Wohnen, Kultur und Sport des Landes Nordrhein-Westfalen (Hg.), Stadtumbau West. Intelligentes Schrumpfen, Düsseldorf 2004, S. 18
2 Jessen, Johann, Europäische Stadt als Bausteinkasten für die Städtebaupraxis – die neuen Stadtteile, in: Siebel, Walter (Hg.), Die europäische Stadt, Frankfurt (M) 2004, S. 98
3 Bei dem vorgeschalteten Wettbewerb ging es um Vorschläge der Städte zu Inhalten und Verfahren, um gemeinsam mit wissenschaftlichen Einrichtungen während eines Förderzeitraums von 18 Monaten integrierte Zukunftskonzeptionen und Leitbilder für eine nachhaltige Stadt- und Regionalentwicklung zu erarbeiten.
4 Hierzu und zum Folgenden: Difu (Deutsches Institut für Urbanistik); ISR (Institut der Stadt- und Regionalplanung der Technischen Universität Berlin), Kommunale Planungspraxis quo vadis?, BBR Online-Publikation November 2005, Zugriff auf www.bbr.bund.de/exwost/pdf-files/Online_stadtquartiere_Umbruch.pdf im Oktober 2006, S. 28ff. und 55f
5 Hatzfeld, a. a. O., S. 17
6 Siehe z. B. PT (Lehrstuhl für Planungstheorie und Stadtplanung der RWTH Aachen), Planloses Schrumpfen? Steuerungskonzepte für widersprüchliche Stadtentwicklungen, Ergebnisse eines Werkstattgesprächs in Leipzig vom 6. bis 8. Mai 2004, Aachen 2005, S. 39f.
7 Goldschmidt, Jürgen, Stadtumbaumaßnahmen nach §§ 171a-d BauGB, Zugriff auf www.staedtebau-recht.de/pdf/Stadtumbaumassnahmen%20nach%20171a-d%20BauGB%20BauR.pdf im Oktober 2006, S. 7
8 Ebenda, S. 9
9 Goldschmidt, Jürgen; Taubenek, Olaf, Zwischennutzungen im Stadtumbau, in: Baurecht, Heft 10 (2005), S. 1570
10 Staatssekretär Tilo Braune in BBR (Bundesamt für Bauwesen und Raumordnung) (Hg.), Zwischennutzung und neue Freiflächen. Städtische Lebensräume der Zukunft, Berlin 2004, S. 2
11 Goldschmidt, Jürgen; Taubenek, Olaf, a. a. O., S. 1577
12 Hierzu und zum Folgenden: Wüstenrot Stiftung (Hg.), Nutzungswandel und städtebauliche Steuerung, Ludwigsburg/Opladen 2003
13 Zitiert bei Goldschmidt, a. a. O., S. 1f.
14 Hatzfeld, a. a. O., S. 19
15 Wüstenrot Stiftung, a. a. O., S. 236
16 Haller, Christoph; Liebmann, Heike; Rietdorf, Werner; Aehnelt, Reinhard, Grundsätzliche Zielsetzungen und erste Erfahrungen bei der Erarbeitung Integrierter Stadtentwicklungskonzepte für die ostdeutschen Städte, in: Keim, Karl-Dieter, Regenerierung schrumpfender Städte – zur Umbaudebatte in Ostdeutschland, Erkner 2001, S. 125f.
17 Hatzfeld, a. a. O., S. 32
18 Hierzu und zum Folgenden: ARGEBAU (Arbeitsgemeinschaft der für Städtebau, Bau- und Wohnungswesen) (Hg.), Leitfaden zur Ausgestaltung des Städtebauförderungsprogramms „Stadtumbau West", Zugriff auf www.bbr.bund.de im Oktober 2006, S. 8f.
19 Stadt Leipzig, Dezernat Stadtentwicklung und Bau, Stadtplanungsamt, Kleinräumiges Monitoring des Stadtumbaus in Leipzig. Monitoringbericht 2005, Leipzig 2005, S. 45

20 ISEK-Städte Mecklenburg-Vorpommern (Wulf Eichstädt/Rico Emge), Wissenschaftliche Auswertung der 44 Integrierten Stadtentwicklungskonzepte (ISEK) in Mecklenburg-Vorpommern, Berlin 2003, S. 9
21 Ebenda
22 Lütke Daldrup, Engelbert, Die „perforierte Stadt" – neue Räume im Leipziger Osten, in: Informationen zur Raumentwicklung, Heft 1/2 (2003), S. 95
23 Dabei stellten im Jahr 2005 15 Fachämter und Einrichtungen rund fünf Millionen Eigenmittel bereit, um weitere 13 Millionen Städtebauförderungsmittel zu generieren (Eigenmittelersatz); vgl. dazu Stadt Leipzig 2005, a. a. O., S. 43
24 Haller u. a., a. a. O., S. 137f.
25 Lütke Daldrup, a. a. O., S. 61
26 Heck, Astrid, Stadtumbau konkret – Das Fallbeispiel Leipzig, Kassel, 2005, S. 13ff.
27 Fuhrich, Manfred, Innenentwicklung vor Außenentwicklung – Erfahrungen aus dem Forschungsfeld „Städte der Zukunft", in: BBR (Bundesamt für Bauwesen und Raumordnung) (Hg.), Bauland- und Immobilienmärkte. Ausgabe 2004, Bonn 2004, S. 90
28 Jessen, Johann; Schneider, Jochem, Umnutzungen – total normal, in: Schittich, Christian (Hg.), Bauen im Bestand, Basel/Boston/Berlin, 2003, S. 10–21
29 Jessen/Schneider, a. a. O., S. 16
30 Die entsprechenden „Claims" sollen im Jahr 2008/2009 über einen Wettbewerb, der sich an „europäische Siedlungspioniere" richtet, vergeben werden. „Bis 2010 entsteht die ‚Stadt der Pioniere': Sommerkolonien auf stillgelegten Gleisanlagen, Erfindergaragen in Asphaltwüsten, Arbeits-Lofts in aufgegebenen Freibädern, Radio-Stationen auf Halden, Pfahlbauten in Bergsenkungssümpfen, Tempel in Abstandszonen; japanische Minihäuser in Birkenwäldern." Informationen unter www.essen.de/deutsch/kultur_und_bildung/dokumente/Kurzschrift_KHS_2010_D.pdf
31 Kil, Wolfgang, Neuland denken, in: archplus, Heft 173 (2005), S. 33
32 Fuhrich, a. a. O. S. 86

Literatur

Altrock, Uwe, Anzeichen für eine Renaissance der strategischen Planung?, in: Altrock, Uwe u. a. (Hg.), Perspektiven der Planungstheorie, Berlin 2004, S. 221–238
Altrock, Uwe; Kunze, Ronald, Einführung in den Schwerpunkt Stadtumbau, in: Jahrbuch Stadterneuerung 2004/05, Berlin 2005, S. 53–60
ARGEBAU (Arbeitsgemeinschaft der für Städtebau, Bau- und Wohnungswesen) (Hg.), Leitfaden zur Ausgestaltung des Städtebauförderungsprogramms „Stadtumbau West", Zugriff auf www.bbr.bund.de im Oktober 2006
BBR (Bundesamt für Bauwesen und Raumordnung) (Hg.), Zwischennutzung und neue Freiflächen. Städtische Lebensräume der Zukunft, Berlin 2004
Becker, Heidede; Jessen, Johann; Sander, Robert (Hg.), Ohne Leitbild? – Städtebau in Deutschland und Europa, Stuttgart/Zürich 1998
Deutscher Städtetag, Strategisches Flächenmanagement und Bodenwirtschaft. Aktuelle Herausforderungen und Handlungsempfehlungen, Köln/Berlin 2002
Difu (Deutsches Institut für Urbanistik); ISR (Institut der Stadt- und Regionalplanung der Technischen Universität Berlin), Kommunale Planungspraxis quo vadis?, BBR Online

Publikation November 2005, Zugriff auf www.bbr.bund.de/exwost/pdf-files/Online_stadtquartiere_Umbruch.pdf im Oktober 2006

Doehler-Behzadi, Marta; Lütke Daldrup, Engelbert (Hg.), Plusminus Leipzig. Stadt in Transformation, 2030 Transforming the City, Wuppertal 2004

Forschungsagentur Stadtumbau West (Hg.), ExWoSt-Forschungsfeld „Stadtumbau West". Sachstandsbericht 2005 , Zugriff auf www.stadtumbauwest.de/newsletterdaten/Sachstandsbericht-09-2005.pdf im Oktober 2006

Fuhrich, Manfred, Innenentwicklung vor Außenentwicklung – Erfahrungen aus dem Forschungsfeld „Städte der Zukunft", in: BBR (Bundesamt für Bauwesen und Raumordnung) (Hg.), Bauland- und Immobilienmärkte, Ausgabe 2004, Bonn 2004, S. 81–94

Goldschmidt, Jürgen, Stadtumbaumaßnahmen nach §§171a-d BauGB, Zugriff auf www.staedtebau-recht.de/pdf/Stadtumbaumassnahmen%20nach%20171a-d%20BauGB%20BauR.pdf im Oktober 2006

Goldschmidt, Jürgen; Taubenek, Olaf, Zwischennutzungen im Stadtumbau, in: Baurecht, Heft 10 (2005), S. 1568–1577

Haller, Christoph; Liebmann, Heike; Rietdorf, Werner; Aehnelt, Reinhard, Grundsätzliche Zielsetzungen und erste Erfahrungen bei der Erarbeitung Integrierter Stadtentwicklungskonzepte für die ostdeutschen Städte, in: Keim, Karl-Dieter, Regenerierung schrumpfender Städte – zur Umbaudebatte in Ostdeutschland, Erkner 2001, S. 125–158

Hatzfeld, Ulrich, Stadtumbau West: Schrumpfen nach Plan? Stadtentwicklung zwischen Wachstum und Schrumpfung in Nordrhein-Westfalen, in: Ministerium für Städtebau und Wohnen, Kultur und Sport des Landes Nordrhein-Westfalen (Hg.), Stadtumbau West. Intelligentes Schrumpfen, Düsseldorf 2004

Heck, Astrid, Stadtumbau konkret – Das Fallbeispiel Leipzig, Kassel 2005

IBA-Büro (Hg.), Die anderen Städte. IBA Stadtumbau 2010, Bd. 1 Experimente, Berlin, 2005

Interkulturelle Gärten – Neuartige Sozialräume auf städtischen Brachflächen, in: Soziale Stadt info 17 (2005), S. 32–33

ISEK-Städte Mecklenburg-Vorpommern (Wulf Eichstädt/Rico Emge), Wissenschaftliche Auswertung der 44 Integrierten Stadtentwicklungskonzepte (ISEK) in Mecklenburg-Vorpommern, Berlin 2003

Jessen, Johann, Europäische Stadt als Bausteinkasten für die Städtebaupraxis – die neuen Stadtteile, in: Siebel, Walter (Hg.), Die europäische Stadt, Frankfurt (M) 2004

Jessen, Johann; Schneider, Jochem, Umnutzungen – total normal, in: Schittich, Christian (Hg.), Bauen im Bestand, Basel/Boston/Berlin 2003, S. 10–21

Kil, Wolfgang, Neuland denken, in: archplus, Heft 173 (2005), S. 32–33

Lütke Daldrup, Engelbert, Die „perforierte Stadt" – neue Räume im Leipziger Osten, in: Informationen zur Raumentwicklung, Heft 1/2 (2003), S. 55–67.

PT (Lehrstuhl für Planungstheorie und Stadtplanung der RWTH Aachen), Planloses Schrumpfen? Steuerungskonzepte für widersprüchliche Stadtentwicklungen, Ergebnisse eines Werkstattgesprächs in Leipzig vom 6. bis 8. Mai 2004, Aachen 2005

Reiß-Schmidt, Stephan, Strategisches Flächenmanagement als kommunale Kernaufgabe, Powerpoint-Präsentation im Rahmen des Seminars „Neue Brachen und Flächenpotenziale: Nutzungsmanagement als kommunale Herausforderung" des Deutschen Instituts für Urbanistik am 13. Juni 2005 in Berlin

Selle, Klaus, Planen. Steuern. Entwickeln. Über den Beitrag öffentlicher Akteure zur Entwicklung von Stadt und Land, Dortmund 2005

Stadt Leipzig, Dezernat Stadtentwicklung und Bau, Stadtentwicklungsplan Wohnungsbau uns Stadterneuerung. Teilplan Stadterneuerung, Fortschreibung 2003 mit Stand 18.06.2003, Leipzig 2003

Stadt Leipzig, Dezernat Stadtentwicklung und Bau, Stadtplanungsamt, Kleinräumiges Monitoring des Stadtumbaus in Leipzig. Monitoringbericht 2005, Leipzig 2005

Wüstenrot Stiftung (Hg.), Nutzungswandel und städtebauliche Steuerung, Ludwigsburg/ Opladen 2003

Undine Giseke, Erika Spiegel
Ein Fazit[1]

Modelle oder Konzepte?

Als sich, nach einem ersten Gang durch den Leipziger Osten, die Fragen stellten, die den Ausgangspunkt dieses Buches bilden, verband sich damit die unbestimmte Erwartung, für den Umgang mit Schrumpfungsprozessen könnten ähnlich konsistente Modellvorstellungen entwickelt werden, wie sie – mit mehr oder weniger praktischer Wirkung – für die Steuerung der städtischen Wachstumsprozesse im späten 19. und im 20. Jahrhundert entwickelt worden waren.[2] Dahinter stand die Vermutung, daß die typischen baulich-räumlichen Verteilungsmuster von Nutzungen und Funktionen, die die großen Stadterweiterungen der letzten beiden Jahrhunderte hinterlassen haben, nicht beliebig, sondern ebenfalls nach gewissen Regeln auf die Schrumpfungsprozesse, die jetzt bevorstehen, reagieren würden und daß sich auch dafür Modellvorstellungen entwerfen ließen.

Diese Erwartung hat sich nur zum Teil erfüllt. Zwar verteilen sich in der Tat auch Leerstände, Baulücken und Brachen – wo sie schon vorhanden oder zu erwarten sind – nicht beliebig über die Stadt. Auch sie bilden Muster, die auf jeder diesbezüglichen Karte zu erkennen sind. Betroffen sind nahezu überall einerseits die Standorte, die durch die erste große, industriell bestimmte Wachstumsphase des 19. Jahrhunderts geprägt wurden – sofern sie nicht bereits längst den andersartigen Standortbedürfnissen einer postindustriellen Gesellschaft angepaßt wurden –, andererseits die meist an den Rändern der Städte gelegenen Großwohnanlagen, die die zweite große Wachstumsphase des 20. Jahrhunderts hinterlassen hat.

Was sich nicht erfüllt hat, ist die Erwartung, es wäre möglich – oder auch nur hilfreich –, auch für den Umgang mit den faktischen oder potentiellen Leerstellen, die Schrumpfungsprozesse in diesen Gebieten hinterlassen haben oder hinterlassen würden, Modelle zu entwickeln, die einer Steuerung dieser Schrumpfungsprozesse jedenfalls zur Orientierung dienen könnten. Die Gründe hierfür sind vielfältig, und sie liegen auch nicht nur darin, daß sich die Standortbindungen, die für die Bildung räumlich-funktionaler Muster ausschlaggebend sind, gelockert haben. Sie liegen inzwischen eher darin, daß sich die Entwicklungspfade und Entwicklungsziele der einzelnen Städte zunehmend differenziert haben, sowohl objektiv durch die Differenzierung ihrer jeweiligen wirtschaftlichen Grundlagen, wie subjektiv durch das Bemühen, sich im immer schärferen Wettbewerb um Projekte und Investoren, aber auch um ein Arbeitskräftepotential, das deren Anforderungen entgegenkommt, Alleinstellungsmerkmale zu verschaffen, die gerade nicht auf die Herausstellung des Gemeinsamen, sondern auf die Betonung des Besonderen ausgerichtet sind – von der zunehmenden Differenzierung nach wachsenden und schrumpfenden Städten noch ganz abgesehen.

Es besteht daher nahezu allgemein der Eindruck, daß die örtlichen Verhältnisse, die je besonderen Gegebenheiten und Zielvorstellungen der Städte wie auch die bewußte Abgrenzung gegenüber Konkurrenten den Umgang mit Schrumpfungsprozessen weit stärker beeinflussen werden als die räumlich-funktionalen Muster, die sie vielleicht geerbt haben. Es kann also auch nicht um generalisierende Modelle gehen, es geht eher um individuelle, stadtspezifische Konzepte. Diese gewinnen damit aber um so größere Bedeutung.

Leerstände, Lücken und Brachen

Leerstände sind, das wird oft vergessen, zunächst nichts anderes als ein Indiz für die Funktionsfähigkeit von Märkten, die lange Zeit durch Engpässe und eine hohe Regelungsdichte bestimmt waren. Funktionierende Büro-, Gewerbe- oder auch Wohnungsmärkte aber sind, wie andere Märkte auch, dadurch gekennzeichnet, daß technisch oder funktional Veraltetes nicht mehr nachgefragt und durch Neues ersetzt wird. Insofern ist ein Nebeneinander von Leerstand, Abriß und Neubau selbstverständlich. Dies ist auch solange kein Problem, wie die neu zu bauenden Büros, Betriebe oder Wohnungen nach Zahl und Standort den abzureißenden in etwa entsprechen. Es wird allerdings zum Problem, wenn dies nicht der Fall ist, wenn weniger Neubauten nachgefragt als Altbauten obsolet werden. Und es wird erst recht zum Problem, wenn die Standorte auseinander fallen, wenn in einem Teil der Stadt (oder Stadtregion) Neubauten nachgefragt werden, in einem anderen frei werdende Gebäude keine Interessenten mehr finden, wenn also ganze Standorte zur Disposition stehen. Dies aber ist nicht mehr auszuschließen.

Industrie und Gewerbe

Die größten Lücken reißen zur Zeit Industrie- und Gewerbebetriebe, die entweder geschlossen oder an andere Standorte verlagert werden. Ebenso wie die Kasernen und militärischen Übungsplätze, die ebenfalls nicht mehr benötigt werden, liegen sie oft noch in der inneren Stadt und suggerieren damit ein Potential, das noch vor einigen Jahrzehnten nicht begehrter hätte sein können. Das Gleiche gilt für die oft noch zentrumsnäher gelegenen Brachen, die Bahn oder Post hinterlassen haben. Noch wenig Beachtung findet zurzeit, daß auch die Ausweichquartiere am damaligen Rande der Städte, die viele Betriebe schon in den 1960er und 1970er Jahren bezogen haben, bei Schließung oder Verlagerung nur schwer Nachnutzer finden. Fast überall stellen aber die innerstädtischen Industrie- oder Bahnbrachen schon wegen ihrer Lage, Größe und Sichtbarkeit wesentlich größere Anforderungen an die Qualität einer Nachnutzung als periphere Gewerbebrachen, die oft kaum als solche wahrgenommen werden.

Wohnungen

Fast alle Kernstädte haben schon seit Jahrzehnten Bevölkerungsverluste erfahren, ohne daß dies im Stadtbild oder auf dem Wohnungsmarkt nennenswert in Erscheinung getreten wäre. Die Zunahme der Haushalte und der wachsende Flächenverbrauch je Bewohner haben frei werdende Wohnflächen schnell absorbiert. Beides dürfte auch in Zukunft noch in einem gewissen Ausmaß der Fall sein, aber bei weitem nicht ausreichen, die wachsenden Leerstände zu kompensieren. Wo vor allem werden sie auftreten?
Die Erfahrungen in Ostdeutschland haben gezeigt, daß dies prinzipiell überall der Fall sein kann. An *allen* Standorten und in *allen* Marktsegmenten – auch den „gehobenen" – gibt es schlechtere und bessere Wohnungen, unbeliebtere und beliebtere Wohnungstypen, und es sind jeweils die schlechtesten und die unbeliebtesten, die keine Mieter oder Käufer mehr finden, während im gleichen Haus oder in der gleichen Straße andere Wohnungen durchaus noch auf Interesse stoßen. Genau dies veranlaßt die

Eigentümer aber auch, durch Umbauten oder Umnutzungen Abhilfe zu schaffen, und das heißt: das offenbar vorhandene Standortpotential auszuschöpfen.

Es fallen aber nicht nur die schlechtesten Wohnungen zuerst leer, sondern auch die schlechtesten Wohnlagen innerhalb eines Quartiers und die schlechtesten Quartiere innerhalb einer Stadt. Insofern gibt es Häufungen, die auch nicht durch einzelne Umbauten oder Umnutzungen verdeckt werden können. Diese Häufungen betreffen vor allem

– die einfachen Arbeiterwohngebiete der Gründerzeit, in denen sich nach wie vor Defizite der Wohnungen mit Defiziten des Wohnumfeldes und einer auch sonst wenig attraktiven Lage überschneiden. Wo sich nicht bereits eine Nischenökonomie angesiedelt hat, konzentriert sich hier denn auch in der Regel das unterste Wohnungsmarktsegment, das am ehesten „aus dem Markt herausfällt" und in das daher nicht mehr investiert wird, sofern die Investitionen nicht massiv subventioniert werden;

– die verdichteten Großwohnanlagen am Stadtrand, nicht nur die „Platte". Auch bei guter Qualität der Wohnungen sind sie durch die Monotonie der großen Serie und hochgeschossige Gebäudetypen, die in der Bundesrepublik noch nie viel Sympathie genossen haben, belastet. Auch das Leitbild „Urbanität durch Dichte", das viele von ihnen geprägt hat, hat wenig Akzeptanz gefunden. Im Westen kommt meist noch die Konzentration benachteiligter Bevölkerungsgruppen, die von den Wohnungsämtern dort eingewiesen wurden, hinzu. Im Osten galten die Plattensiedlungen zwar zunächst als bevorzugte Wohnlagen, inzwischen drohen jedoch auch sie zum Auffangbecken für eine immer älter werdende Restbevölkerung zu werden, die weder die Mittel noch die Kraft hat, noch einmal umzuziehen. Dies ist jedoch offenbar kein irreversibler Prozeß. Wo die Dichten verringert, die ungeliebten Hochhäuser beseitigt, freiwerdenden Grundstücke mit Ein- oder Zweifamilienhäusern bebaut wurden, kommen latente Standortvorteile wie die offene Bauweise, das „viele Grün", die Nähe zu Erholungsgebieten wieder zum Tragen – und auch die Interessen der Wohnungsgesellschaften, die dort ihre größten Bestände haben;

– begrenzt auch die Wohnsiedlungen der 1950er Jahre. Sofern sie nicht bereits durch die Eigentümer, oft kleinere Genossenschaften, modernisiert wurden, entsprechen die Wohnungen zwar nach Größe und Ausstattung nicht heutigen Ansprüchen. Die relativ günstige Lage zum Stadtkern, die geringe Dichte, auch hier das „viele Grün", dazu eine gewisse Wohnlichkeit setzen dort aber vielfach schon spontane Erneuerungsprozesse in

Gang, die sich in einem Nebeneinander von Umbau, Abriß und Neubau niederschlagen.
Weniger als eigenständiger Gebietstyp identifizierbar, aber doppelt problematisch sind die auch im Westen überall zunehmenden Leerstände an Hauptgeschäftsstraßen, wo der Strukturwandel im Einzelhandel die Geschäfte und der Lärm die Bewohner vertreibt, weniger empfindliche Nutzungen aber selten in Sicht sind. Sofern sie, wie dies in der gründerzeitlichen Stadt meist der Fall ist, stadtbildprägende Bedeutung haben, genießen sie zwar in der Regel Bestandsschutz. Wer oder was diesen Schutz auf Dauer garantieren – und finanzieren – soll, bleibt jedoch offen.
Geht man davon aus, daß das Leerfallen ganzer Wohnstandorte ein sich über Jahrzehnte hinziehender schleichender Prozeß ist, der sich im Stadtgefüge auch nur schleichend niederschlägt, so werden es vermutlich die großen innerstädtischen Gewerbebrachen sein, die am schwersten eine ihrem Standortpotential entsprechende Nachnutzung finden, die gründerzeitlichen Arbeitergebiete aber diejenigen, die die größten sozialen Probleme aufwerfen.

Strukturkonzepte zwischen Gestern und Morgen

Rahmenbedingungen

Bei der Suche nach baulich-räumlichen, funktionalen und strategischen Gesichtspunkten, die längerfristig orientierenden Strukturkonzepten eine möglichst verläßliche Basis verleihen könnten, ist zunächst von den räumlich relevanten Prozessen auszugehen, die die Wachstumsphase der Städte geprägt haben und zu fragen, ob und wie sie sich unter den Bedingungen des Schrumpfens verändern werden.
Dabei geht es in erster Linie um
– die Flächenausdehnung, die sich bisher in fast allen Nutzungsbereichen laufend erhöht hat. Diese Flächenausdehnung wird zwar nicht vollständig zum Stillstand kommen, sie wird sich aber doch deutlich verringern. Einen gewissen Bedarf an Neubauwohnungen am Rande der Städte wird es weiter geben, sofern nicht die Bauherren dauerhaft ins Umland abwandern sollen. Erheblich relevanter wird jedoch der Flächenbedarf der großen – und gerade der besonders modernen und erfolgreichen – Produktionsbetriebe sein, die ihre Anlagen „maß"schneidern und sich auch nicht den Restriktionen etwaiger Gewerbebrachen unterwerfen wollen;

– die Funktionstrennung. Sieht man von hoch funktionalisierten Neubauten am Rande der Städte ab, so deutet sich eine vielfältigere Mischung an. Vor allem gründerzeitliche Fabrikgebäude, ehemalige Bahnhöfe, Kasernen haben bisher schon „kulturnahe" Dienstleistungen, aber auch eine kulturnahe „Szene" angezogen, die aus materiellen oder ideellen Gründen das Besondere, aber nicht das Exklusive suchen. Wenn sie weitere Flächenangebote zu ähnlichen, wenn nicht sinkenden Preisen bekommen, könnten es durchaus mehr werden. Sie dürften sich aber nur in Ausnahmefällen auch für Gewerbebauten der Nachkriegszeit interessieren – und auch nur in Ausnahmefällen für eine darbende Kreisstadt mittlerer Größenordnung;
– die Erhöhung der baulichen Dichten, ob nun durch die Bodenpreise erzwungen oder durch die Hoffnung auf „Urbanität durch Dichte" befördert. Hier dürfte die Entwicklung ambivalent sein. Auch in schrumpfenden Städten können bevorzugte Lagen noch eine gewisse Verdichtung erfahren. Nur wenige Straßenzüge weiter – und wesentlich häufiger – würde aber vermutlich nur eine Entdichtung ganze Viertel vor der langsamen Entleerung bewahren;
– die Zentrenbildung. Diese war lange Zeit eines der wichtigsten funktionsräumlichen Gliederungselemente der Stadt, und zwar über alle Ebenen hinweg. Von den großen Stadt- und einigen wenigen größeren Stadtteilzentren abgesehen, dürfte sie inzwischen ihre strukturbildende Kraft weitgehend verloren haben.

Umnutzungschancen

Setzte man diese Veränderungstendenzen in Bezug zu den vor allem von Leerständen und Brachen bedrohten Teilen der Stadt, so würde dies bedeuten:
– Vermutlich die größten Schwierigkeiten einer Umnutzung „aus einem Guß" würden die großen, entweder bereits leer geräumten oder nur noch extensiv genutzten Gewerbe- und Bahnbrachen in der inneren Stadt bieten, dies auch dann, wenn sie bereits mit einigem Aufwand von etwaigen Altlasten befreit worden sind. Daß es einen nennenswerten Bedarf an weiteren großen Büro-, Einkaufs- und „Entertainment"-Zentren gibt, ziehen offenbar selbst die dafür ins Auge gefaßten Investoren in Zweifel. Zweifel sind aber auch angebracht, ob sich gerade in dem dort entstehenden Niemandsland junge Familien, die auf ein gedeihliches soziales Umfeld und

gute Schulen für ihre Kinder bedacht sind, ansiedeln wollen. Aber auch für Mitglieder der einen oder anderen „Szene" bieten sie in ihrer Größe auf Dauer wenig Anziehungspunkte, zumal auch ihnen in anderen Teilen der inneren Stadt zahlreiche Alternativen geboten werden. Und die „Opernwohnungen" als Zweitwohnungen für wohlhabende Umlandbewohner, die ebenfalls die Lücken füllen sollen, bedürfen zumindest einer Oper.

– Auch für die freigeräumten Bauflächen innerhalb oder am Rande der Großwohnanlagen dürften sich trotz (oder wegen) ihrer Lage am Stadtrand nur schwer gewerbliche Folgenutzungen finden. Wohl aber könnte durchaus eine gewisse Nachfrage nach Grundstücken für Einfamilienhäuser bestehen, sofern sie denn nach Preis, „Adresse" und Ambiente mit den zahlreichen anderen Angeboten, die Interessenten diesseits und jenseits der Stadtgrenzen gemacht werden, konkurrieren können. Am ehesten bietet sich eine landschaftliche Entwicklung an.

– Noch weniger Folgenutzungen lassen sich für Leerstände und Brachen an verkehrsreichen Geschäftsstraßen erkennen, auch und gerade an denen, deren stadtbild- und strukturprägender Charakter vor allem für die innere Stadt von Bedeutung ist – sofern man sie nicht (aber wie?) von der Störquelle Verkehr befreien kann.

Am längsten dürfte sich noch eine Nachfrage nach billigen Wohnungen oder kleingewerblich nutzbaren Lokalen in den gründerzeitlichen Arbeiterwohngebieten halten, die aber gerade deswegen vor einer zunehmenden sozialräumlichen Isolation bewahrt werden müssen. Um so wichtiger wird die Nutzung jeder Chance, sie schon bei beginnenden Leerständen und Brachen zu einer stadtweit beachteten Experimentierstätte für neuartige, auch kleinräumige Verbindungen von Stadt und Landschaft zu machen.

Kommunale Konzepte

Lassen sich bei den faktisch oder potentiell von Schrumpfung betroffenen Städten selbst tragfähige Konzepte erkennen, mit denen den kleinen und großen Leerstellen im Stadtgefüge begegnet werden soll? Schon eine erste Auswertung der im Rahmen des „Stadtumbau Ost" geforderten Stadtentwicklungskonzepte hatte ergeben, daß, wenn überhaupt solche Konzepte vorlagen, diese in der überwiegenden Mehrzahl der Fälle einen „Rückbau von außen nach innen" vorsahen. Ausnahmen wie Magdeburg oder Dessau, die sich auf andere historische oder topographische Voraussetzungen berufen konnten, bestätigten die Regel. Nichts anderes gilt, sofern überhaupt Rückbau und Umnutzungen zur Diskussion stehen, auch für den „Stadtumbau West". Auch die Stadt Leipzig konzentriert ihre Ressourcen auf die Erhaltung und Aufwertung der inneren Stadt, wenn sie als strategisches Ziel der Erhaltung „Soviel wie möglich", des Umbaus „Soviel wie nötig" nennt und für die Äußere Stadt nur eine ausgesprochen restriktive Entwicklungspolitik vorsieht. Immerhin erfolgt keine „Heiligsprechung gründerzeitlicher Strukturen", und ein Abbruch von Bausubstanz, die keine Nutzungsperspektive hat, wird für vertretbar gehalten, wenn er denn zugunsten neuer Freiraumelemente erfolgt. Auch wird eingeräumt, daß gegen einen bevorzugten Rückbau „außen" nicht nur der Widerstand der Wohnungsgesellschaften, die dort ihre wirtschaftliche Basis haben, spricht, sondern auch der Widerstand der Bewohner, die wenig Verständnis für einen Rückbau gerade in den Gebieten haben, die am meisten von den Freiraumpotentialen der äußeren Stadt profitieren – und außerdem in den letzten Jahren aufwendig saniert worden sind.

Die Eigentumsverhältnisse

Weit größere Aufmerksamkeit finden, nicht ohne Grund, die Eigentumsverhältnisse an den Wohnungsbeständen und die – positiven wie negativen – Einflüsse, die sie auf die strategischen Ziele und den Verlauf des Stadtumbauprozesses ausüben. Dabei stehen zwei Eigentümergruppen im Vordergrund des Interesses, beide mit höchst unterschiedlichen Beständen, Interessen, finanziellen Ressourcen und politischen Einflußmöglichkeiten. Zum einen die wenigen großen Wohnungsgesellschaften, die im Osten wie im Westen (noch) die Haupteigentümer der Wohnungsbestände in den Großsiedlungen sind, zum anderen die Vielzahl der Einzeleigentümer, die ihren Besitz überwiegend in den innerstädtischen Altbaubeständen haben.
Dabei sind die großen Wohnungsgesellschaften im allgemeinen die stetigeren und verläßlicheren Verhandlungspartner. Sie sind in aller Regel auf die Werterhaltung ihrer Bestände bedacht und finden – nach Beseitigung etwaiger Altschulden – auch Mittel und Wege, sich gesund, nicht krank zu schrumpfen. Ein Rückbau von außen nach innen wäre daher in der Tat nicht in ihrem Interesse. Beklagt wird jedoch auch, daß sie es sind, die die beträchtlichen Stadtumbaumittel Ost noch mehr als ohnehin schon vorgesehen in die Förderung von Rückbaumaßnahmen, weniger in die

Förderung von Aufwertungsmaßnahmen fließen ließen. Auch sei es bislang noch nicht gelungen, einen Nutzen- und Lastenausgleich zwischen Unternehmen, die mehr und Unternehmen, die weniger vom Rückbau betroffen sind, herzustellen. Für den Westen gilt, daß die finanzkräftigeren und längerfristig orientierten Unternehmen sich vielfach schon selbst an den Umbau ihrer Bestände gemacht haben, daß aber noch völlig offen ist, wie sich die Private Equity Fonds und andere Finanzinvestoren, an die große Teile verkauft worden sind, in dieser Beziehung verhalten.

Kaum besser abzusehen ist die Reaktion der Einzeleigentümer in den inneren Bereichen der Stadt. Deren Einbeziehung und Kooperation wird zwar sowohl für die Konzeption wie für die Durchführung und den Erfolg innerstädtische Umbaumaßnahmen entscheidend gehalten. Soweit überhaupt bekannt, werden ihre Interessen aber als überaus heterogen eingeschätzt. Wie sie auf wachsende Vermietungsschwierigkeiten und Leerstände, denen sie nicht mehr mit einer Herabsetzung der Mieten beggnen können, reagieren, ist daher noch weitgehend offen. Wo ihnen eine äußerst zurückhaltende Investitionsbereitschaft zugeschrieben wird, wird dies denn auch weniger fehlendem Kapital als unsicheren Renditeerwartungen zugeschrieben. Die beträchtliche Zahl hervorragend sanierter und trotzdem leer stehender Wohnungen in den neuen Ländern ist Warnung genug.

Hinzu kommt, daß vor allem im Westen wie die Mehrzahl der großen Grundstückseigentümer auch die Mehrzahl der Einzeleigentümer einer so genannten „Wertefiktion" unterliegt, und das heißt, daß sie, oft noch gestützt durch überhöhte Bodenrichtwerte, den Marktwerk ihrer Gebäude oder Grundstücke überschätzen – und sie daher eher „horten" als einer ihrem tatsächlichen Wert entsprechenden Nutzung zuführen. Das „Aufbrechen der Wertefiktion" wird denn auch für eine der wichtigsten Voraussetzungen für einen ja auch von den Grundeigentümern zu tragenden Stadtumbau gehalten.

Neue Landschaften

Schon die kurze Skizze der vor allem von Funktionsverlusten betroffenen Stadt-Teile hatte gezeigt, daß eine grundsätzliche Neuorientierung hinsichtlich des Verhältnisses von bebautem und nicht (mehr) bebautem Stadtraum erforderlich ist.

Dies betrifft zunächst das Verhältnis von Stadt und Landschaft. Zwar ist jedem Stadt- und Landschaftshistoriker geläufig, daß es eine eindeutige räumliche Trennung zwischen Stadt und Landschaft allenfalls zu den Zeiten gegeben hat, zu denen sie durch möglichst unüberwindbare Befestigungen geschieden waren. Ebenso geläufig ist aber auch, daß erst mit der fortschreitenden baulichen Verdichtung der Stadt im 19. Jahrhundert sowohl die materiellen wie die ideellen Voraussetzungen für Landschaft als selbstverständlichem Teil des Stadtganzen geschwunden sind. Die Visionen Max Tauts von einer verlandschafteten Stadt konnten allenfalls in der ersten Nachkriegszeit, als die Größe der geräumten Trümmerflächen die Größe der noch intakten Stadt-Teile oft überstieg, eine kurze Renaissance erleben. Mit dem Wiederaufbau schwanden zunächst die materiellen, mit der Renaissance von „Urbanität" dann auch die ideellen Voraussetzungen für ein Zusammendenken von Stadt und Landschaft. Die späte Entdeckung der Zwischenstadt hat zwar auch Stadt und Landschaft einander wieder näher gebracht, doch geht es dabei eher um die Landschaft jenseits als um die Landschaft diesseits der „eigentlichen" Stadt. Die Stadt selbst war, oder sollte doch sein kompakt und urban, und wenn auch grün, so um sowohl an die einzigartigen ästhetischen und ökologischen Qualitäten zu erinnern, die uns etwa die fürstlichen und frühen bürgerlichen Parkanlagen hinterlassen haben, wie um die magische, heilkräftige Symbolik dieser Farbe auch als Werbung für die Städte zu nutzen.

Es betrifft daher aber auch die kompensatorische Funktion, die grüne Freiräume als „heilende Gegenwelt" im Zuge der zunehmenden Versteinerung der großen Städte übernommen haben. Eine Funktion, die noch in den 1960er und 1970er Jahren, auf dem Höhepunkt der so genannten „nachbessernden Freiraumversorgung" (Selle), jedem Bewohner eine je nach der Wohndichte bis auf den Quadratzentimeter genau berechnete Dosis an Spiel- und Sportflächen, Grünzügen, Parks und Kleingärten zuwies und daher heute gern als „fordistisch" bezeichnet wird, sicher nicht zu unrecht, wenn man sich an die Bemessung der Größe der Friedhöfe nach der Leistungsfähigkeit der Gräberbagger erinnert.

Beides ist Geschichte. Den Kampf um die Fläche, der sich hierin niederschlug, gibt es bald nicht mehr. Statt dessen gibt es heute schon und wird es in Zukunft noch mehr Flächen geben, die niemand mehr haben will, ein unerhörtes Potential für neue Frei-Räume, die zu neuen Stadt-Landschaften zusammenfügen zwar vielleicht ein fernes, aber keineswegs ein utopisches Ziel ist. Schon heute stellt sich daher aber auch die Frage nach einer Einbindung dieser neuen Frei-Räume in Struktur und

Gestalt der künftigen Stadt. Dabei geht es zunächst in erster Linie um drei Ebenen:
- die Mikroebene der einzelnen Grundstücke, die je für sich zwar eher zufällig, in bestimmten Stadtteilen aber doch gehäuft leer fallen dürften. Trotzdem geht es auf dieser Ebene zunächst nur um das einzelne brach liegende Grundstück hier oder dort. Auf dieser Ebene wird die Nutzung, meist noch eher die Zwischennutzung der neuen Freiräume daher auch am ehesten den unmittelbaren Anliegern überlassen werden können – auch wenn man sich keinen Illusionen darüber hingeben sollte, daß an jedem Mieter oder Eigentümer einer innerstädtischen Wohnung ein leidenschaftlicher Gärtner verloren gegangen sei. Ob diese neuen Freiräume mit den verbliebenen Gebäuden zu einem neuen Stadt-Landschaftstyp zusammenwachsen, und zu welchem, ist zur Zeit nur schwer abzusehen;
- die Mesoebene des erweiterten Wohnumfeldes, die weniger durch die eindeutigen Grenzen des Quartiers oder Stadtteils zu definieren ist als durch parzellen- und blockübergreifende Freiräume wechselnder Größe und unklarer Grenzen. Auf diese Ebene beziehen sich die meisten künstlerischen Events oder Aktionen, mit denen das kreative Potential sowohl der derzeitigen wie auch erhoffter künftiger Bewohner stimuliert werden soll. Aus der Sicht der Freiraumplanung sind hier grüne Vernetzungen angebracht, nicht nur als Trimm-dich-Pfade oder Promenaden, sondern auch als Erweiterung und Verbindung schon vorhandener Freiräume, wie beim Rietzschkeband in Leipzig. Dabei handelt es sich um eine Ebene, deren Gestaltung und Pflege nicht mehr allein den Anwohnern oder Nutzern überlassen bleiben kann, sondern der konzeptionellen Einbindung und der organisatorischen Hilfestellung bedarf;
- die Makroebene, als die sowohl die Gesamtstadt wie die relativ ausgedehnten Freiräume interpretiert werden können, die sich bei einem partiellen Rückbau weitläufiger Großsiedlungen ergeben und die dort, je nach Lage, vielfältige Übergänge in die offene Landschaft ermöglichen. Ob als Wildnis, Prärie oder als urbane Land- und Forstwirtschaft bieten auch sie sich als Experimentierstätten für neue Landschaftstypen zwischen Stadt und „urbaner Kulturlandschaft" an.

Dabei bleiben die so genannten „Zwischenfelder" wegen ihrer Streuung über die Verwaltungsgrenzen und Ebenen hinweg oft ausgeklammert. Als Zwischenfelder werden die ausgedehnten Industrie- oder Bahnbrachen meist in der inneren Stadt bezeichnet, die ein weithin ungenutztes Potential auch für extensive Freiraumnutzungen bieten. Wegen ihrer zentrumsnahen Lage und der damit verbundenen ausgeprägten „Wer-

tefiktion" werden sie vermutlich am längsten auf dauerhafte neue Nutzungen warten müssen – obgleich das viel belächelte Hirschgehege am Leipziger Hauptbahnhof sich durchaus auch als Dauerlösung bewähren könnte.
Ein genaueres Verständnis davon, ob und wie sich solche Ansätze strukturell und bildhaft zu einem neuen Verhältnis von Stadt und Landschaft *innerhalb* der Stadt zusammenfügen, wächst vermutlich erst langsam heran. Und es wir ja auch nicht die eine, sondern eine Vielzahl von Landschaften sein, die mit je unterschiedlichen Gebäuden und Gebäudegruppen an je unterschiedlichen Orten eine neue Verbindung eingehen. Die Variations- und Kombinationsmöglichkeiten sind nahezu unbegrenzt.

Methoden und Instrumente

Planung als Prozeß

Die Realisierung städtebaulicher Zielvorstellungen setzt relativ umfassende Eingriffs- und Steuerungsmöglichkeiten voraus, und sie setzt ein so unbefangenes Verhältnis zur Zukunft voraus, daß diese als herbeizuplanende bessere Gegenwart zur Verfügung steht. Beides ist der Planung abhanden gekommen, und dies nicht erst seit gestern. Schon das letzte breiter diskutierte Ablaufmodell von Planungsprozessen, das von Karl Ganser Anfang der 1990er Jahre entwickelte Modell des „Perspektivischen Inkrementalismus"[3], hatte eine Wende eingeläutet. Dabei stand *perspektivischer* Inkrementalismus auf der einen Seite für den Gegensatz zu dem „*disjointed* incrementalism", der kurz zuvor aus den Vereinigten Staaten herübergekommen war, auf der anderen Seite für den Gegensatz zu dem „*comprehensive* planning", der integrierten Stadtentwicklungsplanung, die schon über Jahre hinweg die Planungsstäbe auf allen Ebenen in Atem gehalten hatte.
Demgegenüber setzt der Perspektivische Inkrementalismus auf die eindeutige Vorgabe von, aber auch Beschränkung auf grundlegende Entwicklungsziele, auf die Setzung von politischen Schwerpunkten, nicht zuletzt auf Fehlerfreundlichkeit und schnelle Korrigierbarkeit der einzelnen Planungsschritte. Im wesentlichen heißt dies, daß
– die Zielvorgaben auf dem Niveau von gesellschaftlichen Grundwerten bleiben und auf eine weitergehende Operationalisierung verzichtet wird;

– die Zieltreue kontinuierlich an symbolträchtigen Einzelfallentscheidungen nachgewiesen werden muß;
– konkrete Projekte an die Stelle abstrakter Programme treten;
– langfristige durch mittelfristig überschaubare Handlungszeiträume ersetzt werden, dies jedoch mit der Möglichkeit, langfristig darauf aufzubauen;
– auf eine flächendeckende Verteilung der Projekte verzichtet wird und die Standorte immer erst dann festgelegt werden, wenn konkreter Handlungsbedarf besteht;
– mehr mit ökonomischen Anreizen als mit rechtlichen Geboten und Verboten gearbeitet wird.

Dies Modell wurde zwar in Zeiten einer zwar nicht mehr uneingeschränkten, aber doch – trotz der inzwischen erkannten „Grenzen des Wachstums" – kaum grundsätzlich in Frage gestellten Wachstumsgläubigkeit entwickelt. Trotzdem sind die Parallelen zu den Anforderungen, die an die Gestaltung von Planungsprozessen in Zeiten der Schrumpfung gestellt werden, nicht zu übersehen – auch wenn der Begriff „perspektivisch" inzwischen weitgehend durch den Begriff „strategisch" ersetzt worden ist. Als solche Anforderungen werden genannt, daß strategische Pläne
– in ihrem Zeithorizont und ihren Zielsetzungen darauf ausgerichtet sein müssen, einerseits klare Orientierungen für kurz- und mittelfristige Lösungen zu bieten, andererseits offen zu bleiben für noch unbestimmte längerfristige Entwicklungen;
– in der Lage sein müssen, eine gesellschaftliche Verständigung über Zukunftsvisionen und Verfahrenswege der Stadtentwicklung herbeizuführen;
– auf einen chronologischen Ablauf der Planung zugunsten einer Gleichzeitigkeit und Wechselwirkungen von Konzeptentwicklung, Projektplanung und Projektumsetzung verzichten müssen.

Der entscheidende Unterschied liegt darin, daß der Perspektivische Inkrementalismus zwar (nur) langfristige, aber doch eindeutige Zielvorgaben und Zieltreue verlangt, die Mittel und Wege dorthin aber weitgehend offen läßt. Der auf die Bewältigung von Schrumpfungsprozessen abgestellte Planungsprozeß hingegen läßt gerade die langfristigen Zielvorgaben offen, verlangt dafür aber klare Entscheidungen für kurz- bis mittelfristige Planungsschritte. Bei aller Unsicherheit der Zukunftsperspektiven, die der Erarbeitung und Umsetzung städtebaulicher Entwicklungskonzepte gerade in schrumpfenden Städten innewohnt, wird es doch für unerläßlich gehalten, daß gerade auf kürzere und mittlere Sicht Handlungsfähigkeit besteht. Weder eine politische Vertretungskörperschaft, die ihren Führungsanspruch nicht völlig aufgeben will, noch eine Bevölkerung (und Investoren), die für ihre eigenen Entscheidungen Handlungsfähigkeit brauchen, können darauf verzichten. Dies bedeutet nicht, daß nicht auch nur als kurz- bis mittelfristig konzipierte Entscheidungsschritte einer kontinuierlichen Überprüfung bedürfen. Wer die Abfolge und die zunehmende räumliche, sachliche und zeitliche Differenzierung der Stadt- und Stadtteilentwicklungspläne verfolgt, die der Rat der Stadt Leipzig im Verlauf der letzten zehn Jahre beschlossen hat, wird diese Forderung auch nicht in Reich der Träume verweisen können.

Neben den übergeordneten Leitlinien, die erforderlich sind, um einen Orientierungsrahmen für unterschiedliche Akteure zu schaffen, sind im Sinne eines prozeßorientierten Städtebaus auch Rahmenbedingungen für ein zeitlich und räumlich unabhängiges Handeln und Gestalten zu schaffen. Dies schließt auch die Stimulation sehr kleinteiliger Ansätze mit ein.

Planung und Politik

Allerdings liegt Leipzig im Osten der Bundesrepublik, und die Stadt hatte nie die Möglichkeit, die Auseinandersetzung mit den Auswirkungen von Bevölkerungsverlusten, Leerständen und Brachen in eine nebelhafte Zukunft zu verschieben. Auch politisch war dabei nichts zu gewinnen. Demgegenüber wird, wer die Zwischenberichte über das Programm „Stadtumbau West" verfolgt, immer wieder auf die Klage stoßen, das Thema „Schrumpfung" sei „politisch inopportun", ein für politische Entscheidungsträger „unpopuläres Themenfeld". Dazu mag beitragen, daß die anhaltenden Versicherungen, es werde auch auf lange Sicht ein Nebeneinander von wachsenden und schrumpfenden Städten geben, die Städte ihren Bürgern gegenüber geradezu dazu verpflichtet, zu den wachsenden zu gehören.

Zu Recht wird daher auch daran erinnert, daß gerade schrumpfende Städte vor einem „schwierigen Spagat" stehen, wenn sie sowohl Aufbruchstimmung verbreiten als auch die Augen nicht vor der Wirklichkeit verschließen sollen. Dieser Spagat betrifft leider auch die Forderung nach regionaler Kooperation. Dieser Forderung kann und will sich zwar keine Stadt verschließen. Die Probe auf das Exempel, daß nicht nur Zuwächse verteilt, sondern auch Verluste umgelegt, gemeinsame Infrastrukturen reduziert, Abrisse abgesprochen und gegen Neubaugebiete aufgerechnet werden müssen, steht jedoch noch aus. Nicht umsonst wird in diesem Zusammenhang vor den „wenig belastbaren Kooperationsbeziehungen" gewarnt.

Schwierige Übergänge

Schon in der Einleitung war darauf hingewiesen worden, daß der – im Vergleich zum schockartigen Rückgang im Osten – eher schleichende Bevölkerungsrückgang, der im Westen zu erwarten ist, den Nachteil hat, daß die vielfältigen Reaktionen und Reaktionen auf Reaktionen, die er in seinem Verlauf auslösen dürfte, kaum abschätzbar sind. Eines aber scheint durchaus abschätzbar zu sein: nämlich daß die Wohnungen und Wohngebiete, die auch bei einem schleichenden Bevölkerungsrückgang früher oder später „aus dem Markt herausfallen" und in die daher nicht mehr investiert wird, noch lange als Auffangbecken für alle die dienen werden, die auf die niedrigsten Mieten angewiesen sind, ob es sich dabei um die „working poor" handelt, um Sozialhilfeempfänger oder auch um die (zahlreichen) Neuzuwanderer, denen sich die Bundesrepublik nicht verschließen kann, wenn sie nicht weit schneller und massiver schrumpfen will als ohnehin schon absehbar. Will man alle diese nicht unzumutbaren Wohn- und Lebensverhältnissen aussetzen, so können die Defizite dieser Wohnungen und Wohngebiete einschließlich der vermutlich trotzdem zunehmenden Leerstände nur durch eine besonders sorgfältige Freiraumgestaltung ausgeglichen werden. Dabei geht es nicht nur um zusätzliche Betätigungs- und Kommunikationsmöglichkeiten, es geht auch um das Sichtbarmachen eines neuen Typs von „Stadtlandschaft", der den Bewohnern die Aussicht eröffnet, nicht am Rande, sondern in der Mitte des Weges zu einer neuen Stadt zu stehen.

Zum Abschluß

Die Reihe *Bauwelt Fundamente* war und ist darauf angelegt, den in der Welt des Bauens Tätigen oder über sie Nachdenkenden verläßliche Grundlagen für ihr Denken und Tun zur zu vermitteln und damit auch der Weiterentwicklung der planenden Disziplinen zu dienen. Dies ist ebenso durch die Erinnerung an „klassische" oder im Nachhinein als klassisch erkannte Texte geschehen, für die gleich der legendäre erste Band mit den *Programmen und Manifesten zur Architektur des 20. Jahrhunderts* beispielhaft wurde, wie auch durch programmatische Texte, die die Herausgeber als bahnbrechend für die Entwicklung der Welt des Bauens erkannt hatten, wie etwa Robert Venturis Buch *Komplexität und Widerspruch in der Architektur*. Beides kann dieser Band nicht leisten. Er erscheint zum Auftakt einer historisch neuen Epoche, für deren Bewältigung eine Rückbesinnung auf „klassische" Wahrheiten nur wenig Ansatzpunkte bietet, für die aber auch programmatische Texte noch nicht in Sicht sind. Wenn er sich als Zeitzeugnis herausstellen sollte, so eher als Zeugnis für immerhin redliche Versuche, zumindest die Aufgaben, die sich uns stellen, klarer zu umreißen und Ansätze für Lösungsmöglichkeiten zur Diskussion zu stellen. Niemand wird nach dem Lesen des Buches in Abrede stellen wollen, daß der Osten dem Westen Deutschlands in dieser Beziehung um einiges voraus ist.

Anmerkungen

1 Dieser Text beruht zu einem großen Teil auf Aussagen, die im Rahmen dieses Buches von unterschiedlichen Verfassern gemacht worden sind. Da sie damit jederzeit nachprüfbar sind, wurden sie hier nicht noch einmal im einzelnen nachgewiesen.
2 Vgl. Spiegel, Erika, Entwicklungslinien des Städtebaus – zwischen Wachstum, Stagnation und Schrumpfung, in: Bayerische Akademie der Schönen Künste, Jahrbuch 19, 2005, S. 285–301
3 Vgl. Ganser, Karl, Instrumente von gestern für die Städte von morgen?, in: Ganser, Karl; Hesse, Joachim Jens; Zöpel, Christoph (Hg.), Die Zukunft der Städte, Baden-Baden 1991, S. 54–66

Autorinnen und Autoren

Albers, Gerd, Dr.-Ing. Dr.-Ing. E.h., Prof. em. für Städtebau und Regionalplanung, Technische Universität München

Becker, Heidede, Dr.-Ing., Stadtplanerin, langjährige Projektleiterin am Deutschen Institut für Urbanistik, Berlin

Christiaanse, Kees, Prof. für Architektur und Städtebau, Institut für Städtebau, Netzwerk Stadt und Landschaft, ETH Zürich

Eichstädt, Wulf, Dr.-Ing., Architekt und Stadtplaner, eigenes Büro mit Schwerpunkt Stadtumbau Ost und West

Giseke, Undine, Dipl.-Ing., Prof. für Landschaftsarchitektur/Freiraumplanung am Institut für Landschaftsarchitektur und Umweltplanung, TU Berlin

Jessen, Johann, Dipl.-Ing. Dr. rer.pol., Prof. am Städtebau-Institut der Universität Stuttgart, Fachgebiet Grundlagen der Orts- und Regionalplanung

Kunz, Wolfgang, Dipl.-Ing., Leiter des Stadtplanungsamtes der Stadt Leipzig

Michaeli, Mark, Dipl.-Ing., Dozent für Städtebau, ETH Zürich

Nagel, Günter, Dipl.-Ing., Prof. em. für Landschaftsarchitektur, Universität Hannover

Pahl-Weber, Elke, Dipl.-Ing., Prof. für Bestandsentwicklung und Erneuerung von Siedlungseinheiten, Institut für Stadt- und Regionalplanung, TU Berlin

Rieniets, Tim, Dipl.-Ing., Assistent an der Professur für Architektur und Städtebau, Institut für Städtebau, Netzwerk Stadt und Landschaft, ETH Zürich

Roskamm, Nikolai, Dipl.-Ing., Wiss. Mitarbeiter im Fachgebiet Bestandsentwicklung und Erneuerung von Siedlungseinheiten, Institut für Stadt- und Regionalplanung, TU Berlin

Spiegel, Erika, Dr. phil., Prof. em. für Sozialwissenschaftliche Grundlagen des Städtebaus an der TU / HafenCity Universität Hamburg, Heidelberg

Bauwelt Fundamente
(lieferbare Titel)

1 Ulrich Conrads (Hg.) Programme und Manifeste zur Architektur des 20. Jahrhunderts
2 Le Corbusier, Ausblick auf eine Architektur (1922)
12 Le Corbusier, Feststellungen (1929)
16 Kevin Lynch, Das Bild der Stadt
50 Robert Venturi, Komplexität und Widerspruch in der Architektur
53 Robert Venturi/Denise Scott Brown/Steven Izenour, Lernen von Las Vegas
73 Elisabeth Blum, Le Corbusiers Wege. Wie das Zauberwerk in Gang gesetzt wird
86 Christian Kühn, Das Schöne, das Wahre und das Richtige. Adolf Loos und das Haus Müller in Prag
118 Thomas Sieverts, Zwischenstadt – zwischen Ort und Welt, Raum und Zeit, Stadt und Land
123 André Corboz, Die Kunst, Stadt und Land zum Sprechen zu bringen
125 Ulrich Conrads (Hg.), Die Städte himmeloffen. Reden und Reflexionen über den Wiederaufbau des Untergegangenen und die Rückkehr des Neuen Bauens (1948/49)
126 Werner Sewing, Bildregie. Architektur zwischen Retrodesign und Eventkultur
128 Elisabeth Blum, Schöne neue Stadt. Wie der Sicherheitswahn die urbane Welt diszipliniert
130 Elisabeth Blum/Peter Neitzke (Hg.), FavelaMetropolis. Berichte und Projekte aus Rio de Janeiro und São Paulo
131 Angelus Eisinger, Die Stadt der Architekten
132 Karin Wilhelm/Detlef Jessen-Klingenberg (Hg.), Formationen der Stadt. Camillo Sitte weitergelesen
133 Michael Müller/Franz Dröge, Die ausgestellte Stadt
134 Loïc Wacquant, Das Janusgesicht des Ghettos und andere Essays
135 Florian Rötzer, Vom Wildwerden der Städte
136 Ulrich Conrads, Zeit des Labyrinths
137 Friedrich Naumann, Ausstellungsbriefe, Berlin, Paris, Dresden, Düsseldorf 1896–1906
138 Undine Giseke, Erika Spiegel (Hg.), Stadtlichtungen. Irritationen, Perspektiven, Strategien

Kevin Lynch

Das Bild der Stadt

Wie orientieren wir uns in einer Stadt? Was haftet im Gedächtnis? Woher rühren unsere ganz fest umrissenen Vorstellungen? Was bedeutet die sichtbare Gestalt der Stadt den Bewohnern? Von so grundsätzlichen Fragen her erfaßt Kevin Lynch ein bisher unbegangenes Thema. Er zeigt, wie man das Bild der Stadt wieder einprägsamer machen kann.

215 Seiten, Broschur
(BF 16) ISBN-13: 978-3-7643-6360-4
Stadtgestaltung / Stadterlebnis

Florian Rötzer

Vom Wildwerden der Städte

Noch ist die Stadt mehr oder weniger expliziter Fluchtpunkt unserer Wünsche. Zugleich aber zeichnet sich ab, daß ganze Städte zu „failed cities" werden, mit einem Wort: unregierbar. Florian Rötzers eindringliche Beobachtungen thematisieren Entwicklungen, die von arbeitsteilig tätigen Fachleuten – zumal von Architekten und Städtebauern –, übersehen oder besser: verdrängt werden.

166 Seiten, 8 sw-Abbildungen, Broschur
(BF 135) ISBN-13: 978-3-7643-7462-4
Stadtperspektiven

Thomas Sieverts

Zwischenstadt

**zwischen
Ort und Welt
Raum und Zeit
Stadt und Land**

Denken und Handeln der Planer konzentrieren sich heute oft immer noch auf Probleme unserer Alt- und Kernstädte. Dabei ist Verlustangst eine vorrangige Motivation. Sie gilt der ‚Europäischen' Stadt. Deren Figur aber ist um so eher zu bewahren, je mutiger sie als besonderer Teil eines steter Wandlung unterworfenen Stadtwesens gesehen wird, das kein „Bild" mehr abgibt.

191 Seiten, Broschur
(BF 118) ISBN-13: 978-3-7643-6393-2
Stadtplanung / Urbanistik

Angelus Eisinger

Die Stadt der Architekten

**Anatomie
einer Selbstdemontage**

Die Stars der Szene werden als genialische Entwerfer gefeiert. Nahezu unbemerkt bleibt dabei, daß Architekten die dramatische Transformation der Städte meist unkommentiert lassen. Das war nicht immer so. ‚Die Stadt der Architekten' untersuch die Beziehung von Architekt und Stadt in Theorie und Praxis von 1920 bis in die Gegenwart.

162 Seiten, 21 sw-Abbildungen, Broschur
(BF 131) ISBN-13: 978-3-7643-7064-0
Architektur und Städtebau

Bei Fragen zur Produktsicherheit wenden Sie sich bitte an:
If you have any questions regarding product safety,
please contact:

Birkhäuser Verlag GmbH
Im Westfeld 8
4055 Basel, Schweiz
productsafety@degruyterbrill.com